CIEN BARCOS EN LA HISTORIA DE CUBA

O

HISTORIAS DE CUBA EN CIEN BARCOS

COLECCIÓN CUBA Y SUS JUECES

EDICIONES UNIVERSAL, Miami, Florida, 2018

Emilio Cueto

CIEN BARCOS EN LA HISTORIA DE CUBA
O
HISTORIAS DE CUBA EN CIEN BARCOS

Copyright © 2018 by Emilio Cueto

Primera edición, 2018

EDICIONES UNIVERSAL
P.O. Box 450353 (Shenandoah Station)
Miami, FL 33245-0353. USA
(Desde 1965)

E-mail: ediciones@ediciones.com
http://www.ediciones.com

Library of Congress Control Number: 2017964536
ISBN-10: 1-59388-293-9
ISBN-13: 978-1-59388-293-8

Composición de textos: María Cristina Zarraluqui

Diseño de la cubierta: Luis García Fresquet

Todos los derechos
son reservados. Ninguna parte de
este libro puede ser reproducida o transmitida
en ninguna forma o por ningún medio electrónico o mecánico,
incluyendo fotocopiadoras, grabadoras o sistemas computarizados, sin el permiso por escrito del autor, excepto en el caso de
breves citas incorporadas en artículos críticos o en revistas.
Para obtener información diríjase a
Ediciones Universal.

A la memoria de mis abuelos asturianos
que, al igual que decenas de miles de sus paisanos,
un día tomaron un barco hacia la Perla de las Antillas.

A Vinton Cerf,
Robert Kahn,
Leonard Kleinrock,
Lawrence Roberts
y Tim Berners-Lee,
padres del internet.
Sin acceso a él, escribir este libro
me hubiera tomado muchísimo más tiempo.

ÍNDICE

Al lector 13
Introducción 17
Una posible cronología para Cuba 27
1. Embarcaciones desconocidas. Tierras circundantes-Costas cubanas. Tiempos pre-colombinos 61
2. *Santa María*. Palos de la Frontera, España-Bariay, costa oriental de Cuba. 3 de octubre de 1492-27 de octubre de 1492 65
3. *Niña*. La Isabela, La Española-Costa sur de Cuba. 24 de abril de 1494-29 de abril de 1494. 72
4. *La Magdalena*. Sanlúcar de Barrameda-Paso de los Vientos. 29 de junio de 1508-18 de noviembre de 1508 ... 76
5. Embarcación desconocida. La Española-Costa oriental cubana. 1510 83
6. Embarcaciones desconocidas. Salvatierra de la Sabana, La Española-Baracoa. ?-15 de agosto de 1511 91
7. Embarcaciones desconocidas. Santiago de Cuba-Cozumel. 18 de noviembre de 1518-21 de febrero de 1519 95
8. *San Sebastián*. San Juan de Ulúa-Sanlúcar de Barrameda. 26 de julio de 1519-15 de octubre de 1519 100
9. Embarcación desconocida. Bahía de Nipe. 1612 103
10. *San Jusephe*. San Juan de Ulúa-La Habana. 10 de julio de 1614-23 de Julio de 1614 107
11. *Amsterdam*. Matanzas-Hellevoetsluis, Holanda. 17 de septiembre de 1628-10 de enero de 1629 115
12. *Intrepid*. Nueva York- La Habana. 9 de junio de 1762-28 de julio de 1762 119
13. *Héctor*. Cádiz-La Habana. 27 de abril de 1763-30 de junio de 1763 126

14. *Cortés.* La Coruña-Santiago de Cuba. 1 noviembre 1764-20 de enero de 1765 133
15. *Santísima Trinidad.* La Habana-Puerto de Santa María, Cádiz. 17 de junio de 1767-19 de agosto de 1767 137
16. *L'Aigrette.* Matanzas-Bahía de Chesapeake. 17 de agosto de 1781-30 de agosto de 1781 144
17. *San Lorenzo.* Ensenada de Ocoa, Santo Domingo-La Habana. 22 de diciembre de 1795-5 de enero de 1796 149
18. *Ana.* Frederiksted?, St. Croix (hoy Islas Vírgenes)-La Habana. ?-18 de marzo de 1798 154
19. *Nuestra Señora de la O.* La Habana-Veracruz. 3 de abril de 1804-11 de abril de 1804 159
20. *Nouvelle Société.* Jérémie, Haití-Santiago de Cuba. Julio de 1803 162
21. *Santísima Trinidad.* Estrecho de Gibraltar. 24 de octubre de 1805 166
22. *Algésiras/ Algeciras.* La Habana-Cádiz. Octubre de 1812 172
23. Embarcación desconocida. Nueva Orleans-La Habana. 1815 175
24. *Neptuno.* Habana-Matanzas. 18 de julio de 1819-18 de julio de 1819 180
25. *Jean Bart.* Burdeos (Bordeaux)-Bahía de Jagua. ?-8 de abril de 1819 183
26. *Activa.* La Coruña-La Habana. 25 de junio de 1823-4 de agosto de 1823 187
27. *Galaxy.* Matanzas-Boston. 14 de noviembre de 1823-4 de diciembre de 1823 190
28. *Midas.* Nueva York-La Guaira. 23 de octubre de 1823-26 de octubre de 1823 193
29. *Draper.* Gibraltar-Nueva York. ?-17 de diciembre de 1823 196
30. *Caridad.* Río Bonny, Nigeria-Santiago de Cuba. Septiembre de 1833 200
31. *Soberano.* Cádiz-La Habana. ?-1 de junio de 1834 205

32. *Choctaw.* Nueva York-La Habana. Noviembre de 1835 209
33. *Le Bellochan.* Santiago de Cuba- Pauillac, Burdeos. 9 de abril de 1836-3 de junio de 1836 212
34. *Preciosa Victoria.* Cádiz-La Habana. 4 de diciembre de 1846-18 de enero de 1847 216
35. *Oquendo.* Amoy (Xiamen), China-La Habana. 2 de enero de 1847-3 de junio de 1847 220
36. *Cetro.* Sisal, Yucatán-La Habana. Marzo de 1849 231
37. *Creole.* Nueva Orleans-Cárdenas. 8 de mayo de 1850-19 mayo de 1850 234
38. *Fulton.* Norfolk, Virginia-La Habana. 17 de enero de 1853-6 de febrero de 1853 238
39. *Empire City.* La Habana-Nueva York. Septiembre de 1853 241
40. *Black Warrior.* Habana-Nueva York. 27 de junio de 1854-? 245
41. *Magdalena.* Habana-Valencia. Septiembre? de 1857 249
42. Embarcación desconocida. Mobile-La Habana. Agosto de 1864? 254
43. *Perrit.* Nueva York-Península de Ramón, Bahía de Nipe. ? de mayo de 1869-11 de mayo de 1869 260
44. *San Francisco de Borja.* La Habana-Fernando Poo (Bioko, Golfo de Guinea). 21 de marzo de 1869-21 de mayo de 1869 265
45. *France.* Saint Nazaire, Francia-La Habana. Febrero de 1870-4 (7) de marzo de 1870 268
46. *Swatara.* Bahía de La Habana. Febrero de 1871 272
47. *Virginius.* Kingston, Jamaica-Santiago de Cuba. 23 de octubre de 1873-1 de noviembre de 1873 276
48. Embarcación desconocida. Habana-Filadelfia. Marzo de 1876 284
49. *Fleet Wing.* Nassau-Cayo Hueso (Key West). Fines de abril de 1881-7 de mayo de 1881 288

50. *Baracoa.* Boston-Santa Cruz del Sur. 7 de enero de 1895-13 de enero de 1895 291
51. *Honor.* Isla Fortuna, Bahamas-Playa de Duaba, Baracoa. 31 de marzo de 1895-1 de abril de 1895 294
52. *Lafayette.* Veracruz-La Habana. 12 de enero de 1897-15 de enero de 1897 298
53. *Isla de Panay.* Habana-La Coruña. 3? de septiembre de 1897-16 de septiembre de 1897 307
54. *Maine.* Cayo Hueso-La Habana. 24 de enero de 1898-25 de enero de 1898 311
55. *Cristóbal Colón.* San Vicente, Cabo Verde (África)-Santiago de Cuba. 29 de abril de 1898-19 de mayo de 1898 320
56. *Manitoba.* Charleston, Carolina del Sur-Matanzas. 30 de diciembre de 1898-1 de enero de 1899 324
57. *Admiral Farragut.* Old Point Comfort, Hampton, Virginia-Gibara. 17 de abril de 1902-20 de abril de 1902 329
58. Barcos *en* papel. Febrero de 1903 334
59. Embarcación desconocida. St. Louis, Missouri-Nueva Orleans? Diciembre de 1904 338
60. *Dahomey.* Montreal-La Habana. 27 de agosto de 1905-10 de septiembre de 1905 342
61. *Denver.* Oyster Bay, Nueva York-La Habana. ? de septiembre de 1906-13 de septiembre de 1906 345
62. *Patricio de Satrústegui.* Cádiz-Buenos Aires. ?-25 de mayo de 1911 348
63. *Antonio López.* Cádiz-La Habana. ?-6 octubre de 1919 351
64. *Patria.* Filadelfia-La Habana. Octubre de 1920 356
65. *Aquitania.* ¿Génova?-La Habana. Noviembre de 1920 361
66. *Governor Cobb.* Cayo Hueso-La Habana. 28 de febrero de 1921-28 de febrero de 1921 365
67. *Baire.* Santiago de Cuba-Kingston-Santiago de Cuba. 18 de abril de 1923-23 de abril de 1923 371
68. *Vátslav Vorovsky / Бáцлав Воровский.* Matanzas-Londres. 21 de agosto de 1925-15 de septiembre de 1925 377

CIEN BARCOS EN LA HISTORIA DE CUBA

69. *Pinero.* Batabanó-Nueva Gerona, Isla de Pinos. Noviembre de 1926.. 384
70. *Nicolás Lenín.* La Habana-Regla-La Habana. Noviembre de 1927.. 392
71. Embarcación desconocida. Cherburgo, Francia-La Habana. ?-14 de enero de 1930.. 396
72. *Cuba.* Tampa-La Habana. 6 de marzo de 1930-7 de marzo de 1930.. 401
73. *Haligonian.* San Petersburgo, Florida-La Habana. 11 de marzo de 1930-13 de marzo de 1930................... 404
74. Embarcación desconocida. España-La Habana. ?-3 de marzo de 1931... 406
75. *Morro Castle.* Habana-Nueva York. 5 de septiembre de 1934-8 de septiembre de 1934............................... 412
76. *Pilar.* Nueva York-Cayo Hueso. Abril de 1934 414
77. *Orizaba.* Veracruz-La Habana. ?-3 de enero de 1935 417
78. *Manuel Arnús.* Barcelona-La Habana. 18 de septiembre de 1936-26 de octubre de 1936............................... 421
79. *St Louis.* Hamburgo-La Habana. 13 de mayo de 1939-27 de mayo de 1939... 424
80. *Magallanes.* Cádiz-La Habana. 11 de abril de 1946-17 de abril de 1946... 429
81. *Bakir.* Habana-Génova. 20 de marzo de 1947-11 de abril de 1947?... 433
82. *Euskera.* Mariel-Cartagena, Colombia. 28 de agosto de 1948-1 de septiembre de 1948 439
83. *Granma.* Tuxpan, Veracruz, México- Los Cayuelos, playa Las Coloradas. 25 de noviembre de 1956-2 de diciembre de 1956.. 443
84. *Corinthia.* Miami, Florida-Cabonico, Mayarí. 19 de mayo de 1957-23 de mayo de 1957........................... 452
85. *La Coubre.* Le Havre, Francia-La Habana. 9 de febrero de 1960-4 de marzo de 1960... 457
86. *Gruzia / Gruziya / Грузия.* Odessa-La Habana. ?-5 de junio de 1961.. 461

11

87. *Houston*. Puerto Cabezas, Nicaragua-Bahía de Cochinos. 14 de abril de 1961-17 de abril de 1961 467
88. *Bahía de Nipe*. La Habana-Norfolk, Virginia. 8 de agosto de 1961-17 de agosto de 1961 473
89. *Covadonga*. La Habana-La Coruña. 17 de septiembre de 1961-27 de septiembre de 1961 477
90. Embarcaciones desconocidas. Gdansk, Polonia-La Habana. ?-Noviembre de 1961 484
91. *Bahía de Nipe*. La Habana-Casablanca, Marruecos. ?-Enero de 1962 491
92. *Bucarest / Бухарест*. Odessa-La Habana. ?-25 de octubre de 1962 495
93. *Magdeburg*. Dagenham, Londres-La Habana. Octubre de 1964 499
94. *Cerro Pelado*. Santiago de Cuba-San Juan, Puerto Rico. 10 de junio de 1966-11 de junio de 1966 502
95. *Ochún*. Miami-Mariel. 20 de abril de 1980-21 de abril de 1980 505
96. Embarcación desconocida. Cárdenas-Fort Lauderdale, Florida. 21/22? de noviembre de 1999-25 de noviembre de 1999 510
97. *Berulan-V6*. Tampico, 21 de julio de 2012?-La Habana, 25 de agosto de 2012 517
98. *Adonia*. Miami-La Habana. 1 de mayo de 2016-2 de mayo de 2016 521
99. Lancha marca *Contender*. Biscayne Bay, Miami, Florida. 8 de septiembre de 2016 524
100. *K-Storm*. Mariel-Port Everglades, Florida. 19 de enero de 2017-24 de enero de 2017 527

Para ser leída en el puerto, antes de zarpar en el último barco 529

Índice temático 531

Estimado lector:

Has puesto en tus manos un libro que recoge muchas de mis investigaciones y reflexiones sobre Cuba a lo largo de varias décadas. Luego de vivir por espacio de casi cincuenta años en cuatro islas —Cuba, Manhattan, San Luis (París) y Haití— se me ha hecho evidente la importancia del transporte marítimo en la historia de los pueblos, y muy especialmente en nuestra Isla, y quería compartir contigo estas apreciaciones.

He intentado escribir el texto en lenguaje claro, salpicado con anécdotas personales y notas de humor para que la travesía en estos barcos no te maree, o al menos no demasiado.

Para no interrumpir el flujo de la narración y porque no está dirigido principalmente a una audiencia académica, que tiene normas y estilos propios a sus disciplinas, he eliminado las notas eruditas y las referencias bibliográficas a pie de página. Hay tanta información fácilmente disponible en internet que el lector con mayor interés en algún tópico solo tiene que escribir el nombre y tema que yo menciono y recuperará fácilmente mi fuente. Cuando he considerado que una información puntual es el resultado del esfuerzo de alguien específico, y nadie más, no he olvidado mencionarlo porque justo y saludable es reconocer el mérito de otros.

He navegado —pues en barcos he hecho el recorrido— por las más disímiles fuentes. Recuerdo que mi primera profesora de Historia en Estados Unidos, la hermana dominica Marie Carolyn Klinkhamer, se quedó asombrada cuando le pregunté cuál era el libro de texto para el curso. «Jovencito» —me dijo (y les aseguro que entonces yo lo era)— ¿Ud. pretende estudiar la Historia por un solo libro? Aquí en clase vamos a leer muchos materiales, algunos de ellos contradictorios, incompletos, sesgados o controversiales. Y nuestra tarea consiste en leer cuidadosamente, especialmente fuentes originales, pesar la evidencia, consultar documentación adicional y sacar nuestras conclusiones. Si Ud. busca certeza, estudie Matemáticas».

No estudié Matemáticas y, claro, la certeza me sigue eludiendo en algunos de los temas históricos y culturales que he abordado. La monja sabía de lo que estaba hablando.

Afortunadamente, ese extraordinario instrumento que es internet me ha permitido confirmar (o cuestionar, o rechazar) datos e interpretaciones, en muchos casos avalados por gente muy seria e informada. No son pocos los que copian a terceros sin verificar por su cuenta, y terminan desinformando a los que siguen. He tratado de evitar esto.

Por regla general, a no ser que se trate de un testimonio personal que me resulta creíble, si una frase o concepto lo encuentro en una sola fuente, tiendo a la suspicacia. ¡Se topa uno con cada cosa en la red! Como aquel correo que hace un tiempo recibimos alborozados porque

> El primer insecto oriundo de Cuba fue el *ätihcaracüc anitram*, hoy extinto, y que en la lengua taína quiere decir bicho azul volador. El único ejemplar en existencia está en exposición en el Museo antropológico de París.

Y resultó ser que el nombre del artrópodo era el de la cucarachita Martina... ¡al revés! Y como si los bichos no se guardaran en museos *zoológicos*. Porque, eso sí, el récord Guinness de jodedores no dejamos que nos lo arrebaten.

Mientras escribía el texto, siempre traté de no alejarme de dos principios claves: contexto y conexión. Todo fenómeno existe dentro de, ya no uno sino varios contextos, y tenerlos presente ayuda a comprenderlos mejor. Por demás, los eventos tienen antecedentes, vínculos y consecuencias y, por lo tanto, están enlazados con otros que a veces parecen distantes y ajenos, aunque en realidad no lo son. Siempre sucede hablando con algún compatriota que resulta ser primo segundo de alguien que era íntimo de la tía Eloísa, o «pariente» (esa sorprendente e interminable caja de Pandora criolla) de un condiscípulo de pre-primaria. Estamos conectados. «Ningún hombre es isla», decía el sabio benedictino Tomás Merton.

Aunque el libro sigue la cronología real (época precolombina, colonia, república antes del 59 y revolución) y hay una línea en el tiempo por la que transita, en muchos capítulos saltamos de siglo a siglo dentro de la misma página con gran naturalidad. Contexto y conexión.

He tratado que cada capítulo, que tiende a ser corto, sea auto-contenido. Eso facilita que cada uno de ellos pueda leerse por separado sin que el lector se sienta perdido o abandonado. Algo así como una versión pobre de esa maravilla de nuestras letras que son las *Tradiciones cubanas* de Álvaro de la Iglesia. Por ello, amable lector, puedes ponerlo sobre la mesa de noche, abrirlo por cualquier sección y zarpar, despacito, hasta que te venza el sueño. Porque tampoco queremos que naufragues.

Gracias por la confianza que has depositado en mi al adquirir este libro. Espero, primero, que disfrutes su lectura y te distraiga de tanta noticia triste y alarmante que nos abruma (aunque el libro no está exento de noticias tristes, te advierto). También espero haber desempolvado episodios de nuestra vida nacional menos conocidos; o haber presentado algún acontecimiento desde otra perspectiva novedosa o audaz; o haberte estimulado para continuar la búsqueda que te aclare y complete los conocimientos ya adquiridos.

Pero, sobre todo, espero que cuando hayas llegado, a bordo de estas embarcaciones, a feliz puerto, no te quede la menor duda de que nuestra ineludible condición de isla no es un mero accidente geográfico, sino que, desde siempre, ha moldeado nuestro carácter, nuestra idiosincrasia, nuestra manera de percibir —y proyectar— la realidad y nuestras opciones.

Algunas de mis reflexiones te podrán resultar controversiales. Esas son las que la hermana Marie Carolyn me dijo que se debían analizar cuidadosamente aquel primer día en mi clase de Historia.

Emilio Cueto
Washington, D.C., abril de 2018.

INTRODUCCIÓN

> ¡Cuán innumerables son tus obras, Oh Jehová!
> Hiciste todas ellas con sabiduría;
> La tierra está llena de tus beneficios.
> He allí el grande y anchuroso mar,
> En donde se mueven seres innumerables,
> Seres pequeños y grandes.
> Allí andan las naves...
> Salmo 104, 24-26
>
> De La Habana ha venido un barco cargado de...
> Letra de juego infantil español

Durante el mes de mayo se recuerdan importantes efemérides cubanas. No hay compatriota que desconozca que el 19 de mayo de 1895 murió José Martí en Dos Ríos y que el 20 de mayo de 1902 se izó la bandera cubana por todo el territorio nacional en sustitución de la enseña norteamericana, permitiendo a la flamante República de Cuba incorporarse al conjunto de Naciones soberanas e independientes. Con limitaciones, es cierto, pero al fin libre.

También en mayo conmemoramos el nacimiento en Bayamo del escritor José Antonio Saco (7 de mayo de 1797), la muerte en México del poeta santiaguero José María Heredia (7 de mayo de 1839) y la ejecución en La Habana del patriota Domingo Goicuría (7 de mayo de 1870). Un 8 de mayo de 1935 cayó Antonio Guiteras Holmes en el Morrillo, Matanzas. Y el 11 de mayo de 1873 —tristísima fecha— perdimos en Jimaguayú al bayardo Ignacio Agramonte.

San Antonio Abad (o de los Baños) se funda un 15 de mayo en 1795. En La Plata, Sierra Maestra, se promulga la Ley de Reforma Agraria el 17 de mayo de 1959. El 22 de mayo de 1765 nació en La Habana Francisco de Arango y Parreño y, un siglo después, fallece el sabio agrónomo pinareño Tranquilino Sandalio de Noda, un 23 de mayo de 1866.

Ya finalizando el mes, celebramos que el 29 de mayo de 1934 fue abolida la tan injusta e irritante Enmienda Platt, impuesta desde comienzos de siglo por un gobierno norteamericano que inicialmente se puso de nuestro lado a la hora de separarnos de España y que, precisamente un 30 de mayo de 1898, comenzó a bombardear la ciudad de Santiago de Cuba, para luego destruir la flota española del Almirante Cervera a la salida de su bahía.

Pero muy pocas son las personas que recuerdan el 17 de mayo de 1913. Y, sin embargo, ¡cuán significativa es esa fecha para la Historia de Cuba! Ese día arribó a la Habana, procedente de Cayo Hueso en la Florida, Domingo Rosillo del Toro (Orán Argelia, 1878-La Habana, 28 de noviembre de 1957). Pero, a diferencia de todos quienes nos habían visitado anteriormente, Rosillo lo hizo por aire en su Bleriot XI. Le había tomado poco más de 2 horas y media. En ciento cincuenta minutos se rompía una tradición milenaria.

Dos días más tarde llegaba a Mariel, también por aire desde Cayo Hueso, Agustín Parlá Orduña (Cayo Hueso, Florida, 11 de octubre de 1887-La Habana, 31 de julio de 1946). Y dos años después, el 29 de mayo de 1919, en el avión «Sunshine", propiedad del gobierno cubano, Parlá efectuaría el primer vuelo comercial con Estados Unidos. Cuba nunca más sería la misma.

Por siglos, si no milenios, para llegar o salir de Cuba había que hacerlo en embarcaciones marítimas. Excepto por algún ave que lograra volar a cercana costa o algunas semillas o plantas arrojadas a nuestras playas por las fuerzas de los huracanes, todo lo que entraba y salía de Cuba tendría que hacerlo forzosamente por mar, aún si solo fuera sobre un trozo de madera, como posiblemente sucedió con un par de palomas endémicas (perdiz cubana/ *Starnoenas cyanocephala*) que en 1832 encontró el naturalista James Audubon en Cayo Hueso. O como la mismísima Caridad del Cobre.

Las primeras imágenes que pretenden ilustrar La Habana —hechas en Frankfurt por el belga Theodore DeBry en 1595— aunque fantasiosas, ya trazan las naves de los piratas franceses que en el siglo XVI arrasaron con la ciudad. Y eso sí que no fue fantasía.

Por su parte, en el primer poema escrito en Cuba (1606), el *Espejo de Paciencia* del canario Silvestre de Balboa, se destaca la presencia de barcos en nuestras costas:

> Tiene el tercer Filipo, Rey de España,
> la ínsula de Cuba ó Fernandina
> en estas islas que el oceano baña,
> rica de perlas y de plata fina.
> Aquí del Anglia, Flandes y Bretaña
> a tomar bienen puesto en su marina
> muchos navíos a trocar por cueros
> sedas y paños y á llevar dineros.

Y es que, como subrayaría otro poeta tres siglos más tarde, a Cuba la caracteriza «la maldita circunstancia del agua por todas partes» (Virgilio Piñera, 1942). «En fin, el mar», diría después Guillén. «Otra vez el mar», sentenciaría Reinaldo Arenas.

Lo cierto es que los barcos eran imprescindibles no solo para acercarse a Cuba sino también a muchas otras latitudes. Hasta principios del siglo XX, ése y no otro era el medio de transporte necesario en todo el resto del mundo sin conexión terrestre. Y muchos trayectos marítimos, aun si no incluían a nuestra Isla, también tuvieron profundas consecuencias para nosotros.

Es por ello que la historia de Cuba –isla aislada y aislante— es, en gran parte, una historia de barcos. Grandes o pequeños, amistosos u hostiles, de vela o vapor, cubanos o extranjeros, en trayectos domésticos o internacionales, barcos de todo tipo moldearon nuestra historia. Primero, porque hasta ese memorable 17 de mayo de 1913 no había otro modo de entrar o salir de la Iisla. Pero incluso después de la revolución aérea, fueron muchas las embarcaciones que continuaron arribando y alejándose de nuestras costas, dejando aquí su huella.

El archipiélago cubano tiene alrededor de 1,600 islas, 5, 746 kilómetros de costa, centenares de sitios por donde desembarcar (legal y clandestinamente) y 27 puertos principales: Mariel, Habana, Matanzas, Cárdenas, Isabela, Cienfuegos, Casilda, Palo Alto, Nuevitas, Tarafa, Bufadero, Pastelillo, Carúpano, Manatí, Puerto Padre, Nicaro, Moa, Guayabal, Vita, Antilla, Felton, Manzanillo.

Ceiba Hueca, Santiago de Cuba, Boquerón, Baracoa y Nueva Gerona. En ellos atracaron los barcos y a su alrededor se forjó nuestra historia.

En barcos vino la inmensa mayoría de nuestros inmigrantes (voluntarios e involuntarios) y en barcos salió nuestra riqueza hacia los más variados puertos del mundo. En barcos llegó gran parte de las plantas y animales de los que nos servimos: tabaco, azúcar, café, cacao, yuca, maíz, trigo, papa, arroz, maní, amplia variedad de frutas, ganado, animales domésticos y aves de corral —que no es poco. Y, a no ser que se capturen con cañas o jamos desde la costa, ¡hasta los pescados llegarían por barco!

En barcos llegaron instrumentos musicales, la ópera y el ballet y en ellos viajaron nuestros músicos a grabar sus composiciones y nuestros artistas a alegrar al mundo. En barcos llegaron la lotería, las corridas de toros, los naipes, el dominó, el billar, el mahjong, la esgrima, el jai-alai, el juego de pelota, y el boxeo. En barco llegaron los pinceles y los profesores de arte. En barcos llegaron calderas para nuestros ingenios, maquinarias para nuestras fábricas, cosechadoras de caña para nuestros campos. En barcos llegaron santos para las iglesias, sacerdotes para el culto, monjas para las escuelas y asilos, pastores para sus templos, rabinos para las sinagogas, deidades africanas con y para sus creyentes, biblias, devocionarios y rosarios para todos.

En barco llegaron los primeros galenos, el instrumental necesario, planes de estudios de medicina, nuevos medicamentos, la jeringuilla, el termómetro y los lentes. En barcos llegaron enfermedades y plagas. En barcos llegaron la imprenta y las leyes. En barcos vinieron la brújula, el astrolabio, la rueda para transporte, el pararrayos, el reloj, la vara de medir, el telescopio, el microscopio, la báscula, los equipos fotográficos y la máquina de escribir. En barcos vinieron monedas acuñadas y cajas contadoras. En barcos vinieron la pólvora y las armas de fuego. Y en fecha tan temprana como 1807 el vapor *Trident* nos trajo de Boston… ¡hielo!

En barcos llegaron muchos de nuestros mambises y partieron muchos de nuestros más insignes emigrados. En barcos circularon correos, impresos y noticias. En barcos llegaron el telégrafo, el teléfono, los tranvías y las guaguas. En barcos llegaron botellas, potes de farmacia, tijeras y mangueras. En barco llegaron peinetas, malacoffs, corsets, blumers y ajustadores. En barcos llegaban la sidra, las nueces y los turrones de Navidad. En barcos llegaron los primeros automóviles (y luego los parquímetros), bicicletas, patines, radios, máquinas de coser, televisores, ventiladores, refrigeradores, lavadoras y secadoras. En barcos llegaron las mesas de juego de casino y las máquinas tragamonedas. En barcos, desde siempre, llegan y salen turistas. Teniendo en cuenta la dependencia cubana de alimentos y petróleo importados, sin barcos mercantes y petroleros Cuba quedaría hambrienta, paralizada y a oscuras.

En barcos llegaron *La confronta*, de José Joaquín Tejada y *La Dama del Lago* de Juan Jorge Peoli. En barcos llegaron la Fuente de los Leones en la Plaza de San Francisco (1837, Giuseppe Gaggini); La Fuente de la India, hoy cerca del Capitolio (1837, Giuseppe Gaggini); la Fuente de Neptuno, actualmente en el Malecón habanero (1839, ?); la estatua de Colón en Cárdenas (1862, José Piquer); la estatua de Colón en el Palacio de los Capitanes Generales en La Habana (1862, Giuseppe Cucchiari); el Monumento a Francisco de Albear en la calle Obispo (1895, José Villalta); y el Mausoleo a los Bomberos Heroicos, en el cementerio de Colón (1897, Agustín Querol).

Durante los primeros 30 años de República llegaron la estatua de Martí del Parque Central (1905, José Villalta); la estatua de Martí en el Parque que lleva su nombre en Cienfuegos (1905, Carlo Nicolini); la estatua de Dionisio Gil, también en Cienfuegos (1905, José Villalta); la estatua de Martí en Matanzas (1909, Salvatore Buemi); el monumento a Ignacio Agramonte en Camagüey (1912, Salvatore Buemi); el Conjunto escultórico del Centro Gallego (1914, Giuseppe Moretti); la estatua de Maceo en el Malecón (1916, Domenico Boni); el Monumento a Calixto García en Holguín (1916, Mario Santí); el Monumento a José María Heredia en Vista Alegre (1918, Ugo Luisi); el Monumento a José Miguel Gómez en la Calle G del Vedado (1919, Giovanni Nicolini); el Alma Mater en la escalinata Universitaria (1920, Mario Korbel); el monumento a Estrada Palma en en la Calle G (1921, Giovanni Nicolini); la estatua de Marta Abreu en el Parque Vidal de Santa Clara

(1924, Auguste Maillard); el Monumento a José Maceo en Santiago de Cuba (1925, Ugo Luisi); las esculturas del Capitolio (1929, Angelo Zanelli).

Y entre 1930 y 1990 llegaron la estatua de Máximo Gómez frente al Palacio Presidencial (1935, Aldo Gamba); la estatua de Mariana Grajales, *Heroismo materno,* en la calle 23 en el Vedado (1931, Teodoro Ramos Blanco); *Los portadores de la antorcha,* en la calle Ayesterán (1956, Ana Hyatt Huntington); la estatua de Calixto García frente al hotel Riviera (1959, Felix de Weldon); el mármol para la estatua de Martí en la Plaza de la Revoución (1958, José Gómez Sicre) y para el Cristo de La Habana (1958, Jilma Madera), así como y la estatua del líder soviético en el Parque Lenin (1984, Lev Kerbel).

En barcos vinieron de visita Samuel de Champlain, Alejandro de Humboldt, el futuro rey Louis Philippe, el Príncipe de Joinville, el General Antonio López de Santa Anna, Egor Sivers, Fanny Essler, Fredrika Bremer, Sebastián Iradier, Samuel Hazard, Walter Goodman, Louis Moreau Gottschalk, Santiago Ramón y Cajal, José Zorrilla, el príncipe Alexis de Rusia, La Infanta Eulalia de Borbón, Sarah Bernhardt, Luis Mazzantini, Winston Churchill, Vasili Vereschaguin, Manuel Curros Enríquez, William Howard Taft, Gabriela Mistral, Esperanza Iris, Calvin Coolidge, Eleonora Duse, Albert Einstein, Marcelino Menéndez Pelayo, Walker Evans, Ana Pavlova, Vladimir Maiakovski, José Mojica, Ramón Menéndez Pidal, Enrico Caruso, Agustín Lara, Pedro Vargas, Rafael Alberti, Juan Ramón Jiménez, Manuel Altolaguirre, Ángel Lázaro, María Zambrano, Los Chavales de España y Jacques Cousteau.

En barcos, para quedarse (al menos un buen rato), llegaron Isabel de Bobadilla (La «Giraldilla»), Juan Bautista Antonelli, la Ma'Teodora, Silvestre de Balboa, Antonio Parra, Cayetano Pagueras, Pedro Agustín Morell de Santa Cruz, Giuseppe Tiscornia, el Obispo Espada, El Padre Valencia, Félix Tanco y Bosmeniel, Francisco Iturrondo, Juan Bautista Vermay, Alejandro O'Reilly, Enriqueta Faber, Julián de Zulueta y Amondo, Bartolomé Crespo y Borbón, Juan de Mata Tejada, Domingo del Monte, Virginia Felicia Auber, Nicolás Rivero, Miguel Tacón, Mariano Torrente, Andrés Avelino de Orihuela, François Carlo Antommarchi, Antonio Enrique Zafra,

Nicolás Heredia, Antonio Meucci, Jacobo de la Pezuela, Tomás Terry, Eduardo Laplante, José Sarrá Catalá, Leonardo Barañano, Víctor Patricio de Landaluce, Esteban Pichardo, San Antonio María Claret, Juan Martínez Villergas, Leonor Pérez, Narciso Gelats, Alfonso Hernández Catá, Manuel Márquez Sterling, Valentín Sanz Carta, José Crusellas Faure, Dino Pogolotti, Máximo Gómez, Andrés Gómez Mena, Leoncio Prado, Henry Reeve («El Inglesito»), Juan Rius Rivera, José Miró Argenter, Álvaro de la Iglesia, Alfredo Aguayo, Arsenio Martínez Campos, Federico Capdevila, Lola Rodríguez de Tió, Ernesto Triolet, Hubert de Blanck, José Conangla Fontanilles, Adrián del Valle, Carlos Roloff, Manuel Isidro Méndez, Valeriano Weyler, Orestes Ferrara, Pablo de la Torriente Brau, Miguel Carbonell Rivero, Gerardo Castellanos García, Lydia Cabrera, Percy Steinhart, Cintio Vitier, Alejo Carpentier, Gerardo del Valle, Luis de Soto y Sagarra, Camila Henríquez Ureña, Luis A. Baralt Zacharie, Julio Le Riverend, Rafael Suárez Solís, Víctor Agostini, Gonzalo de Quesada y Miranda, Adolfo Martí Fuentes, Ruy de Lugo-Viña, Lino Novás Calvo, Amalia Sorg («La Bella del Alhambra»), Guy Pérez Cisneros, Herminia Sánchez, Fabio Grobart, Herminio Almendros, Graziella Pogolotti, Hipólito Hidalgo de Caviedes, Gustavo Pittaluga, Juan Gil García, Rafael Marquina, Gaspar Pumarejo, Francisco Prat Puig, Ángel Gaztelu, Nitza Villapol y el Ché Guevara. Llegaron tambien los restos de Félix Varela y Julio Antonio Mella.

Los barcos nos hicieron españoles, ingleses y americanos. Pero, por encima de todo, nos hicieron cubanos: Con lo que trajeron (Cachita, el escudo, la bandera, los *Versos Sencillos,* el beisbol, la mariposa, flor nacional)—y llevaron (emigrados, azúcar, la habanera)— hicimos nuestra Cuba y nos convertimos en el pueblo que somos.

Ya nos lo recordaba Zequeira a principios del siglo XIX

> La industria animó al mundo y convirtiendo
> los cedros en magníficos palacios
> surcó el hombre los líquidos espacios
> por dó nunca se oyó la voz humana
> …

Corren los tiempos y con ellos corre
la ansia de penetrar a nuevos mundos
...
Sin la náutica nunca estos inventos,
sean tiranos, clementes o profundos
hubieran penetrado en ambos mundos.

He encontrado también una oportuna cita atribuida, aunque sin fuente ni fecha precisa (¿1957?, ¿1973?), a Francisco Pérez de la Riva que bien resume el concepto:

> Por el mar llegaron el arado y la rueda, la cruz y la espada. Por él vinieron las primeras cañas y salió nuestro tabaco a conquistar el mundo. Por él llegaron los conquistadores y tratantes, pero también por él llegaron libertadores y hombres de ciencia. Fueron los barcos y el mar los que hicieron posible nuestra incorporación a la civilización occidental.

Los principales hitos de nuestra Historia han sido marcados por barcos. En épocas remotas Cuba era territorio desierto... y en barcos llegaron nuestros primeros habitantes. Llegamos a ser una isla poblada de aborígenes caribeños, pero con las tres carabelas nos hicieron colonia española. Y eso fuimos hasta que explotó el *Maine* en La Habana, convirtiéndonos, simultáneamente, en un país independiente y muy dependiente de los Estados Unidos. Y entonces llegó el *Granma*, que enrumbó la Isla hacia el Este y a un buen número de cubanos hacia el Norte. Las embarcaciones de Bahía de Cochinos intentaron, sin éxito, abrir un nuevo capítulo. ¿Sacudirán otros barcos nuestro futuro?

***

Resulta interesante subrayar que, desde muy antiguo, surgió la costumbre de bautizar a los barcos con nombres, como si fueran un miembro más de la familia. Los libros de historia no cesan de recordarlos: el *Argo*, el *Victoria*, el *São Cristóvão*, el *Marquesa*, el *Golden Hind*, el *Vasa*, el *Mayflower*, la *Atrevida*, el *Victory*, el *Beagle*, el *Challenger*, el *Bounty*, el *Mary Celeste*, el *Pequod*, el *Kon-Tiki*, el *Cutty Sark*, el *Titanic*, el *Andrea Doria*, el *Lusitania*, el *Bismark*, el *Wilhelm Gustloff*, el *Calypso*, el *Marqués de Comi-

llas, el *Queen Mary,* el *Kuznetsov,* el *Juan Sebastián Elcano,* el *Nautilus,* el *Enterprise.*

Muchos de nuestros barcos también tienen nombres (si bien, como en el caso de Ulises y su Odisea, no siempre los conocemos todos). De todo eso trata este ensayo. He escogido cien embarcaciones —aunque menciono muchas más— que me han parecido altamente significativas y representativas a la hora de tejer nuestro tapiz, cocinar nuestro ajiaco, y armar nuestro rompecabezas, aunque pudieron haber sido otras diferentes. Invito al lector a continuar la búsqueda. Por lo pronto, no te quedes en tierra, ¡te esperamos a bordo!

Pero antes, para que puedas tener más claro un panorama de nuestro último medio milenio te ofrezco una cronología, entre otras posibles, que te sirva de referencia permanente mientras navegas por los barcos que he seleccionado y que aparecen en el Índice.

¡A levar anclas!

UNA POSIBLE CRONOLOGÍA PARA CUBA

Algunos nombres, fechas y eventos (pudieran ser otros) representativos de cada período

CUBA ABORIGEN: 6000 AC-1492
- Llegada de los primeros habitantes. Introducción del tabaco y la yuca.
- Guanahatabeyes, siboneyes, taínos.

CUBA CASTELLANA: 1492-1516
Reyes Católicos; Cristóbal Colón, Juan de la Cosa, Papa Alejandro VI (Borgia), Diego Colón, Diego Velázquez, Hernán Cortés, Padre Bartolomé de Las Casas, Hautey, Guarina, Habaguanex, Guamá.
- «Descubrimiento» de la isla por Cristóbal Colón y los navegantes de las 3 carabelas (1492).
- Primeros mapas (1500-1508). Confirmación de la insularidad de Cuba (1508-1509).
- Fundación de los primeros poblados: Baracoa, Bayamo, Sancti Spíritus, Trinidad, Puerto Príncipe, Santiago de Cuba (todas «villas») y Remedios (1511-1515).
- El cacique Hatuey es quemado vivo en Yara (1512).
- Introducción de animales (caballos, cerdos, aves de corral) y plantas (arroz, cítricos, otras)
- Santiago de Cuba: Capital (1516-1539) y única diócesis católica (1516-1787).

CUBA BAJO LOS HAPSBURGO: 1516-1700
REYES: Carlos I (1516-1556), Felipe II (1556-98), Felipe III (1598-1621), Felipe IV (1621-65), Carlos II (1665-1700).
- Hernán Cortés parte a la conquista de México (1518). Cuba se convierte en trampolín para descubrir otras tierras.
- Fundación de La Habana y utilización de la Corriente del Golfo para regresar a Europa (1519).

- Traslado de la capital a La Habana (1539).
- Isabel de Bobadilla, esposa de Hernando de Soto (1496-1542), primera y única mujer gobernadora de Cuba (1539-1543).
- El extremeño Francisco García Holguín funda el El Hato de San Isidoro de Holguín (1545).
- La Habana se convierte en el puerto de reunión de la Flota de Indias (1561).
- Construcción de fortalezas en La Habana: La Fuerza (1577), El Morro y La Punta (1589-1610) y en Santiago: San Pedro (1700).
- *Los buenos en el cielo y los malos en el suelo*: primera obra representada en La Habana (1598).
- Asedio de piratas. Corsarios franceses en La Habana (1536), Jacques de Sores en Santiago (1554), Piet Heyn en Matanzas (1628), Jean David Nau, el Olonés, en Remedios (1652), Pedro Legrand en Sancti Spíritus (1665), Henry Morgan en Camagüey (1668).
- *Espejo de Paciencia* de Silvestre de Balboa, primera pieza literaria escrita en la isla (1603).
- Primera división administrativa de la Isla: Departamentos Occidental y Oriental (1607).
- Hallazgo de la imagen de la Caridad del Cobre (1612).
- Primer contacto con Japón (1614).
- El Cabildo de La Habana autoriza a Francisco Muñoz de Rojas como primer Protomédico (1634).
- Fundación de Santa Clara con un núcleo de familias provenientes de Remedios (1690).
- Fundación de Matanzas (1693).
- El habanero Laureano de Torres de Ayala, Marqués de Casa Torres es nombrado gobernador de La Florida (1693-1699).

CUBA BORBÓNICA: 1701-1898
REYES: Felipe V (1700-24), Luis I (1724), Felipe V (1724-46), Fernando VI (1746-59), Carlos III (1759-88), Carlos IV (1788-1808), Fernando VII (1808), José Bonaparte (1808-13), Fernando VII (1814-33), Isabel II (1833-68), Amadeo I de Saboya (1870-3),

República (1873-4), Alfonso XII (1874-85), María Cristina de Hapsburgo, Regente (1886-99), Alfonso XIII (1886-1931).

PRIMERA MITAD DEL SIGLO XVIII

- Abre sus puertas el Seminario San Basilio el Magno en Santiago de Cuba (1722).
- Introducción de la imprenta por Carlos Habré (*Novena en devoción, y gloria de N. P. San Agustín,* 1722).
- Se crea el Real Arsenal de La Habana, y en sus astilleros se desarrollará una importante actividad de construcción naviera (1724).
- Autorizados por la bula papal de Inocencio XIII, los religiosos dominicos fundan la Universidad de La Habana (1728).
- *El Príncipe Jardinero y fingido Cloridano,* de Santiago Pita, primera obra teatral escrita por un cubano (1733).
- Invasión inglesa a Guantánamo bajo el mando del almirante inglés Edward Vernon. Entre los oficiales venía Lawrence Washington, hermano mayor de George (1741).
- Introducción del café (1748).
- Llegada y partida de los jesuitas. Colegio San José, Catedral de La Habana (1720-1767).

CUBA INGLESA: 1762-1763

- Conde de Albemarle, Juan de Prado Portocorarrero, Pepe Antonio, Marquesa de Jústiz (*Dolorosa métrica*).
- Pacto de Familia (1762) entre borbones españoles y franceses, que nos hace vulnerables a los ingleses.
- Obispo Morell de Santa Cruz expulsado a la Florida.
- Ampliación del comercio; llegada de protestantes y masones
- Los artistas ingleses que acompañaron a los invasores (Philip Orsbridge, Elias Durnford) nos dejan grabadas las primeras vistas reales de La Habana.
- Cuba es canjeada por la Florida, como estipulado en el Tratado de París (1763).

CUBA ILUSTRADA: 1763-1867

CAPITANES GENERALES: Ambrosio Funes, conde de Ricla (17635); Diego Manrique (1765-6); Antonio María de Bucareli (1766-71); Felipe de Fondesviela, marqués de la Torre (1771-7); Diego José Navarro (1777-80); Juan Manuel de Cagigal (1781-2); Luis de Unzaga (1782-5); Bernardo Troncoso (1785); José Manuel de Ezpeleta (17859); Domingo Cabello (1789-90); Luis de las Casas (1790-6); Juan Procopio Bassecourt, conde de Santa Clara (1796-9); Salvador Muro, marqués de Someruelos (1799-1812); Juan Ruiz de Apodaca (1812-6); José María Cienfuegos (1816-9); Juan María Echeverri (1819); Juan Manuel de Cagigal (1819-21); Nicolás de Mahy (1821-2); Sebastián Kindelán (1822-3); Francisco Dionisio Vives (1823-32); Mariano Ricafort (1832-4); Miguel Tacón (1834-8); Joaquín Ezpeleta (183840); Pedro Téllez (1840-1); Jerónimo Valdés (1841-3); Leopoldo O'Donnell (1843-8); Federico Roncali (1848-50); José Gutiérrez de la Concha, marqués de La Habana (1850-2); Valentín Cañedo (1852-3); Juan González de la Pezuela (1853-4); José Gutiérrez de la Concha (1854-9); Francisco Serrano (1859-62); Domingo Dulce (1862-6); Francisco de Lersundi (1866); Joaquín del Manzano (1866-7); Blas Villate, Conde de Valmaseda (1867).

VIDA POLITICA/ MILITAR: Joaquín de Agüero, Antonio Aponte, Eduardo Facciolo, Alejandro O'Reilly, Ramón Pintó, Conde de Pozos Dulces, Alejandro Ramírez; Conde de Villanueva.

LETRAS: Francisco de Arango y Parreño, Antonio Bachiller y Morales, Gaspar Betancourt Cisneros, José Victoriano Betancourt, Luis Victoriano Betancourt, Manuel Costales, Cucalambé, Domingo Delmonte, Gertrudis Gómez de Avellaneda, José de la Luz y Caballero, José Jacinto Milanés, Aurelio Mitjans, Pedro José Morillas, Julia Pérez Montes de Oca, Luisa Pérez de Zambrana, Plácido, Fray José Rodríguez Ucres, Manuel Justo de Rubalcava, Juan Bautista Sagarra, Tranquilino Sandalio de Noda, Ildefonso Vivanco, Juan Clemente Zenea, Manuel de Zequeira.

ARTES VISUALES: Leonardo Barañano, Hermanos Augusto, Esteban y Felipe Chartrand, Charles Collet, Fernando de la Costa,

Laureano Cuevas, Nicolás de la Escalera, Vicente Escobar, Augusto Ferrán, Hippolyte Garneray, Adolf Hoeffler, Víctor Patricio de Landaluze, Eduardo Laplante, José López Martínez, Frédéric Mialhe, Hercules Morelli, José Perovani, José Robles, Leopoldo Romañach, James Gay Sawkins, Edouard Willmann.

MÚSICA: Ulpiano Estrada, Laureano Fuentes, Cayetano Pagueras, Juan París, Nicolás Ruiz Espadero, Esteban Salas, José White.

TEATRO/ DANZA: Francisco Javier Balmaseda, Chiquita, Francisco Covarrubias, Bartolomé José Crespo Borbón (Creto Gangá), Fanny Essler, Joaquín Lorenzo Luaces, José Agustín Millán.

RELIGIÓN: José Agustín Caballero, Obispo Antonio María Claret, Obispo Diego Evelino Hurtado de Compostela, Obispo Juan José Díaz de Espada; Obispo Gerónimo Valdés, padre Valencia, Félix Varela.

VIDA ECONÓMICA: Familia Calvo de la Puerta, Narciso Gelats, Familia Pedroso, Familia Peñalver, Julián de Zulueta.

OTRO: Francisco de Albear, Fredrika Bremmer, Matías Pérez, Esteban Pichardo, Andrés Poey, Felipe Poey, José Valdés.

- Para proteger la bahía habanera y evitar que Cuba vuelva a ser invadida se construye la fortaleza de San Carlos de la Cabaña (1763-74).
- Esteban Salas es nombrado Maestro de Capilla en Santiago de Cuba (1763).
- Se completa el primer censo en la isla, revelando un total de 171, 620 habitantes, de los cuales 55.59% eran blancos, 32.61% negros y 11.9% mulatos (1774).
- El 8 de noviembre de 1782 aparece la primera publicación periódica de Cuba de la que existen ejemplares, la *Gazeta de la Havana,* bajo la dirección de Diego de la Barrera. Solo se conocen dos números, correspondientes al 15 y al 22 de noviembre (1782).
- *Descripción* de peces de Antonio Parra, primer libro ilustrado de Cuba (1787).

- Comienza a circular en Cuba el *Papel Periódico de La Havana* (1790).
- Se concluye la construcción del Palacio de los Capitanes Generales (1776-1792).
- Se funda en La Habana la Sociedad Eonómica de Amigos del Pais (1793).
- Introducción de la caña de Otahití (1798).
- Introducción de la vacuna en Santiago y en La Habana (1804).
- Primer sorteo de lotería en La Habana (1812).
- Fundación del asentamiento que se convertirá en Sagua la Grande (1812). Se le concederá el título de Villa en 1866.
- Supresión de la trata de esclavos (1817).
- Academia de Bellas Artes San Alejandro en La Habana (1818).
- Introducción del barco de vapor. En su primer trayecto viajaría entre La Habana y Matanzas (1819).
- Fundación de Cienfuegos (1819).
- Introducción de la máquina a vapor de moler caña (1819).
- Introducción de la litografía en La Habana y Santiago (Santiago Lessieur, 1822; Juan de Mata Tejada, 1824; Luis Caire, 1829; Fréderic Mialhe, 1838).
- El presidente de Estados Unidos James Monroe procalama la Doctrina Monroe («América para los americanos») (1823).
- *Poesías* de José María Heredia (Nueva York, 1825).
- *Isla de Cuba,* del Barón Alejandro de Humboldt (1826).
- Segunda división territorial: Departamentos Occidental, Central y Oriental (1827).
- Fundación de Nueva Gerona, Isla de Pinos (1830).
- Se crea en La Habana la Junta Superior Gubernativa de Medicina, Cirugía y Farmacia (1833).
- *Cartas a Elpidio* de Félix Varela (Nueva York, 1835).
- Se edita en La Habana el *Diccionario provincial casi razonado de vozes cubanas* de Esteban Pichardo (1836).
- Primer ferrocarril de mundo hispano: Habana-Bejucal (1837).
- Abre sus puertas el Teatro Tacón (1838).

- Comienza a publicarse en París la *Historia Física* de Ramón de la Sagra (1838-1857).
- Tiene lugar en La Habana la primera exposición de cuadros artísticos bajo el patrocinio de Pedro Téllez-Girón, Príncipe de Anglona (1840).
- Se funda el Archivo General de la Real Hacienda, luego Archivo Nacional de la República de Cuba (1840).
- El inglés G. W. Halsey inaugura en La Habana el primer estudio fotográfico (1841).
- El periódico literario habanero *La Prensa* edita la primera composición en forma de habanera: *El amor en el baile* (1842).
- Introducción de colonos chinos (1847).
- *Atlas de Cuba* de Rafael Rodríguez (1848).
- Estreno en el Teatro Tacón de la ópera *Colón en Cuba*, con música de Giovanni Bottesini, libreto de Ramón de Palma (1848).
- Creación de bandera y escudo nacionales (Nueva York, Narciso López, Emilia y Miguel Teurbe Tolón) (1849).
- Introducción de colonos aztecas (1849).
- Se termina la construcción del Teatro Principal de Camagüey (1850).
- Dedicada a Luz Vázquez, se escucha en Bayamo *La Bayamesa* de Carlos Manuel de Céspedes y José Fornaris (1851).
- Abre en La Habana la fábrica de cigarros La Honradez, de Luis Susini (1853).
- El farmaceútico español Ernesto Sarrá abre en La Habana la farmacia La Reunión, luego Sarrá (1853).
- Se publica en París la *Colección de papeles científicos, históricos, políticos y de otros ramos sobre la isla de Cuba*, de José Antonio Saco (1858-1859).
- Inauguración en Santiago de la fábrica de Ron Bacardí (1862).
- Se inaugura en Cárdenas el primer monumento a Cristóbal Colón en América (1862).
- Abre sus puertas en Matanzas el Teatro Esteban, luego Sauto (1863).

- Los hermanos catalanes Juan y José Crusellas abren en La Habana una fábrica de jabones y velas (1863).
- Fundación de Pinar del Río (1867).

CUBA MAMBISA Y EXILADA: 1868-1898
CAPITANES GENERALES: Francisco de Lersundi (1867-9); Domingo Dulce (1869); Antonio Caballero de Rodas (1869-70); Blas Villate (1870-2); Francisco de Ceballos (1872-3); Cándido Pieltaín (1873); Joaquín Jovellar (1873-4); José Gutiérrez de la Concha (1874-5); Blas Villate (1875-6); Joaquín Jovellar (1876); Arsenio Martínez Campos (1876-9); Ramón Blanco (1879-81); Luis Prendergast (1881-83); Ignacio María del Castillo (1883-4); Ramón Fajardo (1884-6); Emilio Calleja (1886-7); Sabas Marín (1887-9); Manuel Salamanca (1889-90); José Chinchilla (1890); Camilo Polavieja (1890-2); Alejandro Rodríguez Arias (1892-3); Emilio Calleja (1893-5); Arsenio Martínez Campos (1895-6); Valeriano Weyler (1896-1897); Ramón Blanco (1897-8); Adolfo Jiménez Castellanos (1898).

CUBANOS Y AMIGOS DE LA CAUSA: Ignacio Agramonte, Francisco Vicente Aguilera, Ana Betancourt, Juana Borrero, Cambula, Federico Capdevila, Emilia Casanova, Andrés Cassard, Carlos Manuel de Céspedes, Francisco Javier Cisneros, Gaspar Cisneros Betancourt, Fernando Figueredo, William Fry, Calixto García, Vicente García, Máximo Gómez, Jack Guiteras, Lambton Lorraine, Antonio y José Maceo, Francisco Marcano, José Martí, Bartolomé Masó, Gonzalo de Quesada, Jesús Rabí, Juan Rius Rivera, Isabel Rubio, Fermín Valdés Domínguez.
- Grito de Yara. Comienzo de la Guerra de los 10 años (1868-1878).
- Perucho Figueredo compone música y letra del Himno Nacional (1867-1868).
- Fusilamiento de los 8 estudiantes de medicina: Alonso Álvarez de la Campa, Anacleto Bermúdez, Eladio González Toledo, Ángel Laborde, José de Marcos y Medina, Juan Pascual Rodríguez, Carlos Augusto de la Torre, Carlos Verdugo (1871).
- Combate de La Sacra dirigido por Máximo Gómez (1873).

- Pacto del Zanjón y Protesta de Baraguá (1878).
- División territorial en seis provincias: Pinar del Río, La Habana, Matanzas, Santa Clara, Puerto Príncipe y Santiago de Cuba (1878).
- *Diccionario Biográfico* de Francisco Calcagno (Nueva York, 1878).
- Parte para Kingston, Jamaica, Mariana Grajales (1878).
- Supresión de la esclavitud (1880). Solo Brasil lo haría más tarde (1888).
- *Cecilia Valdés* de Cirilo Villaverde (Nueva York, 1882).
- *La edad de oro* de José Martí (Nueva York, 1889).
- La soprano habanera Chalía Herrera debuta en Filadelfia y Nueva York (1894). Más tarde haría en Nueva York la primera grabación de la habanera *Tu* de Eduardo Sánchez de Fuentes (1899).
- Grito de Baire. Comienzo de la Guerra de independencia (1895-1898).
- Combates de Peralejo y Coliseo —Máximo Gómez y Antonio Maceo (1895).
- Partido Revolucionario Cubano y *Patria* de José Martí (Cayo Hueso, Nueva York, 1892).
- Fernando Figueredo Socarrás es electo alcalde de West Tampa (1895).
- *Cuba y los cubanos* de Raimundo Cabrera (Filadelfia, 1896).
- Invasión de Oriente a Occidente dirigida por Antonio Maceo; muerte del Titán en San Pedro (1896).
- Se forma en Cuba un gobierno autonómico, con la participación de José María Gálvez, Rafael Montoro, Rafael Fernández de Castro y Eliseo Giberga (1898).

CUBA INVADIDA POR ESTADOS UNIDOS
Teodoro Roosevelt, Rough Riders, Almirante William Sampson, Joseph Wheeler, Capitan Sigsbee, Comodoro Winfield Scott Schley, Pascual Cervera, Fernando Villaamil, José Toral.
- 1898: Hundimiento del *Maine*. Intervención norteamericana. Derrota naval española en Santiago de Cuba.

CUBA NORTEAMERICANA: 1898-1902
John Brooke, Leonardo Wood, Alexis E. Frye.
- Supresión de lotería y corridas de toros.
- La casa Schirmer de Nueva York edita *Six Cuban dances* de Ignacio Cervantes (1899).
- Invitación a mil maestros para estudiar inglés durante el verano en Harvard, (Cambridge, Massachussets) (1900).
- Con catorce alumnos, Robert L. Wharton funda en Cárdenas el Colegio Presbiteriano La Progresiva (1900).
- Abre sus puertas en Santiago de Cuba el Museo Bacardí (1900).
- Abre sus puertas en La Habana la Biblioteca Nacional de Cuba (1901).
- Se comienzan las obras del Malecón habanero.
- Base Naval de Guantánamo (1902-).
- Walter Reed confirma la teoría de la transmisión de la fiebre amarilla de Carlos J. Finlay (aunque no todos atribuyeron el triunfo a Finlay).
- Enmienda Platt (1902-1934).

CUBA REPUBLICANA: ETAPA CAPITALISTA 1902-1958
PRESIDENTES: Tomás Estrada Palma (1902-6), intervención americana bajo Charles Magoon (1906-9), José Miguel Gómez, (1909-13) Mario García Menocal (1913-21), Alfredo Zayas (1921-25), Gerardo Machado (1925-33), Carlos Miguel de Céspedes (1933), Pentarquía de Portela, Carbó, Franca, Irisarri y Grau (1933), Ramón Grau (19334), Carlos Hevia (1934), Carlos Mendieta (1934-5), José Barnet (1935-6), Miguel Mariano Gómez (1936), Federico Laredo Brú (1936-40), Fulgencio Batista (1940-44), Ramón Grau (1944-48), Carlos Prío, (1948-52), Fulgencio Batista (1952-58).

VIDA POLITICA/MILITAR: Juan Manuel Alemán, Guillermo Alonso Pujol, José María Barraqué, Guillermo Belt, Leopoldo Cancio Luna, Eulogio Cantillo, Raúl de Cárdenas Echarte, Fernando Chenard, Eduardo Chibás, Giraldo Córdova, Gustavo Cuervo

Rubio, Horacio Díaz Pardo, Julio Díaz, Matías Duque, José Antonio Echeverría, Luís Estévez Romero, Armando Fleites, Mario García Kohly, Pilar García, Gastón Godoy, Raúl Gómez García, Renato Guitart, Antonio Guiteras, Carlos Gutiérrez Menoyo, Aurelio Hevia, José Antonio Jiménez Cañizares, Antonio «Ñico» López, Carlos Márquez Sterling, Rolando Masferrer, Julio Antonio Mella, Julio Morales Coello, Martín Morúa Delgado, Eusebio Mujal, Mario Muñoz, Carmelo Noa Gil, Francisco Orúe, Frank País, Carlos Manuel Piedra, Lope Recio, Ciro Redondo, Julio Máximo Reyes Cairo, Andrés Rivero Agüero, Rafael Salas Cañizares, Rolando San Román, Reinaldo Boris Luis Santa Coloma, Abel Santamaría, Francisco Tabernilla (padre e hijo), José Luis Tasende, Cosme de la Torriente, Rafael Trejo, Julio Trigo López, Tony Varona, Esteban Ventura, Ramón Zaydín.

LETRAS: Agustín Acosta, Ángel Augier, Regino Boti, Mariano Brull, José Ángel Buesa, Bonifacio Byrne, José Manuel Carbonell, Eliseo Diego, Leandro González Alcorta, Ernest Hemingway, Alfonso Hernández Catá, Joaquín Llaverías, Jorge Mañach, Juan Marinello, Rubén Martínez Villena, Salvador Massip, Lino Novás Calvo, Felix Pita Rodríguez, Herminio Portell Vilá, José Antonio Portuondo, José Manuel Poveda, Miguel Ángel Quevedo, Pepín Rivero, Lola Rodríguez de Tió, Mariblanca Sabas Alomá, Gustavo Sánchez Galarraga, Emeterio Santovenia, Pablo de la Torriente Brau, Carlos M. Trelles, José Zacarías Tallet, Enrique Jose Varona.

ARTES VISUALES: Francisco Antigua, Jorge Arche, Marta Arjona, Eugenio Batista, Max Borges, María Capdevila, Enrique Caravia, Manuel Carrerá, Francisco Centurión, Mirta Cerra, Salvador Corratgé, Arístides Fernández, Antonio Gattorno, Florencio Gelabert, Carmelo González, Govantes y Cabarrocas, Guido Llinás, Rita Longa, Ramón Loy, Armando Maribona, Rodolfo Maruri, Moenck, Rafecas y Tonarely, Leonardo Morales, Eugenio Rayneri, Juan José Sicre, Esteban Valderrama, Manuel Vega.

MÚSICA: Blanquita Amaro, Jorge Anckermann, Hubert de Blanck, Olga de Blanck, Bola de Nieve, Esther Borja, Hortensia Coalla, América Crespo, Eusebio Delfín, Sarita Escarpenter, Osvaldo Farrés, Mario Fernández Porta, Rosita Fornés, Alejandro García Caturla, María Teresa García Montes de Giberga, Celina González, Eliseo Grenet, Gisela Hernández, Teofilito Gómez, Pedro Junco, La Lupe, Zoraida Marrero, Rita Montaner, Benny Moré, Armando Oréfiche, Ignacio Piñeiro, Jaime Prats, Rodrigo Prats, Gonzalo Roig, Amadeo Roldán, Antonio Ma. Romeu, Rosendo Rosell, María de los Ángeles Santana, Juan Bruno Tarraza, Ramón Veloz, María Teresa Vera.

TEATRO/ DANZA/ RADIO/ TV/ CINE: Paco Alfonso, Alicia Alonso, Fernando Alonso, José Antonio Alonso, Jesús Alvariño, Arturo Artalejo, Carlos Badías, Marcos Behemaras, Lolita Berrio, Armando Bianchi, Gina Cabrera, Cachucha y Ramón, Mimí Cal, Agustín Campos, Luis Carbonell, Violeta Casal, Manolo Coego, Julito Díaz, Luis Echegoyen, Carlos Felipe, Garrido y Piñero, Alberto González Rubio, Tito Hernández, Miguel Llao, Alejandro Lugo, Francisco Meluzá Otero, Otto Meruelo, Goar Mestre, Manolo Ortega, Germán Pinelli, Gaspar Pumarejo, Pototo y Filomeno, Candita Quintana, Raquel Revuelta, Alicia Rico, Maritza Rosales, Enriqueta Sierra, Otto Sirgo, Álvaro Suárez, Normita Suárez, Luis Trápaga, Rubén Vigón, Los Tres Villalobos, Amado Trinidad, Castor Vispo.

DEPORTES: Andarín Carvajal, José Raúl Capablanca, Alfredo de Oro, Ramón Fonst, Kid Chocolate, Kid Gavilán, Niño Valdés, Club Almendares (Andrés Fleitas, Gervasio González, Adolfo Luque, Conrado Marrero, Armando Marsans, José de la Caridad Méndez, Roberto Ortiz, Orlando Peña, Cristóbal Torriente); Club Habana (Vicente Amor, Edmundo Amorós, Miguel A. González, Alejandro Oms, Luis Tiant, Adrián Zabala); Club Cienfuegos (Alejandro Crespo, Juan Delís, Martín Dihigo, Mike Fornieles, Silvio García, Fermín Guerra, Orlando Leroux, Conrado Marrero, Orestes Miñoso, Pedro Pagés, Camilo Pascual, Pedro Ramos); Club Marianao (Baldomero «Merito» Acosta, Mario Arencibia, Martín Dihigo, Orestes Miñoso, Conrado Pérez).

RELIGIÓN: Padre Jaime de Aldeaseca, Asilo Santovenia, Cardenal Manuel Arteaga, H. B. Bardwell, Alexander Hugh Blankingship, Herbert Caudill, Ione Clay, madre Ester Diago, padre Pelegrín Franganillo, Hiram Richard Hulse, Modesto Galofré, Antoñica Izquierdo, Irma Izquierdo (La Estigmatizada), Obispo Eduardo Martínez Dalmau, M. N. McCall, Carlos Pérez Ramos, Obispo Enrique Pérez Serantes, padre Felipe Rey de Castro, *Rosa Mística*, padre José Rubinos, padre Lorenzo Spiralli, padre Ismael Testé, Monseñor Raúl del Valle, Hermano Victorino, Sor Petra Vega, madre Thomas Vorhees.

VIDA ECONÓMICA: Anselmo Alliegro, Elicio Argüelles, Manuel Aspuru, Jesús Azqueta, Ibrahím Babúm, Amadeo Barletta, Antonio Bartés Clarens, Agustín Batista, Julio Blanco Herrera, José María Bosch, Bernardo Braga Rionda, Esteban Cacicedo, José Ignacio de la Cámara, José Manuel Casanova, Luis Casero, Nicolás Castaño, Segundo Casteleiro, Ramón Cifuentes, Oscar B. Cintas, Enrique Conill, José Manuel Cortina, José Manuel Cubas, Irenée DuPont, Gregorio Escagedo, Eutimio Falla Bonet, Tomás Felipe Camacho, Enrique Gancedo, Marcelino García Beltrán, Juan Gelats, Enrique Godoy Sayán, José Gómez Mena Vila, Álvaro González Gordon, Viriato Gutiérrez, Dayton Hedges, Alfredo Hornedo, Teodoro Johnson, Adolfo Kates, Julián Lastra Humara, Julio Lobo, Amadeo López Castro, José Antonio López Serrano, Mamerto Luzárraga, Narciso Maciá, Alberto Mañas, Pura Nazábal, Fernando Palicio, Víctor Pedroso, José Ma. Pérez Benitoa, Justo Luis del Pozo, José Bernardo Rionda, Teobaldo Rosell, Jorge Schueg, Frank Steinhart, Alejandro Suero, Francisco Taquechel, José Miguel Tarafa, Andrés Terry, Alberto Vadía, Raúl Valdés Fauli, Estanislao e Ignacio del Valle, Gaspar Vizoso, Guillermo de Zaldo, Manuel de Zárraga, Eduardo Zayas Bazán.

OTRO: Arturo Aballí, James Baker, Aurelio Baldor, El Caballero de París, Jesús Menéndez, José Carlos Millás, Carlos M. de Rojas, Santos y Artigas, Policarpo Soler, Nitza Villapol.

- Estados Unidos factor dominante en inversiones, comercio y modelo de vida.
- Se edita en Madrid *Los negros brujos* de Fernando Ortiz (1905).

- Queda fundada en La Habana la United Hebrew Congregation (1906).
- Creación de primer ministerio de salud pública del mundo (1909).
- Se celebra la primera regata oficial de remo en Varadero (1910).
- Con la colaboración de los arquitectos Pablo Donato Carbonell y Alfredo Colli termina la construcción en Punta Gorda, Cienfuegos, del Palacio de Valle, de Acisclo Valle Blanco (1913).
- Primera transmisión radial en Cuba (1920).
- Cuba cuenta con 29,840 teléfonos (1920).
- Se inaugura el Yacht Club de Cienfuegos (1920).
- Se funda la Federación Estudiantil Universitaria (FEU) (1922).
- Se termina la construcción de la Carretera central, con 1139 km (1933).
- Se crean las diócesis católicas de Pinar del Río y Cienfuegos (1903).
- Se crean las diócesis católicas de Matanzas y Camagüey (1912).
- Miguel Matamoros, Rafael Cueto y Siro Rodríguez fundan en Santiago de Cuba un trio que más tarde, cuando fueron a grabar a New Jersey, tomó el nombre de Trío Matamoros (1925).
- Fin de la Enmienda Platt (1934).
- *West Indies Limited* de Nicolás Guillén (1934).
- Golpe de Estado de Fulgencio Batista y otros sargentos (1934).
- Abre sus puertas el Jardín Zoológico de La Habana en la calle 26 del Nuevo Vedado (1939). En 1949 la escultora Rita Longa emplazaría a su entrada el Grupo familiar de venaditos.
- Comienza a escucharse la radionovela *El Derecho de Nacer* de Felix B Caignet (1939).
- Abre sus puertas el cabaret Tropicana (1939); auge del turismo, especialmente americano.
- Se fundan la Confederación de Trabajadores de Cuba y el Lyceum y Lawn Tennis Club de La Habana (1939).
- Es adoptada la Constitución de 1940.

- Se publica en Nueva York el reporte sobre las misiones protestantes en Cuba de J. Merle Davis (*The Cuban Church in a Sugar Economy* (1942)).
- Se inaugura en el museo de pintura moderna de Nueva York (MoMA) la primera exposición de 13 pintores cubanos de vanguardia (Modern Cuban Painters), bajo la curaduría de Alfred H. Barr y financiamiento de María Luisa Gómez Mena. Expusieron Felisindo Iglesias Acevedo, Cundo Bermúdez, Mario Carreño, Roberto Diago, Carlos Enríquez, Felipe Orlando, Mariano Rodríguez, Luis Martínez Pedro, Rafael Moreno, Amelia Peláez, Fidelio Ponce, René Portocarrero y Victor Manuel (1944).
- Comienza a publicarse la revista *Orígenes*, fundada por José Lezama Lima y José Rodríguez Feo (1944).
- *Electra Garrigó* de Virgilio Piñera (1948).
- Cuba firma la Declaración Universal de Derechos Humanos de las Naciones Unidas (1948).
- Se edita en México *El reino de este mundo* de Alejo Carpentier (1949).
- Se estrena el *Mambo No. 5* de Dámaso Pérez Prado (1949).
- El Dr. Pelayo Cuervo comienza la Causa 82, acusando al presidente Grau y otros de malversación de fondos públicos (1949).
- Abren sus puertas las Universidades de Santo Tomás de Villanueva (1946), Oriente (1949) y de las Villas (1952).
- Se inaugura la transmisión de TV en Cuba (1950).
- Ley de creación del Banco Nacional de Cuba (1950).
- Ruptura constitucional por el golpe de estado de Fulgencio Batista (1952).
- Asalto al cuartel Moncada por un grupo de anti-batistianos bajo el liderazgo de Fidel Castro. *La Historia me absolverá* (1953).
- La orquesta América graba *La engañadora* de Enrique Jorrín (1953).
- Censo de 1953: 5,829,029 millones de habitantes; 72.8 % blancos, 12.4 % negros, 14.5 % mulatos (1953).
- Se edita en La Habana *El Monte* de Lydia Cabrera (1954).

- Se inaugura la Biblioteca Guiteras en Matanzas (1955).
- Desembarco del *Granma* por la costa sur de Oriente (Fidel, Raúl, Che) (1956).
- Se termina de construir el edificio FOCSA, el más alto de la isla, con 33 pisos. Colaboración del arquitecto Ernesto Gómez Sampera y el ingeniero Bartolomé Bestard (1956).
- Se inauguran en La Habana nuevos edificios del Museo Nacional de Bellas Artes (arquitecto Alfonso Rodríguez Pichardo, 1954) y de la Biblioteca Nacional José Martí (arquitectos Govantes y Cabarrocas, 1957).
- La Habana, París del Caribe. Contraste urbano-rural. Encuesta de la Agrupación Católica Universitaria (1957).
- Lucha armada de varias fuerzas anti-batistianas: Movimiento 26 julio, Directorio Revolucionario, II Frente del Escambray (1956-1958).
- Huida de Fulgencio Batista a Santo Domingo, luego Portugal y España (madrugada de 1959).

CUBA REPUBLICANA: ETAPA SOCIALISTA 1959-2018

PRESIDENTES CUBANOS: Manuel Urrutia (1959), Osvaldo Dorticós (1959-76), Fidel Castro (1976-2008), Raúl Castro (2008-18).

PRESIDENTES NORTEAMERICANOS: Ike Eisenhower (1959-61), John F Kennedy (1961-63), Lyndon B. Johnson (1963-69), Richard Nixon (1969-74), Gerald Ford (1974-77), Jimmy Carter (1977-81), Ronald Reagan (1981-88), George H. Bush (1989-93); Bill Clinton (1993-2001), George W. Bush (2001-9), Barack Obama (2009-17), Donald Trump (2017-).

PRIMEROS SECRETARIOS DEL PARTIDO, URSS: Nikita Jrushchov (1953-1964), Leonid Brezhnev (1964-82), Yuri Andropov (1982-84), Konstantin Chernenko (1984-5), Mijail Gorbachov (1985-91).

VIDA POLÍTICA/ MILITAR: José Abrahantes, Ricardo Alarcón de Quesada, Carlos Aldana, Juan Almeida, Efigenio Ameijeiras, Tamara Bunke («Tania»), Senén Casas, Camilo Cienfuegos, Miguel Díaz-Canel, Aníbal Escalante, Vilma Espín, José Ramón Fernández, Tony y Patricio de la Guardia, Ché Guevara, Armando Hart, Carlos Lage, Esteban Lazo Hernández, José Ramón Machado Ventura, Huber Matos, Jesús Montané, Antonio Núñez Jiménez, Joaquín Ordoqui, Lázaro Peña, Antero Regalado, Jorge Risquet, Raúl Roa (padre e hijo), Blas Roca, Carlos Rafael Rodríguez, José Luis Rodríguez, Celia Sánchez, Haydée Santamaría, Ramiro Valdés.

LETRAS: Rafael Acosta de Arriba, Mirta Aguirre, Aurelio Alonso, Dora Alonso, Antón Arrufat, Luis Álvarez Álvarez, Vicentina Antuña, María del Carmen Barcia, Miguel Barnet, Enrique Beldarraín, Salvador Bueno, Ana Cairo, Delio Carreras, Elda Cento, Norberto Codina, Gregorio Delgado García, Miguel Antonio D'Estefano Pisano, Abelardo Estorino, Samuel Feijóo, Nersys Felipe, Ambrosio Fornet, Julio Fernández Bulté, Pablo Armando Fernández, Roberto Fernández Retamar, *La Gaceta de Cuba*, Araceli García Carranza, César García del Pino, Fina García Marruz, Olga García Yero, Silvana Garriga, René González Barrios, Camila Henríquez Ureña, Rafael Hernández, Eduardo Heras León, Jorge Ibarra Cuesta, Ibrahím Hidalgo, Joel James, Onelio Jorge Cardoso, Zoila Lapique, Eusebio Leal, José López Sánchez, Dulce María Loynaz, Julio Le Riverend, Víctor Marrero, Fernando Martínez Heredia, Urbano Martínez Carmenate, Roberto Méndez, Nancy Morejón, Indio Naborí, Manuel Navarro Luna, Luis Rogelio Nogueras, Rosario Novoa, Carilda Oliver, *Opus Habana,* Leonardo Padura, Hortensia Pichardo, Oscar Pino Santos, Graziella Pogolotti, Ena Lucia Portela, Olga Portuondo, Abel Prieto, Pedro Pablo Rodríguez, Reina María Rodríguez, Rolando Rodríguez, José Soler Puig, Signos, *Temas,* Mildred de la Torre, Eduardo Torres Cuevas, Juan Valdés Paz, Cintio Vitier, Yoss. Alfredo Zaldívar, Oscar Zanetti.

ARTES VISUALES: Ángel Acosta León, Belkis Ayón, Adigio Benítez, Jorge R. Bermúdez, Tania Bruguera, Servando Cabrera Moreno, Los Carpinteros, Moraima Clavijo, Raúl Corrales, Mario Coyula, Sandú Darié, Roberto Diago, Nelson Domínguez, Antonia Eiriz, Roberto Fabelo, Ever Fonseca, Flavio Garciandía, Alicia García Santana, José Gómez Fresquet, Ruperto Jay Matamoros,

Joel Jover, Adelaida de Juan, Kcho, Korda, Julio Larramendi, Alberto Lescay, Olga López Núñez, Raúl Martínez, Corina Matamoros, Manuel Mendive, Luz Merino, Luis Muñoz Bachs, Raúl Milián, René de la Nuez, Pedro Pablo Oliva, Pedro de Oraá, René Peña, Jorge Rigol, Zaida del Río, Lázaro Saavedra, Roberto Salas, Tomás Sánchez, Alfredo Sosabravo, Rubén Torres Llorca, Antonio Vidal, Ediciones Vigía, José Ramón Villa Soberón.

MÚSICA: Leonardo Acosta, Pello el Afrocán, Adalberto Álvarez, Juana Bacallao, Leo Brouwer, Buena Fe, Descemer Bueno, Elena Burke, Ramón Calzadilla. Camerata Romeu, *Claves,* Compay Segundo, Agustín Díaz Cartaya, Paquito D' Rivera, Miriam Escudero, Frank Fernández, Ibrahim Ferrer, Juan Formell, Radamés Giro, Mariana de Gonich, Digna Guerra, Enrique González Mantici, Jesús Gómez Cairo, Radamés Giro, Huberal Herrera, Argeliers León, Ernán López Nussa, Pablo Milanés, Polo Montañez, Helio Orovio, Amaury Pérez, Jorge Luis Prats, Silvio Rodríguez, Alina Sánchez, Moriama Secada, Schola Cantorum Coralina, Meme Solís, Alicia Valdés, Chucho Valdés, Merceditas Valdés, Roberto Valera, José María Vitier, Los Zafiros.

TEATRO/ DANZA/ RADIO/ TV/ CINE: Carlos Acosta, José Manuel Acosta, Ediciones Alarcos, Carlos Enrique Almirante, Randy Alonso, Gustavo Andújar, Ana de Armas, Sadaise Arencibia, Luis Felipe Bernaza, Aurora Bosch, Miguel Cabrera, José Manuel Carreño, Gerardo Chijona, *Cine Cubano, Conjunto,* Vladimir Cruz, *Cuba en el Ballet,* Daniel Díaz Torres, Nicolas Dorr, Lorna Feijóo, Julio García Espinosa, Sergio Giral, Manuel Octavio Gómez, Daisy Granados, Nicolás Guillén Landrián, Tomás Gutiérrez Alea, Mirta Ibarra, Rine Leal, Verónica Lynn, Alberto Méndez, Enrique Molina, Isabel Moreno, José Massip, Josefina Méndez, Eslinda Núñez, Fernando Pérez, Jorge Perugorría, Enrique Pineda Barnet, Pánfilo, Mirta Plá, Carlos Quenedit, Héctor Quintero, Francisco Rey, José M. Rubiera, San Nicolás del Peladero, Isabel Santos, Humberto Solás, Juan Carlos Tabío, Reinaldo Taladrid, *Tablas,* Venigsay Valdés, Pastor Vega, Consuelito Vidal, Patricio Wood.

DEPORTES: Filiberto Azcuy, Roberto Balado, Julio Bastida, María Caridad Colón, Driulis González Morales, Mireya Luis Hernández, Ruperto Herrera, Alberto Juantorena, Silvio Leonard Sarria, Erick López, Liván López, Mijaín López, Misael López, Pedro Luis Lazo, Yasmany Lugo Cabrera, Yilexis Márquez, Osleidys Menéndez, Victor Mesa, Lienna de la Caridad Montero, Yipsi Moreno, Ivan Pedroso, Ana Fidelia Quirot, Luis Romero Amarán, Alexis Rubalcaba, Félix Savón, Javier Sotomayor, Regla Torres, Yurieski Torreblanca, Braudilio Vinent.

RELIGIÓN: *El amor todo lo espera*; Obispo Fernando Azcárate, Sergio Arce, padre Ignacio Biaín, José Felipe Carneado, Rafael Cepeda, Monseñor Carlos Manuel de Céspedes, madre Carmen Comellas, Caridad Diego, Raúl Fernández Ceballos, Adolfo Ham, padre Germán Lence, Obispo Pedro Meurice, Cardenal Jaime Ortega, padre Panchito, *Palabra Nueva*, Sor Aida Ramírez, Obispo José Siro Rodríguez; padre José Conrado Rodríguez, padre comandante Guillermo Sardiñas, Raúl Suárez, madre Lidia Torres Ajá, *Vitral*, Sor Yaileny Torres.

OTRO: Rodrigo Álvarez Cambras, Centro de Ingeniería Genética y Biotecnología de Cuba, Damas de Blanco, Orlando Garrido, Eduardo Bernabé Ordaz, Osvaldo Payá, Marta Beatriz Roque, Yoani Sánchez, Rosa Elena Simeón, Arnaldo Tamayo, Ubre Blanca, Dagoberto Valdés.

- Consolidación del poder bajo Fidel y Raúl Castro (1959-).
- Paises socialistas dominantes en inversiones, comercio e ideología (1960-1991).
- Comienzo de varias olas de exilados. Ver Cuba exilada
- Fundación del Instituto Cubano de Arte e Industria Cinematográfico (ICAIC) (1959).
- Supresión del juego y peleas de gallos (1959).
- Reformas Agraria (1959, 1963) y Urbana (1960).
- Se funda la Casa de las Américas (1959). La revista *CASA* comienza a editarse en 1960.
- Se crean los Comités de Defensa de la Revolución (CDR) (1960)

- Confiscación de propiedad privada comercial e industrial internacional y doméstica (1960).
- Como respuesta al embargo cubano de bienes norteamericanos, Estados Unidos responden con su propio embargo (1960, 1996). Ambos permanecen vigentes.
- Ruptura de relaciones con Estados Unidos (1961).
- Campaña de alfabetización y nacionalización de la enseñanza (1961).
- Se crea la Asociación Nacional de Agricultores Pequeños (ANAP) (1961).
- Se crea Instituto Nacional de Deportes, Educación Física y Recreación (INDER) (1961).
- *Palabras a los intelectuales* de Fidel Castro, condicionando la libertad de expresión («Dentro de la Revolución, todo; contra la Revolución, ningún derecho») (1961).
- Invasión de exilados por Bahía de Cochinos (1961).
- La VIII Cumbre de la OEA en Punta del Este adopta la Resolución número VI («el actual gobierno de Cuba que oficialmente se identifica como un gobierno marxista leninista, es incompatible con los principios y propósitos del Sistema Interamericano. Esta incompatibilidad excluye al actual gobierno de Cuba de su participación en el Sistema Interamericano»). Dos votos en contra: Cuba y México (1962), este último con la anuencia de los Estados Unidos.
- Crisis de los cohetes/ de octubre (1962). Trece días que estremecieron al mundo.
- Con el envío de una misión médica a Argelia, el gobierno revolucionario abre una etapa de solidaridad internacional en el campo de la salud (1965).
- Se funda en La Habana la Organización de Solidaridad con los pueblos de Asia, África y América Latina (OSPAAAL), que edita la revista *Tricontinental* (1966).
- Primera edición de *Paradiso* de José Lezama Lima (1966).
- Muere en La Higuera, Bolivia, el Ché Guevara (1967).
- «Ofensiva revolucionaria», nacionalizando las pequeñas empresas de bienes y servicios que quedaban en el país (1968).

- Apoyo de Cuba a intervención soviética en Checoslovaquia (1968).
- Fracaso de la zafra azucarera de los 10 millones (1970).
- Caso Heberto Padilla. El poeta, premiado por Casa de las Américas, fue arrestado y tuvo que hacer una autocrítica pública. Repercusiones negativas de la izquierda europea y latinoamericana (1971).
- División administrativa de Cuba en 14 provincias: Pinar del Río, Ciudad Habana; Habana [Campo], Matanzas, Cienfuegos, Villa Clara, Santi Spíritus, Ciego de Ávila, Camagüey, Las Tunas, Granma, Holguín, Santiago, Guantánamo, Territorio especial Isla de la Juventud (1974). En 2014 La Habana se subdividió en Artemisa y Mayabeque.
- Partido Comunista de Cuba (1975) y Constitución Socialista (1976, 1992).
- Víctimas de un ataque terrorista, mueren 76 personas a bordo del vuelo de la aeronave CU-455 de Cubana de Aviación, entre Barbados y Jamaica (1976). El ataque ha quedado impune.
- Apertura de Secciones de Intereses (cuasi embajadas) en La Habana y Washington.
- Cuba es la sede XI Festival de la Juventud y los Estudiantes (1978).
- Cuba es la sede de la VI Cumbre del Movimiento de Países No Alineados y asume la presidencia del mismo (1979).
- Se crea la diócesis católica de Holguín (1979).
- A bordo del *Soyuz-U2*, Arnaldo Tamayo se convierte en el primer cubano y primer afrodescendiente en participar en una misión al cosmos, junto a Yuri Romanenko (1980).
- Se inaugura en San Antonio de los Baños la Escuela Internacional de Cine y TV (EICTV) (1986).
- Batalla de Cuito Cuanavale con fuerte apoyo cubano a fuerzas angolanas (1988).
- Caso Ochoa (1989). Crisis política y militar.
- Caída del campo socialista y comienzo del Período Especial (1989-1990).
- Se crea la diócesis católica de Bayamo-Manzanillo (1995).

- Derribo de avionetas de «Hermanos al Rescate» en La Habana; Ley Helms Burton, en Washington (1996).
- Se crea la diócesis católica de Ciego de Ávila (1996).
- Se crea la diócesis católica de Guantánamo-Baracoa (1998).
- Visitas papales (Juan Pablo II, 1998; Benedicto XVI, 2012; Francisco, 2015).
- Abre sus puertas en las instalaciones de la antigua Academia Naval de La Habana la Escuela Latinoamericana de Medicina (ELAM) (1999).
- Con la llegada de la tecnología Risograph, se agiliza la producción de libros en las capitales provinciales, permitiendo una mayor impresión de títulos de temas locales (2002).
- Queda aprobada por voto nominal de todos los 559 diputados presentes en la Asamblea Nacional la Ley de Reforma Constitucional, con un nuevo párrafo al final del artículo 3 que expresa: «El Socialismo y el sistema político y social revolucionario establecido en esta Constitución... es irrevocable, y Cuba no volverá jamás al capitalismo». Por su parte, el nuevo artículo 137 sobre Reforma Constitucional excluye cualquier cambio en lo que se refiere al sistema político, económico y social, cuyo carácter es irrevocable (2002).
- Asume el poder Raúl Castro: fin de escuelas al campo y la mayoría de las restricciones para salir del país (y volver a entrar); ampliación de categorías de actividades cuentapropistas y de posibilidades de inversión extranjera; mayores opciones en la compra y venta de bienes muebles e inmuebles; habilitación del puerto de Mariel para inversiones (2008).
- Censo de 2012: 11,167,325 habitantes. 64.1% blancos, 9.3% negros, 26.6 % mulatos. La Habana era la provincia con más habitantes (2,106,646) y Mayabeque la menos poblada (376,825) Dos provincias tienen más un millón de habitantes: Santiago de Cuba (1,049,084) y Holguín (1,035,072).
- Restablecimiento de relaciones con Estados Unidos (2015).
- Muerte de Fidel (2016) y anunciada partida de Raúl del gobierno, aunque no del Partido (2018).

CUBA EXILADA 1959-
ESTADOS UNIDOS
VIDA POLÍTICA/MILITAR: *Alpha 66,* Manuel Artime, *Asociación de Ex presos Políticos,* Bernardo Benes, *Brigada Antonio Maceo, Brigada de Asalto 2606, Cambio Cubano,* Raoul G. Cantero, III, Joe Carollo, Ted Cruz, *Cuba Independiente y Democrática (CID),* Carlos Curbelo, Guarioné Diaz, Lincoln Díaz-Balart, Mario Díaz-Balart, Nils J. Diaz, *Directorio Revolucionario Estudiantil,* Katherine Fernández Rundle, *Fundación Nacional Cubano Americana,* Joe García, *Junta Patriótica,* Jorge Labarga, Jorge Más Canosa, Eugenio Martínez, Mel Martínez, Raúl L. Martínez, Bob Menéndez, *Of Human Rights,* Alex Penelas, *Partido Demócrata Cristiano de Cuba,* Carlos Pascual, Luis Posada Carriles, Ileana Ros-Lethinen, José Ignacio Rasco, Tomás Regalado, Otto Reich, Marco Rubio, Albio Sires, Armando Valladares.

LETRAS: *Alacrán Azul,* Armando Álvarez Bravo, Uva de Aragón, Liz Balmaseda, José Barreiro, Ruth Behar, Richard Blanco, Rafael Bordao, Elio Alba Bufill, Lourdes Casal, Ana Mari Cauce, Daína Chaviano, *Círculo: Revista de Cultura,* Octavio Costa, Ángel Cuadra, Belkis Cuza, Carmen Agra Deedy, Carlos Díaz Alejandro, Jorge I. Domínguez, Jorge Duany, Carlos Eire, Alejandro de la Fuente, Cristina García, Roberto González Echevarría, Guillermo Grenier, Alberto Gutiérrez de la Solana, *Herencia,* María Cristina Herrera, Oscar Hijuelos, Iraida Iturralde, José Kozer, Enrique Labrador Ruiz, *Linden Lane Magazine,* Eduardo Lolo, Luis Mario, Humberto Medrano, Carmelo Mesa Lago, Javier Miyares, Marcelino Miyares, Carlos Alberto Montaner, Manuel Moreno Fraginals, Ana Rosa Núñez, Heberto Padilla, *Pen Club de Escritores Cubanos en el Exilio,* Silvia Pedraza, Hilda Perera, Jorge Pérez López, *Mariel,* Lisandro Pérez, Marifeli Pérez Stable, Juana Rosa Pita, Alejandro Portes, Ariel Remos, Rosario Rexach, Eliana Rivero, Enrique Ros, José Sánchez-Boudy, Jaime Suchlicki, Nelson P. Valdés, Jorge Valls, Esperanza B. de Varona, Carlos Victoria.

ARTES VISUALES: Carlos Alfonzo, Mario Algaze *American Museum of the Cuban Diaspora,* Alejandro Anreus, Beca Cintas,

José Bedia, Cundo Bermúdez, Giulio Blanck, Hilario Candela, Manuel Carbonell, Ramón Cernuda, Hugo Consuegra, Carlos y Rosa de la Cruz, Luis Cruz Azacezta, Arturo Cuenca, Andrés Martín Duany, Agustín Fernández, Ileana Fuentes, Mario García Joya, Félix González Torres, Carmen Herrera, Julio Larraz, Juan Martínez, Ana Mendieta, José María Mijares, Abelardo Morell, *Museo Cubano,* Gustavo C. Ojeda, Miguel Padura, María Marta Pérez Bravo, Antonio Prohías, Ernesto Pujol, Nicolás Quintana, Arturo Rodríguez, Raúl Rodríguez, José Manuel Roseñada, Baruj Salinas, Emilio Sánchez, Haydée y Sahara Scull, Daniel Serra Badúe, Ricardo Viera.

MÚSICA: Virginia Alonso, Manuel Barruecos, Rafael Baserva Soler, Mario Bauzá, Jorge Bolet, Elizabeth Caballero, Willy Chirino, *Coral Cubana de Miami,* Conchita Espinosa, Emilio y Gloria Estefan, Orlando Jacinto García, Horacio Gutiérrez, Julio Gutiérrez, Olga Guillot, Xiomara Laugart, Tania León, Raúl Malo, Zenaida Manfugás, Mara y Orlando, Fernando Mulens, Arturo O'Farrill, Armando Pico, Pitbull, Albita Rodríguez, Arturo Sandoval, Mongo Santamaría, Jon Secada, *Sociedad Pro-Arte Grateli,* Yosvany Terry, René Touzet, Concha Valdés Miranda, Aurelio de la Vega.

TEATRO/ DANZA/ RADIO/ TV/ CINE: Iván Acosta, Raúl Alarcón Jr., Guillermo Álvarez Guedes, Steven Bauer, Fernando Bujones, Silvia Brito, Nilo Cruz, José Díaz-Balart, Herberto Dumé, Raúl Esparza, Max Ferrá, María Irene Fornés, Daisy Fuentes, Nely Galán, Andy García, León Ichaso, William Levy, Lourdes López, Eduardo Machado, Lillian Manzor, Manuel Martín, Ana Margarita Martínez Casado, Velia Martínez, Julio Matas, Lourdes Meluzá, Matías Montes Huidobro, Pedro Monge, Enrique Murciano, Musmé, Elizabeth Peña, Pedro Pablo Peña, Armando Pérez Roura, Danny Pino, Ana María Polo, Alejandro Ríos, María Teresa Rojas, María Elvira Salazar, Cristina Saralegui, Luis Santeiro; Héctor Santiago, Charín Suárez, Carmelita Tropicana, Alexis Valdés, Bob Vila.

DEPORTES: Aric Almirola, Carlos Álvarez, Alex Ávila, José Canseco, Joel Casamayor, Mary Joe Fernández, Anthony González, Ryan Lochte, Jorge Masvidal, Christina McHale, Pablo Morales, Yasiel Puig, Jennifer Rodríguez, Alberto Salazar, Luis Tiant.

RELIGIÓN: *Agrupación Católica Universitaria* (ACU), Sor Hilda Alonso, Martín Añorga, Cecilio Arrastía, padre jesuita Florentino Azcoitia, Obispo católico Osvaldo Cisneros, *CRECED*, padre Alberto Cutié; Obispo católico Felipe Estévez, Obispo episcopal Leo Frade, padre jesuita Marcelino García, Justo L. González, Obel Guzmán, padre Fernando Hería, Reverendo Luis León, padre franciscano Miguel Ángel Loredo, Obispo católico Agustín Román, *Unión de Cubanos en el Exilio* (UCE), Monseñor Emilio Vallina, Serafín e Hilda Vilariño, padre franciscano Ángel Villaronga, padre escolapio Mario Vizcaíno, padre Bryan Walsh, obispo católico Thomas Wenski.

VIDA ECONÓMICA: Adolfo, Carlos Arboleya, Luis Botifoll, Pepín Bosch, Paul L. Cejas, Armando Codina, Alfie Fanjul, Armando Guerra, Carlos Gutiérrez, Leopoldo Guzmán, Ramón Poo, Ramón Puig, George Reyes, Narciso Rodríguez, Carlos Saladrigas, Isabel Toledo, Felipe Valls. Doscientos cincuenta y un mil empresas de capital cubano en 2007.

OTRO: Lourdes Águila, Mario Baeza, *Belen Jesuit Preparatory School*, Orlando Bosch, *Casa Bacardí, Cuban Heritage Collection, Cuban Research Institute, Cuban Studies/ Estudios Cubanos, Centro Cultural Cubano de Nueva York,* Jose Greer, jr., *Hermanos al Rescate, Instituto de Estudios Cubanos* (1969), *Instituto de Estudios Cubanos y Cubano-americanos,* Tirso del Junco, Magda Montiel, Modesto Maidique, Municipios de Cuba en el Exilio, Eduardo Padrón, Leslie Pantín, Lus Posada Carriles, Rafael Peñalver (padre e hijo), *Radio Mambí, Raíces de esperanza,* Bebe Rebozo, Torre de la Libertad, *Cuba Nostalgia.*

- Primera ola de exilados: 1959-1962. Casi 250,000 llegaron en este período.
- El 26 de diciembre de 1960 comienza la llamada Operación Pedro Pan, iniciativa de James Baker, director del Colegio Ruston en La Habana, financiada por el gobierno federal norteamericano e implementada a través de agencias católicas,

protestantes y judías que distribuirían a los menores de 17 años sin familiares en casas de sus respectivos correligionarios norteamericanos. En total saldrían de Cuba alrededor de 14,000 niños y adolescentes bajo este programa (1960-1962) y más de la mitad re reuniría en breve con miembros de su familia.
- Pete Seeger presenta en el Carnegie Hall de Nueva York *La Guantanamera* de Joseito Fernandez, con los cambios musicales y los versos de Martí aportados por Julian Orbón (1963).
- Segunda ola de exilados 1965. En su discurso del 28 de septiembre de 1965 Fidel anuncia: «No somos nosotros los que nos oponemos a que los que se quieran marchar se marchen, sino los imperialistas...Podríamos habilitar, digamos —por ejemplo—, el puerto de Camarioca, en Matanzas, que es uno de los puntos más próximos, para que todo el que tenga algún pariente le damos permiso para venir en el barco, sea quien sea». Después de la salida de casi 3,000 cubanos por mar, se acordó organizar los «vuelos de la libertad» por Varadero. Entre 1965 y 1974 salieron 265,000 cubanos (y en *The Miami Herald,* se guarda una lista de todos los que vinieron por esa vía).
- Abre en Miami la Ediciones Universal, de Juan Manuel y Marta Salvat. Han rescatado lo mejor de la producción cultural del exilio y, medio siglo más tarde, se enorgullecen de haber publicado más de mil seiscientos libros (1965).
- Ley de Ajuste Cubano (1966). Permite al exilado cubano que se encuentra físicamente en Estados Unidos sin papeles en regla «ajustar» su estatus en el transcurso de 366 días y convertirse en residente legal y, oportunamente, en ciudadano. Antes de esa ley, había que viajar desde Estados Unidos a un consulado americano extranjero para «ajustarse». Muchos lo hicieron en Canadá o México (yo lo hice en Marsella).
- Convocados por María Cristina Herrera se funda el *Instituto de Estudios Cubanos,* fórum académico sin vínculo oficial con ninguna institución que intenta aglutinar y escuchar diferentes voces, dentro y fuera de Cuba, para mejor lograr entender los

- fenómenos políticos, sociales y culturales dentro de Cuba socialista y en el propio exilio (1969).
- El censo norteamericano arroja la presencia de 544,600 cubanos en Estados Unidos (1970).
- Abre sus puertas en Miami la Ermita de la Caridad (1973).
- José Miguel Battle (Habana, 1929), conocido como el Padrino de la mafia cubana que controlaba el juego de «bolita» en Nueva York y New Jersey es condenado a 30 años de prisión (1977). Su sentencia es anulada, pero, acusado nuevamente en 2004, se declara culpable en 2006, recibe una condena de 20 años y fallece en 2007.
- El gobierno cubano permite por primera vez en 20 años el regreso de un amplio grupo de cubanos exilados, aunque se reserva el derecho de no aceptar otros aún si son ciudadanos cubanos (1979).
- Comienza el éxodo del Mariel, con un saldo de 125,000 refugiados (1980).
- El habanero Roberto Goizueta es escogido para dirigir (CEO) la empresa Coca-Cola (1980-1997).
- Bajo la curaduría de Giulio V. Blanc abre en el *Museo Cubano de Artes y Cultura* de Miami la exposición *Miami Generation* (1983), resaltando la obra de Mario Bencomo, Maria Brito-Avellana, Humberto Calzada, Pablo Daniel Cano, Emilio Falero, Fernando García, Juan González, Carlos Maciá y César Trasobares.
- Xavier Suárez (Yaguajay, Las Villas, 1949) se convierte en el primer Alcalde de Miami nacido en Cuba (1985).
- Los hermanos cubano americanos Lyle y Erik Menéndez asesinan a sus padres, José (exilado a los 16 años) y Mary «Kitty» Menéndez, en Beverly Hills California. Fueron condenados a cadena perpetua. En el otoño de 2017 la cadena NBC presentó una serie televisiva sobre el cruento episodio.
- Largometraje *Nadie escuchaba* de Néstor Almendros y Jorge Ulla, donde se trata el tema de los derechos humanos en la Isla (1987).

- Ediciones Ellas/Linden Lane Press de Princeton, N.J., publica *Cuban American writers: los atrevidos,* editado por Carolina Hospital. Una de las primeras antologías de escritores cubano americanos que se expresan en lengua inglesa. Entre ellos, Roberto G. Fernández, Pablo Medina, Elías Miguel Muñoz, Ricardo Pau Llosa y Gustavo Pérez-Firmat («Soy un ajiaco de contradicciones», *Bilingual Blues* (1995) es una verdadera joya).
- Según el censo americano de 1990 hay 1,043,932 cubanos en Estados Unidos (1990).
- Julio González, cubano desempleado de Nueva York, prende fuego al club hondureño Happy Land Social Club, donde trabajaba su ex novia. Murieron 67 personas, y se cuenta entre los atentados más violentos de Estados Unidos (1990).
- La editorial Tusquets de Barcelona publica *Antes que anochezca* de Reinaldo Arenas (1992).
- El gobierno cubano convoca en La Habana una reunión con algunos exilados en el evento que se llamó La Nación y la Emigración (1994). De pobres resultados, fue una oportunidad perdida para avanzar con celeridad en el camino de la reconciliación. Sin embargo, dejó una puerta abierta y, con el tiempo, se han hecho progresos.
- Crisis de Balseros. Vía Guantánamo llegaron 35,000 compatriotas (1994). Se firmaron acuerdos migratorios para evitar otros episodios de salidas marítimas descontroladas. Durante más de dos décadas el arreglo ha sido generalmente exitoso.
- Una reinterpretación de la ley de Ajuste Cubano distinguió entre cubanos que intentaban llegar a Estados Unidos y lograban alcanzar tierra («pies secos») y los interceptados en alta mar («pies mojados»). Los segundos serían devueltos a Cuba (1995).
- El niño balsero Elián González llega a las costas americanas tras haber perdido a su mamá en la travesía (1999). Politización e internacionalización de un problema esencialmente familiar-doméstico regulado por leyes antiguas, consensuadas y bastante claras.
- En Fort Lee, New Jersey, donde residía, muere Celia Cruz. Su cadáver fue expuesto en la Catedral de San Patricio (NY) y la

- Torre de la Libertad (Miami). Está enterrada en Nueva York. ¡Azúcar! (2003).
- Bajo el Presidente George W. Bush se crea en 2006 un programa especial (The Cuban Medical Professional Parole Program) para facilitar la entrada en Estados Unidos de estos profesionales que se encontraban en terceros países (2006). Entre 2006 y 2015 se aprobaron 7,117 solicitudes. En 2017 se puso fin a este programa.
- El periodista David Adams del *Miami Herald* publica un artículo (28 de febrero 2009) detallando que docenas de cubano-americanos han estafado el programa de ayuda médica Medicaid por mil millones de dólares. 18 de los acusados se encuentran viviendo en Cuba y otros en diferentes países. Los hermanos Jorge y Carlos de Céspedes, de Pharmed Group, fueron sentenciados a 9 años de prisión y a devolver casi $7 millones de dólares (2009).
- Según el censo de 2010 hay 1,785,547 personas que se definen como cubanos en Estados Unidos (casi un millón nacidos en Cuba, el resto en USA) (2010).
- El financiero y filántropo cubano-americano Alberto Vilar es condenado a 10 años de cárcel por fraude multi-millonario y las instituciones culturales que llevaban su nombre lo han retirado de sus edificios y documentación (2008).
- Abre sus puertas en Miami el Pérez Art Museum, antiguo museo de arte de Miami (1984) que toma su nuevo nombre por las donaciones del exitoso contratista Jorge M. Pérez, nacido en Argentina de padres cubanos (2013).
- Dos cubano-americanos se postulan como candidatos presidenciales por el Partido Republicano: Marco Rubio y Ted Cruz (2016). No dudo que lo intentarán de nuevo.
- Se da fin a la política de permitir a los «pies secos» entrar al país, esperar un año y acogerse a la Ley de Ajuste. En lo adelante, como todos los que reclaman asilo de otras latitudes, los cubanos deberán demostrar que son perseguidos en la isla (2017).

- Gloria Estefan recibe el prestigioso premio *Kennedy Center Honors* por su contribución al desarrollo de la cultura americana en el campo del espectáculo (2017).

AMERICA LATINA
PUERTO RICO
Jorge Mañach, Roberto Agramonte, Lisette Álvarez, Anita Arroyo, Ramón Barquín, María Elena Cruz Varela, Cristóbal Díaz Ayala, Jorge Esquivel, Carlos Franqui, Alfredo Lozano, Leví Marrero, José Miró Cardona, Mayra Montero, Carlos Muñiz Varela, Carlos Ponce, Jorge Posada, Marisela Verena.
- Entre 1961 y 1966, 13,323 cubanos se refugiaron en Puerto Rico.
- *Cubans in Puerto Rico: ethnic economy and cultural identity,* de José A Cobas y Jorge Duany (1997).
- Los últimos censos dicen que la población cubana en Puerto Rico era de 19,973 en 2000 y 17,860 en 2010.

MÉXICO
Fernando Acosta, Eliseo Alberto, Odette Alonso, Nedda G. de Anhalt, René Azcuy, Joaquín Banegas, Velia Cecilia Bobes, Isidro Botalín, Juieta Campos, Patricia Carballo, Rafael Carralero, Miguel Cossío, Rapi Diego, Raúl Dopico, César Évora, Ernesto Fundora, Carlos A. García, Mirtha García, Alejandro González Acosta, Amaury Gutiérrez, Ernesto Hernández Busto, Daniel Herrera, Gustavo Herrera, Dalia Íñiguez, Francisco Gattorno, Caridad Martínez, Nina Menocal, José «Mantequilla» Nápoles, Osvaldo Navarro, Elio Ojeda, Ultimino Ramos, Rafael Rojas, Waldo Saavedra, Minerva Salado, Osvaldo Sánchez, Alberto Segrera, Leandro Soto, Elena Tamargo, Luis Miguel Valdés, Félix Luis Viera.
- Desde 1937 existe un *Círculo Cubano de México* (CCM)
- Citando como fuente las Estadísticas históricas de México 2009 y el Censo de Población y Vivienda 2010, un artículo en Wikipedia arroja el siguiente cuadro estadístico de residentes cubanos (no sé si incluye a los que se han naturalizado):

AÑO	CUBANOS
1950	1.612
1960	3.827
1970	4.197
1980	3.767
1990	2.979
2000	6.647
2010	12.108

VENEZUELA

Fernando Albuerne, María Conchita Alonso, Obispo católico Eduardo Boza Masvidal, Mario Crespo, Amalio Fiallo, Mario García Montes, Camilo Hernández, Cristina Obín, Pedro y Lili Rentería, Obispo episcopal Onell Soto, Tanya la roquera, Beatriz Valdés, Nazario Vivero.

- En Venezuela coexisten dos grupos de cubanos: los exilados/residentes y los cooperantes enviados por el gobierno de la isla en misiones internacionalistas, principalmente en el campo de salud. Muchos de estos han aprovechado la oportunidad de estar fuera de la isla para quedarse o emigrar a Estados Unidos.
- Una nota de Frank López Ballesteros en la edición del 23 de mayo de 2013 de *El Universal* nos informa que «El afianzamiento de las relaciones políticas entre Cuba y Venezuela sirvió para que en una década la población cubana en el país pasara de 9,795 en 2001 a 20,991 en 2011, convirtiéndolos en la comunidad de inmigrantes latinoamericanos con mayor expansión».

ECUADOR

- Durante varios años, hasta noviembre de 2015, Ecuador no exigía visas a los ciudadanos cubanos y en poco tiempo se convirtió tanto en lugar de destino como en puente hacia el Norte.
- Un artículo de Fernando Medina en *El Comercio* de Quito del 14 de junio de 2016 indicaba que 5,000 cubanos ya habían solicitado el visado de México con intenciones de emigrar defini-

tivamente a Estados Unidos. En 2017 estos esquemas fueron desarticulados por el presidente Obama.
- El 19 de julio de 2016 el canciller Guillaume Long afirmó que «Hay más de 50.000 cubanos viviendo en Ecuador» (*El Telégrafo*).

EUROPA
ESPAÑA
Ajubel, Gastón Baquero, Víctor Batista, Sabá Cabrera Infante, Eduardo Corzo, Jesús Díaz, Manuel Díaz Martínez, Editoriales Aduana Vieja, Betania, Colibrí, Playor y Verbum, *Encuentro,* Tony Évora, Manuel Fernández Santelices, Ramón Fernández Larrea, Luis Manuel García, José Olivio Jiménez, Alberto Lauro, Felipe Lázaro, César Leante, Julio Lobo, Farah María, Aldo Menéndez, Humberto López Morales, Leonel Morales, Iván de la Nuez, Iván Oms, Joaquín Ordoqui, Manuel Pereira, José Luis Posada, *Revista Hispano Cubana de cultura,* Amado del Rosario, Pío Serano, Emilio Surí Quesada.
- Bajo la Ley de la Memoria Histórica (2008), cubanos con ascendencia de la Madre Patria pueden obtener ciudadanía española. Un artículo de Soledad Álvarez en *Latin American Herald Tribune* especulaba que alrededor de 180 mil cubanos podrían acogerse a ese beneficio.
- Una tabla en Wikipedia, sin señalar fuente, ofrece el siguiente panorama:

AÑO	CUBANOS
1998	31.223
2003	65.737
2009	100.451
2013	124.812

FRANCIA
Ramón Alejandro, Jorge Camacho, Agustín Cárdenas, Humberto Castro, Joaquín Ferrer, Moisés Finalé, Manuel Granados, Jacobo

Machover, Eduardo Manet, Jorge Masetti, Gina Pellón, Ricardo Porro, Ernesto «Tito» Puentes, Severo Sarduy, José Triana, Numidia Vaillant, Patato Valdés, Zoe Valdés.
- Una nota en Wikipedia, sin fecha, dice que hay 10,083 cubanos residiendo en Francia.

INGLATERRA
Miriam Acevedo, Guillermo Cabrera Infante, Pedro Pérez Sarduy.

ITALIA
Raquel Capote, Calvert Casey, Tomás Milián, Jacinto Ordóñez.
- Una nota en Wikipedia, sin fecha, dice que hay 17,947 cubanos residiendo en Italia.

SUECIA
Bebo Valdés, Manuel Vázquez Portal.
Un muy documentado trabajo de Estefani Aulet me permite compartir estos datos con los lectores:
- En Suecia existe desde el 24 de noviembre de 1966 la Sociedad Sueco-Cubana (SS-C), cuyo objetivo es «apoyar la revolución socialista en Cuba»
- A fines del año 1993, un grupo de cubanos residentes y solicitantes de asilo se reúnen en la Casa de la Cultura de Rinkeby, y crean la Unión de Cubanos en Suecia. Publican *Tribuna Libre*.
- En enero de 1994 un grupo de emigrados comenzaron a redactar un modesto «magazine» literario, bajo el titulo *El Escriba*, que en abril de 1995 se convertiría en *Cuba Nuestra*.
- También en 1994 se crea la Federación Nacional Cubano Sueca a raíz de que el gobernó sueco comenzara a exigir visas a los cubanos y comenzaron a llegar oleadas de insulares.
- Otra entidad se crea en Suecia ese prolífico año de 1994: La Fraternidad cubana, que publicaba *El Heraldo Cubano*. Se desarticuló al marchar sus fundadores hacia España.

Embarcación aborigen [en Virginia, Estados Unidos]. En Theodore de Bry, *America,* Frankfurt, 1590 [Parte I, Lámina 11, "De cómo fabrican ellos sus barcas"], Madrid, Siruela, 1995, p. 31

1. EMBARCACIONES DESCONOCIDAS

Tiempos pre-colombinos
Tierras circundantes - Costas cubanas

En 1884 el sacerdote espirituano Andrés Perdigón Ramos, entonces de 45 años, estaba asignado a las parroquias de Banao y Jíbaro en la vicaría de Sancti Spiritus. Interesado en temas de arqueología, le había comunicado al Dr. José Torralbas en La Habana la existencia de un cementerio indio en su zona. Y en abril de ese año le envió a Torralbas una caja con fragmentos óseos.

Cuatro años después, Juan Montané y Dardé (1849-1936) examina esos huesos y, percatándose de su importancia científica, organiza una expedición a la Gruta del Plurial, en el pico Tuerto del Naranjal, para examinar *in situ* el cementerio.

Montané se había graduado de Medicina en Francia en 1874, fue discípulo de prestigiosos antropólogos galos y en su tesis había disertado sobre el estudio anatómico del cráneo en los microcéfalos. De regreso a Cuba había realizado muchas exploraciones (y un buen número de las piezas que colectó se guardan hoy en día en el Museo que lleva su nombre en la Universidad de La Habana). Estaba eminentemente calificado para el estudio de los huesos de aquella cueva.

Partieron de La Habana el 23 de junio de 1898 y llegaron a la gruta el 30. Encontraron restos de una mandíbula con características anatómicas «notables» (encontraron también unos dientes de mono fósil igualmente significativos) y concluyeron la visita el 2 de julio.

El descubrimiento de la mandíbula fue todo un acontecimiento. En 1904 Montané llevó a París algunos cráneos encontrados en la cueva y allí el eminente Dr. Théodore Hamy bautizó aquel hallazgo como los del «Hombre de Sancti Spíritus». Siete años más tarde Montané llevó sus restos de mandíbula al Congreso Científico Internacional de Buenos Aires (1911) donde fueron examinados por el prestigioso profesor Florentino Ameghino (1853-1911).

Ameghino encontró grandes similitudes entre el fósil espirituano y antiquísimos fósiles argentinos, postulando una tesis revolucionaria: El «homo cubensis» estaba emparentado con los del Cono Sur y el único modo de explicar aquello era remontándose a épocas geológicas anteriores, cuando Cuba y el resto del continente habían estado unidos. En otras palabras, el «homo cubensis» no había viajado *a* nuestra Isla sino *con* nuestra Isla. ¡La propia Cuba había sido el «barco» que los trajo! Y los cubanos no veníamos de ningún sitio sino solamente habíamos evolucionado por nuestra propia cuenta sin que nadie entrara en casa (hasta mucho después, claro).

Pobre Florentino y pobres los cubanos que creyeron en nuestra original autosuficiencia. La evidencia preponderante de todos los otros estudios confirmaba que nuestros aborígenes habían llegado en embarcaciones primitivas desde las costas cercanas. No éramos tan distintos de nuestros vecinos después de todo (aunque conozco a muchos que me disputarían el concepto).

La fascinante historia de Cuba pre-colombina ha sido bien estudiada por importantes especialistas (Rafael Azcárate Rosell, Ramón Dacal Moure, Lourdes Domínguez, José Guarch Delmonte, Felipe Pichardo Moya, Manuel Rivero de la Calle, Irving Rouse, Ernesto Tabío). Hoy no cabe duda de que fueron muchas las rutas que siguieron nuestros antepasados para arribar a nuestras playas. El doctor Roberto Rodríguez Suárez incluye el noreste de Sudamérica, la Florida, las Bahamas, Yucatán, la región istmo-colombiana y América Central.

Y la extraordinaria expedición que Antonio Núñez Jiménez lideró, a bordo de las canoas *Simón Bolívar* y *Hatuey*, saliendo de Misahuallí, en las márgenes del río Napo, Ecuador 2 de marzo de 1987 y llegando a San Salvador, Las Bahamas el 14 de junio de 1988, confirmó la hipótesis de la posible llegada de aborígenes a Cuba desde tan remotas regiones.

El Censo Arqueológico Aborigen de Cuba ha confirmado la existencia de más de 3,200 sitios arqueológicos. En el sitio conocido como Levisa 1, en la provincia de Holguín, hay restos fechados no menos de 6 000 años antes de Cristo; y en Cueva Calero, cerca de Cantel (municipio de Cárdenas, no lejos de Camarioca), se hallan los restos del hombre que vivió hacia 5790 A.C. Los Farallones de Seboruco, en el municipio de Mayarí, es otro sitio frecuentemente mencionado entre los más antiguos.

Ellos —no el imaginado «homo cubensis»— fueron los primeros habitantes de nuestra isla. Aquellos que cuando estudiamos historia conocimos como guanatahabeyes (mencionados en carta de Velázquez de 18 de abril de 1515), siboneyes (inmortalizados por José Fornaris y Ernesto Lecuona) y taínos (que nos trajeron la yuca, el casabe y Hatuey). (Casi) todos saludaron al Colón de las tres carabelas con cortesía y (casi) todos desaparecieron durante el primer siglo de la Conquista. Aunque, como han estudiado Antonio Núñez Jiménez, Alejandro Hartman, José Barreiro y muchos otros, su huella aún está presente en la Isla. El escéptico puede preguntarle a Panchito en su ranchería del macizo montañoso de Guantánamo, o a los vecinos de Caridad de los Indios.

Entre las muchas cosas que estos aborígenes trajeron quiero solo mencionar una que nos ha hecho viajar a todos los rincones del planeta: el tabaco. Botón de muestra: en 1917 el poeta japonés Ken Yanagisawa (1889-1953) lo incluyó en su poema sobre el Boulevard Ginza de Tokío («Los caballeros salen de la tienda de puros fumando un habano»). Eso es viajar... ¡y en primera clase!

Nadie sabe a ciencia cierta de donde surgió y mucho menos cómo ni cuándo llego a Cuba. Colón lo vio primero en Guanahaní cuando les ofrecieron «unas hojas secas, que deve ser cosa muy apreciada entre ellos» (*Diario*, 15 de octubre de 1492) y poco después, en Cuba, se observaron unos indios fumando (*Diario*, 6 de noviembre). En 1717 los vegueros se reunieron en Jesús del Monte para protestar las restricciones en su distribución. En 1845 abrió su empresa en la calle Industria Don Jaume Partagás y Rabell. En 1947 Fernando Ortiz lo contrapunteó. Desde la sonrisa de Winston Churchill hasta el Cohiba del Comandante, pasando por el Romeo y Julieta de Lorca, Cuba y tabaco son sinónimos.

El humor nunca está muy lejos de nuestras costas y no quisiera despedirme del lector sin sugerirle que localice en internet el texto íntegro del poema (¿anónimo?) de *Ursulina y Paco*. La trama es sencilla: desde que Paco fumaba puros su mujer Ursulina quedaba muy complacida en la cama. La madre de Ursulina pensó que el tabaco podría surtir igual efecto en su alicaído esposo Recaredo. Los versos terminan así

> Don Juan Recaredo contestó al momento
> poniendo al hablar mucho sentimiento:
> «no creas esposa, que pueda el tabaco
> surtirme el efecto lo mismo que Paco;
> el ánimo mío ya no hay quien lo suba,
> ¡ni aunque me fumase la Isla de Cuba!»

En junio de 1976 fui a estudiar ruso a Rusia (pensé que, viajando a la URSS, lograría el permiso cubano para regresar a Cuba a ver a mi madre enferma). Una grata sorpresa me esperaba dentro de la casa natal de Fyodor Dostoyevsky (1821-81). Por aquellos días la comenté en una carta a mis amigos, que he desempolvado y ahora copio:

> Allí, sobre su mesa de trabajo, junto a su pluma y su novela inconclusa había una caja de picadura de tabaco con la inscripción «Regalía de la Reina – Gracia de Cuba». ¿Se me podrá, pues, reprochar si sueño que, escondido entre las páginas de *Crimen y Castigo* y *Los Hermanos Karamázov*, se encuentra flotando el aroma de mi tierra...?

2. *SANTA MARÍA*

Palos de la Frontera, España - Bariay, costa oriental de Cuba
3 de octubre de 1492 - 27 de octubre de 1492

> El primero es Colón. Su mente ardía
> por rejistrar los piélagos profundos
> ver las playas de la patria mía.
> ¡Y las viste y hollaste sus arenas
> después de hollar el cristalino mónstro!
> Tu hiciste que temblara el occidente,
> y lloraron y rieron las Sirenas
> cuando volver te vieron
> llevando un nuevo mundo hacia el oriente.
>
> Manuel de Zequeira y Arango

Entre las primeras cosas que hice al mudarme para Haití en el año 2004 fue visitar el Museo del Panteón Nacional, cerca del Palacio presidencial. Confieso que no estaba preparado para lo que iba a encontrar: nada menos que el ancla de la *Santa María*. ¡Ese sí que fue un descubrimiento! Casi lo primero que aprendí en mi vida fue la historia de las tres carabelas (luego supe que técnicamente eran solo dos pues, precisamente la Santa María, era una «nao», por demás la «capitana»). Nao o no, ese fue un día memorable. Se trataba del objeto europeo más antiguo de este lado del Atlántico. Era el ancla del propio Colón.

Antes de ser *Santa María* se llamó *La Gallega* (se conjetura que se construyó en Galicia). Quizás sea por eso que a todos los españoles en Cuba los llamaban gallegos. Pertenecía a Juan de la Cosa, que puede o no ser el mismo de la Cosa que vino en el segundo viaje y del que hablaremos en un próximo barco.

La expedición que se armaba era un proyecto que financiaba la Corona de Castilla, aunque hay documentos que indican que no le costó tan caro a la Reina (sobre el supuesto empeño de las joyas hablaremos en otro barco). Conocemos que se obligó a la villa de Palos a poner dos naves a disposición de Colón y que éste financió su parte con un préstamo de Martín Alonso Pinzón o de su amigo el florentino Juanoto Berardi.

Santa María (1492). Réplica. En *La Santa María, La Pinta y La Niña*. España, Empresa Constructora, 1991, p. 122

Acompañaban a Colón en su primer viaje, que partió de Palos de la Frontera el 3 de agosto de 1492, entre 87 y 106 tripulantes. 25 vendrían en la *Santa María*. Siempre me ha llamado la atención que, para ser un proyecto de los Reyes Católicos, no viniera con ellos ningún fraile (aunque existe un manuscrito en la Biblioteca Nacional de España que menciona a fray Pedro de Arenas, pero ningún estudioso lo ha confirmado). Los navegantes no tendrían Misa ni otros sacramentos por más de medio año. No parece muy católico que digamos.

Pero bueno, en las propias Capitulaciones de Santa Fe de la Vega de Granada, contrato entre Colón y la Reina firmado el 17 de abril de 1492 para dejar aclaradas las condiciones del proyectado viaje a «todas aquellas islas y tierras firmes que por su mano o industria se descubrirán», solo se menciona una vez a Dios («*del viaje que ahora, con la ayuda de Dios, ha de hacer*») y no se habla de cristianizar (ni esclavizar) a nadie.

Las Capitulaciones hablan de mercancías: «de todas y cualesquiera mercaderías, siquiera sean perlas, piedras preciosas, oro, plata, especiería y otras cualesquiera cosas y mercaderías de cualquier especie, nombre y manera que sean, que se compraren, trocaren, hallaren, ganaren y hubieren dentro de los límites de dicho almirantazgo». Colón se quedaría con la décima parte. Se trataba de una operación comercial y parecía un buen negocio. Para ambos.

La historia del primer viaje ha sido repetida mil veces y aquí solo resumo los hitos que me parecen más significativos referentes a nuestra Isla y a la gesta colombina en general (los textos en cursiva han sido tomados del *Diario* de Colón).

1. Partieron un viernes 3 de agosto a las 8 de la mañana. Desde ese momento Colón comenzó a escribir su *Diario*. Lamentablemente, ese original, que Colón le entregó a la Reina, así como la copia que la Reina le devolvió, se han perdido. Lo que hoy conocemos como su Diario es una especie de transcripción que hizo para su uso Fray Bartolomé de las Casas hacia 1530 teniendo el original a su vista. Perdida también la transcripción lascasiana por varios siglos, ésta es descubierta por Fernández de Navarrete en la Biblioteca del Duque del Infantado a fines

del siglo XVIII, y en 1825 se edita por primera vez. El manuscrito está ahora en la Biblioteca Nacional de Madrid. Documento de capital importancia, varios autores subrayan, además, que es el primer texto en castellano escrito en el Nuevo Mundo.

2. Desde que salieron las naves de España y tocaron tierra firme pasaron 70 días. Llegar a Cuba les tomó 15 días más.

3. El viernes 12 de octubre: «A las dos horas después de media noche pareció la tierra de la cual estarían dos leguas» y «llegaron a una islita de los Lucayos, que se llamaba en lengua de indios Guanahaní. Luego vinieron gente desnuda, y el Almirante salió a tierra en la barca armada, y Martín Alonso Pinzón y Vicente Yáñez, su hermano, que era capitán de la Niña. Sacó el Almirante la bandera real y los capitanes con dos banderas de la Cruz Verde, que llevaba el Almirante en todos los navíos por seña, con una F y una Y: encima de cada letra su corona, una de un cabo de la cruz y otra de otro». Noventa y dos palabras para describir uno de los eventos más trascendentales del mundo moderno. Se afirma que la isleta de Guanahaní es parte de San Salvador (conocida como Watlings Island por varios siglos).

4. El 27 de octubre divisan tierra cubana («antes de noche vieron tierra. Estuvieron la noche al reparo con mucha lluvia que llovió»), pero no desembarcan hasta el día siguiente. No sería estrictamente correcto ilustrar españoles en tierra cubana y poner como pie de grabado el 27 de octubre, pues así no ocurrió.

5. El domingo 28 de octubre:

> dice el Almirante que nunca tan hermosa cosa vio, lleno de árboles, todo cercado el río, hermosos y verdes y diversos de los nuestros, con flores y con su fruto, cada uno de su manera. Aves muchas y pajaritos que cantaban muy dulcemente; había gran cantidad de palmas ... Dice que es aquella isla la más hermosa que ojos hayan visto.

El lugar exacto del desembarco se lo disputan Bariay y Puerto Padre (que lleva en su escudo las tres cruces castellanas simbolizando las carabelas). Los cubanos siempre nos enorgullecemos de que Colón nos llamó la más fermosa, pero lamento informarles que así mismo dijo de otros parajes vecinos (*Diario,* 19 de octubre; 11 de diciembre; 15 de diciembre; 5 de enero).

6. El 2 de noviembre acordó el Almirante «enviar dos hombres españoles: el uno se llamaba Rodrigo de Jerez, que vivía en Ayamonte, y el otro era un Luis de Torres, que había vivido con el Adelantado de Murcia y había sido judío». Primera referencia a un judío en tierra cubana.

7. El 6 de noviembre regresan Jerez y Torres: «Hallaron los dos cristianos por el camino mucha gente que atravesaba a sus pueblos, mujeres y hombres, con un tizón en la mano, hierbas para tomar sus sahumerios que acostumbra». Primera referencia al uso del tabaco para fumar. Tan inseparables son desde ese día Cuba y el tabaco que le regalamos al diccionario una palabra: el habano.

8. 4 de diciembre: «Hízose a la vela con poco viento y salió de aquel puerto que nombró Puerto Santo». Colón se despedía de Cuba. No pasó más de 38 días con nosotros (menos, si descontamos sus salidas a otras islitas). Al día siguiente descubre la que llamó Isla Española.

9. El 25 de diciembre encalla en La Española nuestro barco, la *Santa María*.

10. El 16 de enero de 1493 zarpan la *Pinta* y la *Niña* hacia España. Habían pasado 96 inolvidables días en las tierras del Nuevo Mundo. Atrás quedaba un puñado de hombres (39) para cuidar un pequeño Fuerte construido precisamente con los restos de la *Santa María*. Había encallado el día de Navidad de diciembre de 1492, y el fuerte tomó el nombre de esta festividad religiosa. En los próximos meses los indígenas lograron arrasar con el Fuerte Navidad y sus primeros colonizadores. No pudieron, sin embargo, destruir el ancla que hoy se guarda en Haití: mal presagio. Tampoco lograrían vencer a los futuros conquistadores. El resto, como se dice, es Historia. Con H mayúscula.

11. En el viaje de regreso se separaron las dos embarcaciones. A fines de febrero (otros dicen 1 de marzo) llegó la *Pinta*, al

mando de Martín Alonso Pinzón, al puerto gallego de Baiona/Bayona. Quiso el destino que fuera su capitán, y no Colón, quien anunciara a los Reyes Católicos la histórica noticia del descubrimiento. Pinzón llegaba enfermo y murió pocos días después en su Palos natal.

12. La *Niña* y el Almirante llegaron el 18 de febrero a la isla de Santa María, en las Azores y no desembarcaron en Portugal hasta el 4 de marzo. Estuvieron varios días en Lisboa y de ahí a Palos, a donde llegó el día 15. Colón regresaba al punto de partida después de siete meses y doce días de viaje. El *Diario* termina ese día 15 diciendo que «estaba de propósito de ir a Barcelona por la mar, en la cual ciudad le daban nuevas que Sus Altezas estaban, y esto para les hacer relación de todo su viaje que Nuestro Señor le había dejado hacer». En abril (se han propuesto varias fechas) Colón se encontraría finalmente con los Reyes en Barcelona. Muchos pintores han recreado ese momento tan imperecedero.

13. Las carabelas llevaban del Nuevo Mundo a España plantas y animales nunca vistos. Desembarcaron también ocho indios (dos habían muerto durante el viaje), para asombro mutuo. No podemos olvidar otro pasajero: el virus de la sífilis. El Encuentro entre dos mundos había comenzado. Porque, por supuesto, ese no sería el último viaje. Muchos otros barcos continuarían la epopeya.

***

Dejemos por un momento a Colón en Cataluña festejando con los Reyes y acompáñenme a Italia. Tras un pontificado de sólo 8 años había muerto en Roma el 25 de julio de 1492 el Papa Inocencio VIII, de origen italiano. Su sucesor no fue, como pudiera haberse esperado, uno de los cardenales italianos disponibles. En ese cónclave participaron 23 cardenales, 21 italianos, un portugués (Jorge Da Costa) y un español y la posibilidad de que fuera un italiano el sucesor papal era, a todas luces, bien alta.

Pero no. En la cuarta votación salía electo el valenciano Rodrigo Borgia (Roderic Llançol i de Borja), que tomó el nombre de

Alejandro VI. Esto ocurría el 11 de agosto de 1492, apenas 8 días después que el Almirante Cristóbal Colón zarpara hacia las Indias, para toparse con las Antillas.

No podemos saber con certeza cuál hubiera sido la reacción papal a los descubrimientos del Nuevo Mundo de haberse elegido un papa italiano o, aún peor, el candidato portugués. Pero lo cierto es que la presencia de un español en el papado, y uno que había sido Obispo de Valencia y delegado papal ante los Reyes Católicos, tuvo un impacto extremadamente favorable en los designios españoles para sus planes de conquista del nuevo continente.

Y así fue que, apenas semanas luego del regreso de Colón con las noticias del descubrimiento, se emite en Roma la bula *Inter Caetera* (4 de mayo de 1493) otorgándole a España dominio de las tierras descubiertas. Poco después, el 7 de junio de 1494, España y Portugal, reafirmando el documento papal, firman en el pueblo de Tordesillas (Valladolid) un Tratado que divide el Nuevo Mundo entre ambas coronas.

Con su oportuna intervención, el Papa de Roma ejerció una influencia decisiva en la forma en que se distribuirían las tierras recién descubiertas. El destino español de Cuba quedó sellado y rociado con agua bendita desde el comienzo. Hasta que la muerte nos separe. De hecho, fueron muchas las muertes necesarias para ponerle fin a aquella unión.

Quizás exagere un poco si les digo que por un Papa en Roma hablamos castellano, rezamos a la Virgen y comemos lechón. Realmente no sabemos cómo hubiera terminado esta historia bajo otras condiciones (de hecho, los jamaiquinos empezaron igual que nosotros y hoy sus jueces usan pelucas blancas). Pero no podemos descartar que todo pudo haber sido muy diferente con otro papa.

3. *NIÑA*

La Isabela, La Española - Costa sur de Cuba
24 de abril de 1494 - 29 de abril de 1494

La noticia del descubrimiento del nuevo mundo conmocionó a Europa. Y era evidente que había que seguir explorando hasta encontrar todo lo que aquellas costas escondían en su interior. En vez de 3 naves y un centenar de aventureros como en el primer viaje, ahora eran 17 barcos y 1,500 personas. Mª Monserrat León Guerrero ha escrito su tesis (2000) sobre el segundo viaje colombino y mucho he aprendido de su erudito trabajo.

Si las Capitulaciones de Santa Fe no hablaban de catequizar, ahora que se sabía que existían aborígenes en América y almas por conquistar la cosa era muy distinta. Por ello la Bula papal *Eximiae devotionis* de 3 de mayo de 1493 le recordaba a los Reyes Católicos que, si por una bula anterior había «hecho donación, concesión y asignación perpetuas... de todas y cada una de las tierras firmes e islas apartadas e incógnitas, situadas hacia las regiones occidentales, descubiertas hoy o por descubrir en lo futuro» era solamente con un fin: «perfeccionar la obra iniciada en pro del descubrimiento de tierras e islas remotas y desconocidas, para mayor gloria de Dios Todopoderoso, propagación del imperio de Cristo y exaltación de la fe católica».

En consecuencia, en este segundo viaje sí embarcarían varios sacerdotes franciscanos acompañando a fray Bernardo Boyl, a quien el Papa le había otorgado permiso para erigir iglesias, predicar y aplicar penitencias. De hecho, los monarcas se perocuparon hasta de los ornamentos que se utilizarán para dar los sacramentos durante el viaje (carta al arcediano Juan Rodríguez de Fonseca del 12 de junio de 1493). No conozco mejor ejemplo de microgestión.

Vendría también Diego Colón, hermano de Cristóbal y futuro Virrey; Pedro de Las Casas, padre de Fray Bartolomé; Alonso de

Ojeda, que le daría el nombre a Venezuela; Fray Ramón Pané, que escribiría un importante texto sobre costumbres taínas; Juan Ponce de León, primer gobernador de Puerto Rico; el cartógrafo Juan de la Cosa, del que hablaremos en otra sección; y otros que dejarían valiosísimos testimonios de este segundo viaje, Miguel de Cuneo [Michele da Cuneo] y Diego Alvar Chanca.

La expedición fue financiada primero con aportes directos de los Reyes, luego con los bienes que los judíos no pudieron llevarse después la expulsión (31 de marzo de 1492). Igualmente se permitieron exenciones de impuestos; retrasos en los pagos de fletamientos y nóminas. Por último, simplemente solicitando aportes privados, como fueron los del duque de Medinasidonia, Juanoto Berardi y fray Hernando de Talavera.

Colón saldría a bordo de la *Marigalante*. Las otras naos y carabelas fueron *Bonial/Boniela, Cardera, Colina, Fraila, Gallarda, Gallega, Gorda, Gutierra, Pinta, Prieta, Quintera, Rodriga, Santa Clara o Niña, San Juan, Triana* y *Vieja*.

Después de bordear las Antillas menores (Dominica, Guadalupe, Antigua y Vírgenes), descubrió Puerto Rico el 19 de noviembre bautizándola San Juan Bautista. Al llegar a La Española encontró destruido al fuerte Navidad. Fue allí que fundó La Isabela el 2 de enero de 1494, y donde se celebró la primera misa en América.

El grueso de su expedición se quedaría en La Española por un tiempo. Por ello, y para continuar viaje más ligero, cuando Colón zarpa hacia Cuba el 24 de abril de 1494 lo hace con solo un número reducido de personas (he leído que 98) y tres carabelas, la *Niña* (Maestre Cristóbal Colón), *Cardera* (Maestre Cristóbal Pérez Niño) y *San Juan* (Maestre Alonso Pérez Roldán). Entre ellos vendría el primer sacerdote en arribar a nuestras playas.

Arribó el grupo a Cuba el 29 de abril. Si en el primer viaje Colón conoció las costas del norte de la Isla, ahora exploraría el sur: quería comprobar si Cuba era isla o parte de tierra firme. El Almirante nos ha dejado su Carta Relación del viaje de exploración a Cuba, y otros que viajaron con él también nos legaron sus notas de viaje.

Michele da Cuneo nos relata la primera parada cubana del grupo en «Puerto Grande»

En este puerto estaban en tierra sobre la arena hombres indios que dormían, los cuales, al oír el rumor de nuestras lombardas, huyeron a las montañas. Nosotros, entonces, les mandamos nuestro truchimán, o sea, intérprete, para notificarles que éramos buenos amigos; ellos con bastante rapidez se reunieron con nosotros. Al descender en tierra, encontramos de XV a XX cántaras de pescado cocido y de L a LX serpientes, también cocidas, que tenían un grosor de cabritos. Encontramos también de XXXVI a XXXVIII serpientes vivas, atadas con cuerdas como monos.

Uno de los los hitos más importantes de este viaje fue descubrimiento de Jamaica (5 de mayo). Nueve días más tarde Colón estaba nuevamente en nuestra costa sur y, cansado de navegar sin encontrar el fin de aquella costa, antes de tomar el camino de regreso a la Isabela, el día 12 de junio de 1494 hizo que cada uno de los navegantes jurara ante el notario Fernán Pérez de Luna

> no [o]yo ni vydo ysla que pudiese tener tresientas e treynta e cinco leguas en una costa de poniente a levante y avn no acabada de andar, y que veya agora que la tyerra tornava al sur sudueste, y al sudueste y oeste, y que çiertamente no tenia dubda alguna que fuese la tierra firme, antes lo afirma y defenderia ques la tyerra firme y no ysla y que antes y que antes de muchas leguas navegando por la dicha costa se fallaria tierra adonde tratar gente polityca de saber y que saben el mundo etcétera.

Esto lo firmaron bajo

> pena de dies mill maravedís por cada vez que lo que dixere cada vno que despues en ningun tiempo el contrario dixere de lo que agora diria e cortada la lengua, y sy fuere grumete o persona de tal suerte que le daria çiento açotes y le cortaria la lengua.

Se ha interpretado este insólito episodio como una estratagema de Colón de convencer a los Reyes que, aún sin evidencia sólida de haber finalmente llegado a las fabulosas tierras del Gran Khan, habían llegado al menos a su periferia. O sea, misión cumplida.

Al día siguiente, 13 de junio, descubrió la isla que llamó Evangelista y que luego conocimos como Isla de Pinos y, más tarde, Isla de la Juventud. Siguieron costeando el sur de Cuba y el 7 de julio Colón y otros compañeros bajaron a tierra en la zona de Trinidad, donde escucharon la primera misa celebrada en Cuba. Desconozco si alguien ha emitido alguna teoría sobre por qué Colón esperó dos meses y medio antes de mandar a celebrar la importante ceremonia religiosa.

El 16 de julio partieron de Trinidad y llegaron a Cabo Cruz el 18. Repararon La *Niña,* marcharon hacia Jamaica el día 22 y después llegaron a La Española donde estuvieron un año y ocho meses. El 10 de marzo de 1496 Colón finalmente partió de La Isabela hacia Cádiz, a donde llegó el 11 de junio. El Descubridor no regresaría más nunca a explorar nuestras costas.

De este largo segundo viaje colombino, el periplo cubano había durado solo 66 días (he descontado los 9 días en Jamaica). De haber explorado nuestra Isla 2 o 3 días más por la costa occidental, hubiera doblado el Cabo San Antonio.

Nunca sabremos cuáles hubieran sido las consecuencias de confirmar, en tan temprana fecha, la insularidad de Cuba.

4. *LA MAGDALENA*

Sanlúcar de Barrameda - Paso de los Vientos
29 de junio de 1508 – 18 de noviembre de 1508

Curioseando entre los libreros de segunda mano de París, el embajador holandés en Francia, Barón Charles de Walckenaer, adquirió en 1832 un mapamundi de seis pies de largo manuscrito sobre piel. Fechado en 1500 en el Puerto de Santa María e ilustrando algunas de las tierras del continente americano, el diplomático pronto se dio cuenta del hallazgo y de la ganga. Con esa carta marítima comenzaba toda la cartografía americana y cubana.

La carta, firmada por Juan de la Cosa, fue presentada probablemente a los Reyes Católicos (Luisa Martín Merás piensa que pudiera haber estado destinada al obispo de Burgos Juan Rodríguez de Fonseca, del Real Consejo de Indias). Se estima que fue depositada por el Consejo de Indias en la Casa de la Contratación de Sevilla, de cuyas dependencias desapareció en circunstancias nunca aclaradas. Se ha dicho que quizás la carta pasó al Vaticano, Napoleón la saqueó, pero luego se traspapeló en París. Ni siquiera Sherlock Holmes le ha podido seguir la pista.

Al morir el barón en 1853, se subastó la carta. Gracias al interés del gallego Ramón de la Sagra, que instó al gobierno español a no perder la oportunidad, fue adquirida por España en 4,321 francos y depositada en el Museo Naval de Madrid, donde permanece expuesta al público.

La importancia para Cuba de esta carta náutica es del más alto nivel, no solo porque era la primera vez que Cuba aparecía en un mapa sino porque ya en tan temprana fecha era representada como isla.

Lo que nos lleva a tratar de entender uno de los enigmas más grandes de nuestra historia: ¿Quién fue el primer europeo en saber que Cuba era una Isla, cuándo lo supo y a quién y cómo se lo dijo?

Les adelanto que en mi libro de historia de bachillerato había estudiado que el primer bojeo de Cuba lo había realizado en 1509-1510 Sebastián de Ocampo por órdenes del gobernador de la Española Nicolás de Ovando. Pero gracias a mis estudios cartográficos y a los eruditos trabajos del colombinista Juan Manzano me he convencido de que las respuestas son otras.

Examinemos los argumentos —y su cronología— en favor de las dos hipótesis: Cuba continental o insular.

1. CUBA NO ES UNA ISLA.

1494. Como ya vimos en el capítulo anterior, durante el recorrido de Colón por Cuba en el segundo viaje (12 de junio de 1494) aquella tripulación quedó convencida que Cuba no era isla sino parte del continente.

1504. Todas las fuentes coinciden en afirmar que, al morir en Valladolid diez años más tarde en 1504, Colón permanecía convencido de que Cuba era parte de tierra firme. Para esa fecha ya se habían trazado en el mundo 3 mapas (de la Cosa, Cantino, King Hamy II) y quizás un huevo de avestruz mostrando la insularidad de Cuba y, evidentemente, ese tipo de conocimiento se debía conocer entre los marinos interesados. ¿No se enteraría Colón? ¿Lo supo Colón y lo descartó? O quizás Colón lo supo, pero prefirió persistir en la idea de que Cuba era una península, estimando que su descubrimiento alcanzaría así relevancia mayor. Nunca lo sabremos, pero evidentemente cuesta trabajo pensar que el Gran Almirante estuviera al margen de las últimas informaciones náuticas que circulaban.

1506-1509? Años después (según Las Casas fue en 1508), se autoriza la expedición de Sebastián de Ocampo para realizar el bojeo de Cuba. Es claro que aún en esa fecha la Corte española en 1508 tenía dudas sobre la insularidad, pues de lo contrario no hubieran autorizado un bojeo innecesario. Porque una cosa es «saber» o «intuir» que Cuba era o no una isla y otra (com)probarla oficialmente.

Dice Las Casas en su *Historia de las Indias*, «Para este descubrimiento [de la isla de Cuba] envió por capitán a un hidalgo gallego, llamado Sebastián de Campo, criado de la reina doña Isabel, de los que habían venido con el primer Almirante cuando vino a poblar esta isla el segundo viaje». Añade:

> Acordó también por este tiempo, que era el año de quinientos ocho, el comendador mayor [Nicolás de Ovando, gobernador de La Española], enviar a descubrir del todo a la isla de Cuba, porque hasta entonces no se sabía si era isla o tierra firme, ni hasta dónde su largura llegaba, y también ver si era tierra enjuta, porque se decía que lo más era lleno de anegadizos, ignorándolo que el Almirante, cuando la descubrió el año de noventa y cuatro, había visto en ella.

Esa es la versión de Las Casas. Por su parte, Gonzalo Fernández de Oviedo piensa que la expedición de Ocampo no ocurrió hasta 1509, citando una carta del Rey a Ovando afirmando que «no se había acabado de bojar toda la isla [de Cuba] por la falta que hay de carabelas...». (Esta es la versión recogida en mi libro de bachillerato).

Complicándolo todo aún más tenemos la hipótesis de Esteban Mira Ceballos que dice haber encontrado un «apunte contable, recogido en el libro del tesorero de la isla Española, Alonso de Santa Clara», que, por su novedosa propuesta transcribo:

> Cárgansele más 19 pesos y 6 tomines de oro que ha de recibir Hernando de Pedrosa, vecino de Puerto Real, que los debía de 31 cargas y 34 partes de cazabe de Sus Altezas que Sebastián de Ocampo, que iba por capitán de ciertas carabelas que fueron a la isla de Cuba, dejó en la costa del cacique Guanagrax, porque estaba dañado y se dio a razón de 5 tomines la carga en el mes de enero de 1507 años" (*Revista de Indias,* Madrid, 1996, y el blog de Mira.)

Pero Mira piensa que, en realidad, aunque Ocampo viajara en el 1506-1507 no completó el bojeo y apoya la tesis de Manzano, que veremos más abajo.

2. CUBA ES UNA ISLA.

1492. Los aborígenes de las islas vecinas sí sabían que Cuba era una isla. Así se lo comunicaron a Colón el 21 de octubre de 1492, como aparece en su *Diario*: «...y después partir para otra isla grande mucho, que creo que debe ser Cipango, según las señas que me dan estos indios que yo traigo, a la cual ellos llaman Colba...»

El día 23 hace la misma reflexión: «Quisiera hoy partir para la isla de Cuba, que creo que debe ser Cipango, según las señas que dan esta gente de la grandeza de ella y riqueza»; de nuevo el 24: «Esta noche a media noche levanté las anclas de la isla Isabela del cabo del Isleo, que es de la parte del Norte, adonde yo estaba posado para ir a la isla de Cuba, adonde oí de esta gente que era muy grande y de gran trato y había en ella oro y especierías».

El propio día de nuestro descubrimiento su *Diario* comienza diciendo «Fue de allí en demanda de la isla de Cuba al Sursudoeste»; el 14 de noviembre escribe: «Al salir del sol determinó de ir a buscar puerto, porque de Norte se había mudado el viento al Nordeste, y si puerto no hallara fuérale necesario volver atrás a los puertos que dejaba en la isla de Cuba».

Ya desde La Española el 12 de diciembre vuelve a escribir el Almirante: «Los marineros que iban en la barca, cuando la llevaban a tierra, dijeron al Almirante que ya no quisiera salir de la nao, sino quedarse con las otras mujeres indias que había hecho tomar en el puerto de Mares de la isla Juana de Cuba».

1493. Desde Lisboa, y antes de llegar a España, Colón le escribe el 15 de febrero de 1493 a Luis de Santángel contándole de sus descubrimientos: «A la primera que yo hallé puse nombre San Salvador, a conmemoración de Su Alta Majestad, el cual maravillosamente todo esto ha dado; los indios la llaman Guanahaní. A la segunda puse nombre la isla de Santa María de Concepción; a la tercera Fernandina; a la cuarta la Isabela; a la quinta la isla Juana, y así a cada una nombre nuevo». O sea, al final del primer viaje a Colón le dijeron, y él sospechaba, que Cuba era isla. No lo había confirmado, pero hablaba de Cuba como si fuera isla.

1494. El 14 de mayo de 1494, durante su segundo viaje, Colón le pregunta a un cacique si Cuba es isla «y él, con otros muchos viejos que con él allí estavan, rrespondieron que sí, mas que era tierra ynfinita, de que nadie no avía visto el cavo della al poniente».

1498. El investigador cubano César García del Pino ha propuesto la hipótesis que Giovanni Caboto/John Cabot, ciudadano veneciano a las órdenes de Enrique VII de Inglaterra, había descubierto la insularidad de Cuba hacia 1498.

1499-1500. Americo Vespucci hizo un viaje al nuevo mundo en la expedición de Alonso de Ojeda y he leído que lo había acompañado Juan de la Cosa. Una carta firmada en Sevilla el 18 de julio de 1500 así lo atestigua (aunque algún estudioso ha cuestionado su autenticidad). ¿Le dieron la vuelta a Cuba?

1500. Juan de la Cosa. Su carta náutica fechada en el Puerto de Santa María pinta a «Cuba» como Isla. De hecho, no existe ningún mapa donde Cuba aparezca como parte de tierra firme, lo que claramente indica que los navegantes por las Antillas, aún si no lo hubieran reportado oficialmente, comunicaban estas informaciones a los cartógrafos.

La fecha 1500 es desconcertante si pensamos que solo 6 años antes el propio de la Cosa había firmado ante notario que Cuba *no* era isla. Una de dos, o el mapa es posterior (varias personas así piensan) o para 1500 de la Cosa sabía que Cuba era isla.

1500. Ya en su Década Primera (escrita antes de 1501) Pedro Mártir de Anglería reportaba que «no faltan quienes se atreven a decir que han dado la vuelta a Cuba».

1501-1502. Americo Vespucci y Miguel Corte-Real viajaron al nuevo mundo. Se ha dicho que prepararon un mapamundi, pero se ha perdido. Sus descubrimientos fueron incorporados al mapa llamado Kunstmannn II, donde Cuba aparece como Isla. ¿Vespucci le dio la vuelta a Cuba en este viaje? ¿El autor de la carta anónima tomó este dato de otros exploradores?

1502. Planisferio llamado de Cantino. Se trata de una carta manuscrita portuguesa con la inscripción al dorso que dice «*Carta da navigar per le Isole nouam tr[ovate] in le parte de l'India: dono Alberto Cantino al S. Duca Hercole 1502*». El Duque de Ferrara había enviado a Alberto Cantino a la corte de Portugal y allí él se procuró de este mapa anónimo, el segundo conocido del nuevo mundo y el segundo que dibuja a Cuba («ylla isabella») como isla.

El mapa se perdió por siglos y apareció en 1859 en una canicería de Módena donde lo iban a utilizar para envolver salchichas (!). Desde entonces se conserva en la Biblioteca Estense, en Módena, Italia. Viajó al Museo Smithsonian de Washington en 2007. Allí adquirí una hermosa pieza de porcelana portuguesa de la prestigiosa fábrica Vista Alegre con este mapa grabado, hecha en 1994 para conmemorar el V centenario del Tratado de Tordesillas.

1502. Mapa llamado King-Hamy II. Manuscrito en pergamino hecho en Italia siguiendo un prototipo portugués. Los estudiosos piensan que la concepción geográfica es de Americo Vespucci pero que fue confeccionado por Nicolo Caveri [Canerio]. Nuestra isla aparece como «T de Cuba». Uno de sus dueños fue el explorador Richard King y oportunamente fue adquirido por Jules Hamy, dándole ambos el nombre a esta carta. Se encuentra en la Biblioteca Huntington en San Marino, California.

1504. Globo terráqueo grabado en huevo de avestruz. Según el investigador belga Stefaan Missinne, el globo, de once centímetros de diámetro, fue adquirido por un coleccionista anónimo en una feria de mapas en Londres en 2012. Missine condujo una serie de investigaciones científicas en un laboratorio en Viena para establecer una correlación entre la densidad del huevo y su edad. En el transcurso de sus investigaciones, Missine consultó un número considerable de fuentes, laboratorios y colegas y llegó a la conclusión que el mapa fue grabado sobre el huevo hacia 1504. Está en una colección privada.

Además, luego de un minucioso análisis comparativo con el Globo Lenox (ca. 1510) y notar sus extraordinarias semejanzas y coincidencias, Missine concluyó que el Globo de Huevo de Avestruz (aún no se le ha bautizado con el nombre del dueño u otro apelativo) es el prototipo que se utilizó para hacer el Globo de Lenox. Y en ambos globos Cuba aparece como «Isabel», con igual contorno. Preparé un trabajo sobre el tema para la *Revista de la Biblioteca Nacional de Cuba José Martí* (2, 2015).

1506. Mapa llamado Kunstman II (1502-1506). Manuscrito publicado por Friedrich Kunstmann en 1859 y toma de ahí su nombre. Nuestra isla aparece como «terra de cuba». Incluye una viñeta de canibalismo en Suramérica. Se encuentra en la Bayerische Staatsbibliothek, en Munich.

1506. Mapa Contarini-Roselli. Primer mapa impreso del Nuevomundo. Nuestra isla aparece como «terra de cvba». Existe un ejemplar en la British Library de Londres.

1506. Dos mapas impresos de Waldsememüller. Uno apareció en su *Universalis cosmographia*, y nuestra isla aparece como «isabella». Un segundo mapa monumental —y el primero donde aparece el nombre «America»— muestra a Cuba como «ysabella insula». Aunque se imprimieron alrededor de mil copias solo se conoce una, adquirida en 2003 por la Biblioteca del Congreso en Washington, D.C.

1506. El 23 de marzo de 1508 se firma un Capitulación encomendando a Juan Díaz de Solís y a Vicente Yánez Pinzón organizar una nueva expedición para finalmente encontrar el paso hacia las islas de la especiería (las que Colón intentó encontrar en sus viajes pero que todo un continente de por medio le impidió llegar al Pacífico y a dichas «islas»).

Las dos carabelas de la expedición, La *Magdalena* y *San Benito (La Gallega)* zarparon de Sanlúcar de Barrameda el 29 de junio de 1508. El 14 de septiembre salieron de La Española hacia Cuba y recorrieron toda la costa sur, doblando el Cabo San Antonio 35 días después, el 18 de octubre. Comenzaron entonces el recorrido por la costa norte y un mes más tarde ya estaban en el Paso de los Vientos camino a La Española. El primer bojeo de Cuba se había oficialmente completado.

1509-10. Realmente no he logrado integrar coherentemente a esta cronología la narración de Las Casas del bojeo de Ocampo en «1508», pues a la vaguedad de Las Casas y a las otras dudas sobre la fecha exacta, se suman las concluyentes pruebas aportadas por Manzano sobre el viaje pionero de Solís y Pinzón. Debo concluir que no tengo por qué dudar que Ocampo le diera la vuelta a Cuba, posiblemente en 1509-1510, pero no sería el primero. Las Casas tenía razón en la fecha (1508), pero no en el piloto que completó la hazaña.

5. EMBARCACIÓN DESCONOCIDA
La Española - Costa oriental cubana 1510

El 3 de marzo de 2017 tenía lugar en el teatro Arenal en el municipio habanero de Playa un espectáculo poco común. Se estrenaba la obra de la dramaturga estadounidense Elise Thoron, con música de otro norteamericano, Frank London, ambientada en los años 30 en un supuesto cabaret El Dorado donde se encuentran un judío poeta ucraniano que estudia en La Habana y la cantante Tínima.

El poeta era Oscar Usher Pinis (más tarde Ascher Penn), judío nacido en 1912 en Gaisin, provincia de Podolsk, Ucrania y emigrado a Cuba el 3 de enero de 1925. Había escrito un poema en yiddish en honor al indio Hatuey que se publicó en La Habana en 1931 y, en versión castellana de Andrés de Piedra Bueno, en 1935. Saludando a este poeta extranjero que se ocupaba de uno de los nuestros, un poeta criollo le compuso estas líneas

> Arribaste a la bahía
> de las Antillas risueñas
> y la tristeza de Hatuey
> –el corazón de Quisqueya–
> te iluminó bajo el suelo
> del Cacicazgo de Cueiba.

La ópera *Hatuey*, que se cantó esa noche en el Arenal por la compañía cubana Ópera de la Calle, se sitúa temporalmente en tiempos del Presidente Gerardo Machado (1925-1933), cuando el poeta se encuentra escribiendo su poema en la mesa del cabaret que frecuenta. Pero recreando los eventos del siglo XVI en la época del «asno con garras», cuando un empleado del cabaret es sorprendido conspirando, un esbirro —que también se llama Diego Velázquez— lo atrapa y lo manda quemar vivo. En pleno cine Arenal.

Con solo 77 kilómetros entre Cuba y la actual Haití y dada la tradición centenaria de cruces entre la entonces Española y el oriente de Cuba, es evidente que cientos de canoas deben haber transitado ese estrecho trayendo a nuestra Isla centenares de taínos con noticias de todas las atrocidades y desmanes de los españoles en la isla vecina. Entre tantos de esos indios, los cronistas recogen en particular la conmovedora historia de Hatuey que, por demás, protagonizó el más transcendental evento de solidaridad de nuestra temprana historia.

Fray Bartolomé de las Casas, aunque no fue testigo presencial de los hechos ocurridos el 2 de febrero de 1512 (estaba en La Española y no llegaría a Baracoa sino en abril), nos ha dejado la versión de los hechos, que escucharía en cuanto llegó a la isla, en su *Brevísima relación de la destrucción de las Indias*. Damos la palabra al fraile dominico:

> Este cacique y señor anduvo siempre huyendo de los cristianos desque llegaron a aquella isla de Cuba, como quien los conoscía, e defendíase cuando los topaba, y al fin lo prendieron. Y sólo porque huía de gente tan inicua e cruel y se defendía de quien lo quería matar e oprimir hasta la muerte a sí e toda su gente y generación, lo hubieron vivo de quemar. Atado a un palo decíale un religioso de San Francisco, sancto varón que allí estaba, algunas cosas de Dios y de nuestra fe, (el cual nunca las había jamás oído), lo que podía bastar aquel poquillo tiempo que los verdugos le daban, y que si quería creer aquello que le decía iría al cielo, donde había gloria y eterno descanso, e si no, que había de ir al infierno a padecer perpetuos tormentos y penas. Él, pensando un poco, preguntó al religioso si iban cristianos al cielo. El religioso le respondió que sí, pero que iban los que eran buenos. Dijo luego el cacique, sin más pensar, que no quería él ir allá, sino al infierno, por no estar donde estuviesen y por no ver tan cruel gente.

Es importante subrayar que el padre franciscano le aclaró a Hatuey que no todos los españoles irían al cielo sino solo los *buenos*. Muy pocos de éstos debe haber conocido Hatuey, sin embargo, para preferir ser quemado vivo. Subraya el fraile al final de esta pavorosa escena: «Esta es la fama y honra que Dios e nuestra fee ha ganado con los cristianos que han ido a las Indias». Hautey representa lo peor de un encuentro muy desigual y lo mejor del espíritu humano de libertad y sacrificio.

Durante la Revolución francesa Marie-Jeanne Roland exclamaría antes de ser decapitada el 8 de noviembre de 1793 en la Plaza de la Revolución (después, para exorcizar aquellos tiempos, le pusieron de la Concordia): «¡Oh, Libertad!, ¡cuántos crímenes se cometen en tu nombre!». El fraile que trató de consolar a Hatuey fue uno de los primeros en gritar en el nuevo mundo: «¡Oh, Cristiandad!, ¡cuántos crímenes se cometen en tu nombre!».

Si el mitológico Ave Fénix resurgió de sus propias cenizas, Hatuey hizo lo mismo. La dramática escena de la hoguera y el recuerdo de su valentía han sido recordados continuamente hasta nuestros días. Pensé que sería útil al lector, para información y referencia, conocer algunas de las huellas que ha dejado Hatuey durante el medio milenio que ha transcurrido desde ese 2 de febrero de 1512. Como las vidas de Hatuey y las Casas se entrecruzan, el lector debe conocer la obra de Ana Cairo y Amauri Gutiérrez Coto, *El padre Las Casas y los cubanos* (La Habana, 2011).

Para facilitar su búsqueda, he agrupado el rastro de Hatuey por temáticas: Historia, Literatura, Artes visuales (pintura y escultura), Música, Filatelia y Numismática, Cine, así como Instituciones, calles, productos y personas que llevan su nombre.

HISTORIA

Sylvie Bouffartigue, "Hatuey, o la invención cubana del rebelde antillano" (Joseph Opatrny, *Pensamiento caribeño – siglos XIX y XX*, Praga, Editorial Karolinum, Ibero-Americana Pragensia, Supplementum 19/2007); Salvador Bueno, «Primer combatiente por Cuba» (*Granma*, 24 de mayo de 1987); Bartolomé de Las Casas, *Brevísima relación de la destrucción de las Indias* (Sevilla, 1552); Hortensia Pichardo, «El suplicio de Hatuey ¿dónde tuvo lugar? (*Bohemia*, 3 de agosto de 1984); César Rodríguez Expósito, *Hatuey, el primer libertador de Cuba* (La Habana, 1944); Marina Rodríguez, *Hatuey* (Miami, 1975); José Rojas Bez, «Hatuey y Caupolicán, Las Casas y Ercilla: símbolos y visiones del héroe americano» (*Universidad de La Habana*, 236, 1989); Eduardo Salinas Croche, *El rebelde "Hatuey"* (La Habana, 1938); Emeterio

Santovenia, «La arenga de Hatuey» (*Del pasado glorioso,* Habana, 1927).

LITERATURA

POESÍA. Marion Bethel, «Guh Mornin, Columbus» (1995); «Javier de Burgos, «Cuba española» (1894); Bonifacio Byrne, «Hatuey» (1897); Lourdes Casal, «Vivo en Cuba» (1981); Raúl Ferrer, «24 de febrero» (1955); John Curl, «Columbus In The Bay Of Pigs» (1988); José Fornaris, «Conclusión», «La flor de Casiguaguas», «Hatuey y Naya» (1862); Jose María Izaguirre, «La revolución de Cuba» (1902); Eduardo Galeano, «Hatuey» (1982); Eligio Izaguirre, «El adiós del indio» (1857); Dulce María Loynaz, *Poemas sin nombre,* «CXXIV» (1953); José Martí, «Patria y Libertad» (1877); Juan Cristóbal Nápoles Fajardo, «Hatuey y Guarina» (1857); Jesús Orta Ruiz, «Era la mañana de la Santa Ana» (1959); «Hatuey» (1966); José de Jesús del Osio, «Amor Patrio» (1876); Oscar Usher Pinis, *Hatuey, poema*; versión de Andrés de Piedra-Bueno (1935); Angel Romera, «La muerte de Hatuey» (c. 1840); Pedro Santacilia, «Canto a Hatuey» (1856).

NARRATIVA. Emilio Bacardí Moreau. Se dice que dejó inédita la novela *La hija de Hatuey,* pero la Dra. Olga Portuondo no ha logrado encontrar nada concreto; José Barreiro, *The Storey of the Cacique Hatuey* (1998); Luis Victoriano Betancourt, *La Luz de Yara* (1875); Gastón Baquero «Maldito sea el pae Las Casas» (*Indios, blancos y negros en el caldero de América,* Madrid, 1991); Nicolás de Cárdenas y Rodríguez, *Hatuey* (leyenda inédita); Guy Endore, *Babouk* (1934); Enrique Flores-Galbis, *Raining Sardines* (2007); Gertrudis Gómez de Avellaneda, *El aura blanca: suceso extraño ocurrido en nuestros días* (1871); Roque E. Garrigó, *Porcayo: el romance de la conquista de Cuba* (1926); Robert N. Macomber, *The Darkest Shade of Honor* (2010); Gustavo Robreño, *Historia de Cuba,* narración humorística (1915); Grace Stebbing, *Gold and glory* (1882). Hay también un trabajo sobre Hatuey en el semanario *Mella* (UJC), Suplemento, 75 (1963) que incluye un dibujo en portada mostrando a Hatuey dándole un piñazo al conquistador.

TEATRO. Francisco Selleìn, *Hatuey* (1891); Luis A. Baralt, *Tragedia indiana* (1952?); Samuel Feijóo, «La pregunta de Hatuey» (*Albur*, 1992); Raoul Pantin, *Hatuey* (2015); y Jean Métellus, *Rhapsodie pour Hispaniola* (2015).

ARTES VISUALES

En la Biblioteca William L. Clements de la Universidad de Michigan se atesoran desde 1919 diecisiete acuarelas anónimas acompañando una traducción francesa de la *Brevísima Relación* del Padre Las Casas (*Tyrannies et Cruautez des Espagnols Perpetrees es Indes Occidentales,* 1582). Si se hubieran quedado escondidas en este libro no hubieran tenido mucho impacto por la naturaleza restringida del acceso a ellas. Pero de alguna manera se las hicieron llegar (o copias de las mismas) al impresor Theodor de Bry en Frankfurt, quien se dio cuenta de su importancia y las incluyó en su edición latina de Las Casas de 1598 *Narratio regionum Indicarum per Hispanos quosdam devastatarum verissima*. Esta fue la primera edición ilustrada de Las Casas.

Entre los grabados del libro de De Bry estaba la primera imagen impresa del suplicio de Hatuey y su recepción fue tan incendiaria como la misma hoguera de mártir. Muchos ubican el nacimiento de la Leyenda Negra de la conquista española en el Nuevo Mundo a esta publicación. Otras ediciones siguieron: 1599 (alemán), 1613 (alemán), 1614 (latín), 1664 (latín), 1665 (alemán). De alguna manera esta imagen ha servido de prototipo a todas las demás. A continuación, una lista de la huella posterior de Hatuey en las artes visuales.

PINTURA/GRABADO. Gladys Acosta, *Hatuey el primero* (Afiche OSPAAL 1994); Jose Carlos Chateloin Soto, *Suplicio de Hatuey a la hoguera* (de un laminario del Ministerio de Educación, La Habana, Editorial Pueblo y Educación, 2002); José Cecilio Hernández Cárdenas (HerCar), *Hatuey* (portada de la edición castellana en versión de Andrés de Piedra Bueno del libro de Oscar Usher Pinis, *Hatuey,* 1935); Juan Emilio Hernández Giro, *Suplicio de Hatuey* (boceto al óleo en el Museo Bacardí; reproducido en su *Historia gráfica de Cuba,* 1938); Pedro Hernández Dopico, [Hatuey] (en Gladys Hidalgo Lesmes, *Narraciones de*

Historia de Cuba, Habana, 1987); Travis Hewitt, *The Cacique Hatuey* (¿Óleo?, 2014); José Hurtado de Mendoza, *Suplicio de Hatuey* (1940s?); Conrado Massaguer, caricatura de Hatuey (en Gustavo Robreño, *Historia de Cuba, narración humorística,* Habana, 1915); Augusto G. Menocal, *No quiero ir al cielo* (óleo, 1930, en el Museo Nacional de Bellas Artes); U.M. [Hatuey] (José March, *Historia de la Marina Real española,* Madrid, 1856); Montaut, *Le meuilleur n'en vaut rien* (frontispicio del libro de Antoine Caillot, *Beautés naturelles,* París, 1827); Armando Oliva Robain, *Hatuey* (portada del libro de Marina Rodríguez, *Hatuey,* Miami, 1975); Jorge Pardo, *El cacique Hatuey* (óleo/ cartón, 1984); Horace William Petherick, *The burning of the patriot cacique Hatuey* (en Grace Stebbing, *Gold and glory,* Londres, 1882); Heriberto Portell Vilá, *Momentos finales* (en *Historia de Cuba gráfica y sintética,* Habana, 1932); Dirk Prautzsch, *Hatuey Cohiba-Behike* (sobre papel de fotografía, 2016); Paul Quinn, *Chief Hatuey* (en Marion Florence Lansing, *Liberators and heroes of South America,* Freeport, N.Y., 1940); K. Schwartzzapel (¿Schwartzapfel?), *Hatuey* (portada de la edición yiddish del libro de Oscar Usher Pinis, *Hatuey* (1932)); Charles Vernier, [Hatuey] (J. H. Campe, *Découverte de l'Amérique,* París, 1845) y Frank E. Wright, *The ignoble and cruel death of the cacique Hatuey... (The Discovery and conquest of the New World,* Philadelphia, H. J. Smith, 1892).

ESCULTURA. Comenzamos mencionando que en 1899 se hizo una encuesta entre 105 personalidades para escoger la persona cuya estatua sustituiría a la Reina Isabel II en el Parque Central. Martí, el ganador, obtuvo 16 votos y Hatuey 2. Entre las estatuas de Hatuey que sí se encuentran instaladas conocemos: Anónimo (escultura en madera en Yara, Granma (1993); Lucía Bacardí (1915); Israel Castro (Plaza Cacique Hatuey Baracoa, 2016?); José Manuel Fidalgo Rodríguez (1946); Osneldo García (1956); Rita Longa (4 esculturas en Baracoa; una de ellas está ubicada en el Consejo Popular La Asunción, Baracoa en 1929. Tiene gran parecido a la reproducida en la nueva etiqueta de la cerveza Hatuey); Thelvia Marín (1974, en la Plaza Indoamérica, Quito, Ecuador. Reproducida en un sello ecuatoriano de 1980); Wilfredo Milanés Santiesteban (parque de Yara, 1999); Ricardo Struyf (panel en una de las puertas del Capitolio habanero, basado en el diseño de Enrique García Cabrera).

MÚSICA
Don Azpiazu, *Hatuey: Canto indio* (1955); Eliseo Grenet, *Hatuey*, fox-rumba oriental (1938); Juan Mesa, *Tierra de Hatuey* (grabado por Los Muñequitos de Matanzas Siboney, LD 277); Armando Valdespí; *Canto Hatuey/ Love in the air* (1937).

FILATELIA Y NUMISMÁTICA
Sellos. Cuba: 1987 (5 centavos). Ecuador (Serie Caciques indoamericanos, 1980. Reproduce la escultura de Thelvia Marín); República Dominicana (Serie Jefes indios, 1975).
Monedas. Moneda conmemorativa V Centenario, La Habana, 1991.

CINE
También la lluvia (Icíar Bollaín, enero de 2011).

INSTITUCIONES, CALLES, PROYECTOS Y PRODUCTOS QUE LLEVAN SU NOMBRE.
El nombre Hatuey lo han llevado diferentes personas y entidades. Algunas de ellas son, un/una/unos *Almacenes*: Santo Domingo; *Brigada militar*: «Cazadores de Hatuey» (1869) y Regimiento de Infantería Hatuey Número 3, del Primer Cuerpo (1895); *Buque*: cañonera; *Calle/ avenida*: la Esperanza, Arroyo Naranjo; Sancti Spíritus; Los Cacicazgos, Santo Domingo; barrio Placer Bonito, San Pedro De Macorís; barrio las Flores, Montecristi; Santiago de los Caballeros; *Canoa*: de la expedición de Nuñez Jiménez de Ecuador a las Bahamas; *Cerveza*: de la compañía Bacardí; *Ciudad*: municipio Sibanicú, Camagüey; Campo Hatuey, municipio avileño de Majagua; *Club patriótico*: «Hijas de Hatuey»; *Conjunto musical*: Septeto Hatuey Camagüeyano, Grupo Hatuey de Bucaramanga; *Empresa*: Estación Experimental de Pastos y Forrajes Indio Hatuey, Perico, Matanzas; *Equipo de fútbol*: Sport Club Hatuey, 1911; *Escuela*: Escuela de Instructores de Arte, Bayamo; *Galletas*: Santo Domingo; *Grupo de solidaridad*: Chile; *Grupo teatral*: Bo-

gotá; *Helado*: Compañía La Lechera; *Hotel*: Villa Rancho Hatuey, Sancti Spíritus; *Mina de manganeso*: Las Pozas, Pinar del Río; *Nombre científico de un insecto*: Hypolestes hatuey; *Parque*: Habana; *Periódico*: La voz de Hatuey, Cayo Hueso 1884; *Hatuey,* Marianao, 1905; *Plan estratégico*: novela de Pablo Gato; *Plaza*: Cacique Hatuey, Baracoa; *Premio literario*: de la Asociación Colombista Panamericana; *Restaurant*: Café Hatuey: Playa; El Indio Hatuey, Alajuela, Costa Rica; Buffet Cubano Hatuey Vecindario, Gran Canaria; *Revista*: Atuei, La Habana, 1927-1928; *Seudónimo*: Francisco Cepeda y Taborcías, José Costa Francés, Domingo Figarola-Caneda, José L Torralbas, Nicanor Trelles y Santoyo; *Teatro*: Puerto Padre; Indoamericano Hatuey, Caracas; y *Tienda de cigarros*: Reno, Nevada.

Ernest Hemingway hizo que Manolín le llevara al pescador Santiago dos botellas de cerveza Hatuey en *El viejo y el mar*. A bordo de esa novela, traducida a tantos idiomas, y de las latas y botellas de cerveza clara (ahora fabricadas en Estados Unidos) el nombre del hijo de Quisqueya, rebelde de Cuba, está, literalmente, en boca de todos.

6. EMBARCACIONES DESCONOCIDAS
Salvatierra de la Sabana, La Española – Baracoa
? - 15 de agosto de 1511

> Una carta ha recibido,
> de mamita debe ser
> y he venido porque quiero
> que me ayudes a leer
>
> Pototo y Filomeno

En abril de 1514 la Reina de España recibía carta de América desde la isla Fernandina (¡qué honor para su consorte!). Por aquellas épocas esto sería una gran novedad. La había escrito Diego Velázquez de Cuéllar —que no fue quien pintó *Las Meninas*— y le reportaba cómo iban las cosas y qué había estado haciendo en los últimos tres años.

La verdad es que bien pudo haber escrito antes, pues ya Isabel comenzaba a inquietarse. Pero bueno, Velázquez había estado fundado ciudades en regiones desconocidas e inhóspitas de nuestra Isla, no que estuviera echándose fresco en una hamaca tropical. El documento, un extracto de la carta original, se guarda celosamente en el Archivo de Indias (Patronato, Est. 2°, Caj. 1°, Leg. 26).

Velázquez, recordemos, había salido (¿fines de 1510, principios del 1511?) de las proximidades de Cabo Tiburón (hoy Haití) con cuatro naos –cuyos nombres aparentemente nadie tomó la molestia de apuntar— y 300 españoles. Entre sus compañeros venían un futuro alcalde de Santiago (aunque su fama le vino por otra hazaña), Hernán Cortés; el conquistador Pedro de Alvarado, que sería Gobernador de Guatemala; y Bernal Díaz del Castillo, el tantas veces citado cronista de las Indias (las de acá no las de allá). En otro barco procedente de Jamaica, a éstos pronto se les unió un grupo bajo Pánfilo de Narváez. Como se decía en mi adolescencia, gente buena y del comercio. Traían también algunos esclavos negros, plantas y animales. Esta vez venían para quedarse.

La misión que les había asignado el hijo del Almirante y gobernador de La Española, Diego Colón, era la de colonizar la isla de Cuba. Desembarcaron en el mítico puerto de Palmas, que suponemos cerca de la actual Baracoa, a la cual oportunamente llegaron el 15 de agosto de 1511, bautizándola con el nombre de la fiesta de la Virgen que se celebraba ese día: Nuestra Señora de la Asunción.

Durante los próximos ocho años Velázquez fundaría Bayamo (1513), Trinidad (1514), Sancti Spíritus (1514), Puerto Príncipe, inicialmente en la costa norte (¿1514?), Santiago de Cuba (1515), y La Habana (1519 en su actual emplazamiento). «Misión cumplida» pudo haber dicho orgullosamente nuestro primer Gobernador al morir el 12 de junio de 1524 en su hermoso palacete (hoy Museo de Ambiente Histórico Cubano frente al Parque Céspedes en Santiago de Cuba).

Pero no nos adelantemos al Adelantado y volvamos a la carta de 1514 (y disculpe el lector su ortografía) que mandó a Isabel. Primero le da las gracias a la Reina por otorgarle poder *«para poder dividir los caciques é indios de esa isla»* (Desde pequeño Velázquez era agradecido y repartir indios era lucrativo y divertido). Sigue comentando que siempre lo acompaña el franciscano *«Frey Johan de Tesin, el cual ha bautizado toda la gente que hasta entonces se abia asegurado».* Sonreiría La Católica.

También dice que envió unos españoles a explicarles a los indios *«que todos abian de ser vasallos y servidores de V. A. [Vuestra Alteza], y que toviesen buen proposito y voluntad, porque su intención no era dañarlos».* Los indios se preguntarían qué exactamente querría decir «vasallo». Pero Sebastián de Covarrubias no había escrito aún su diccionario. Con el tiempo –demasiado tarde, dirían algunos— se enterarían.

No todo era color de rosa, por supuesto. *«En la provincia de La Havana estaban presas dos mugeres y un ombre»* pero él había mandado gentes para *«asegurar a los caciques é indios, y sacar dellos con maña las dichas dos mujeres y un ombre».* No dice cuáles fueron esas «mañas» pero el caso es que finalmente liberaron a las féminas.

Como era de esperar, cuestionaron a las mujeres. Uno hubiera pensado que se interesarían por su salud, si habían sido violadas, o que reportaran otros incidentes. Pero no. Al llegar, cansadísimas supongo, las *interrogaron «para saber si donde abian estado presas abia oro».* ¡Oro! Las ex cautivas no sabían con certeza, pero que *«muchas veces abian visto a los indios de dicha provincia estar á la orilla de un rio donde se ivan a labar, tener encima de unas piedras grandes algunos granos de oro».*

Al oir la palabra mágica (y adelantándose por varios siglos al perro de Pavlov) *«los dichos cient ombres se partieron de dicha provincia del Çavaneque, con las dichas mujeres, porque los llevasen á el río donde avian visto buscar el oro, y se metieron en quince canoas, y en quatro dias llegaron á la provincia de la Havana... donde, porque la mar no andava buena dexaron las dichas canoas y se fueron por tierra; y sabido esto los indios les furtaron las dichas canoas».* Parece que los indios ya habían aprendido también algunas «mañas». En todo caso, no encontraron a nadie en los pueblos.

Siguieron buscando y finalmente se toparon con un cacique y le preguntaron *«por que estavan los dichos pueblos sin gente, y él dixo que creían que las mujeres se avían ido por miedo de los cristianos, y que sus maridos, visto que sus mugeres no estaban allí, se fueron por los montes a las buscar».* Como Velázquez no le explica a su Majestad por qué las indígenas habrían de temer a los cristianos (después de todo, eran cristianos), nunca lo sabremos.

Velázquez trató de poner las cosas en contexto. *«Que bien sabia que el dicho cacique y muchos de sus indios y naborías tenían algún temor y miedo, que por el daño que abian fecho los cristianos que de Tierra Firme venian, les abian de matar y facer mal».*

En otras palabras, entendía que los indios habían solo respondido violencia con violencia. Pero que la Reina, comprensiva como era, *«mandaba que, pues ellos hasta entonces no tenían conocimiento á quien servían, lo pasado se les perdonase».* Muy sensible por parte de Isabel. Claro, los indios no habían comprendido que ellos habían sido elevados a la categoría de vasallos castellanos y por ignorancia mataban a otros vasallos. Si solo hubieran tenido ese diccionario...

¿Y en lo adelante? *«y para lo presente y por venir los avisasen que fuesen buenos cristianos y servidores de V.A., y que se ale-*

grasen y asegurasen que los cristianos no ivan a les hacer mal ni daño, salvo a buscar oro.» Dale con la palabrita.

En todo caso, parece que el cacique se reconcilió con los españoles (al menos en ese momento*) «y los llevo a su pueblo...y vieron el dicho rio donde las mugeres dixeron que sacaban oro y sacaron muestras, aunque en muy poca cantidad».* Poco oro. Ya esto no pintaba tan bien. (Treinta años más tarde el gobernador Juanes Dávila informaba que en Cuba «ya no se descubre mina de oro ni se puede hallar»).

En algún momento llegaron a Manzanillo y *«el dicho cacique e indios le dixeron como en este pueblo y en todos los de la provincia abia mucha hambre, á cabsa de quen no abia llovido el año pasado; y creyendo que lo hacian maliciosamente, porque no se asentasen alli, envio a certificarse de ello, y parecio ser verdad».* Estaba claro que ya Velázquez no creía en lo que le decían los nuevos vasallos indios y tenía que verificarlo por otros medios. En justa reciprocidad, los indios tampoco creían al mañoso de Velázquez (que no solo usó la maña sino también mucha fuerza).

Más tarde Don Diego habla de *«la necesidad que ay de herramientas para sacar oro y para facer las labranzas».* Claro, esto para los indios, pues los señoritos hijosdalgo (¿hijos qué?) peninsulares no estaban para eso.

Siguen buenas noticias: *«en dicha isla ay fasta agora treinta mil puercos que se an multiplicado con los que se llevaron a la dicha isla después que él está en ella».* Evidentemente, el futuro del sandwich cubano quedaba asegurado.

Termina diciendo que, a diferencia de los indios de La Española, los de Cuba *«después que tienen conversación con los cristianos ... muestran ser mas inclinados á oir las palabras de Dios y las cosas de la fée... porque hay ya algunos que saben el pater noster y el avemaria credo y salve».* O sea, en tres años de colonización, «algunos» ya habían aprendido hasta cuatro oraciones. Admirable.

La conquista de Cuba, sin duda, prometía. Y auguraba un luminoso futuro a su Iglesia.

7. EMBARCACIONES DESCONOCIDAS
Santiago de Cuba – Cozumel
18 de noviembre de 1518 - 21 de febrero de 1519

Al morir en Roma el Emperador Diocleciano se disputaron el Imperio, de una parte, el antiguo emperador, Maximiano y su hijo Majencio, y de la otra Constantino. Según la tradición, ya derrotado Maximiano y antes de la batalla contra Majencio en Ponte Milvio (año 312, D.C.), Constantino tuvo una visión. Mirando al cielo pudo ver el signo de la cruz con la leyenda *In hoc signo vinces* (bajo este signo vencerás). Enseguida mandó poner en sus los escudos el monograma de Cristo, ganó la batalla, se convirtió en Emperador y, oportunamente, al cristianismo.

Agradecido, al año siguiente proclamó el Edicto de Milán (313), acabando con el culto estatal pagano en Roma, dando fin a las persecuciones contra los cristianos y ordenando se les devolvieran los bienes expropiados. Casi 80 años después el Emperador Teodosio haría del cristianismo la religión oficial del Estado (391). Europa, y el mundo, cambiarían para siempre. Y si existieron unos «Reyes Católicos» y a Cuba vino tempranamente el cristianismo se lo debemos, en última instancia, a Constantino y Teodosio.

Pero Constantino tiene otra presencia cubana más cercana y directa. En la bahía de Santiago de Cuba. Y allí llegaremos a su debido tiempo.

Aunque Colón nunca pisó territorio mexicano, en su cuarto viaje estuvo en las costas de Centroamérica y debió haber intuido que la costa seguía hacia el norte, pues nadie les confirmaba la existencia de paso alguno que conectara con el Pacífico (además, al decirle los indios que había oro hacia el sur, fue hacia allí que se encaminaron). Solo era cuestión de tiempo hasta que los conquistadores dirigieran su mirada hacia el territorio azteca. Eso ocurrirá el 8 de febrero de 1517 cuando Francisco Hernández de Córdoba, rico encomendero asentado en la isla de Cuba, salía de Santiago de Cuba con 3 naves y 150 hombres hacia esas tierras.

Después de una tormenta en el mar llegaron a un cabo en la península de Yucatán donde, según Bernal Díaz del Castillo, un cacique maya no hacía sino decir *con escotoch, con escotoch,* que quiere decir «andad acá a mis casas». Hernández de Córdoba bautizó el lugar como Catoche. Las vueltas que da la vida. Un español residente en Cuba descubre Cabo Catoche en 1519 y un venezolano que residiría en Cuba tres siglos después lo coloca en nuestro escudo nacional en 1849.

Al año siguiente (25 de enero de 1518, otra fuente dice 18 de abril) zarparía, nuevamente desde Santiago, con escala en La Habana (8 de abril) una segunda expedición con 4 naves y 240 hombres bajo el mando de Juan de Grijalva, sobrino de Pánfilo de Narváez y cofundador de Trinidad. Recorrieron parte de Yucatán, pero, al igual que su predecesor Hernández de Córdoba, tampoco fundó ninguna colonia.

A la tercera va la vencida. Entusiasmado por los reportes de las expediciones anteriores Diego Velázquez decide que ya era hora de conquistar México. Escoge para ello al alcalde de Santiago de Cuba, su cuñado Hernán Cortés, quien recluta los expedicionarios y prepara sus naves. Solo he logrado averiguar el nombre de una de ellas: *San Sebastián,* bajo las órdenes de Pedro de Alvarado. Antes de embarcar, Cortés

> mandó hacer dos estandartes y banderas, labrados en oro con las armas reales y una cruz de cada parte, con un letrero que decía: ¡Hermanos y compañeros: sigamos la señal de la Santa Cruz con fe verdadera, que con ella venceremos!

Recordaba entonces el conquistador al emperador Constantino —con quien comenzamos esta historia— poniendo en sus banderas la frase esperanzadora: *In hoc signo vinces.* Llevarían –y plantarían– la cruz en México.

Partieron del puerto de Santiago «después de haber oído misa» el 18 de noviembre de 1518, hicieron una primera escala en Trinidad y una última en La Habana (que aún estaba en la costa sur).

«Como en aquella tierra de La Habana había mucho algodón, hicimos armas muy bien colchadas, porque son buenas para entre los indios, porque es mucha la vara y flecha que daban». De La

Habana, según Bernal Díaz del Castillo, luego de cargar «mucho matalotaje de cazabe y tocino» y «después de haber oído misa» partieron el 10 de febrero de 1519 (López de Gómara dice que el 18). Eran alrededor de 500 hombres. Nueve navíos irían por «la banda del sur» y dos por la «del norte».

Embarcaciones de Hernán Cortés partiendo desde Santiago de Cuba hacia México (1518). En Antonio de Solís, *Histoire de la conquete du Mexique, ou de la Nouvelle Espagne. Par Fernand Cortez*. La Haye, A. Moetjens, 1692

Bernal Díaz del Castillo que iba en la *San Sebastián*, piloteada por un tal Camacho, llegó «dos días primero que Cortés a Cozumel» (cosa que no le hizo gracia ninguna al conquistador). La fecha exacta de llegada la disputan los historiadores. He tomado la del 21 de febrero por parecerme sensato 11 días de viaje en esos tiempos.

De Cuba han salido muchas naves, pero pocas tan importantes como las de Cortés: con ellas comenzó la conquista de uno de los imperios más extensos, y avanzados del Nuevo Mundo. Además, en lo adelante Cuba no sería tierra de destino, sino trampolín hacia horizontes más dilatados y ricos, y por muchos años no logró sostener un ritmo de crecimiento de población que le permitiera explotar todo su potencial.

La imagen del puerto de Santiago con sus naves listas a partir tuvo también el privilegio de contarse entre las primeras vistas de Cuba —y ciertamente la primera de Santiago— que se conoció en el mundo, pues se grabó en plancha de cobre y las vistas impresas se insertaron en los libros que narraban la conquista de México. En ellos podría el público no solo leer, sino ver, la nave de Cortés ondeando al viento su *In hoc signo vinces.*

Apareció la primera de estas vistas con el título de *Isle de Cuba. Port de Sant Iago* en la versión francesa del libro de Antonio de Solís sobre la conquista de México (*Histoire de la Conquête du Mexique,* París, 1691). Había sido diseñada por un pintor marino holandés residente en Francia, Jan Karel Donatus van Beecq (1638-1722). En versiones ligeramente diferentes a ésta, fue copiada para las ediciones posteriores del libro. Y esta imagen fue, por varios siglos, «la» imagen de la Bahía de Santiago que el mundo conoció. *In hoc signo vinces.*

Tres décadas más tarde, en 1726, otro grabadito del puerto de Santiago y las naves de Cortés aparecería ilustrando el fronstispicio de la Década Segunda de la *Historia general de los hechos de los castellanos en las islas i tierra firme del mar océano* (Madrid, 1726) de Antonio de Herrera.

La expedición cortesiana puede también anotarse el privilegio de haber contribuido a divulgar la imagen de Cuba más allá de nuestras fronteras.

Las naves de Cortés habían realmente sido las co-protagonistas de la epopeya. Ellas habían transportado los 500 hombres y los temibles —y decisivos— caballos, así como las igualmente mortíferas armas de fuego. Como las tres carabelas, se cuentan entre las naves más transcendentales de la historia del nuevo mundo.

Un último comentario. Aunque la narración –y su imaginario– resultan irresistibles y nos sirve de ejemplo de audacia y determinación —o de insensata imprudencia, según el punto de vista—

no es cierta la historia de que Cortés quemó sus naves. En todo caso las hundió. Bueno, casi. Bernal Díaz del Castillo que estaba con Cortés lo cuenta así:

> Estando en Cempoal platicando con Cortés y las cosas de la guerra y camino para adelante, le aconsejamos los que éramos sus amigos, que no dejase navío ninguno en el puerto sino que luego diese al través con todos, y no quedase ocasiones, porque entretanto que estábamos la tierra adentro, no se alzasen otras personas como los pasados.

«Dar al través», dicen los estudiosos, quiere decir inutilizar (quizás desmontar para recomponerlos más tarde). No era tan descabellado el caballero.

Otros investigadores pretenden haber encontrado el origen de la frase incendiaria en la historia de Alejandro Magno, rey de Macedonia, quien al ver cómo ardían sus barcos dijo a su tropa: «Observad cómo se queman los barcos... Esa es la única razón por la que debemos vencer, ya que, si no ganamos, no podremos volver a nuestros hogares ...» Pero él tampoco había quemado las naves.

En todo caso, el tema no es tan grave. Siempre podemos decir que mengano o zutano «quemó sus últimos *cartuchos*».

8. *SAN SEBASTIÁN*

San Juan de Ulúa - Sanlúcar de Barrameda
26 de julio de 1519 - 15 de octubre de 1519

Cuando el 16 de noviembre de 2019 San Cristóbal de La Habana festeje su quinto centenario no deberá faltar una estatua al explorador paleño Antón de Alaminos (Palos de la Frontera, Huelva, c.1484/1488-c.1520). Puso a nuestra bahía capitalina en el mapa de todos los marineros que querían llegar a puerto seguro y regresar a España en el menor tiempo posible.

Siendo niño, Alaminos había acompañado a Colón en su cuarto viaje (1502-1504) y nueve años después lo nombraron piloto en la expedición de Ponce de León y Juan Pérez de Ortubia a la Florida.

Casi un mes después de descubrir la Florida, nos dice el cronista Antonio de Herrera, el 21 de abril de 1513, los tres navíos de Ponce («bien proveídos de vitualla, gente y marineros»):

> ...yendo del borde de la mar todos tres navíos, vieron una corriente que, aunque tenían viento largo, no podían andar adelante, sino atrás; y parecía que andaban bien: y al fin se conoció que era tanta la corriente, que podía más que el viento. Los dos navíos que se hallaban más cerca de tierra surgieron, pero era tan grande la corriente, que hacían rehilar los cables [del ancla]; y el tercer navío, que era bergantín, que se halló más a la mar, no debió de hallar fondo, o no conoció la corriente, y le desabrazó de la tierra y le perdieron de vista, siendo el día claro y con bonanza (Primera década, libro IX, *Historia general de los hechos de los castellanos*, 1601, p. 302, ortografía moderna).

Los estudiosos han concluido que esta es la primera referencia a la Corriente del Golfo. Este descubrimiento ha sido atribuido a Ponce de León, por supuesto, así como al piloto Antón de Alaminos y a Andrés de Morales.

Algunas páginas más tarde (p. 307), Antonio de Herrera nos confirma la importancia del descubrimiento

Fue también provechoso el viaje porque se descubrió por esta causa la navegación, que poco después se halló para venir a España, por el canal de Bahama: de la cual fue el autor el piloto Antón de Alaminos como se dirá en su lugar (ortografía moderna).

Pero una cosa es descubrir una poderosa corriente y otra es aprovecharse de ella y seguir su larga ruta. Esto ocurriría seis años más tarde. Alaminos, que había ido con Cortés a la conquista de México, debía regresar a España. Aprovechó sus conocimientos náuticos de la zona para hacerlo de la manera más expedita. El cronista Antonio de Herrera (Segunda Década, *Historia general*, Libro V, p. 168) nos narra la historia:

> Dióles Hernando Cortés el mejor navío, porque hacían cuenta por apartarse de Cuba, de pasar la canal de Bahama: y este piloto era el más experimentado de aquella mar, y por acompañado fue otro Piloto. Partieron a 26 de julio de este año con 15 marineros, y tocando en el Mariel de Cuba, pasaron al Habana, y desembocaron la canal de Bahama, y llegaron con próspero tiempo a España, siendo los primeros que hicieron aquella navegación por no dar en manos de Diego Velázquez; y a esto se determinó Antón de Alaminos, juzgando con la mucha plática que tenía de los Lucayos y de la costa de la Florida, que aquellas corrientes habían de acuar en alguna parte: y fue metiéndose al Norte, y sucedióle bien, porque salido de la canal con bien, halló el espacioso mar, y dichosamente entró en Sanlúcar por Octubre (ortografía moderna).

En ese viaje Alaminos llevaba a los Reyes la Carta de Relación de Cortés y valiosos regalos para los soberanos. Salió con 13 marineros de San Juan de Ulúa a bordo del *San Sebastián*, el 26 de julio de 1519. El 23 de agosto estaba en Marien/Mariel, llegando a Sanlúcar de Barrameda el 15 de octubre.

Para hacer el viaje, Alaminos estrenaba la ruta Habana-España aprovechando la Corriente del Golfo. Esto haría que, con el tiempo, La Habana fuera el puerto destinado al encuentro y llegada de las flotas que hacían el viaje de ida y vuelta a la metrópolis. Desde la costa suroriental, Santiago de Cuba no podría competir y pronto la capital *de facto* —luego oficial— se trasladó a La Habana.

Recordemos también una conexión literaria entre la corriente y La Habana. Compuesto quizás en la Finca Vigía, *Islands in the*

Stream / Islas en el golfo de Ernest Hemingway fue publicado póstumamente en 1970 y llevado a la pantalla en 1977. En esa novela Hemingway cuenta la vida de Thomas Hudson, un pintor establecido en Bimini, sobre la corriente del golfo, durante los años 1930. La segunda parte se desarrolla principalmente en un bar habanero y salen a relucir actividades submarinas secretas por dicha corriente.

Si me preguntaran en qué parte de La Habana erigiría la estatua de Alaminos diría, sin titubear, frente a la bahía: viendo pasar los barcos. El descubrimiento de la corriente del golfo y el viaje pionero de Alaminos transformaron el papel que La Habana asumiría dentro del imperio ultramarino. El piloto paleño debería estar sonriendo a nuestro puerto cuando los habaneros le den la primera vuelta a la Ceiba del próximo medio milenio.

9. EMBARCACIÓN DESCONOCIDA

Bahía de Nipe
1612

Aunque ya habían transcurrido 75 años aquel anciano esclavo lo recordaba todo clarísimamente:

...siendo de diez años de edad fue por ranchero a la Bahía de Nipe, que es en la banda del norte de esta Isla de Cuba, en compañía de Rodrigo de Hoyos y Juan de Hoyos, que los dos eran hermanos y indios naturales, los cuales iban a coger sal y habiendo ranchado en Cayo Francés que está en medio de dicha Bahía de Nipe para con buen tiempo ir a la salina, estando una mañana la mar en calma salieron de dicho Cayo Francés antes de salir el sol los dichos, Juan y Rodrigo de Hoyos, y este declarante.

Embarcados en una canoa para la dicha salina y apartados de dicho Cayo Francés, vieron una cosa blanca sobre la espuma del agua que no distinguieron lo que podía ser, y acercándose más les pareció pájaro y ramas secas. Dijeron dichos indios, parece una Niña, y en estos discursos, llegados, reconocieron y vieron la imagen de Nuestra Señora la Virgen Santísima, con un Niño Jesús en los brazos, sobre una tablilla pequeña, y en dicha tablilla unas letras grandes las cuales leyó dicho Rodrigo de Hoyos y decían: «Yo soy la Virgen De La Caridad» y siendo sus vestiduras de ropaje se admiraron que no estaban mojadas.

Y en esto llenos de gozo y alegría, cogiendo solo tres tercios de sal, se vinieron para el Hato de Barajagua donde estaba Miguel Galán, Mayoral de dicho Hato y le dijeron lo que pasaba, de haber hallado a Nuestra Señora de la Caridad. Y el dicho Mayoral muy contento y sin dilación envió luego a Antonio Angola con la noticia de dicha Señora al Capitán Don Francisco Sánchez de Moya, que administraba las minas de dicho lugar, para que dispusiese lo que había de hacer, y mientras llegaba la noticia pusieron en la casa de vivienda de dicho Hato un altar de tablas, y en él a la Virgen Santísima, con luz encendida, y con la referida noticia, el dicho Capitán, Don Francisco Sánchez de Moya, envió orden al dicho Mayoral Miguel Galán que viese una casa en dicho Hato, y que allí pusiese la imagen de Nuestra Señora de la Caridad y que siempre la tuviese con luz.

De este sencillo modo, sin alardes, trompetas, bombardas ni banderas entraba en nuestra Historia la más universal de las cubanas. Se le había aparecido a los más humildes, hijos los tres de la tierra: dos hermanos indios de apellido Hoyos y un muchachito esclavo, Juan Moreno. Y como para enseñarnos que solamente dándonos cuenta que la única solución a los problemas es tratando de resolverlos en y con solidaridad, los tres «juanes» están, literalmente, en el mismo bote. Uno lo guía, dos reman, uno reza. Pero hay una sola meta y los tres están cada uno en su lugar.

Embarcación anónima.
El bote de los Tres Juanes y la Caridad del Cobre.
Estampita religiosa

Se ha escrito tanto sobre y a la Virgen, se le ha pintado en tantos soportes y estilos, se le ha cantado en tantos ritmos y melodías que para un cubano o latinoamericano no necesita mucha introducción. En palabras imperecederas de Olguita Portuondo, ella es símbolo de cubanía.

Patrona de Cuba por voluntad de los mambises que así se lo pidieron al Papa, su santuario en El Cobre es hogar donde todos los cubanos son bienvenidos. Junto con Martí preside el ciclo de las fiestas de los exilados. Una hermosa canción de Rogelio Zelada y Orlando Rodríguez termina diciendo «Todos tus hijos / a ti clamamos/ Virgen Mambisa/ que seamos hermanos».

Pero el cubano es no solo religioso sino también bromista. Y la Virgen nos es tan familiar, nos sentimos tan a gusto en su presencia que, además, estamos convencidos que no se pondrá brava si bromeamos con ella. Y por eso, termino esta corta semblanza (ella se encargará de suplir lo que haga falta) con unos versos anónimos que circularon por la Florida en la década quizás de los años 70. Se trata de una carta que la Virgen de Regla, desde Guanabacoa, le escribe a la Caridad, a su ermita miamense.

    Cachita, hermana querida
    como de ti no recibo
    ni una carta, yo te escribo
    porque me siento afligida.
    Tú, que estás en la Florida
    alejada de este brete
    comiendo pollo y filete
    sin pensar en tu hermanita,
    yo te suplico, Cachita,
    que me mandes un paquete.

    Si me pudieras mandar
    una mantilla bonita
    porque ésta ya está viejita
    y la quiero renovar.
    Mándame para mi altar
    un rollo de lentejuelas,
    varios colores de tela,
    estampitas de Jesús

y como aquí nunca hay luz,
manda un paquete de velas

Lo que aquí te estoy pidiendo
en verdad lo necesito;
créeme por Dios bendito
que en nada te estoy mintiendo,
pues no te estaría escribiendo
si necesario no fuera:
mándame eso con cualquiera,
por España o por Toronto
el caso es que llegue pronto
¡porque ya estoy casi encuera!

10. *SAN JUSEPHE*

San Juan de Ulúa - La Habana
10 de julio de 1614 - 23 de julio de 1614

Con la llegada del jesuita (San) Francisco Javier a Kagoshima el 15 de agosto de 1549 el Evangelio llega a tierras del Japón. Cuatro décadas después (1587), sin embargo, se promulgó allí el primer edicto de prohibición del cristianismo, así como la expulsión de los misioneros; y diez años más tarde, el 5 de febrero del año 1597, un grupo de 26 cristianos fueron crucificados en Nagasaki.

Pero para la Iglesia la misión de evangelizar es un mandato divino irrenunciable y persistió en sus esfuerzos de conquistar las almas japonesas. Y así fue que, mediante un Breve expedido en Roma el 11 de junio de 1608, el Papa Paulo V autorizaba a los religiosos dominicos y franciscanos a catequizar el Japón. Entre los hijos de San Francisco que aceptaron el reto estaba el sevillano fray Luis Sotelo, que se encontraba de misionero en Filipinas.

La presencia de Sotelo fue breve en Tokío pues en abril de 1612 el cristianismo ya no fue permitido en esa zona y destruyeron su iglesia. Con esperanzas de tener más suerte en el Norte del país llegó a la ciudad portuaria de Sendai, y allí se ganó la amistad del señor feudal (*daimyô*) Date Masamune, que había fundado la villa en 1600.

Date Masumane fue un gobernante de larga visión. En 1609 mandó construir un barco al estilo de las embarcaciones europeas de la época que pusieron por nombre *Date Maru*, en su honor. Todo parece indicar que, una vez que Sotelo llegó a Sendai, ambos unieron fuerzas para organizar una expedición hacia América y Europa.

(Re)bautizado el barco con el nombre de *San Juan Bautista* (idea que seguramente sugirió el fraile), los viajeros japoneses también fueron bautizados. Presidiendo la delegación viajaba el samurai Hasekura Tsunenaga, que descendía del Emperador Kanmu (737–806 D.C.), el número 50 de la larga lista. Tomó como nombre cristiano el de Francisco Felipe Faxicura. Completaban la delegación 12 samurai de Sendai, 120 comerciantes, marinos y sirvientes japoneses y alrededor de 40 españoles y portugueses.

Intereses diplomáticos, comerciales y religiosos impulsaban el viaje, programado para varios años (duraría siete). El primer objetivo era adelantar el comercio con Nueva España (México). Después viajarían a España a proponerle un Tratado a Felipe III y luego a Roma a entrevistarse con el Papa. El fraile tenía empeño en que erigiera una nueva diócesis en Japón y coordinar mejor el envío de misioneros.

En el *San Juan Bautista* llegaron a Acapulco el 25 de enero de 1614. Durante los casi seis meses que estuvieron en México entregaron una carta de Date Masumane al gobernador de México pidiéndole que «enviara los Padres de los Franciscanos descalzos a Japón y construyera un nuevo barco para ellos. Yo, fundaré las iglesias y les festejo mucho» (Osami Takisawa, «La delegación diplomática enviada a Roma por el señor feudal japonés Date Masamune (1613-1620)», en *Boletín de la Real Academia de la Historia*, Tomo CCV. Número I. Año 2008, p. 145).

En Ciudad de México parte de la comitiva queda en el país y continúan viaje hacia Europa solamente Hasekura, los frailes Luis Sotelo e Ignacio de Jesús y treinta japoneses del séquito de honor. Por tierra llegaron al puerto de San Juan de Ulúa, Veracruz para seguir camino a Sevilla. Abordaron el *San Jusephe*, una embarcación de la flota al mando de Don Antonio de Oquendo y Zandategui, y partieron el 10 de julio.

Como la escala habanera era obligatoria la comitiva japonesa se apareció en nuestra bahía el 23 de julio. Luego de dos semanas en La Habana, el 7 de agosto de 1614 zarparon hacia Sevilla, llegando a Sanlúcar 5 de octubre (la fuente más completa y fidedigna que he encontrado para las fechas habaneras es *De Japón a Roma Buscando el sol de la Cristiandad. La Embajada de Hasekura* (1613-1620). Exposición en el Archivo General de Indias, Sevilla 14 junio-15 agosto 2013).

¿Qué hicieron el samurai y el sacerdote en La Habana durante 14 días? Según las comisarias de la mencionada Exposición de Sevilla, la «embajada llegó a la Habana el 23 de julio siendo recibida por el gobernador, el obispo y otros personajes. Allí esperaron a que llegasen los galeones del general Lope de Armendáriz, en cuya conserva se puso el navío el 7 de agosto y tomó rumbo a la Península». Supongo que los frailes también visitarían a sus hermanos franciscanos.

Por poco que sepamos de los avatares de los huéspedes nipones en nuestras playas, la visita no deja de revestir importancia. Por primera vez una delegación japonesa, y de alto nivel, nos visitaba. Sería el comienzo de una relación entre pueblos y países que nos ha enriquecido.

Epílogo. Hasekura regresó a Nagasaki en agosto de 1620. Llegaba a un Japón muy sacudido por sentimientos anti cristianos. Moriría de enfermedad no esclarecida en 1622 (Fray Sotelo recibió noticias de que, católico hasta el final, Hasekura había recibido los últimos sacramentos). No se sabe a ciencia cierta dónde está su tumba.

El padre Sotelo regresó a Japón y fue quemado vivo en Ximbara, junto con otros 4 religiosos, el 25 de agosto de 1624. Cuando la leña comenzó a faltar «los verdugos acercaron a sus víctimas los restos del fuego, la paja y todo lo que tuvieron en la mano, con tal furor que los dos confesores de la fe cayeron en tierra y muy pronto espiraron».

***

A continuación, un breve resumen de los lazos entre nuestros dos archipiélagos.

1860. Ikuyo Yoshimura nos ha dado noticias sobre el padre del haiku, Kato Somo (1825-1879), y su fugaz relación con nuestra isla. A los 36 años, Somo formaba parte de la primera delegación diplomática que viajaba a los Estados Unidos. A bordo del *Powhatan*, partieron del puerto de Shinagawa el 9 de febrero (de nuestro calendario) de 1860. Al llegar a Aspinwall (Panamá) el 25 de abril cruzaron por tren hasta el Atlántico y allí tomaron el *Roanoke* hasta Hampton Roads, Virginia, llegando el 12 de mayo de 1860.

Durante esa travesía, el 3 de mayo pasaban por el Cabo San Antonio, y Kato Somo, inspirado al contemplar nuestra costa, compuso su haiku. Afortunadamente, Jorge Braulio en su trabajo «Viajeros del tiempo» (*Gaceta internacional,* junio de 2013) nos regala una preciosa versión castellana.

> Luna de primavera,
> con tu luz
> hazme ver la montañosa isla.

1863. En la capilla del Colegio de Belén de La Habana se celebraba en 1863 un Solemne triduo por la canonización de los 26 mártires del Japón que habían sido crucificados en Nagasaki en 1597 (la canonización había tenido lugar en Roma en junio de 1862).

1869. En 1869 los japoneses tendrían a su alcance las primeras imágenes de Cuba. En *Las Naciones del mundo* (世界國盡/ *Sekai kunizukushi*), enciclopédico esfuerzo de Yukichi Fukuzawa editado en 6 volúmenes en Tokío (1869) para familiarizar a los nipones con el mundo exterior, aparecían dos imágenes cubanas: *Paisajes de la India Occidental* y *Musácea y piña*.

1869. Al año siguiente, Masao Uchida publicó un libro de Geografía elemental (輿地誌略 / *Yochishiryaku*) que llegó a ser muy popular. Incluía cuatro grabados cubanos tomados de los originales franceses pubicados por primera vez diciembre de 1860 en *Le Tour du Monde*.

1891. Tenemos que esperar hasta 1891 para recibir al segundo visitante en la isla. Se trata de Minakata Kumagusu (Wakayama, 18 de mayo de 1867-Wakayama, 29 de diciembre de 1941), autor, biólogo, naturalista de mucho relieve y fundador de un Instituto Botánico. Estudió en Estados Unidos en 1886. Procedente de Cayo Hueso, nos visitó en septiembre de 1891. Estuvo un mes entre nosotros y descubrió una nueva especie de líquenes. Se llevó sus plantas a Jacksonville y allí las estudió con el apoyo de un tal Jiang que tenía un negocio de vegetales.

189-. Hacia fines del siglo, cuando vió retratada la hermosura de Kakemono, Julián del Casal (1863-93) –que, según Wenceslao

Gálvez, «gustaría adormecerse viendo en su imaginación... pebeteros del Japón»— olvidó sus males:

> ¡Cuán seductora estabas! ¡No más bella
> surgió la Emperatriz de los nipones
> en las pagodas de la santa Kioto
> o en la fiesta brillante de las flores!

1898. En 1898, a bordo del *Olinda*, procedente de México llega a La Habana el 9 de septiembre de 1898 un japonés con nombre castellanizado: Pablo Osuna. El censo de 1899 mencionaría que ya teníamos 8 japoneses entre nosotros.

***

1902-1958. Para el lector más interesado en profundizar este fundacional período le sugiero algunas fuentes: Rolando Álvarez Estévez y Marta Guzmán, *Japoneses en Cuba* (2002); «Imagen de Cuba en Japón», *Opus Habana,* V.VII, No. 2, 2003; Yiliana Mompeller Vázquez, «Las relaciones de Cuba y Japón entre 1902 y 1957: apuntes para una periodización», *Observatorio Iberoamericano de la Economía y la Sociedad del Japón,* Vol. 6, Nº 20 (mayo 2014); y Ryan Masaaki Yokota, «Japanese and Okinawan Cubans», *Changing Cuba/Changing World,* Mauricio A. Font (ed). Bildner Center for Western Hemisphere Studies (2008).

Entre 1902 y 1929 nos llegaron de Japón 1,057 inmigrantes. Fue en este período (1931) que se establecieron las relaciones diplomáticas entre los dos países y Orestes Ferrara (1876-1972) encabezó la delegación cubana a Japón. Rotas durante la II Guerra Mundial, se reestablecieron en 1952 y en 1957 abrieron las respectivas embajadas. En Cuba se fundaron la Asociación de Productores Japoneses, Sociedad Japonesa de Cuba, Cooperativa Agrícola de la Isla de Pinos, la Cámara de Comercio Japonés de Cuba y el Instituto Nipón Cubano de Relaciones Públicas.

Como ya mencionamos en otro capítulo, en 1917 el poeta japonés Ken Yanagisawa hizo una alusión al tabaco cubano en su poema sobre el Boulevard Ginza de Tokío («Los caballeros salen de la tienda de puros fumando un habano»).

Por su parte, varios pintores japoneses se inspiraron en la Isla y nos plasmaron en sus lienzos y grabados. Hiroshi Kambara estudió en San Alejandro y en 1920 hizo una exposición Hotel Plaza. Dos piezas cubanas, *Las afueras de La Habana* y el *Bohío de María*, se exhibieron en la VII Exposición de Arte de Kobe (1922) pero desaparecieron tras el bombardeo en 1945.

Con solo 19 años, procedente de Estados Unidos y camino a México, nos visita brevemente (agosto-septiembre de 1921) Tomiji Kitagawa. Dejó un paisaje con palmas (*Yashi no ki no aru fukei*) que algunos piensan se pintó en nuestra isla.

El excéntrico Tetsuo Hama (solo pintaba en taparrabos) exhibió sus cuadros en los salones de la Asociación de Pintores y Escultores de La Habana, del 27 de enero al 10 de febrero de 1926. Según una reseña «despertó mucha curiosidad en el público esta exposición, en cuyas obras empleó el artista indistintamente los estilos oriental y europeo». Vivía en un apartamento con vista al Malecón que compartía con tres más, entre ellos el pintor José Manuel Acosta. Había pintado murales en las paredes del apartamento que José Antonio Fernández de Castro había rentado del jazzista Chuck Howard. No sé si alguna de las obras de Tetsuo tenían motivos cubanos.

En el vapor *Santa Clara* Tsuguharu Foujita (1886-1988) hacía escala en La Habana entre Chile y México. Llegó el 28 de octubre de 1932 y estuvo un mes entre nosotros. Al parecer hizo apuntes de peces, flores y otros aspectos de la vida cotidiana, así como caricaturas. Desconozco el paradero de los originales.

En 1939 se publicaron en Japón (¿nombre de la revista?) los recuerdos de un viaje a Cuba realizado por Mokutaro Kinoshita (seudónimo de Masao Ota, 1885-1945). Iban acompañadas de algunos de sus dibujos: *La Habana, Restaurante Florida, Vendedor de periódico, Llanura de las afueras de La Habana* y *La noche de La Habana*.

Finalmente, los hermanos Hodaka y Toshi Yoshida vienen a nuestra capital en 1954. Tengo en mi colección un grabado en madera a color titulado *Havana in 1954* firmado por Toshi. Hodaka regresaría a La Habana en 1985 a impartir clases de xilografía japonesa; también hizo dos piezas de tema cubano, *Antigua primera de San Miguel* y *Casas con columnas*.

Por nuestra parte, el caricaturista Conrado Massaguer (1889-1965) inmortalizó al Emperador Hirohito sudando la gota gorda en un imaginado juego de dominó contra Roosevelt, Churchill y Stalin en su cromolitografía *Doble Nueve* (1943).

¿Deportes? El Jiu Jitsu también nos llegó por un japonés, Sigetoshi Morita que arribó a nuestras costas procedente de Takaoka en 1925 y en 1943 abrió su escuela en 51 y 112, en Marianao.

No solo La Habana, sino también nuestro occidente tuvo eco de los japoneses, cortesía de un floricultor nacido en Hiroshima en 1901. Luego de estudiar botánica en la Universidad de Cornell un barco trajo a Toshiharu Kenji Takeuchi de Nueva York a La Habana el 14 de enero de 1931. En 1953 el abogado isleño Tomás Felipe Camacho (también poeta, narrador, periodista, orador, coleccionista de arte y empresario) lo contrató para perfeccionar su orquideario en Soroa. Allí cultivó más de 700 especies, entre ellas el lirio *José Martí,* que ofrendó al Apóstol en su centenario. Murió en Cuba el 30 de agosto de 1977 (Ver también Rolando J González Cabrera, *La saga japonesa en el occidente cubano* (2009)).

No quiero dejar esta sección sin mencionar la importancia de la comunidad japonesa en Isla de Pinos. Los residentes en la Isla llegaron originalmente de nueve provincias japonesas, Fukuoka, Fukushima, Hiroshima, Kagoshima, Kumamoto, Miyag, Nagano, Niigata y Okinawa. También recibió la isla muchos residentes involuntarios. Durante la Segunda Guerra mundial el gobierno cubano declaró enemigos de guerra a todos los japoneses en Cuba y los hombres fueron internados en el Presidio modelo de Isla de Pinos. Un documental de Octavio Cortázar (*Un eterno sembrador*) narra la historia de Mosaku Harada y Tokunaga, que llegó a Cuba desde la isla de Kiushu en 1925 y fue varias veces presidente de la Sociedad Colonia Japonesa de la Isla. (Más en Iha Sashida, *Shamisén* (2002).

Cerramos con un broche musical. En 1911 Manuel Mauri compuso *La japonesa* y en 1916 Armando Romeu grabó *Yo quiero ir a Tokío*. Del otro lado del Pacífico, en septiembre de 1949, Tadaaki Misago (1910-90) fundaba sus *Tokyo Cuban Boys*, que popularizaron nuestra música en esas lejanas latitudes. Su interpretación del *Tabú* de Margaria Lecuona puede escucharse por Youtube.

***

1959-2017. En 1983 la Academia de Ciencias de Cuba editaba un texto de M. Baskakova sobre las *Peculiaridades de la política científico-técnica del Japón*; cinco años más tarde se publicaba en el Instituto Superior de Relaciones Internacionales el trabajo *La toma de decisiones en la política de Japón: el estudio de un caso*, de Gustavo J. Rodríguez Zaldumbide.

En 1989 abrió el Jardín Japonés de Cuba dentro del recinto del Jardín Botánico Nacional (anteriormente hubo uno privado en casa de Carlos Miguel de Céspedes, hoy Restaurante 1830). Y entre 1992 y 1995 el fotógrafo Masaki Hiranu tomó una serie de fotos cubanas (casas coloniales, almendrones, vida callejera). En 1994, la Oficina del Historiador de La Habana emitía una medalla conmemorativa de la misión de Hasekura en 1614.

Años más tarde, cuando el Embajador de Cuba en Japón visitó a la escuela secundaria de Sendai (la ciudad fundada por Hasekura) surgió la idea de instalar una estatua del samurai en La Habana. El escultor Mizuho Tsuchiya completó la obra y se emplazó en la Avenida del Puerto el 26 de abril de 2001. Sobre el piso hay una inscripción que les recuerda a los transeúntes que 11,850 kilómetros separan La Habana de Sendai.

En octubre de 2013 se presentó en el Centro de Estudios Martianos, en traducción de Kato Keiko, *La Edad de Oro (Ogon Jidai)* en su versión japonesa; en 2014 vió la luz *La amante japonesa del Obispo Kamikaze*, de Thelvia Marín; y la casa editorial Suiseisha nos regaló en 2016 la edición nipona de *El reino de este mundo* de Alejo Carpentier, traducida por Ryukichi Terao.

Durante 2015 habían viajado a Cuba más de diez mil japoneses y ese año Japón perdonó a La Habana una deuda de más de $996 millones (quedando aún por pagar unos $498 millones). El Primer Ministro Shinzo Abe visitaría nuestra capital en septiembre de 2016.

En la calle Sarugakucho de Tokío atiende al público el Cafe Habana Tokyo. No les he preguntado si preparan la ropa vieja en salsa teriyaki. Pero sí que me he visto tentado (el teléfono es 81 3 3464 1887).

11. *AMSTERDAM*

Bahía de Matanzas - Hellevoetsluis, Holanda
17 de septiembre de 1628 - 10 de enero de 1629

Me comenta mi condiscípulo *Pepe* Álvarez Obregón que cuando, hace apenas unos años, el asistía a los partidos de fútbol en Holanda escuchaba siempre a los bulliciosos aficionados cantar una canción en honor a Piet Heyn. ¿Qué había hecho este marino del siglo XVII para despertar la admiración de tantos fans casi cuatro cientos años más tarde? Para encontrar la respuesta —y la razón de incluirlo en este libro— tenemos que trasladarnos al puerto de Matanzas. Pero antes haremos escala en La Habana.

Desde que el paleño Antón de Alaminos navegara por la Corriente del Golfo, tan cerca de la bahía de La Habana, la ciudad se fue transformando en el sitio más apropiado para emprender el viaje de regreso al viejo mundo. Por otro lado, los peligros asociados con un viaje trasatlántico en frágiles embarcaciones (tanto los riesgos del mar y el clima como las amenazas de los piratas) motivó a la Casa de Contratación en Sevilla a reglamentar que las embarcaciones hicieran el trayecto juntas y protegidas.

Ya desde 1521 los escuadrones navales comenzaron a acompañar las embarcaciones que regresaban a la península cargadas de metales preciosos y mercancías de gran valor, y en 1576 se oficializó el sistema de flotas. Saldrían de La Habana dos veces al año (enero y agosto, generalmente) y asegurarían que su cargamento llegaría a salvo a su destino. De hecho, el sistema fue muy exitoso. Aunque no siempre, como veremos en breve.

Tratar de entender los siglos anteriores desde nuestra perspectiva nunca es sencillo. Después de la última guerra mundial los seres humanos hemos tratado de formular ciertas «reglas del juego» que, *generalmente*, han hecho nuestros intercambios internacionales más seguros, predecibles, respetuosos y civilizados. Son muchísimas las excepciones, pero éstas confirman que hay una regla. Mas o menos. Sin embargo, antes era muchísimo peor.

En épocas de nuestros remotos antepasados los territorios se conquistaban con recursos, astucia y sangre; o se consolidaban por arreglos matrimoniales entre monarcas *(tú, Austria, te casas/ «tu felix Austria, nube»)*; o se vendían y compraban al antojo real y al sonido del oro. Así fue como la Galia se dividió en tres partes. O como Alejandro el Magno llegó al Ganges. Más cerca de nosotros, un día eras inca y luego castellano; otro, eras español de Luisiana para ser francés por un tiempo, y terminar siendo americano; o ruso para amanecer residente de Alaska; o mexicano devenido tejano; o húngaro para convertirte en austríaco; o alsaciano para que te disputen Francia y Alemania; o togolés-germano.

El gobierno americano quiso en varias oportunidades comprar a Cuba y los belgas quisieron adquirir Isla de Pinos. Y si en Nueva Gerona no hablan francés es porque a los españoles no les interesó el negocio cuando el Rey Leopoldo I de Bélgica se los propuso en 1838. Hoy en día las presiones entre los países son mucho más sutiles, pero, *por regla general,* los países ni se invaden ni se compran. Un estudio de conquistas territoriales entre 1816 y 1928, cuando se firma el Pacto Kellogg-Briand, muestra que durante ese período ocurrió una conquista por la fuerza cada 10 meses. Hoy en día las cosas son distintas. Y si llega a suceder (y las invasiones, como en Crimea, siguen sucediendo), los gobiernos, instituciones internacionales, la prensa y el público en general no se quedan callados.

Igual que con la compra de territorios, o la tortura a los prisioneros de guerra, el tráfico marítimo hoy en día no es el de los tiempos coloniales, cuando los océanos eran mares de nadie y los piratas —bajo patente de corso de algún monarca o cuentapropistas— hacían de las suyas. En ese contexto, es comprensible que la rica Flota española que hacía la Carrera de Indias fuera una tentación y un desafío. Hoy los océanos están (de nuevo, generalmente) libres de agresiones piráticas, abordajes o secuestros. Pero en 1622 eso no era así. Y ahora sí que nos vamos a Matanzas.

Desde 1568 los Países Bajos estaban en guerra contra España para conseguir su independencia. Por el Tratado de Amberes (1609) concertaron una tregua por 12 años. Pero desde 1622 se habían resumido las hostilidades y la Flota de Plata que regresaría a España el verano de 1628 se presentaba a los ojos de los holandeses como un blanco perfecto.

En nombre de la Compañía de las Indias Occidentales, el marino Piet Heyn (1577-1629) junto con el almirante Hendrick Lonck (1568-1634) se prepararon para sorprenderla y saquearla. Heyn y sus compañeros salieron desde Texel, Holanda, el 20 de mayo de 1628. En agosto la escuadra holandesa —31 barcos, 4 mil hombres y 689 cañones— ya estaba cerca de La Habana. Al avistar la Flota de Plata la persiguieron hasta Matanzas y en su bahía la capturaron el 8 de septiembre de 1628.

Fue una sonada victoria para la escuadra holandesa. En la batalla, aunque España perdió 16 de sus 21 naves, no se lamentaron vidas. Lo que buscaban los holandeses era dinero... ¡para continuar financiando su guerra contra España! Y dinero consiguieron: 177 mil libras de plata, 67 libras de oro, mil perlas, sedas, especies... el «copón divino» como diríamos. El monto ascendió a 11.5 millones de guilders (y perdone el lector si no puedo darle el equivalente en dólares de nuestros días, pero sin duda era mucho dinero).

A bordo de su *Amsterdam,* el 17 de septiembre Heyn nos dejaba para siempre (moriría al año siguiente), llegando a Hellevoetsluis, Holanda, el 10 de enero de 1629. Apoteósico fue el recibimiento. Con relación a Cuba, la captura de la Flota resultó en la publicación en Holanda de varios dibujos de la bahía de Matanzas, que, aunque fantasiosos, colocaron a la bahía por vez primera en la hoja impresa.

Un eco menos conocido es el que este episodio dejó en la música. Para empezar, dió origen a las primeras dos piezas musicales que conozco que hacen alusión a Cuba. Ambas son anónimas y llevan por título *Trivmph-lied op de Scheeps Victorie des West-Indische Compagnie* y *West-Indische Trivmph Basvyne,* respectivamente. Aparecieron en un rarísimo libro impreso en Harlem en 1629 (Samuel Ampzing, *West-Indische trivmph-basvyne).* La proeza de Heyn dio también origen a una copla popular de la época. Siglos más tarde, en 1870, J. J. Viotta, escribió *Triomfantelijk lied van de Zilvervloot,* con letra de su compatriota J. P. Heye; y, en 1901 el autor holandés Peter van Anrooy compuso una rapsodia.

Sospecho que ninguna de estas composiciones es muy popular en España. O en Matanzas. Quizás fue una de estas la que escuchó mi amigo *Pepe* en el juego de fútbol en La Haya hace algunos años.

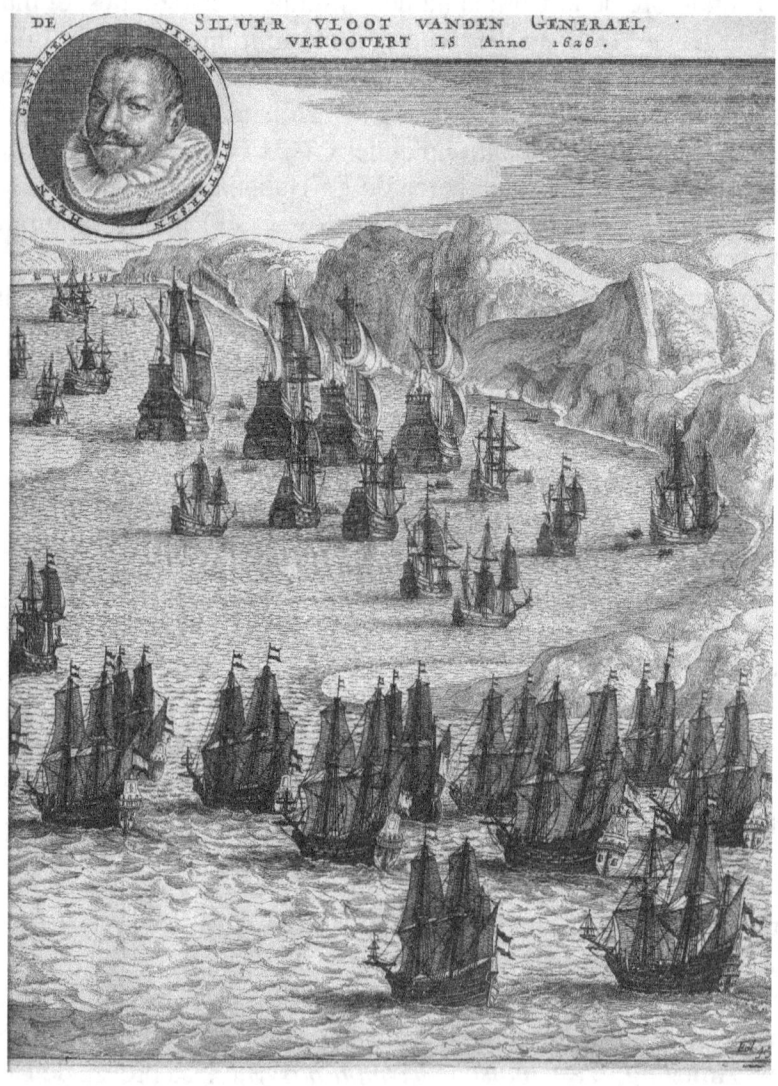

Escuadra holandesa atacando la "Flota de Plata" española en la Bahía de Matanzas (1628). En Isaac Commelin, *Frederick Hendrick van Nassauw Prince van Orangien,* Utrecht, van Snellaert & Nieuwenhuisen, 1652

12. *INTREPID*

Nueva York – La Habana
9 de junio de 1762 - 28 de julio de 1762

Los temas del Tercer Pacto de Familia entre Luis XV de Francia y Carlos III de España, ambos Borbones (1761); el ataque y toma de La Habana por los ingleses y su ocupación por once meses (6 de junio de 1762- 6 de julio de 1763); la defensa del Morro por Luis de Velasco (1711-62); el heroísmo del alcalde Pepe Antonio (1707-62) en Guanabacoa; y el impacto positivo que las prácticas mercantiles inglesas tuvieron en nuestro comercio (en menos de un año entraron entre 700 y 900 barcos cuando antes promediaban solo 15) han sido ampliamente estudiados y divulgados. También puede el lector fácilmente acceder a la generosa bibliografía que existe y que explicará con detalle las maniobras bélicas y las consecuencias geopolíticas.

Prefiero aquí hacer énfasis en otros aspectos menos divulgados o analizados relacionados con ese momento histórico y sus consecuencias. En primer lugar, a Cuba la invadieron no solo ingleses «de Inglaterra» sino también norteamericanos que, aunque eran entonces sujetos británicos, ya en 14 años dejarían de serlo. Las Trece Colonias contribuyeron entre 2,500 y 4,000 tropas (las fuentes no se ponen de acuerdo) reclutadas en Carolina del Sur, Connecticut, Massachusetts, New Jersey, Nueva York y Rhode Island.

El 9 de junio salía de Nueva York el *Intrepid*, que llegaría a La Habana el 28 de julio trayendo importantes refuerzos que ayudarían a consolidar la victoria contra los españoles. Siempre he pensado que sería más exacto hablar de la «Invasión Anglo-Americana a La Habana» al referirnos a este trascendental episodio.

Tampoco estamos siempre conscientes de que, con la invasión británica se asentaron en Cuba los primeros protestantes (anteriormente habían llegado algunos, sobre todo piratas, pero no ocupado el territorio). Se instalaron en la Iglesia de los franciscanos, frente a la bahía, y allí celebraron sus servicios religiosos. En el siglo XVII las cosas se analizaban de manera distinta a las de ahora y, al restablecerse el dominio español sobre la Isla, los frailes abandonaron la Iglesia por considerar que había sido profanada por ritos ajenos. Es por eso que el hermoso convento tuvo otros destinos en su vida, incluyendo el de Oficina de Correos. Hoy es una maravillosa sala de conciertos.

También se ha reportado que, adscrita al Regimiento 48 capitaneado por el General Walsh del ejército británico, llegó la Logia Militar Inglesa N° 218 del Registro de Irlanda. Aunque, dada su naturaleza itinerante, los regimientos ingleses no fundaron en la Isla, sí se conserva el Diploma de masón extendido en La Habana a Alexander Cockburn el 3 de mayo de 1763 (publicado en 1901 por la revista *Ars Quatour Coronatorum*). A pesar de no ser la primera referencia masónica en la Isla (el Dr. Torres Cuevas ha encontrado otras menciones en el período 1751-1754), no deja de ser un evento profundamente significativo.

Otra importante consecuencia de la presencia inglesa es que con ella llegaron los primeros artistas que dibujarían la ciudad, *in situ*. En primer lugar, tenemos los doce grabados de la invasión y batalla naval dibujados por Philip Orsbridge (?-1766) y llevados al grabado por Dominic Serres (1722–1793). Poco después se imprimieron las seis vistas —imágenes de la bahía, panorámica desde Jesús del Monte, el mercado y la Iglesia de San Francisco— del ingeniero militar Elias Durnford (1739-1794), grabadas por Pierre-Charles Canot (c.1710-1777), William Elliot (1727-1766), Thomas Morris (1750-?), Edward Rooker (c. 1712-1774) y Paul Sandby (1731-1809).

El campo de la cartografía también fue testigo de un importante avance. En los barcos y dependencias oficiales de la Corona en La Habana encontraron los ingleses importantes y novedosos mapas españoles que no se habían divulgado. Con muchos de éstos y otros que se levantaron, Thomas Jefferys publicó en Londres el primer atlas de mapas de Cuba en 1762.

Y algunos de estos mapas, aunque rudimentarios, así como otras vistas habaneras y de los buques que tomaron La Habana aparecieron elegantemente grabados en cuernos de pólvora (*«powder horns»* en inglés), que sirvieron de mementos a los participantes de la invasión. Mi investigación, publicada en *Herencia* (invierno, 2007), arrojó la existencia de 22 de estos cuernos con referencias cubanas. Siete originales se encuentran en museos (Londres, Portsmouth, Boston, Nueva York, Washington D.C., Charleston y Chicago) y 15 en colecciones privadas (algunas no identificadas). Tengo el privilegio de tener dos originales en mi colección y en el Museo Castillo de la Real Fuerza en La Habana se exponen dos copias donadas desde Inglaterra.

Para España quedaba claro que Cuba era demasiado importante para permitir que se perdiera nuevamente. Se comenzaron nuevas fortificaciones y se trajeron más militares. La imponente estructura de San Carlos de La Cabaña (de infeliz memoria para tantísimos presos, de felices recuerdos para los autores que presentan sus obras en la Feria del Libro) forma parte de nuestro paisaje desde entonces.

En un tono más ligero, y como los ingleses tenían casacas rojas, se nos quedó la expresión de «la hora de los mameyes». Y, además, una coplilla que decía *«Las muchachas de La Habana/ no tienen temor de Dios/ y se van con los ingleses en los bocoyes de arroz».* Que mucho dice de nuestras féminas dieciochescas.

De mayores quilates que la copla, también nos ha llegado la *Dolorosa métrica expresión del sitio y entrega de La Habana*, adjudicada a la Marquesa Jústiz de Santa Ana (1733-1807): «¿Tu Habana Capitulada?/ ¿tú en llanto? Tú en exterminio?/ ¿tú ya en extraño dominio?/ Qué dolor ¡Oh patria amada!»

Los músicos también se hicieron eco de esta victoria/tragedia —dependiendo del cristal con que se miraba. Los ingleses, vencedores, nos han dejado al menos cuatro composiciones: *The Havannah's Garland [La Guirnalda de La Habana],* para cantar al compás de una melodía del siglo XVII llamada *Boyn Water; The taking of Havannah [La Toma de la Habana],* que versa sobre los buques de guerra *Griffin* y *Temple; Keppel for ever! [Keppel para siempre],* ensalzando al Almirante Augustus Keppel (1725-1786), uno de los jefes militares británicos que allí se destacaron; y *Welcome from the Havanna [Bienvenido de La Habana].* Esta última pieza se compuso para danza y, afortunadamente, se conserva la partitura en una edición de alrededor de 1775, así como las instrucciones de cómo bailarla.

Por la parte española conocemos solo la *Tonadilla a 3 de la Abana,* con violines, oboes y trompa (1763). Es bien sabido que las victorias son más cantadas que las derrotas. Encontré la partitura en una biblioteca madrileña y, desempolvada después de casi 250 años, la presentamos en el concierto «Ida y Vuelta» (FIU, Miami), el 12 de diciembre de 2010. Recientemente, mi buena y talentosa amiga Miriam Escudero la ha transcrito y quizás cuando este libro esté en la calle, ya la haya presentado en La Habana.

***

Meses antes de que los barcos ingleses llegaran a nuestro puerto otro barco salía de Perú hacia La Habana. Hay gente que tiene mala suerte. José Manso fue uno de ellos. *«Wrong place at the wrong time»,* dicen los americanos y puede traducirse como «Lugar equivocado, momento equivocado». Pero nosotros hubiéramos dicho «El tipo estaba salao».

José Antonio Manso de Velasco y Sánchez de Samaniego (1688-1767) podía sentirse orgulloso. Había servido fielmente a la Corona toda su vida. Primero como militar en el Continente europeo y luego en importantes cargos ultramarinos (Gobernador de Chile, Virrey del Perú por 16 años). Ostentaba el título de Conde de Superunda. Y ahora, con 73 años, se preparaba para retirarse en la Península.

Pero en 1761 no había conexión directa entre Lima y Madrid. La ruta de retorno pasaba —vía Panamá— por La Habana. En el puerto del Callao tomó el *San José, el Peruano* (construido hacía pocos años en Guayaquil) el 27 octubre de 1761, llegando a Panamá el 13 de noviembre. De ahí a Portobello, de donde salió el 20 diciembre hacia Cuba, a bordo de un barco cuyo nombre no nos ha llegado. Tres meses después de comenzar su viaje llegó a La Habana el 24 de enero de 1762.

Lo primero que hizo, claro, fue buscar barco para Cádiz, pero no encontró ninguno y oportunamente se enteró que tendría que esperar hasta el 12 de junio. «Me voy a aburrir solo en La Habana durante seis meses», pensaría. ¡Para nada! Dos días después de su arribo a nuestra capital se recibe la noticia que, desde el 15 de enero, España le había declarado la guerra a Inglaterra. Y aunque nadie pensaba que los ingleses se atreverían a atacar a La Habana, había que prepararse para cualquier eventualidad.

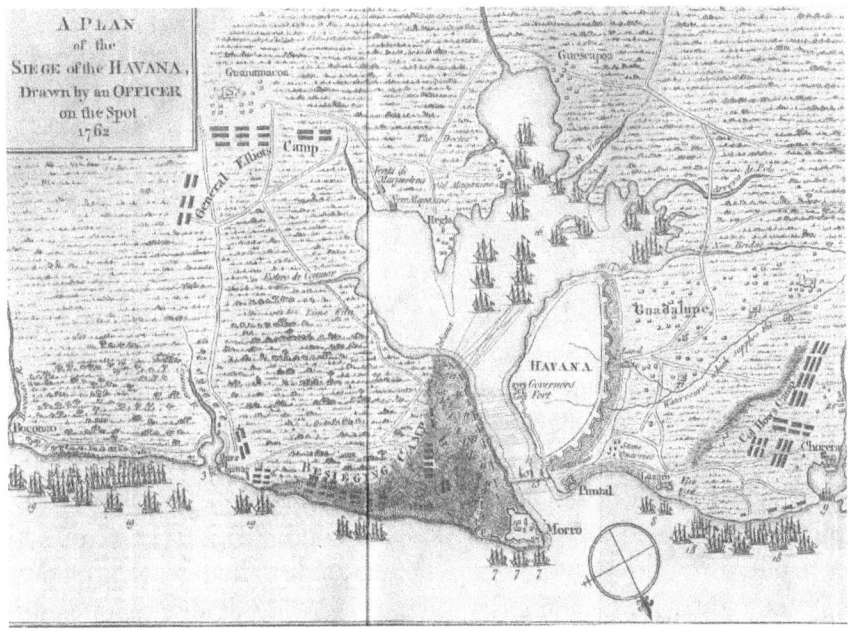

Mapa de las operaciones navales de La Habana (1762).
En *The Gentleman's Magazine,* Londres, octubre de 1762, p. 438

A tales efectos, el Gobernador de La Habana, Don Juan de Prado y Portocarrero (1716-70), convocó a las autoridades principales de la Ciudad a una Junta para el día 27 en su Residencia en el Castillo de la Fuerza. Por supuesto, como el Virrey estaba de paso en La Habana también fue invitado a la reunión e incluso le «hicieron tomar el mejor asiento», lo que el Virrey estimó que era «mera urbanidad». ¿Acaso los cubanos no hemos sido siempre muy respetuosos de las jerarquías?

Durante los meses de febrero a junio, las autoridades locales se reunieron periódicamente en estas Juntas para determinar cómo fortalecer mejor a La Habana y formular planes para su defensa en caso necesario. Entretanto, el Virrey seguía organizando su viaje ya previsto para el 12 de junio, con tan mala suerte, que los ingleses se aparecieron frente a las costas de La Habana seis días antes frustrando así sus planes de regreso. Se lamentaría más tarde: *«No huvieramos estado durante el Sitio, si el Armamento Inglés huviesse tardado seis dias mas».* Seis días que estremecieron su mundo.

Conocemos el fin de la película. Luego de 3 meses de sitio, La Habana capituló y la Corona Española perdió no sólo una de las más importantes ciudades del Continente (la tercera, después de México y Lima y ¡mucho más que Nueva York!) sino, además, 20 buques de guerra, que representaban la quinta parte del total de las fuerzas navales de España.

Humillada y consternada, la Corona comenzó un ruidoso proceso contra las autoridades que perdieron La Habana. Grande sería la sorpresa del Virrey, que se creía un simple turista espectador accidental de los eventos, cuando se vio acusado de los mismos siete cargos que le achacaron al Gobernador y al resto de las autoridades locales.

Se le acusó de tomar nefastas decisiones: (1) no haber completado las obras de defensa de la ciudad; (2) cerrar el puerto echando al fondo 3 navíos, impidiendo así la salida de la escuadra; (3) abandonar La Cabaña; (4) retrasar la salida de operaciones defensivas; (5) no evacuar la Plaza; (6) entregar la escuadra; y (7) no haber puesto a salvo los Caudales del Rey.

Las respuestas de los acusados fueron una especie de «Dame una candelita— allí fumé». Para tratar de aligerar y diluir sus responsabilidades, varios de los acusados alegaban que el Virrey era el Presidente de la Junta y que, por su rango, autoridad y experiencia, sus puntos de vista habían sido determinantes en la toma de decisiones. Nada más útil que un chivo expiatorio.

El Virrey se defendió con sólidos argumentos. Alegó que estaba en La Habana *«sin letras de servicio, comisión ni encargo en aquel tránsito».* Que le han atribuido *«autoridades, y respetos, que no conocí en La Habana».* Que él se encontraba *«rigorosamente passajero».* Que, aunque era un *«mero Vocal»* de las Juntas, ahora se le achaca la presidencia *«para estrecharme las obligaciones».* Que se le atribuye *«Presidencia, superior influxo, mando y autori-*

dad dispositiva, que ni aún remotamente tuve en La Habana». Que era nomás un *«Virrey passajero, que se encontró allí casualmente».*

También alegaba que, en todo caso, las Juntas se habían creado con un carácter meramente consultivo y no para tomar decisiones *(«y que no se prestó facultades à las meros Vocales, y menos à mì, para erigirnos en Comandantes, usurpando el mando a los que el Rey lo havia enteramente confiado»).* O sea, que en ningún momento las Juntas remplazaron al Gobernador *(«en quien únicamente residía toda la autoridad»)* ni a los demás oficiales. Y que, en relación a algunos cargos específicos, mal hubiera podido él tomar decisiones en materias ajenas a su experiencia *(«un assumpto absolutamente remoto de mi profesión, y mi instituto»).* O, sea que eso de «Presidente» había sido solo «de mentirita», y que él ni pinchaba ni cortaba. Cuchara nomás.

Pero todo fue en vano pues la Corte quería dar un ejemplo. Y el Virrey, junto con los otros procesados, fue condenado a destierro a más de 40 leguas de la Corte y privación de empleo por 10 años, así como a resarcimiento de daños económicos. Si solo el Virrey hubiera adelantado (o retrasado) unas pocas semanas su retiro...

Afortunadamente, nuestra historia termina con un final (casi) feliz. Pasado un tiempo prudencial, recobrada La Habana y calmados los ánimos, el Rey indultó al Virrey y se le restituyeron los honores. Y justo a tiempo, pues Superunda moriría muy poco después.

¡Qué distinto hubiera sido todo de haber estado volando *Iberia* entre Perú y la Madre Patria!

13. *HÉCTOR*

Cádiz - La Habana
27 de abril de 1763 - 30 de junio de 1763

Para tomar posesión de La Habana de mano de los invasores ingleses que la habían canjeado por la Florida, la Corona española envió a Ambrosio Funes de Villapando, Conde de Ricla (1720-1780), y al Mariscal irlandés Alejandro O'Reilly (1722-1794). Zarparon de Cádiz a bordo del *Héctor*, acompañados de tres navíos de guerra y tres transportes en los que venían 2,000 efectivos del Regimiento de Córdoba, llegando a La Habana el 30 de junio de 1763.

Con ellos vendrían también, entre otros, Silvestre Abarca (1707-84), que ayudaría en la construcción de la fortaleza de La Cabaña y el coronel francés Antonio Raffelin, cuyo hijo Antonio (1796-1882) nos dejaría valiosas composiciones musicales.

También venía un soldado portugués asignado al regimiento de infantería de Mallorca, Antonio Parra (1739-?). Era aficionado a los peces. Veintitrés años más tarde sorprendería a los cubanos y al mundo con su *Descripción de diferentes piezas de historia natural las mas del ramo marítimo*. Este es uno de los más importantes libros de ese ramo impreso hasta la fecha en el nuevo mundo —así me lo confirmaría el prestigioso librero de Londres Frank Maggs en los años 80— y el primero ilustrado en nuestra Isla (75 imágenes, principalmente de fauna marina, aunque también incluye una imagen de un esclavo enfermo). Las ilustraciones las haría su hijo, el joven criollo Manuel Antonio.

Año y medio más tarde, el primero de diciembre de 1764, la Universidad de La Habana le dedicaría a O'Reilly un Acto de Conclusiones de Sagrados Cánones que defenderían en la iglesia de los padres dominicos. Allí, un vate anónimo compuso un *Victor/ al señor/Don Alexandro/ O-Reylli, Mariscal de Campo de los/ Reales Exercitos, e Ynspector General de/ el de America*, aplaudiendo el *acierto, y/ felicidad con que ha arreglado las milicias de esta/ Ciudad.*

La pieza se publicó en La Habana (sin fecha ni imprenta) en un pliego suelto orlado, y adornado de una viñeta tringular y de dos viñetas florales (éstas se utlilizarían más tarde en el libro de Antonio Parra antes citado *Descripción de diferentes piezas de historia natural,* pp. 44 y 56, respectivamente). Aunque no tiene pie de imprenta sospecho que fue en la de Blas de los Olivos, pues era el más prolífico de los impresores habaneros desde 1754 y Olga Vega de la Biblioteca Nacional de Cuba José Martí nos confirma que desde 1764 fue el impresor del Conde de Ricla (ver también Solicitud de Olivos a Ricla, Archivo Nacional de Cuba, Capitanía General, Leg. 738, no 26, 1763-4, citado por Juan Andreo García).

Por esas fechas se publicó también en La Habana otro pliego muy parecido en tamaño e igualmente orlado. Tenía 2 viñetas de angelitos y 2 veces la misma viñeta de una cesta de flores. Se trata del *Elogio,/ que al Excelentissimo Señor/ Conde de Ricla/ nuestro Vice Patrono Real,/ dirige el Rector de la Universidad, en ocasión de dedicarle un acto de/ conclusión en nombre del ilustre claustro.* La pieza no tiene fecha, pero gracias a un impreso que atesora la biblioteca Newberry de Chicago, quizamos podamos fecharlo también en 1764.

El impreso en cuestión se titula *Caesarea, Augustaque tempora ... : excellentissimum principem D.D. Ambrosium Funes de Villalpando, arbarca de Bolea, comitem de Ricla qua propter D. Dominicus de la Barrera, philosophiae peripateticae interpres, ac sacrae theologiae doctor, totius pontificiae, regalisque Academiae nomine subjectas tanto principi juridicas consecrat theses, ac veluti ad honoris valvas, sui amoris monumenta suspendit.* Havanae: Apud D. Blasium de los Olivos, [1764]. Se trata de la defensa de Domingo de la Barrera de su tesis doctoral el 6 de diciembre de 1764 *(«Defendentur in hac pontificia ... Die 6. mensis Decembris anno Domini M.D.CC.LXIV»).* Según la descripción tiene las armas del Conde de Ricla, y bien pudiera ser ése el dia en que se le hizo el elogio que aparece publicado en mi pliego. También pudiéramos proponer la hipótesis de que mi pliego, al igual que éste, fue impreso en el taller de Blas de los Olivos (Al principio tiene un poema que aún no he podido consultar).

Mi *Elogio* indica que su autor fue el rector de la Universidad habanera. En 1764 el Rector era Juan Francisco Chacón y Rodríguez de Páez (La Habana, 1744-1782), emparentado con el conde de Casa Bayona y bien pudiera ser el versificador. Otros rectores de la época fueron fray Antonio Morales (1763), José Velazco (1765) o Ubaldo Coca (1766). Uno de estos fue sin duda el autor de los versos a Ricla.

Los versos a Ricla y a O'Reilly tienen el privilegio de contarse entre los primerísimos versos compuestos e impresos en nuestra Isla. El primero del que tenemos noticias gracias al Dr. Leví Marrero (*Cuba Economía y Sociedad,* Madrid, Editorial Playor, 1980, vol. 8, p. 177), fue impreso en 1722. Se trata de *Satira nueba al segundo Don Quixote,* unos versos anónimos aparentemente relacionados con el conflicto entre los religiosos del hospital San Juan de Dios (oficialmente, San Felipe y Santiago) en La Habana y el protomédico Don Francisco Teneza (1666-1742), que había denunciado las deficiencias que se detectaban en el hospital.

Como los cubanos somos conocidos por nuestra tendencia al choteo, no estaría fuera de onda que los primeros versos impresos en la Isla fueran jocosos. La sátira consiste en dos secciones, unas cuartetas y un soneto. Conparto con mis lectores este último (pueden leer el resto también en mi trabajo «¿Los primeros versos impresos en Cuba?», *Palabra Nueva* (La Habana), No. 197, jun. 2010):

> Aquí yace un doctor muy zascandil
> que fue Abogado y Administrador;
> en lo médico fue gran Herrador
> Y en lo administrador fue muy sutil.
>
> Fue en cuanto a lo canónico, civil;
> y contra la verdad, grande agresor;
> a su hermandad fue grande opositor
> y en todo cuanto hizo fue muy vil.
>
> Murió de achaque de una sinrazón
> y una caida motivó su mal.
> y viendo padecía tal lesión

conocieron que el daño era mortal
y a morir le enviaron a un rincón
para que no apestase el Hospital.

Aunque no se conoce ningún ejemplar *impreso* de esta sátira, el archivo donde se encuentra no deja duda que fue publicado. El Escribano Real Agustín Henríquez hace constar que la transcripción manuscrita «[c]oncuerda con el romance y soneto impresso que para efecto de este testim[onio] me entregó el señor Doctor don Francisco Tenesa, Protomédico, Juez Mayor, Alcalde examinador de esta Ciud[ad] e Ysla por Su Mag. ...con letra de imprenta en dos foxas de a cuartilla... En La Hav[an]a y febr[ero] veinte y ocho de mill setec[ien]tos veinte y dos en papel comun por no haberlo sellado...». Claro, pudo también haberse impreso en México o España, pero por la inmediatez de su contenido y el estar fechado en La Habana, pienso que fue en la imprenta de Habré, que ese mismo año debutaba con una Novena a San Agustín.

Cuarenta años, después, en 1763, encontraríamos las décimas de Diego Campos, en su *Relación y diario de la prisión y destierro del Ilustrísimo Señor. Don Pedro Morell de Santa Cruz* impresas en La Habana por Imprenta del Cómputo Eclesiástico. Y al año siguiente aparecieron otros versos suyos en la *Oración fúnebre... en las exequias de D. Juan Rosa Tellez,* (Habana, 1764).

En esas dos (o tres, si incluimos los versos de 1722) publicaciones de 1763-4 aparecieron todos los versos impresos en Cuba antes de nuestros dos pliegos sueltos.

Tuve el inmenso privilegio de adquirir los dos pliegos de 1764 en octubre de 1991 de la casa Kraus en Nueva York. Habían pertenecido a Giuseppe della Somaglia y, según Joshua Lipton, que estudió el documento antes de su venta, Somaglia era un italiano que trabajaba para la marina española. Fue a Cuba en 1763, luego vivió varios años en Lima y falleció en 1792 (el suelto de la Biblioteca Newberrry también perteneció a su colección). El *World catalogue* lista dos obras de él, una *Plana que manifiesta el estado que han tenido los caudales de la Real Hacienda producidos de las Rentas en toda la Nueva Espana en al año 1792*, y unas *Noticias concer-*

nientes al exercito de Rusia y sus fuersas de tierra en 1761 (escritas para el Rey de España).

Aunque he intentado en dos ocasiones que estudiosos de la literatura del siglo XVIII publicaran y comentaran estos textos, esto no ha ocurrido aún. Dado que todos los seis personajes involucrados con los versos: los dos versificadores, los dos homenajeados, el impresor y el marino italiano que conservó los documentos vinieron a Cuba en barcos, y que los versos permanecen inéditos, pensé que esta sería una buena ocasión de darlos a conocer. Oportunamente algún serio investigador podrá situarlos en contexto y estudiarlos como merecen. En los textos que siguen, se han añadido los acentos.

    Versos a O'Reilly
Nuevo Alejandro, O-Reylli esclarecido
En quien del Héroe antiguo celebrado
Sino se admira más engrandecido,
Se halla el nombre tan bien desempeñado:
De La Havana el aplauso te es debido,
Quando a uno y a otro Mundo has demostrado
La habilidad conque tu Tropa Urbana
Puede ya oy competir la Veterana.

A tus órdenes dócil, y obediente,
Con un marcial espíritu constante,
Ha obstentado bizarra nuestra Gente
El Carácter de hábil, y el de Amante:
Mas que mucho Señor! Si es evidente,
Y digno de que el Orbe assí lo cante,
Que de este Superior útil proeycto,
es gloria tuya el favorable efecto.

Mayor fama Aquiles q[ue] le dio a Grecia,
Héctor a Troya, a Carthago Anníbal,
Scipión a Roma, Carlos a Suecia
Cordova a España, Alfonso a Portugal:
Te debe esta Ciudad que tanto aprecia
La ayas hecho, ô Ynvicto General!
A expensas de tus belicos cuidados,
Patria de tantos celebres Soldados.

A tu conducta en fin refiera España,
Goze la Havana auspicios mas seguros,
Haciéndola al poder, y fuerza extraña
Más temibles sus Gentes que sus muros.
Arregladas por ti ya en la Campaña,
Espero la han de ver Siglos futuros
Por las Victrorias de sus hijos fieles,
Coronada de Olivas, y Laureles.

    Versos a Ricla
De la Estirpe de Funes, Conde Augusto
Émulo de tus claros Ascendientes,
Mas valeroso que Hércules robusto
Acrecientas sus glorias Excelentes:
Oy que la aplicación aplaude al gusto,
Del estudio las Aulas reverentes
Consagran obligación à tu respeto
Si tan alto volar puede el afecto.

Séneca y Cicerón toman aciento
En la mansion de tu talento ufanos,
Quando la sombra enbidian de tu aliento
Los Pompeyos y Césares Romanos:
En lid travada tienes el comento
De atributos sin taza en cuyos planos
Si algo que tu valor más grande huviera
Más de lo más, tu entendimiento fuera.

Equitativa, y recta sin exceso
Cifra tu prontitud, madura espera,
Balanceando de Astrea el justo peso
En que casi te elevas à otra esphera:
Del Siglo de Oro haciende retroceso
Benigno el hado à tu favor confiessa
Seas al excederlos en lo justo
Mejor Traxano, más felìz Augusto.

Si en honor de Aristóteles sapiente
Alexandro a Stagiras redifica,
De las ciencias el gremio reverente
Possessiòn de igual bien en ti amplifica:

Nuestra Patria recobras, y prudente
A su esplandor tu zelo se dedica,
Y en la paz octaviana que gozamos
Las empressas de Julio en ti admiramos.

Isaìas elogios rinde à Cyro
Por que franco libertò al Pueblo fièl:
Redimes tu à la Havana en noble giro
Del dominio Anglicano, y yugo cruel:
Nuncio Divino, y Real Patròn te miro
Precaviendo el contagio en trato infièl,
Que el orden Soberano que te influye
Podatario de Dios, te constituye.

Seguro en hombros de la Fama buelas
Terror del Enemigo, honra de España,
Atlante firme que à su triumpho anhelas
Fortificando el Morro, y la Cabaña:
Por Sabio te Laurèan las Escuelas,
Por fuerte te apellida la Campaña,
Logra el esmalte de brillantes glorias
En el colmo felìz de tus Victorias

No es ya Júpiter solo el acreedor
Del honroso tributo de Minerva,
A tu Imperio se rinden gran Señor
De la ciencia los frutos sin reserva,
El literario Claustro y su Rector
Que à sombra tuya su explendòr conserva
Logre tener de baxo de tus alas
Un Escudo mas fuerte que el de Palas.

 Aunque pocas personas recuerdan a O'Reilly o a Ricla, muchos habaneros transitan por sus calles. O'Reilly empieza en la Plaza de Armas. A la calle Muralla le dieron el nombre de Ricla, pero ya sabemos lo que pasa con estos re-bautizos que vienen de arriba: el pueblo muchas veces los ignora. Pero ahí está la Cabaña. Y ahora conocemos, también, estos versos pioneros.

14. *CORTÉS*

La Coruña - Santiago de Cuba
1 de noviembre de 1764 - 20 de enero de 1765

El 6 de agosto de 1764 se tomaba en España una decisión que grandemente afectaría a las colonias españolas del Nuevo Mundo y muy especialmente a nuestra capital. El Rey Carlos III subscribía un Decreto estableciendo un sistema de correo mensual entre La Coruña y La Habana bajo la supervisión del marqués Pablo Grimaldi Pallavicini (1720-86). Eso significaba que La Habana no solo se convertiría en el enlace directo con la Metrópolis en materia postal, sino que sería el centro de redistribución de cartas para todo el continente.

Dos semanas después —24 de agosto— Grimaldi firmaba en San Ildefonso el *Reglamento Provisional del Correo Marítimo de España a sus Indias Occidentales*. Se estipulaba que el nuevo sistema era necesario «para atajar fraudes» y «para facilitar el Comercio, y a los Particulares la Correspondencia con las Indias». En lo adelante ninguna otra embarcación «de Guerra, Mercantes, Avisos o de otra qualquiera especie, o calidad que sean, mayores o menores» podía llevar cartas. En otras palabras, un monopolio real con dos polos receptores, Galicia y Cuba (En 1767 los argentinos se las arreglaron para conseguir una embarcación directa y no depender de La Habana).

Al Capitán del buque correo se le obligaba a avisar con antelación la salida «para que el Administrador respectivo pueda con tiempo empaquetar o encajonar la correspondencia y avisar al Público». Además, este servicio se haría «sin acción a pedir nada por razón del flete». Los filatélicos tendrían todavía que esperar más de un siglo para comenzar sus álbumes de estampillas.

Como nos lo ha explicado en detalle la investigadora Rocío Moreno Cabanillas, para efectuar este servicio transatlántico se adquirieron en los astilleros de Bilbao cinco barcos, que se rebautizaron antes de comenzar los viajes. El *San Nicolás* (alias *El Chasqui*), sería el *Cortés*; los otros se transformarían en *Pizarro, Magallanes, Quirós* y *Gallego*. Con cuánta anticipación y emoción recibirían los habaneros la llegada mensual de estos cinco mensajeros.

Se seleccionó al *Cortés* para el viaje inaugural y Álvaro de Castro sería su capitán. A bordo venían también el piloto, 16 hombres de tripulación y los administradores que habrían de abrir las oficinas postales en México, Puerto Rico y Cartagena de Indias. ¡Ah!, y lo más importante: más de mil cartas.

Salieron de La Coruña el 1 de noviembre de 1764 pero el viaje fue muy accidentado y les tomó casi dos meses llegar a San Juan de Puerto Rico (25 de diciembre). De ahí pasaron por Santo Domingo (4 de enero de 1765) y, aunque ya el 11 habían divisado las montañas de El Cobre, no pudieron entrar en Santiago de Cuba hasta el 20 de enero de 1765. ¡Ochenta días!

Con el buque en malas condiciones, el Capitán estimó que era mejor no intentar llegar hasta La Habana, que era su destino, y envió la correspondencia por tierra hacia la capital. Las cartas hacia los demás puertos americanos se quedaron en Santiago, esperando otros buques que la llevarían oportunamente.

Y fue así como Santiago de Cuba se convirtió, gracias a un barco averiado, en la Primera Capital Postal de Cuba y Centro de Distribución Continental. Me recuerda un programa de la Televisión cubana que se llamaba «Reina por un Día».

***

Doscientos treinta años más tarde una carta secuestrada en La Habana y publicada en la prensa americana causaría una verdadera revolución. Escrita a principios de diciembre de 1897 por el embajador español en Washington Enrique Dupuy de Lôme al Gobernador de Cuba José Canalejas, contenía frases poco halagadoras sobre el presidente William McKinley («débil», «populachero» y «politicastro»).

Sustraída de La Habana, se publicó el 9 de febrero en el *New York Journal*. La opinión pública norteamericana reaccionó profundamente ofendida, de Lôme tuvo que renunciar, y se empeoraron sensiblemente las relaciones entre España y Estados Unidos. Dos semanas más tarde explotaba el acorazado *Maine* en la Bahía de La Habana.

***

Cuando uno dice correo, enseguida piensa en los sellos. La obligación de fijarlos sobre las cartas nace por Real Decreto de 18 de diciembre de 1854, complementado por un Decreto del Gobernador de Cuba del 20 de abril del año siguiente. Cuatro días después circulaban en Cuba los primeros sellos postales. Desde 1957, el día 24 de abril se conmemora en Cuba el Día del Sello.

Los mambises también tuvieron correo interno propio durante la Guerra de los 10 años. Como tantas otras cosas cubanas, estas estampillas también se hicieron en los Estados Unidos. Impresos en los talleres de la American Bank Note Company llegaron a Cuba, evidentemente, en barcos.

***

En 1851 se le permitió al Sr. Samuel A. Kenedy que estableciera una línea telegráfica experimental entre el teatro de Villanueva y la Plaza de Monserrat en La Habana. En 1858 ya había 18 estaciones telegráficas en la Isla.

El 13 de mayo de 1867 la Reina Isabel II firmaba el Real Decreto «declarando concesión definitiva la otorgada provisionalmente a la compañía telegráfica internacional oceánica, para tender un cable submarino entre Cuba y la Florida». Se otorgaba la concesión por 40 años y se inauguró el 9 de septiembre de 1867 entre la Chorrera y Cayo Hueso. Al día siguiente se envió el primer cablegrama a Madrid. El 24 de marzo de 1868 se inauguró la línea Habana-Nueva York.

El 7 de octubre de 1868 Ismael de Céspedes descifra el telegrama del capitán general Francisco Lersundi ordenando la detención de muchos patriotas y los alerta.

"Giros aceptados" escribiría Juan Gualberto Gómez desde La Habana el 22 de febrero de 1895 en un cablegrama destinado a Martí (aunque dirigido a «Luciano» Govín, en realidad «Luciana» Govín, la suegra de Gonzalo de Quesada) en Nueva York confirmándole el reinicio de la guerra. «Obra pedida agotada» decía el cablegrama que Arturo Duque de Estrada recibió el 27 de noviembre de 1956 en Santiago de Cuba. Desde México Fidel anunciaba la salida del *Granma*.

***

Hay millones de cartas dispersas en archivos y escaparates. Aunque no he leído estadísticas recientes sospecho que el correo electrónico ha venido en gran parte a sustituirlas, excepto para invitaciones formales, tarjetas de Navidad o cumpleaños, acompañar documentos comerciales u otras ocasiones especiales.

El *Cortés* hace mucho dejó de traer cartas al puerto de La Habana. Entiendo los avances tecnológicos y aplaudo la modernización y la agilidad. Pero, sin cartas imborrables en papel, ¿quién podrá compilar los epistolarios de aquellas personas que han dejado impacto entre sus contemporáneos? ¿Cómo estableceremos cronologías, trayectoria de relaciones o evolución de las ideas?

No vislumbro una solución viable. Y es que, sin acceso a las cartas, mucho se dificultará reconstruir esos contextos de relaciones íntimas, secretos de familia y habladurías reveladoras que, partiendo de la microhistoria, nos permitan completar el rompecabezas.

¿Ya comenzó el lector a conservar la correspondencia y a escribir su diario?

15. *SANTÍSIMA TRINIDAD*

La Habana - Puerto de Santa María, Cádiz
17 de junio de 1767 - 19 de agosto de 1767

La zona parisina de Montmartre es mundialmente famosa por el cancán, el Moulin Rouge, Toulouse Lautrec y sus bistros (por cierto, ahí nació esa palabra, por los clientes rusos que decían «rápido» a los meseros). En la Place du Tertre se congregan muchos artistas aspirando vender sus obras no tan maestras a entusiastas turistas venidos de los puntos más distantes del orbe. Todos los que allí llegan visitan la impresionante Basílica del Sagrado Corazón (1919) justo sobre el Monte de los Mártires (que de ahí viene Montmartre), no solo para rezar o admirar su interior sino también por la vista panorámica que ofrece sobre la Ciudad Luz.

Mucho menos visitada es la iglesita de San Pedro a un costado de la Plaza. Sin embargo, a principios del siglo XVI ocurrió allí un evento que, con el tiempo, tendría profundas repercusiones en nuestra Isla. El 15 de agosto de 1534, con cuatro compañeros más (Laínez, Bobadilla, Rodríguez y Salmerón), los españoles Íñigo López de Recalde y Francisco de Jaso y Azpilicueta decidieron hacer votos de pobreza, castidad y obediencia y dedicarse al servicio de Cristo y de su Iglesia. El primero había nacido en Loyola, Guipúzcoa, y el segundo en el Castillo de Javier, cerca de Pamplona. Se acababa de fundar la Compañía de Jesús.

Seis años más tarde, el 27 de septiembre de 1540, el Papa Paulo III emite su Bula *Regimini militantis Ecclesiae,* aprobando oficialmente a la Compañía, aunque inicialmente solo les permitía reclutar hasta 60 miembros (cifra que Papas sucesivos fueron ampliando en otros documentos).

Quince fechas, que he tomado principalmente del *Album conmemorativo del quincuagésimo aniversario del Colegio de Belén* (1904) y de los estudios de los Doctores Eduardo Torres Cuevas y

Edelberto Leyva, resumirán la trayectoria de estos religiosos en nuestra isla hasta su primera expulsión.

1556. Agosto. Camino a la Florida llegan a La Habana los padres Pedro Martínez y Juan Rogel y el hermano Francisco Villareal. Cuba era entonces solo tierra de paso.

1569. Pedro Menéndez de Avilés (1519-74) «determina a su costa fundar un colegio de la orden de la Compañía de Jesús, a donde sean doctrinados los hijos de los vecinos de toda la Isla de otras cualesquiera partes que quisieren venir, y ansí mismo para los hijos de caciques y otros niños e indios de la Florida». En el tan lejano siglo dieciséis ya se anunciaba nada menos que la creación de un colegio habanero para alumnos de las dos orillas del Estrecho de la Florida. Cuatro siglos y medio aún no existe ese colegio, pero no dudo que hay muchos pensando en ello.

1571-2. Varios habaneros le envían una representación al Rey en la que, según testimonio del padre Alegre, «le manifestaban las ventajas que resultaban de la estancia de los PP. [padres] en su villa... insistiendo sobre todo en la gran falta que hacían para la educación de la juventud, para lo cual, como lo llevaban ellos visto en los pocos años de permanencia de los Jesuitas, parece los había dotado singularmente el cielo».

1631. Los jesuitas de México le piden al Papa que «condescendiendo con los deseos de los moradores de la Habana... se estableciese allí una residencia de la Compañía». Pero, claro, esto requería dinero.

1656. Al enterarse de que el sacerdote Eugenio de Losa había dejado a los jesuitas unas casas en La Habana, cerca de la Parroquial Mayor, llega desde México el padre Andrés de Rada. Buena noticia, pero no lo suficiente para sostener un colegio.

1680. El obispo de Cuba (entonces solo había una diócesis, en Santiago) Juan Antonio García de Palacios, recomienda que la Compañía de Jesús «funde un colegio en la Ciudad de la Habana», como ya lo ha suplicado la ciudad y el clero.

1699. El nuevo obispo de Cuba, Diego Evelino de Compostela, insiste en traer jesuitas a Cuba. Le escribe al Padre General en Roma, Tirso González, informándole que ya tenían 16,000 pesos para el Colegio. Pero el 11 de julio éste le responde que la cantidad prometida, aún cuando llegara a cobrarse, no era suficiente para la fundación; que un colegio en La Habana, tan distante de cualquiera de las provincias de México o Santa Fé [de Bogotá], a que pudiera agregarse, no se podría mantener la observancia y disciplina religiosa sin competente número de sujetos, ni estos observarse con el decoro y desinterés, que en sus ministerios observa la Compañía, sin rentas suficientes.

O sea, Hacía falta más dinero y había que seguir esperando.

1717. El 4 de octubre el sacerdote habanero Gregorio Díaz Ángel promete formalmente ante escribano donar a los jesuitas varias propiedades (el hato de Puercos Gordos, y los corrales San Juan de Bacunagua, Santo Domingo y El Salado) para ayudar a financiar los gastos de un futuro colegio. El dinero ya estaba prometido. Faltarían 3 años más para que se ejecutara la donación.

1720. Antes de agosto ya habían llegado los padres José de Castro-Cid y Jerónimo Varona (o Varaona), para fundar el colegio. El 15 de octubre se formaliza la prometida donación del padre Díaz Ángel. También el nuevo Obispo, Gerónimo Valdés (cuyo nombre se perpetuó en todos los huérfanos de la Beneficencia) hizo una donación de más de 6 mil pesos. Ahora ya hay dinero y comienza la tarea de planificar y ejecutar. El Colegio San José abre sus puertas ese año en un local provisional. La generosidad del clero diocesano habanero con los jesuitas es reflejo de una profunda solidaridad entre pastores con una meta común.

1721. Real Cédula firmada por Fernando VI en Lerma el 17 de diciembre de 1721 («concedo licencia y facultad para que se funde un Colegio de la Compañía de Jesús en La Habana»). Ahora había que encontrar el sitio adecuado para construir.

1727. Real Decreto de 5 de abril de 1727 ordenando «que la fundación del colegio de la Compañía de Jesús, ... sea y se entienda en el sitio llamado San Ignacio, que está a la Marina». Hoy en día es la zona de la Avenida del Puerto cerca de la Catedral.

1733. Se está construyendo el nuevo colegio, que se completaría en 1752. A partir de 1767 (¿1773?) lo ocupó el Seminario de San

Carlos. Con el tiempo, fue sucesivamente residencia del Cardenal Arteaga (1954), nuevamente seminario diocesano (1966), y desde 2010 allí radican el Centro Cultural Padre Félix Varela y otras dependencias de la diócesis habanera.

1748. Bajo la advocación de San Ignacio, el 19 de marzo de 1748 (fiesta de San José) se coloca la primera piedra del templo jesuita, que tomaría décadas en concluirse. No se terminó hasta 1778 por el Obispo Felipe José de Tres Palacios, y desde que en 1788 La Habana se convierte en diócesis separada de Santiago, sirve como Catedral de La Habana.

1750. Real Orden de 7 de octubre autorizando la fundación de un colegio en Puerto Príncipe (Camagüey). No he logrado encontrar su nombre. Medio siglo más tarde el edificio se asignó a la Real Audiencia, cuando ésta fue trasladada el 31 de julio de 1800 de Santo Domingo a Camagüey. Y todo parecía marchar bien, pero vientos huracanados en Europa esparcían virulento anti-jesuitismo en todas direcciones. Desde que el Marqués de Pombal había expulsado a los religiosos de Portugal en 1759, el cielo comenzó a encapotarse. Tres años después las nubes llegarían hasta Madrid.

1767. (1) El Rey Carlos III dicta el *Real Decreto de 27 de febrero de 1767 para la egecucion del estrañamiento de los Regulares de la Compañía,* expulsando a los jesuitas de todos los dominios de la monarquía española. La noticia se despachó por vapor hacia Cuba en el mayor de los secretos.

(2). El 14 de mayo llegan a La Habana los pliegos secretos conteniendo la orden de expulsión. Se debían entregar solamente a José Antonio de Armona y Murga, encargado de Correos, quien a su vez se la entregaría al Capitán General, Antonio María de Bucarely (Armona también debía enviarlas por barco a las otras colonias, siempre sin divulgar el contenido).

(3). En principio, Bucarely no debía abrir los pliegos hasta un mes más tarde, el 14 de junio. Se quería, evidentemente, evitar las filtraciones de información. Pero todo parece indicar que las leyó el 8 de junio. La operación se llevaría a cabo el día 15. Nadie debía saberlo.

(4). Para mejor ejecutar la redada y dejar despejada la ciudad en caso de contratiempos inesperados, la noche del 14 de junio se mandó recoger de las calles habaneras a los «marineros extraviados», y a los mozos «cantando con guitarras». Se ordenó a las baterías del Morro que apuntaran sus cañones sobre el Colegio, al otro lado de la Bahía. Por si acaso.

(5) Pasada la media noche (ya era el 15 de junio) reunieron a los jesuitas en el Colegio para anunciarles la noticia y revisar y confiscar sus propiedades. Allí quedarían encerrados e incomunicados por 3 días.

(6). El 17 de junio de 1767, a bordo de la *Santísima Trinidad* salían expulsados de Cuba los primeros 12 de los 20 jesuitas que se encontraban en la isla.

Este *Santísima Trinidad* no debe confundirse ni con el Galeón de Manila construido en 1756 (apresado por los ingleses en 1762 y vendido en Portsmouth al año siguiente) ni con el «Escorial de los Mares» (construido en La Habana en 1769 y del que hablaremos en otro capítulo). Es un tercero. Como la misma Trinidad.

Al momento de la expulsión se encontraban en Cuba 20 jesuitas. Doce se embarcarían en La Habana el 17 de junio a bordo de la *Santísima Trinidad:* Juan Manuel Araoz, Thomas Butler, Bartolomé Casañas, Lorenzo Chávez, José Cosío, Andrés de la Fuente (el Superior), Juan Baptista Frankenheisen, Simón Larrazával, José Romero, Juan Roset, Miguel Ruiz y Joachin de Zayas. Todos sacerdotes excepto el Hermano Frankenheisen.

Una semana más tarde partiría Francisco Javier Villaurrutia en el *San Rafael*. El 6 de julio zarparían en el *Bello Yndio* el Hno. Juan Cobeaga y los padres Pedro Palacios, R. Miguel Anto[nio] Gadea y Manuel Brito (los dos últimos, traídos de Camagüey). El Padre Miguel Ortiz y el Hno. Rafael Brito fueron expulsados en navíos cuyos nombres no me han llegado. Dos meses después los seguiría el P. Ylario Palacios, quien marchó, con otros 29 jesuitas expulsados de México, en la nave *Nuestra Señora de Guadalupe* (alias la *Tetis*), el 31 de agosto. Finalmente, en 1768 se marcharía el padre Joaquín Munave, también de Camagüey, a bordo del *Aquiles*. No se les permitió ningún equipaje, excepto tres cosas, si seguimos la narración de Álvaro de la Iglesia: libro de rezos, tabaco y chocolate...

***|

Por espacio de casi medio siglo permanecieron los jesuitas en Cuba. Durante ese tiempo construyeron importantes edificios, educaron muchos jóvenes y edificaron a no pocos devotos. Por su convento habanero pasaron distinguidos sacerdotes, entre ellos el Padre Pedro Rothea, profesor de retórica, poética, filosofía y teología, y autor de uno de los primeros folletos publicados en La Habana, la *Oración fúnebre* pronunciada en las exequias de Juana Rosa Téllez, en 1765.

Otro notorio personaje fue el irlandés Thomas Butler, de grandes conocimientos en economía y matemáticas (que utilizó en la administración de los ingenios azucareros de la Compañía) y que representó al Colegio San José en las negociaciones con los ingleses cuando éstos tomaron La Habana. Parece que, al recuperar La Habana de los británicos, el nuevo gobernador, Conde de Ricla, consultó con Butler sobre la mejor manera de acercar la élite habanera a la Monarquía: a la larga, nuestros criollos obtuvieron seis títulos nobiliarios de Castilla.

Desde el punto de vista financiero no les fue mal a los hijos de San Ignacio. Llegaron a tener: (1) tres ingenios (San Ignacio de Río Blanco, cerca de San Antonio de las Vegas, con 230 esclavos), Nuestra Señora de Aránzazu (37 esclavos) y San Juan Bautista (60 esclavos)); (2) tres Estancias (San Lázaro, Loma de San Antonio y Jesús del Monte, esta última donada por el sacerdote Jacinto Pedroso); (3) cuatro haciendas ganaderas (Sibarimar, Río Hondo, Yaguazas y una donada por el padre Díaz Ángel), y (4) tres propiedades urbanas. Como dije antes, no les fue tan mal (aunque cabría preguntarse por qué aceptaron los esclavos).

Todo esto dejarían atrás los jesuitas expulsados que, por demás, regresaban a Europa a enfrentar un destino incierto. Pero aún les esperaba la peor de las sorpresas. Seis años más tarde el propio Papa, a quienes ellos habían jurado obediencia especial, los suprimía como orden religiosa mediante el Breve *Dominus, ac Redemptor,* fechado en Roma el 21 de julio de 1773. En ese documento el

Papa Clemente XIV decía que el «Divini Spiritus» lo había «inspirado» y «asistido» a tomar esa controversial —y para los jesuitas fatal— decisión. Pero los jesuitas saben de sobra que Dios no siempre habla por boca de los hombres, aunque lleven mitra, capelo o tiara. Que le pregunten a Juana de Arco.

Y no se dieron por vencidos. Por cuatro décadas peregrinaron por Europa Oriental y Rusia. Y finalmente, el 7 de agosto de 1814, el Papa Pío VII emitió la Bula *Sollicitudo omnium ecclesiarum*, reestableciendo a la Compañía. Los nuevos jesuitas se reagruparon, reclutaron, rezaron —por supuesto— y cuatro décadas más tarde ya estaban nuevamente en La Habana.

Después de casi cien años de ausencia de nuestra Isla el Padre Bartolomé Munar inauguraría el 4 de marzo de 1854 otro colegio, que se llamaría Belén por ocupar el antiguo convento habanero de los padres Betlemitas. El hermano Sebastián Gallés (ca. 1812-1900), aventajado pintor, nos dejó un lienzo de grandes dimensiones inmortalizando al sacerdote con los tres primeros alumnos de la escuela. El hermoso e histórico cuadro fue confiscado por el gobierno revolucionario cuando intervino el plantel del colegio (entonces en Marianao) en 1961 y no he logrado ubicar su paradero. Pero esas son otras historias. Y otros barcos.

16. *L'AIGRETTE*

Matanzas - Bahía de Chesapeake
17 de agosto de 1781 - 30 de agosto de 1781

> Una mora de Trípoli tenía
> Una perla rosada, una gran perla
> José Martí

En la noche del lunes 30 de mayo de 1870 en la Academia de la Música de Brooklyn se efectuaba la rifa de diamantes, joyas y platería por valor de diez mil dólares donadas por «Damas y caballeros patrióticos cubanos» «para ayudar a la causa de la Libertad de Cuba». Entre las piezas ofrecidas se encontraban unos aretes de diamantes y rubíes ($800), un brazalete de oro, esmeralda y diamantes ($200), un broche de coral y diamante ($150), un anillo de diamante para señora ($100) y un brazalete de oro con amatistas y perlas ($100). Atesoro en mi colección un billete de esa rifa.

No era la primera vez que las damas contribuían con sus joyas a proyectos relacionados con Cuba. O al menos eso creía yo hasta hace poco. De pequeño escuché la historia de la magnánima Isabel I de España empeñando sus joyas para que Colón pudiera embarcarse (hasta Los Hermanos Pinzones lo decían en memorable canción), solo para enterarme mucho más tarde que eso no fue así, entre otras cosas porque la Reina ya las había empeñado a los judíos de Valencia en 1482. Lo había hecho para obtener fondos destinados a la conservación y abastecimiento de la fortaleza y ciudad de Alhama, finalmente ganada en su guerra contra los Moros. En esa ocasión las joyas se habían trasladado a la sacristía de la catedral valenciana en garantía.

También había leído que las damas de La Habana habían ofrecido sus joyas para ayudar a George Washington en sus operaciones militares contra los ingleses. Y es cierto que de Matanzas salió el almirante francés Conde de Grasse (1722-1788) el 17 de agosto de 1781 a bordo de *L'Aigrette,* capitaneada por M. de Traversay, con 1,200,000 libras hacia Estados Unidos. Ese monto era necesario para pagar los sueldos atrasados de tropas francesas y americanas que combatían contra los ingleses en territorio norteño.

De Grasse había tratado de conseguir esa suma en la rica colonia de Saint Domingue, pero solo en La Habana logró recaudar los fondos. No menos cierto es que el 5 de septiembre de 1781 Washington, que en esos momentos se dirigía hacia Chester, Pennsylvania, se alegró de conocer la llegada de los caudales enviados desde Cuba. La derrota de Lord Cornwalis en Yorktown, Virginia, no estaría lejos.

Pero, según el erudito y fascinante estudio de José Ramón Fernández Álvarez publicado en 2015 por Ediciones Universal en Miami, una parte de ese dinero provenía de montos temporalmente sustraídos de las unidades militares destacadas en La Habana y el resto de préstamos otorgados por comerciantes radicados en la capital y en condiciones ventajosas para ellos (suma que, por demás, les fue devuelta apenas 3 semanas después al llegar de Veracruz un cargamento de plata). Porque, pensándolo bien, ¿podían las habaneras de entonces tener tantas joyas como para sufragar toda una campaña militar? Además, para pagar sueldos hace falta dinero líquido y toma tiempo vender las joyas.

Más allá de estas damas y sus alhajas, la Historia de Cuba está íntimamente ligada a las piedras y metales preciosos. Antes de zarpar a descubrirnos, las Capitulaciones de Santa Fe entre Colón y la Reina ya hablaban de «perlas, piedras preciosas, oro, plata». No es pues de extrañar que, en cumplimiento de su parte de ese contrato, desde un principio Colón vino buscando oro. Nomás pisar tierra americana y ya estaba al acecho *(«Y yo estaba atento y trabajava de saber si avía oro, y vide que algunos d'ellos traían un pedaçuelo colgado en un agujero que tienen a la nariz».* Diario de Colón, 13 de octubre de 1492). En *El arpa y la sombra,* Alejo Carpentier nos invita a explorar la obsesión del Almirante Colón con el dorado metal.

Son muchísimos más los vínculos entre nuestra isla y las joyas. En el verano de 1622 salía de La Habana hacia España una gran flota. Una tormenta hizo que el 5 de septiembre se hundieran ocho barcos. Cuando finalmente en 1985 el buceador Mel Fisher localizó en las costas de Florida el *Nuestra Señora de Atocha* se recuperaron más de mil lingotes de plata, 125 barras y discos de oro, cien mil monedas de plata, un cinturón de oro con rubíes, platos y copas de oro y no pocas piezas de orfebrería religiosa. Mucha plata también se perdió cuando en 1628 los holandeses se apoderaron de la Flota, llamada precisamente de Plata, en la Bahía de Matanzas, que ya comentamos en un barco anterior.

Más cerca de nuestros días, recordemos que en 1915 la Orden de Predicadores (fundada en 1215 por Santo Domingo de Guzmán) decidió vender en subasta pública en New York joyas y tesoros de Arte Religioso proveniente de los conventos de San Pablo en Córdoba y Santa Cruz en Granada. Los fondos obtenidos se entregarían a los dominicos establecidos de Cuba (el superior era entonces el Padre Santos Quirós) con el fin de "erigir un seminario para formar jóvenes religiosos que fueran a servir de misioneros en los países de América Latina". Poco después se inaugurarían en el Vedado habanero el convento de San Juan de Letrán y la iglesia de Santa Catalina de Sena. Sin duda, las joyas dominicas tendrían ahora mayor proyección pastoral.

No todas las joyas de las iglesias se han vendido, por supuesto. Siguiendo una costumbre muy antigua, las joyas se han usado y usan para ceremonias de culto y honrar santos en los altares. Cuando Gertrudis Gómez de Avellaneda recibió emocionada su corona de oro en La Habana en 1860 la donó a la Virgen de Belén: un mortal no debía portarla, la Madre de Dios sí.

Como botón de nuestra los invito a visitar el Santuario de El Cobre. Según he leído, la corona y la aureola de la Virgen, de 20 pulgadas de diámetro, es de platino y oro de 18 quilates, con 1 450 brillantes, rubíes y esmeraldas; la cruz de su mano derecha, de platino, está formada con brillantes y amatistas; y la corona del niño Jesús, de oro y platino, está engarzada de brillantes y perlas. En 1998 Juan Pablo II le colocó un rosario de oro y perlas; Benedicto XVI le entregó una Rosa de Oro en 2012. No solo le hemos ofrecido joyas a la Virgen sino que, desde muy antiguo, hemos transformado a la misma Virgen en preciada joya, y la colgamos orgullosamente de nuestros pechos.

Hay más. En 1927 Alfonso Hernández Catá nos entrega su colección de cuentos *Piedras preciosas* que incluyen "La perla", "Los brillantes" y "El rubí". Mucho después, en 1986, Lydia Cabrera presentaría su *Otán Iyebiyé: las piedras preciosas*.

Si la pelota se juega en un diamante, en el ring de boxeo El Diamante Negro, es José de la Caridad Méndez Báez. Muy distinto es el diamante que desde el Capitolio marca el kilómetro cero de la carretera central. Robado del Zar Nicolás II de Rusia, ese diamante apareció en París donde lo compró un joyero turco que lo vendió a Cuba. Lo robaron del Capitolio en 1946 y reapareció en el despacho del entonces presidente Ramón Grau San Martín dos años después. Desconozco si alguien verificó si era el mismo. He leído que, para evitar otro robo, desde 1973 pusieron uno de fantasía y el original se guarda en el Banco Nacional de Cuba. Me han dicho recientemente que volverán a trasladar el diamante al Capitolio cuando termine su reconstrucción.

También de brillante se vestiría mi gran amiga Diana García Pedroso, en la memorable fiesta de la alta sociedad habanera («Piedras Preciosas») que sus padres le organizaron durante los carnavales de 1951. Cada *jeune fille* se vestiría de una joya diferente. Desfilaron aguamarinas, azabaches, corales, esmeraldas, rubíes, perlas y topacios. Como hubiera dicho aquella artista de la TV de los 50, «¡fue un *success*, un verdadero *success*!».

José Martí no ha faltado a la cita de las gemas: «Si dicen que del joyero/ tome la joya mejor,/ tomo a un amigo sincero/ y pongo a un lado el amor». Oigamos ahora a Nicolás Guillén, para quien cualquier tiempo pasado *no* fue mejor:

> El senador (tan importante).
> El representante.
> El concejal.
> El sargento de la Rural.
> El sortijón con un diamante.

José Ángel Buesa, por su lado, nos confiesa,

> Yo acaricié tus perlas, sin desprender su broche
> y las vi, como nadie nunca más podrá verlas
> pues te tuve en mis brazos, al fin, aquella noche
> vestida solamente con tu collar de perlas

Se conocen como las «cuatro joyas» del ballet cubano las recordadas bailarinas Loipa Araújo (1941), Aurora Bosch (1942), Josefina Méndez (1941-2007) y Mirta Plá (1940-2003). Eduardo Saborit no nos ha dejado olvidar que nuestra bandera es «un rubí, cinco franjas y una estrella». En 1961 Leoncio "Kike" Morúa y Miguelito Cancio formaron el conjunto armónico *Los Zafiros*. Coral Negro S A., creado en 1988, es una empresa perteneciente a la Corporación Cimex S.A. para producir y comercializar joyería cubana. «Coral Negro» es también un perfume de Suchel.

No podemos olvidar las llamadas «tiendas de oro» o de «Hernán Cortés» que se crearon en Cuba en 1986. En ellas la Empresa Cubana de Acuñaciones adquiría de la población las joyas familiares para cambiarlas por bonos que permitirían a los vendedores comprar electrodomésticos y otros productos ofertados únicamente en establecimientos especiales.

Gracias a una nota aparecida en *Bohemia* del 29 de agosto de 1986 podemos compartir los detalles de la operación, por provincias: La Habana (Joyería Oquendo, en Obispo), Matanzas (Platería, en Calle Medio), Cienfuegos (El Zafiro, en Calle 33), Santa Clara (El Zafiro, en Bonifacio Martínez), Sancti Spíritus (El Digital, en Independencia), Camagüey (La Perla, en República), Las Tunas (La Joya, en Francisco Varona), Holguín (La Esmeralda, en Libertad) y Santiago (La Esmeralda, en Aguilera).

Una verdadera «fiebre de oro» se apoderó de la población, incluyendo oraciones a San Dimas y a San Judas para encontrar las supuestas joyas escondidas por los que se fueron (paredes derribadas, jardines excavados, falsos techos desmontados). Fnalmente, las memorias de familia cedieron ante la necesidad de adquirir productos inaccesibles y mejorar un poco la vida cotidiana. Y el rosario en filigrana de la abuela Asunción se convirtió en una batidora (el anillo masón de tío Baldomero solo alcanzó para un reloj despertador plástico).

Hemos dejado para el final la joya más importante: la mismísima *Perla de las Antillas*.

17. *SAN LORENZO*

Ensenada de Ocoa, Santo Domingo – La Habana
22 de diciembre de 1795 - 5 de enero de 1796

Creo que todos hemos oído hablar de los 4 viajes de Colón al Nuevo Mundo. Muchos se sorprenderían, sin embargo, al escuchar que hay quienes sostienen que, en verdad, el Gran Navegante navegó tres veces más por tierras americanas. Claro, los últimos tres viajes lo hicieron solo sus cenizas. ¿O no?

El tema de los restos de Colón se ha cuestionado durante mucho tiempo y por muchos investigadores. Como también lo ha sido su nacimiento en Génova y su idioma nativo. Incluso se ha disputado aquello de «Por Castilla y por León Nuevo Mundo halló Colón». Pero ya eso es un cuento Vikingo. Y del *National Geographic.*

El 20 de mayo de 1506 moría Cristóbal Colón en el desaparecido Convento de San Francisco en Valladolid (y no en la Casa Museo que hoy se visita, construida después). Como tampoco se sabe con certeza cuándo nació, su edad al morir se conjetura que fue entre los 55 y los 70 años. Como Colón estaba solamente de paso en esa ciudad, su primera tumba estuvo en el propio convento. Había llegado apenas el 2 de abril tratando de encontrarse con Fernando El Católico (a quien venía (per)siguiendo desde que se habían visto en mayo de 1505 en Segovia), pero el Rey se acababa de volver a casar, andaba por otra parte de la península y no lograron coincidir más.

Su hijo Diego Colón estimó que los lazos de su padre con Valladolid eran muy efímeros (2 días en 1486, 30 en 1496 y 18 en 1506) y decidió enterrarlo en Sevilla. Con su primo Juan Antonio Colón, trasladó sus huesos a la capilla de Santa Ana del Monasterio de la Cartuja sevillana donde el Almirante fue enterrado el 11 de abril de 1509. Carlos de Serra y Pickman, luego de hacer excavaciones en la Cartuja, sostuvo la teoría de que a Colón nunca lo habían sacado de allí, pero más tarde estudios con ADN demostraron que los huesos de la Cartuja eran del hermano Diego Colón.

Todos coinciden que de Sevilla los restos fueron a la Catedral de Santo Domingo, aunque no hay certeza de cuándo y se han propuesto varias fechas, 1536, 1540, 1544. Por 250 años los restos de Colón descansaron en paz en La Española.

Pero por el Tratado de Basilea del 22 de julio de 1795, que ponía fin a la guerra entre Carlos IV de España y la República Francesa, España cedía a los galos la parte de la isla Española aún en su poder (la otra parte, la colonia de St. Domingue —hoy Haití— ya estaba *de facto* en manos de franceses).

Lo más normal hubiera sido que abandonaran Santo Domingo solamente los vivos. Pero el arzobispo fray Fernando Portillo y Torres insistió en que no deberían dejar en manos extranjeras al más ilustre de los españoles enterrados en Santo Domingo. Supongo que pudo haber pensado repatriarlo a España, pero aprovechó que el comandante Gabriel de Aristizábal evacuaría muchos efectivos hacia La Habana y decidió que hacia nosotros vendría.

Y así fue que, el 20 de diciembre de 1795 se exhumaron los restos de la Catedral Primada en Santo Domingo, se pusieron en el bergantín *Descubridor* (nombre más apropiado no pudieron haber encontrado) y, trasladado a bordo del *San Lorenzo*, llegaban al puerto de La Habana el 5 de enero de 1796. Las autoridades dedicaron dos semanas a prepararle un digno recibimiento y el 19 de enero los restos del Almirante harían su entrada solemne en la ciudad.

En la serie *Episodios marítimos* (*Historia de la Marina Real Española,* Madrid, 1854) hay una hermosa vista recreando ese acontecimiento. Por su parte, Tranquilino Sandalio de Noda nos ha dejado una detallada crónica de ese momento en su «Sepulcro de Colón» (*Paseo Pintoresco por la Isla de Cuba,* 1841, pp. 21-22). A bordo del *San Lorenzo* su capitán Tomás de Ugarte le entregó la caja con los restos al general de marina Juan de Araoz y Caro y éste encomendó a dos brigadieres y dos capitanes que la trasladara a tierra en una falúa, en medio de la formación de en tres columnas de las demás falúas y botes todo adornado vistosamente y con toda la oficialidad de marina. Seguían al ataúd otras dos falúas con la guardia de honor, banderas y cajas enlutadas; y en otra el general y plana mayor.

En el muelle estaba el Capitán General, Luis de las Casas (1745-1800), toda la plana mayor del ejército y muchos habaneros. Continuaron hasta la Plaza de Armas y llegaron a la ceiba donde se dijo la primera misa y cabildo.

Allí, delante de la estatua de la Religión y sobre un panteón preparado al efecto los venerables senadores de la muy leal Habana depositaron su preciosa carga.

Abierta y reconocida la caja, se entregó al Capitán General y siguieron hacia la Catedral

continuando la procesión con la mayor magestad, con acompañamiento de uno y otro Cabildo eclesiástico y secular, de todas las Corporaciones civiles, de todas las Comunidades religiosas, de todas las Autoridades, toda la Nobleza, y en fin toda la población.

El canónigo Diego José Pérez Rodríguez le había encomendado la oración fúnebre al mejor orador del momento, el Padre José Agustín Caballero (1762-1835), quien contrastó la primera llegada jubilosa de Colón en 1492 con las circunstancias de esta segunda: «Acá en medio de una pompa fúnebre, enrollados los pabellones nacionales, sorda la música, destempladas las cajas, y apagado el resplandor de su alta dignidad, eres conducido en ajenos brazos hasta el interior del santuario».

Los restos se depositaron en un nicho a la izquierda del altar mayor (la llamada «del Evangelio») que se selló con una tarja de mármol con su busto de tamaño natural y la siguiente inscripción: «¡O restos e imagen del grande Colón/ Mil siglos durad guardados en la urna/ y en la remembranza de nuestra Nación!».

Mil siglos es mucho tiempo. Colón descansaría en nuestra catedral solo uno. Y, para colmo, aquella tarja ha desaparecido (llevo años tras su pista, sin éxito). Hoy en día, cubriendo el nicho inicial, en la Catedral habanera hay otra elegante tarja dorada conmemorando el sitio donde estuvieron los restos y que hizo que durante el siglo XIX los viajeros angloparlantes la llamaran *Columbus Cathedral*.

Pero el destino se encargaría de regresar al Almirante a su punto de partida. Del mismo modo que el arzobispo de Santo Domingo insistió que los restos del Almirante permanecieran siempre en territorio español (y Cuba lo era en 1795) igualmente las autoridades españolas de 1898 decidieron que los restos de Colón regresaran a Sevilla (ya no quedaban posesiones españolas en Ultramar).

Así pues, el 13 de diciembre de 1898 embarcaron la urna con sus restos en el *Conde de Venadito,* llegando a Cádiz el 16 de enero de 1899. Se trasladaron al buque *Giralda* capitaneado por Rafael Rodríguez de Vera y finalmente arribaron al muelle del Guadalquivir en Sevilla el 19 de enero. ¡Cuántos barcos en la vida de Colón!

De allí la comitiva que esperaba —el alcalde, el Duque de Veragua, sucesor directo de Colón y otras personalidades —llevaron la urna a la Catedral y la entregaron al arzobispo. Los restos se depositaron en un túmulo transitorio hasta el 17 de noviembre de 1902 cuando llegaron al más reciente (nunca se dice «último», y menos en este caso) de sus destinos: el mausoleo realizado por Arturo Mélida y emplazado frente a la puerta de los Príncipes o de San Cristóbal en la nave derecha de la Catedral. La nueva tarja dice "Aquí yacen los huesos de Cristóbal Colón, primer Almirante y descubridor del Nuevo Mundo. R.I.P.A.» [las siglas, en latín, representan «Descanse en paz, Amén»].

Claro, la historia, como siempre, es más complicada y, para entenderla, muchas veces hay que retroceder. Así que regresemos al Santo Domingo de 1877. Durante esa primavera, mientras hacían excavaciones en la Catedral primada de Santo Domingo encontraron unos restos con unas inscripciones que parecían indicar que esos eran los restos del Almirante (en cuyo caso los que habían llegado a Cuba en 1796 eran falsos). Los investigadores pronto se atrincheraron en dos campos y la mayoría de los dominicanos subscribieron la tesis de que los restos de Colón allí habían quedado.

Así persuadidos, el mismo año en que desde Cuba viajaba una urna con restos hacia España, dentro de la Catedral de Santo Domingo inauguraban un mausoleo de mármol y bronce con otra urna. En 1992 los restos dominicanos se volvieron a trasladar, esta vez para el Faro a Colón en la capital de la República Dominicana y allí permanecen.

Aprovechando los avances científicos del ADN (como en su momento lo hizo el carbono 14 para fechar eventos) en mayo de 2003 un equipo científico a cargo del Dr. José Antonio Lorente, director del Laboratorio de Identificación Genética de la Universidad de Granada exhumó los restos de Cristóbal Colón y de su hijo Don Hernando, que reposaban en la catedral de Sevilla, así como los de su hermano, Diego Colón, que estaban enterrados en La Cartuja de la misma ciudad.

Los resultados de este estudio (realizados no solo en España sino también en unos laboratorios de Dallas, Texas) dados a conocer en octubre de 2004 «no descartan que los restos del célebre navegante Cristóbal Colón descansen bajo la catedral de Sevilla» según el comunicado de EFE reportado en la prensa española. Notar el modo cauteloso de decir que sí pudieran ser los huesos de Colón sin decirlo abiertamente. Pero eso no era todo. Como no había en Sevilla un esqueleto completo, sino fragmentos, tampoco descartaron la posibilidad de que *otros* restos del Almirante hubieran quedado en Santo Domingo. Salomón sí hubiera aplaudido este desenlace.

Lamentablemente, hasta 2018 en que escribo estas líneas las autoridades dominicanas no han permitido un análisis de ADN con los restos en el Faro a Colón. El Almirante se llevó a la tumba el misterio de su ciudad natal. Ahora es una tumba la que encierra el misterio de su ciudad mortal.

18. *ANA*

Frederiksted?, St. Croix (hoy Islas Vírgenes) - La Habana
? - 18 de marzo de 1798

En 1845 los editores de las *Memorias* de la Sociedad Económica de Amigos del País estimaron que, para nunca olvidar tan importante suceso, era útil consignarlo nuevamente a la letra impresa. Con gusto lo reproducimos para nuestros lectores

> Primera importación de la caña llamada de Otahiti en esta isla. Año de 1798.
> En 21 de enero de 1798 había ya anunciado el Consulado de La Habana por el Periódico de esta ciudad, padre y fundador del Diario actual, la remesa de un cargamento de caña dulce, llamada de Otahiti, que debía venir de la Isla de Sta. Cruz de Dinamarca, una de las de barlovento, con el fin de hacer en éstas los correspondientes ensayos sobre sus ventajas.
> A los esfuerzos pues, de esta Junta consular, convertida luego en la de Fomento que hoy existe, se debió la llegada a este puerto de la goleta dinamarquesa titulada Ana, su capitán José Batly en 18 de marzo de 1798, con cien mil trozos de esta semilla, consignados a la casa de Hernández y Compañía.
> El Consulado y las autoridades de esta plaza, principalmente el Sr. visitador general, D. José Pablo Valiente y Bravo, intendente de ejército en comisión que se sirvió dispensar de derechos provisionalmente a esta remesa, desplegaron sus buenos deseos.
> Los mencionados trozos fueron distribuidos entre los hacendados y desde esa fecha comenzó la propagación de esas soberbias cañas que constituyen la abundante producción de nuestros ingenios hasta el estremo de haberse hecho casi exclusivas. *Memorias Sociedad Económica de Amigos del País,* Tomo XX, 1845 (pp. 362-363).

Muchas fueron las causas que llevaron a Cuba a convertirse en «la» azucarera del mundo. Una de ellas, sin duda, fue el abrupto declive de la producción haitiana luego de la revolución que comenzó en 1791. Las cifras decrecientes de producción (peso en libras) son muy reveladoras y muestran el vacío que los cubanos tratamos de llenar.

1791	1795	1801	1822	1826	1842-1843
163,405,220	1,663,398	26,500,000	652,000	32,000	6,000

Otra causa importantísima fue la mano de obra esclava. Nuestro apetito por ese «comercio oprobioso» como había denunciado la poetisa inglesa Hannah More (1745-1833) parecía ilimitado. Una Cédula de Carlos IV de 28 de febrero de 1789 ampliaba las facilidades del comercio esclavo y los barcos negreros llegaban a nuestras costas en mayor número que nunca.

Las cifras de población esclava en Cuba que, tomada de censos oficiales, José Antonio Saco nos proporcionó, aún si hoy en día no son las mas exactas, nos dan una idea de su magnitud y progresión. Para mayor comprensión y contexto, las cifras de blancos (B) se incluyen en la primera de las filas; las de esclavos (E) en la segunda.

	1775	1791	1817	1827	1841	1846	1861
B	96,440	133,559	239,830	311,051	418,291	427,787	757,612
E	44,333	84,590	199,145	286,942	436,495	323,759	370,553

Notar que en 1841 teníamos más esclavos que blancos. Si a ese cuadro añadimos los 152,838 negros libres, la fotografía racial de la Cuba de 1841 arrojaba que de los 1,007,624 habitantes en la isla 418,291 eran blancos y 589,333 negros.

Esto explicaría muchas cosas en nuestro quehacer como nación, entre ellos, los múltiples intentos de colonización blanca, el «miedo de Haití», que atemorizaba a muchos a la hora de decidirse por la independencia, *Cecilia Valdés,* el sincretismo, nuestra pigmentación, *Balada de los abuelos,* el Ejército Libertador, tambores batá, *Drume negrita,* el Partido Independiente de Color, el Club Atenas, oro olímpico y discriminación racial.

Otro factor en nuestro crecimiento azucarero fue la introducción del ferrocarril, que facilitó el transporte de la caña hacia los puertos. Entre 1834 y 1857 el gobierno otorgó concesiones para 18 trayectos, a saber

1834. La Habana-Güines	1852. Trinidad-Sacnti Spíritus
1837. Nuevitas-Puerto Príncipe	1854. Carahatas
1837. Cárdenas	1855. Guantánamo
1837. El Cobre	1855. Sagua la Grande-Villaclara
1839. Matanzas	1857. Santiago Sabanilla
1841. Júcaro	1857. La Habana-Matanzas
1844. Coliseo	1857. Güines-Matanzas
1847. Cienfuegos-Villa Clara	1857. Urbano de La Habana
1847. Caibarién-Remedios	1857. Oeste (Pinar del Río)

Ya para 1860 casi todos los ingenios de cierta importancia estaban cerca de alguna estación de trenes y en 1868 la red cubría más de 1,300 kilómetros. Avances todos muy impresionantes. Mi amigo Oscar Zanetti ha escrito con gran erudición sobre el tema y a todos los interesados recomiendo sus trabajos.

Pasando a otro rubro, es importante recordar que nuestras primeras máquinas de moler azúcar funcionaban con tracción animal. Con ese sistema, evidentemente, nunca alcanzaríamos a operar en gran escala. La máquina de vapor, invento inglés de la década 1774-1784, solo diez años más tarde ya había atraído la atención de nuestros criollos Francisco de Arango y Parreño e Ignacio Montalvo y Ambulodi, primer conde de Casa Montalvo.

Olga V. Egórova (*Opus Habana*, 2012) nos ha persuadido del papel decisivo del ingeniero Agustín de Betancourt (Puerto de la Cruz, Tenerife, España, 1758-San Petersburgo, 1824) en la introducción de la primera máquina de vapor («bombas de fuego» les llamó José María de la Torre) en Cuba. El estreno de la máquina, obtenida de la firma inglesa Reinhold, tuvo de lugar el 11 de enero de 1797 en el ingenio *Seibabo* (cerca de San Antonio de Las Vegas), cuyo propietario era el conde de Santa Cruz de Mopox, yerno de Montalvo. De este primer ensayo nos dice José Matría de la Torre que hubo que abandonarlo «por falta de un maquinista inteligente».

Dos décadas más tarde, en enero de 1818 en el ingenio *La Paz* (San José de los Ramos, Matanzas) de Joaquín Pérez Urría, se estrenó el primer trapiche de vapor y el honor de introducir la primera caña recayó sobre el intendente Alejandro Ramírez (1777-1821). El mismo que, por esos días (11 de enero) inauguraría nuestra primera academia de bellas artes. Polifacético nuestro Intendente.

Sin competencia de los haitianos y con máquinas de vapor, esclavos y caminos de hierro Cuba sí podría ahora competir en el mercado internacional.

Terminamos donde comenzamos. Con la caña. Llegó a Santo Domingo en el segundo viaje de Colón y muy pronto habría cruzado la poca agua que nos separa. El historiador Emeterio Santovenia (1889-1968) nos ha recordado que, durante los primeros tres siglos, la única caña sembrada en Cuba era la «criolla» o «de la tierra». Pero a bordo del *Ana* el 18 de marzo de 1798, nos llegó la varidedad de Otahití.

Descubierta en Tahití en 1778 por el explorador ingles James Cook (1728-79), le encontraron muchas ventajas. 20 años más tarde llegaría a Cuba. Cuando el Barón Humboldt (1769-1859) nos visitó en 1800-1 se sorprendió con sus resultados:

> La variedad de cañas de azúcar, conocida con el nombre de caña de Otahiti, que se conoce de lejos por la mayor frescura de su verde, tiene la ventaja de suministrar a un mismo tiempo, en una misma extensión de terreno, un ¼ más de jugo y un tallo más leñoso, más grueso y por consiguiente más productivo en materias combustibles. Los maestros de azúcar, que tienen toda la presunción de medio-sabios, pretenden que el guarapo de caña de Otahiti se trabaja con mayor facilidad, y que da azúcar cristalizado, y menos potasa de guarapo.

De una tabla preparada por Amparo Sánchez Cobos a partir de datos del historiador Manuel Moreno Fraginals (1920-2001) tomo esta información para dar una idea del incremento de producción de azúcar en la primera mitad del siglo XIX

Quinquenios	Toneladas métricas
1830-1834	495,740
1835-1839	603,641
1840-1844	914,490
1845-1849	1,071,110

Con el tiempo se introdujeron muchas otras variedades de caña en Cuba (cristalina, la de cinta o listada, caña morada, caña negra de Java, caña de Batavia). Y un reporte de Miriam Velázquez en 2015 nos confirma que el Servicio de Variedades y Semillas identificó en su último censo la presencia en Cuba de 107 variedades, incluyendo especies de Australia, Barbados, Brasil, Estados Unidos, India y Puerto Rico.

El barracón. La tea incendiaria. El mayoral. Litografías de Laplante. La sacarocracia. *Las viejas carretas rechinan, rechinan.* United Fruit Company. *Erre con erre cigarro.* Tiempo Muerto. *El negro junto al cañaveral.* Sin azúcar no hay país. *Marcos Antilla. Yo no tumbo caña. Yo sí tumbo caña.* Instituto de Estabilización del Azúcar. El tren de Hershey. Flan de calabaza. El batey. *Ritmo de azúcar.* Guarapo. El token azucarero. Papel de bagazo. La cuota azucarera. Comparsa del alacrán. Brigada Millonaria. Coppelia. Los diez millones van. *Perjuicios de la molienda.* Palmas y cañas. UMAP. Desmantelación de centrales. Paticruzado. Celia Cruz.

Ciertamente, no se puede hablar de la Isla sin contar con el azúcar. «Dulce es la caña, pero más lo es tu voz», cantó Sánchez de Fuentes. En el 2018 le venden (no «dan») a cada ciudadano 5 libras de azúcar (3 de blanca, 2 de prieta) al mes por la libreta.

19. *NUESTRA SEÑORA DE LA O*

Habana – Veracruz
3 de abril de 1804 - 11 de abril de 1804

Recuerdo de muchacho haber escuchado una cantaora andaluza interpretando su vesión de *María de la O* («qué desgrasiaíta/ gitana tu ere / teniéndolo tó»), pieza de Salvador Valverde y Rafael de León. También recuerdo la voz de la soprano Dolores Pérez (que para aparentar ser extranjera se escondía bajo Lily Berchman) cantando desde el vinilo de mi disco Montilla el aria final de la zarzuela de (casi) igual nombre de Ernesto Lecuona («mulata infeliz/ tu vida acabó/ de risa y guaracha/ se ha roto el bongó»). Historia de amor ésta que, como la de la gitana, también fue llevada al cine.

Sin embargo, no fue hasta mucho después que aprendí que *María de la O* es otra de las advocaciones de la Virgen María, muy popular en el barrio de Triana, en Sevilla, donde tiene su iglesia. Ya en el siglo XVI existía en la calle Castilla de dicho barrio un hospital, y allí se fundó la Hermandad de Gloria de Nuestra Señora de la O y Santa Brígida para atender el culto. En 1566 se aprobaron las primeras reglas de la Hermandad.

Todo ello explica cómo, durante la época de gloria de nuestro astillero de La Habana, le hubieran puesto el nombre de *Nuestra Señora de la O* a uno de los barcos allí construidos. Qué providencial que ese barco, cuyo nombre se remonta a un hospital del siglo XVI, fuera ahora en abril de 1804 quien transportara una medicina necesaria y urgente de La Habana a México.

Un poco de historia. El Dr. Miguel Rolland trabajaba en Santiago de Cuba cuando recibió la visita de un médico francés procedente de la isla de St. Thomas. Según contaría Rolland dos meses más tarde, el 12 de enero de 1804 el médico francés a quien llamaremos J. A. Vignaud (aparece en la literatura indistintamente como Vignard, Vignarg, Vignau, Dubignau, Duvignau o Duvignaud!) se convirtió en el introductor de la vacuna contra la viruela en la Isla.

Luego de inocular a una valiente (y sospecho asustada) niña en Santiago, la dejó en manos del Dr. Rolland, el cual, para el 25 de febrero llevaba ya completadas 115 vacunaciones, aunque «lamentándose de que la desconfianza y algunas preocupaciones vulgares, obstruían sus progresos en un pueblo numeroso que tanto necesitaba de aquel auxilio» («Carta dirigida a D. Sebastián Kindelán, Gobernador de [Santiago de] Cuba por M. Rolland, doctor médico», «acerca del progeso de la vacunación de esta ciudad», *Papel Periódico de La Habana,* 25 de marzo de 1804, núm. 95, pp. 97-98, cita que comparto, pero que no he consultado). En todo caso, los estudiosos del tema califican estos extraordinarios y pioneros esfuerzos santiagueros como experiencias aisladas que no fueron sostenibles.

Paralelamente con estos eventos en el oriente cubano, a La Habana llegaba el 10 de febrero, procedente de Aguadilla, la señora María Bustamante. Como en Puerto Rico ya se conocía la vacuna gracias al Dr. Fancisco Oller Ferrer, Cirujano de Cámara de Su Majestad, antes de embarcar, el primero de febrero la Sra. Bustamante había pedido al Dr. Oller que vacunara a su hijo de 10 años y dos esclavas de 6 y 8 años, respectivamente.

Al enterarse la Sra. María Antonia García de la llegada de los niños vacunados, llevó a la mayor de las esclavas y a su propio hijo para que el distinguido médico Dr. Tomás Romay (1764-1849) lo vacunara. Días mas tarde comentaría Romay (*Papel Periódico de la Habana* del 19 de febrero de 1804):

> Llegó en fin a las siete de la mañana la Sra. Dña. Antonia García, natural de Santo Domingo, llevando el más pequeño de sus hijos, y a la mayor de las mulatitas vacunadas, cuyo grano tenía una figura que jamás había observado en otro alguno, pero correspondía exactísimamente con la descripción que hacen los vacunadores, y con el diseño que presentan. No me quedó la menor duda de ser la verdadera vacuna.

Romay procedió ese día 10 de febrero a vacunar no solo al niño de la Sra García sino también a sus propios tres hijos (y el menor solo tenia 29 días de nacido). En total, con el pus de tres granos vacunó a 42 personas. La historiografía cubana (¿demasiado habanera?) considera el 10 febrero de 1804 como el día de la introducción de la vacuna contra la viruela en Cuba. Por demás, que haya sido una mujer esclava quien nos trajera la cura salvadora es algo que debiera difundirse más.

El 26 de mayo llegaría a la isla a bordo del *María Ritz* la expedición sanitaria dirigida por Francisco Xavier de Balmis trayendo la vacuna desde La Coruña. Pero ya Santiago y La Habana se le habían adelantado.

Según nos relata el Dr. Orlando Rafael Serrano Barrera («Historia de la Inmunología en Cuba del siglo XV hasta mediados del siglo XIX») Romay quiso también ayudar a nuestros vecinos de México, y a tal efecto, le confió la vacuna al Dr. Juan Pérez Carrillo médico de la fragata que muchas fuentes llaman *María de la O* y que yo sospecho es la *Nuestra Señora de la O,* fabricada en el astillero de La Habana en el siglo XVIII (también llamada a veces *Santa María de la O*). El buque partió de La Habana el 3 de abril de 1804, llegando a Veracruz 8 días después.

Sabemos por Tomás Romay (sus obras completas se publicaron en 1964) que en 1809 el profesor D. Juan Bautista Alech «llevó de esta ciudad á Panzacola el virus vacuno, lo ha comunicado á cincuenta y cinco individuos, dirigiéndolo también á Mobila» (en los estados de la Florida y Alabama, respectivamente).

Por Romay también sabemos que en 1812 el «infatigable» santiaguero Joaquín José Navarro, «además de haber vacunado en ella [Santiago de Cuba] y en varios pueblos inmediatos 841 personas, ha remitido el pus vacuno á los pueblos mas orientales de esta isla, i la de Jamaica, á Santa Marta y Maracaibo de donde fué solicitada con el mayor anhelo».

La solidaridad médica cubana viene de lejos.

20. *NOUVELLE SOCIÉTÉ*

Jérémie, Haití - Santiago de Cuba
Julio de 1803

Una las cosas que distingue el aeropuerto de Miami de otros en Estados Unidos es la omnipresencia del cafecito cubano. Y siempre pregunto: ¿cubano? Probablemente el polvo vino de Colombia, la máquina de Italia, el agua es del río local (en todo caso, no es de Ciego Montero), el azúcar de Lake Okeechobee, la tacita es china, lo dispensa una nicaragüense, y lo pago en dólares, pues tampoco aceptan CUCs. *Cuban coffee?* ¡Ay Mamá Iné!

Como no sé lo que es realmente el café «cubano», los invito a conversar sobre el café *en* Cuba. Inmigrante tardío, no nos llegó hasta 1748. Y eso gracias al dominicano Jose Antonio Gelabert: una de las tantas cosas que le debemos a ese hermano país, desde el obispo Morell de Santa Cruz hasta Máximo Gómez.

La primera plantación cafetalera que se conoce en Cuba fue precisamente la de Gelabert, la Aurora, en Ubajay (hoy Wajay) cerca de La Habana. He leído que su proyecto era preparar algun tipo de aguardiente con las cerezas de la planta. Gelabert, a su vez, había encontrado la planta en Martinica, a donde el marino francés Gabriel Mathieu de Clieu la había llevado desde Nantes a bordo de *Le Dromadaire* en 1720 (otros dicen que no fue hasta 1723). La primera cosecha de cierta importancia se logró en 1726, dos años después de la muerte de Clieu.

Pero no fue hasta varias décadas más tarde, cuando los refugiados franceses huyendo la Revolución de Haití (1791) comenzaron a arribar a Santiago de Cuba, que el cultivo del café comenzó realmente a tomar fuerza en nuestra Isla, especialmente la zona de Guantánamo, Santiago y Baracoa. Según Alejandro García Álvarez, la cifra de personas que por estas fechas llegaron de de Haití y Santo Domingo fue entre 25 y 30 mil inmigrantes.

Uno de los barcos que transportaron a nuestros vecinos fue el *Nouvelle Société*. Nos cuenta Rebecca Scott que su capitán Louis Roquete al llegar a Santiago en 1803 «ordenó» a los españoles a dar refugio a los que escapban, e incluso se negó a entregar al jefe militar de la plaza una lista de pasajeros, lo que enfureció al oficial español. Otros capitanes de barcos no serían tan insensibles. De hecho, este mismo barco regresaría de Jérémie, en julio y su nuevo capitán, Barthélemy Bouny, llegaría a nuestras costas con una actitud muy diferente. Pero en tiempos de emergencia muchas personas suelen actuar con precipitación y sin protocolo. Según Scott los documentos sobre los desembarcos, oficiales y clandestinos, se encuentran en el Fondo Capitanes Generales del Archivo Nacional de Cuba (legs. 63, 445 y 451).

Alejandro García Álvarez ha preparado el cuadro que sigue cuantificando la producción cubana de café, incorporando los estudios de María del Carmen Barcia, Gloria García, Eduardo Torres Cuevas, H. E. Friedlaender y Juan Pérez de la Riva, y ahora lo comparto con ustedes:

AÑOS	VALORES MEDIOS/ QUINTALES
1790-94	1,852
1795-99	4,590
1800-04	12,500
1805-09	26.990
1810-14	88.808
1815-19	171.008
1820-24	197.672
1825-29	390.824
1830-34	516.582
1835-39	433.032
1840-44	416.510
1845-49	194.020

AÑOS	VALORES MEDIOS/ QUINTALES
1850-54	139.344
1855-59	77.826
1860-64	146.286
1865-69	35.118
1870-74	6.370
1875-79	802
1880-84	468
1885-89	70
1891-95	33.682

Durante los primeros años de la República creció la población y la demanda por café, pero la producción local no alcanzó a llenar las necesidades. En esos años se importaron hasta 200 mil quintales anuales, cifra que se duplicó en 1920. Nuestra producción alcanzó cifras importantes en 1946 (573 713 quintales) y en 1951 (714 000 quintales), pero nunca logró satisfcer la demanda interna.

Otro importante elemento en esta historia consistió en la fabricación cubana de máquinas de colar café usando un sistema de aire comprimido (aunque los coladores de tela seguirían siendo una presencia emblemática en bohíos y hogares a lo largo y ancho de la Isla). El héroe de esta saga fue Juan Hernández Herrera, nacido en Las Palmas, Canarias, el 19 de marzo de 1897 y emigrado a Cuba a los 20 años. Inventó las cafeteras «Royal» y «Nacional» que revolucionaron el mercado. Falleció en Miami el 26 de agosto de 1980. Parece que era austero y aparentaba ser pobre. Pero un artículo en *El País* (5 de octubre de 1982) decía que su hermana Pino, en Canarias, heredaría 4 mil millones de pesetas. ¡Y eso que el café se vendía a tres kilos!

Después de 1959 la producción y consumo de café en la Isla ha tenido una compleja historia. En algún momento le añadieron chícharo para que rindiera más. Esto generó un neologismo: «café-

café», para diferenciar el producto mezclado del puro. Sigue siendo, con o sin guisante, el símbolo de la hospitalidad criolla.

Fuera de la Isla el consumo de café cubano ha crecido mucho, no solo entre compatriotas sino también entre americanos y son muchas las cafeterías anglo donde se vende «café cubano» aún si tiene poco de cubano. En mi mercado regular (no especializado en productos hispanos) en Washington yo consigo siempre *Pilón* —aquél que se anunciaba «sabroso hasta el último buchito» en Cuba. Muchas marcas han surgido en los últimos años. Una que encuentro simpática es *Cachita.com*, que adorna el paquete con una imagen de la Virgen de la Caridad. Porque si hay algo que respira cubanía es la Patrona.

En 1948, para celebrar el bicentenario de su introducción en Cuba, nuestro servicio postal ordenó la emisión de 3 sellos. El de 1 centavo mostraba los granos de café entre dos manos; el de 2 centavos un campesino extrayendo los granos de la planta y una silueta de la isla en el diseño; y el de 3 centavos un campesino con una paila para llevarlo al secadero. Un cafetal se aprecia en la distancia. Los imprimió la casa Waterlow and Sons Limited de Londres.

Muy apropiado. Si el café vino de afuera, también lo harían los sellos.

21. *SANTÍSIMA TRINIDAD*

Estrecho de Gibraltar
24 de octubre de 1805

Para defender a La Habana de los piratas, poco después de su fundación en la costa norte en 1519 se construyó en la ciudad una pequeña fortaleza. Esa «Fuerza Vieja» se destruyó y el primero de diciembre de 1558 comenzaron las obras del actual Castillo de la Real Fuerza. Luego de casi 20 años de trabajos quedó treminada la imponente estructura. Durante el gobierno de Don Juan Bitrián Viamonte (1630-34) se le colocó para servir de veleta la Giraldilla en bronce de Jerónimo Martínez Pinzón. Fuerza y Giraldilla son La Habana.

En el transcurso de sus cuatrocientos cuarenta años, La Fuerza, ubicada en la Plaza de Armas habanera mirando al mar, ha sido destinada a varios usos. Inicalmente fue la defensa de la ciudad; luego residencia del gobernador (hasta 1792). Sucesivamente ha sido Cuartel del Cuerpo de Voluntarios de La Habana (1868-1878), Archivo Nacional (1899-1906), cuartel y jefatura de la Guardia Rural (1909-?), Estado Mayor del Ejército (¿-1934), Batallón Número Uno de Artillería del Regimiento Siete, Máximo Gómez (1935-1938), Biblioteca Nacional (1938-1957), Museo de Armas y Comisión Nacional de Monumentos (¿-1990) y Museo Nacional de la Cerámica (1990-2005). ¡Si sus paredes hablaran! Desde 2008, en su última reencarnación como Museo, tiene varias salas dedicadas a la propia fortaleza y otras al pasado naval de Cuba.

Una de las piezas más visitadas del museo es la hermosísima e instructiva maqueta del buque *Santísima Trinidad,* orgullo habanero construido en nuestro Real Astillero 1769. Se le conoció como El Escorial de los Mares y sí que lo fue. Para celebrar el 240 aniversario de su botadura, el 2 de marzo de 2009, la Orquesta Sinfónica del Instituto Superior de Arte (ISA) estrenó en La Plaza de

Armas la sinfonía *Santísima Trinidad*, del músico griego F. DiArta-Angeli (seudónimo de Gerasimos Nicholas Tsandoulas).

Que fuera en La Habana donde este majestuoso buque se armara no debe extrañarnos, pues ya desde fines del siglo XVI se estaban construyendo buques en nuestra capital. El sacerdote jesuita Ricardo Cappa nos ha dejado una muy documentada «Industria naval de la isla de Cuba» en sus *Estudios críticos acerca de la dominación española en América*, Parte Tercera, volumen XII (Madrid, 1894), y a él le debo mucho de lo que he aprendido.

Santísima Trinidad. Tarjeta postal, "Cuba alegre como su sol", ca. 1990s.

Se reporta que hacia 1570 un importante constructor de barcos en Bilbao, Pero Menéndez,

> viendo que una de las armadas que salían de Sevilla para América andaba algo escasa de galeones dijo con este motivo al Consejo de Indias *«que si era necesario añadir a la armada dos galeones, que tan bien se podían hacer en La Habana como en Vizcaya, y que serían mejores navíos de la vela ..., que él ha hecho en La Habana navíos...y esto dice que conviene»*.

El padre Cappa cita un documento de 1573 donde «ordenó el Rey que en el puerto de La Habana se hicieran ocho fragatas ligeras de vela y remo, contra corsarios, las cuales debian incorporarse a la armada de Menéndez de Avilés».

Siguen las referencias. La fragata habanera *Texeda* llegó a Sanlúcar el 19 de marzo de 1595; en 1600 Juan Veas en Madrid propone la construcción por cuenta propia de «seis galeones y un carabelón» que realizaría su hermano Francisco en La Habana. Más tarde, cuando en 1614 se hizo una inspección en Cádiz de las naves que estaban en el puerto, cinco eran «criollas de La Habana», expresión que, además, alcanzó la connotación de producto de alta calidad. Ellas eran *Santa María Magdalena, Nuestra Señora de los Dolores, San Lorenzo, San Salvador,* y *Nuestra Señora del Rosario*, más «la nao de Juan de Fuentes».

En el año 1615 hubo que hacer importantes reformas a cinco galeones de La Habana: *Rosario, Pilar de Zaragoza, Atocha, Victoria* y *Nuestra Señora de los Remedios.* Y al año siguiente, el 4 de noviembre de 1616, se le dio autorización a Alonso de Ferrera para que el general Juan Pérez de Oporto fabricara en La Habana «cuatro bajeles destinados a la defensa de las costas y de la navegación entre Santo Domingo y Veracruz».

En 1624 el General Tomás de Larraspuru escribía que «esta capitana fabriqué yo en La Habana ... y tan fuerte y buena que me tiene empeñado su valor»; y en 1625 se da asiento a Francisco Díaz Pimienta para construir dos galeones en nuestro puerto. Por su parte, la Real Cédula de 18 de noviembre de 1629 comienza reconociendo que «Por cuanto por parte de la ciudad de La Habana se me ha hecho relación de los navíos que se fabrican en aquel puerto son de los mejores que navegan en la carrera de Indias...».

En solo medio siglo La Habana se había posicionado como una plaza importante en la construcción de barcos. Pero no solo La Habana. Hay referencias de que en 1573 Pedro Menéndez de Avilés hizo construir 4 naves en Bayamo, entre ellas la fragata *Magdalena*. Y según documento de 1641 en el Archivo de Indias,

> El capitán Andrés Garnica ha estado diferentes veces en Santiago de Cuba, y certifica que este puerto es muy suficiente para fabricar en

él todo el número de galeones que S.M. fuera servido por ser sus montes muy abundantes de las mejores maderas de las Indias que se pueden conducir a el de todo su distrito por mar y tierra con mucha facilidad.

Cappa continúa diciendo que en 1617 en Santiago se habían fabricado *La Cubana* de 600 toneladas del Capitan Manuel Francisco; en 1618 Juan de Eguiluz hizo un navío de 300 toneladas; y en 1622 Pedro de Armenteros otro de 400 toneladas. También nos informa que en 1644 Luis Fernández de Gamboa escribió un Memorial demostrativo de la utilidad de establecer astillero en el puerto de Sagua de la isla de Cuba. Un siglo después Juan Tomás de Zayas Bazán pediría permiso para construir en diez años veinte bajeles en el puerto de Jagua (1750).

Sin querer desmerecer los esfuerzos del interior del país, La Habana, entre otras cosas por su situación geográfica, no podía tener seria competencia. Y fue allí que se estableció en 1724 el Real Arsenal de La Habana. Según el portal *EcuRed*, en los 72 años que transcurrieron entre 1724 y 1796 fueron construidos en el astillero de La Habana 51 navíos de línea con 3, 642 cañones; 16 fragatas con 684 cañones; siete corbetas con 160 cañones; siete buques correos con 116 cañones, nueve bergantines con 136 cañones; y 14 goletas con 164 cañones.

Para dar mayor detalle al lector, con los datos ofrecidos por el padre Cappa he preparado las tablas siguientes (notar que cubren un período de solo 47años):

Lista de buques construidos en La Habana entre 1734 y 1781
42 navíos, 19 fragatas y 6 paquebotes y goletas

NOMBRE DEL NAVÍO/ NÚMERO DE CAÑONES
(TOTAL: 42/ 3004)

África	70	Nueva España	60	San Hermenegildo	112
Asia	—	Pelayo	74	San Jenaro	60
Astuto	60	Princesa	74	San José	—
Bahama	70	Príncipe de Asturias	112	San Juan	50
Conde de Regla	114	Rayo	80	San Lorenzo	50

Conquistador	66	Real Carlos	112	San Luis	92
Constante	70	Real Familia	112	San Miguel	70
Dragón	66	Retiro	50	San Pedro Alcántara	64
Fénix	80	S Antonio La América	64	San Rafael	70
Fuerte	70	San Carlos	80	San Ramón	60
Galicia	50	San Cristóbal	70	Santiago	64
Glorioso	70	San Dionisio	54	Santisima Trinidad	112
Invencible	70	San Fernando	80	Soberano	74
Mejicano	114	S Francisco de Paula	70	Virgen del Carmen	64

NOMBRE DE FRAGATA/ NÚMERO DE CAÑONES
(TOTAL: 19/ 600)

Anfitrite	42	Mercedes	34	Santa Cecilia	30
Atocha	40	Minerva	40	Santa Clara	40
Ceres	40	Ntra Señora de la O	40	Santa Lucía	30
Flecha	—	Ntra Señora de la Paz	30	Santa Matilde	40
Gloria	40	Santa Águeda	30	S María de la Cabeza	34
Guadalupe	34	Santa Bárbara	22		
Juno	—	Santa Catalina	34		

NOMBRE DE PAQUEBOTES Y GOLETAS/ NÚMERO DE CAÑONES
(TOTAL: 6/ 94)

Júpiter	16	Pájaro	14	Triunfo	16
Marte	16	Rafaela	14	Volante	18

Nuestro *Santísima Trinidad* tuvo un final que ha quedado inscrito en los libros de historia y en muchos idiomas. Participó en la archifamosa batalla de Trafalgar donde el 21 de octubre de 1805 falleciera el Vice Almirante Horatio Nelson a bordo del HMS Victory. Entre los daños sufridos en la batalla y un temporal que azotó Trafalgar al día siguiente, nuestro «Escorial» se fue a pique el 24 de octubre.

Antonio de Escaño y García de Cáceres, segundo jefe de la escuadra española de Trafalgar a las órdenes de Federico Gravina (muerto en batalla), fue quien comunicó al Primer Ministro Manuel Godoy el resultado del combate. En su informe oficial escribiría «De su tripulación y guarnición, doscientos muertos y cien heridos. En la noche se fue a pique el navío, pues en la costa se hallan pedazos de su casco».

Desde el fondo del océano sus restos vigilan el Estrecho por donde tantísimos barcos españoles hicieron durante siglos su regreso desde la Isla a la Madre Patria.

22. *ALGÉSIRAS/ ALGECIRAS*

La Habana – Cádiz
Octubre de 1812

El 6 de julio de 1800 el Ministerio de Marina francés contrató con el arsenal de los hermanos Crucy la construcción de un nuevo buque de 52.4 metros de largo. Cuando lo botaron en el puerto bretón de Lorient el 9 de julio de 1804 le pondrían por nombre *Algésiras/Algeciras* en honor a la victoria franco española contra los ingleses en 1801.

El navío había participado en la batalla de Trafalgar (1805) y, formando parte de la flota del almirante Rosilly, en 1808 estaba anclado en la bahía de Cádiz. Al producirse la invasión napoleónica a España en mayo los gaditanos apresaron el barco. En 1810 lo encontramos en la bahía de la Habana con millones de pesos fuertes y fusiles para contribuir a la victoria española contra los franceses. Con ese precioso botín llegaría a Cádiz el 2 de mayo.

En 1812 había viajado a Veracruz y en octubre de ese año se esperaba en el puerto de La Habana para nuevamente regresar cargado a España. En esta ocasión el barco recogería en nuestra capital el producto íntegro de la venta de nuestro primer sorteo de lotería celebrado el 11 de septiembre anterior. La flamante lotería cubana se había creado precisamente para socorrer, como buenos hijos, a la Madre Patria en sus momentos más difíciles.

En efecto, luego de varios intentos anteriores para permitir la lotería en Cuba, no fue hasta que los españoles entraron en guerra contra los invasores franceses y las finanzas españolas entraron en profunda crisis que finalmente se nos permitió jugarla.

Desde Cádiz (José Bonaparte estaba en Madrid y Fernando VII preso en el Castillo de Valençay) la Regencia del Reino emite su Real Orden del 27 de enero de 1812. En ella se disponía «se lleve a cabo el ensayo del juego de lotería en toda la isla de Cuba» explicando que se tomaba la decisión «atendiendo a que las necesidades del Erario obligan a valerse de todos los arbitrios posibles para proporcionar fondos con que socorrerlas y mantener la independencia de la nación, por lo que sus hijos hoy pelean tan heroicamente».

El 6 de julio se emitía otra Real Orden dirigida al Intendente de la Habana anunciando que la Regencia «ha resuelto que todos sus productos íntegros [de la lotería] sean remitidos a la Península para atender a la subsistencia de nuestros Exercitos, cuidando V.S. de verificarlo en los primeros buques que presentaren con la puntualidad que reclaman las angustiadas circunstancias de los defensores de la Patria».

Apenas dos semanas después del primer sorteo de lotería del 11 de septiembre de 1812, el Intendente de La Habana enviaba un reporte a José Vázquez de Figueroa, Ministro de Marina, explicándole que, aunque aún no había podido concluirse la contabilidad final «pendiente el recibo de los villetes sobrantes de algunas colecturías distantes en la Isla», no se demorarían mucho en hacerlo porque «según noticia recibida de Veracruz debe regresar brevemente el Navío de Guerra el Algeciras, y en él formaré el registro y el embarco».

Si dinero llevado de Cuba ayudó a Washington a liberar las 13 colonias del dominio inglés, no es totalmente desacertado decir también que dinero cubano ayudó a España a liberarse de los Bonaparte (si los parisinos hubieran sabido esto quizás no hubiera abierto sus puertas en La Habana la Alianza Francesa).

Con la llegada de la lotería (incluso antes) los cubanos le cogimos el gusto al juego. Y durante siglo y medio —excepto cuando los americanos nos intervinieron y Estrada Palma intentó moralizarnos— muchos cubanos malgastaron sus ahorros, algunos fueron favorecidos por la Fortuna, otros corrompidos por la avaricia o la politiquería, todos —de algún modo— tocados por ella. Más que billetes, la lotería vendía esperanza, y eso era importante. Era el *deus-ex-machina* del criollo que le aseguraría un final de Hollywood a sus sueños.

Como sucedió con tantos productos cubanos, también exportamos la lotería. Anunciada en los periódicos de Nueva York, el ingenioso sistema de recaudar fondos llamó la atención a la Universidad de Shelby, en Shelbyville, Kentucky, y concibieron un plan de hacer unos sorteos que llamaron «El esquema de La Habana» (*The Havana scheme*), basados en «El Plan de la Real [Lotería] de La Habana de números individuales». Hicieron varios sorteos entre 1864 y1866. The *Havana Lottery of Kentucky*. Ver para creer.

Tengo en mi colección un volante para un sorteo en Kentucky el 30 de diciembre de 1865 en que no se menciona al Shelby College, lo cual pareciera indicar que otras instituciones de ese estado también quisieron recaudar dinero con tales proyectos. Ahora resulta que fuimos los cubanos los que enseñamos a jugar a los americanos. Las Vegas reciprocaría años después.

Nuestra literatura —no podía ser de otra manera— no ha sido ajena a la lotería. Al ganarse el esclavo *Sab* el sorteo, se precipita el desenlace de la novela de la Avellaneda. Si queremos un final menos trágico, recomiendo la lectura de *El billetero* de Francisco de Paula Gelabert, acompañada de una certera ilustración de Víctor Patricio de Landaluce (*Tipos y Costumbres de la Isla de Cuba*, 1881). Y Santiago, el pescador de Cojímar que nos regaló Hemingway, también quiere comprar un billete que termine con el número 85. La lotería también se asoma en las páginas de *La familia Unzuazu,* de Martín Morúa Delgado y en «Pita Rodriguez (Pita el Billetero)», de Amado Martínez Malo.

Recuerdo de muchacho haber cantado aquello de *Cándido, el billetero del 33* de Israel López; y tampoco olvido al *Espíritu burlón,* joya de Enrique Jorrín («En una sesión un día/ me dijeron que jugara/ la bolita y la charada/ y también la lotería»). Una extraordinaria foto de Walker Evans tomada en 1933 nos retrató el estanquillo de La Vencedora «La casa de la suerte. Siempre tiene números especiales». La tentación merodeaba por todas partes.

Hasta un día. Porque se acabó la diversión, en palabras proféticas de Carlos Puebla.

23. EMBARCACIÓN DESCONOCIDA

Nueva Orleans - La Habana
1815

Quien visite el edificio de Arte cubano del Museo de Bellas Artes de La Habana podría genuinamente preguntarse: ¿dónde están los barcos?

La pintura de marinas y retratos de barcos fue un género muy desarrollado en Europa, especialmente a partir del siglo XV y tuvo una época de oro en la pintura holandesa del siglo XVII.

Una visita al Museo Naval de Madrid también nos revela un número importante de telas marítimas, incluyendo un óleo de Rafael Monleón de 1873 ilustrando la Defensa del Morro de La Habana un siglo antes. Y la vasta obra del valenciano Joaquín Sorolla (1863-1923) nos lleva de la mano a la misma playa.

La lista de pintores marítimos británicos es extensa, e incluye a George Chambers y J. M. W. Turner. El Museo Marítimo de Greenwich (que hasta el 2016 conservaba varios óleos originales de la Toma de La Habana) contiene verdaderos tesoros.

La escuela francesa no se queda atrás: Gustave Caillebotte, Gustave Courbet, Claude Lorrain, Édouard Manet, Claude Monet, Georges Pierre Seurat, Paul Signac, Claude Joseph Vernet. Y Venecia no sería la misma sin los barcos de Canaletto y Francesco Guardi.

Entre los norteamericanos solo mencionaré a tres, pues, además, tuvieron importantes conexiones cubanas. Winslow Homer (1836-1910) nos dejó un memorable lienzo de la Corriente del Golfo (aunque, curiosamente, no incluyó los barcos alrededor del Santiago de Cuba que pintó en varias composiciones). Xanthus Russell Smith (1839-1929) fue otro pintor marino que nos regaló varias cromolitografías de los barcos de guerra norteamericanos en Santiago. Y el más significativo de todos: John Singleton Copley (1738-1815). Por encargo del entonces alcalde de Londres, Brook

Watson, dibujó la dramática escena cuando, en 1849 y siendo un joven marino de 14 años, Watson fue agredido por un tiburón en medio de la bahía de La Habana. Existen tres versiones del cuadro *Watson and the Shark* (Washington, D.C., Boston y Detroit) y un grabado hecho en Londres en 1794. El barco que lo rescató aparece al centro del óleo.

De Nuestra América mencionaremos a los chilenos Benito Rebolledo Correa (1880-1964), Arturo Pacheco Altamirano (1903-1978) y Ernesto Romero (1948); los argentinos Benito Quinquela Martín (1890-1977) y Carlos Castiglione (1946); el peruano Miguel Brenner (1953); o la uruguaya Rosario Baró (1956). Intensa es la presencia de los barcos en sus pinturas.

Donde hay costa hay barcos, y no nos debe extrañar que estos paisajes costeros y los eventos relacionados con el mar hayan inspirado a centenares de artistas plásticos. Sobre todo, a los nacidos en puertos. Por eso nos preguntamos nuevamente, ¿dónde están los barcos cubanos?

Nuestra pintura había comenzado con retratos y escenas religiosas y tuvimos la suerte que el Obispo de La Habana Juan José Díaz de Espada (1757-1832) invitara al francés Jean Baptiste Vermay (1786-1833), que había sido discípulo del famoso Jacques Louis David (1748-1825), a que se instalara en Cuba. Procedente de Nueva Orleans, llegó a La Habana en 1815 (en una embarcación cuyo nombre, lamentablemente, desconocemos).

Tres años más tarde lo encontramos inaugurando la Academia San Alejandro (nombrada en honor al intendente Alejandro O'Reilly) y tiene el mérito de haber sido el primer profesor oficial de arte en la Isla. La escuela que fundó aún existe después de doscientos años y son bien pocas las instituciones cubanas que podrían decir lo mismo.

Dignos sucesores tuvo Vermay en la dirección de la Academia, entre ellos: Francisco Camilo Cuyás (1833), Guillermo Colson (1836), Joseph Leclerc (1843), Frédéric Mialhe (1852), Hércules Morelli (1858), Augusto Ferrant (1858), Francisco Cisneros (1859), Miguel Melero (1878), Luis Mendoza y Sandrino (1907), Juan Emilio Hernández Giro (1926), Armando G. Menocal (1926), Leopoldo Romañach (1934, 1950), Esteban Valderrama (1935,

1939, 1949, 1950), Manuel Vega (1935), Enrique García Cabrera (1942), Domingo Ramos (1946), Mariano Miguel (1947), Enrique Caravia (1959), Carmelo González (1959) y Florencio Gelabert (1961). Otros la han dirigido desde entonces.

La lista de sus alumnos, entre lo mejor de la pintura cubana, es, literalmente, interminable.

Lo mejor de la obra de Vermay —tres óleos que representan la fundación de La Habana, la primera misa y la inauguración del Templete en 1828— se encuentran en el propio Templete, pequeño edificio neoclásico en la Plaza de Armas de La Habana. Allí también reposan sus restos.

Pero ni Vermay ni sus seguidores ni alumnos parecen haberse entusiasmado por la activa vida de nuestros puertos, ni el ir y venir de las embarcaciones, ni el descargar de pasajeros o productos desde la bahía. Tampoco se interesaron mucho en la pintura histórica ni nos dejaron recreaciones del febril trabajo en los astilleros, los ataques de piratas y flotas, o el regreso de los pescadores.

Un paseo por nuestra pintura colonial no nos revela una gran sensibilidad marina. En los óleos de los hermanos Chartrand (Augusto, Felipe y Esteban) aparecen de vez en cuando algunos veleros, pero solo como parte menor de la composición, aunque quizás la tela que el Union Club de La Habana le obsequió a Sarah Bernhardt en 1887 revele otros secretos.

Hay también un *Paisaje, amanecer en La Habana* (1886) de Valentín Sanz Carta (1849-1898), dos óleos de José Mazzucchelli (1817-1894) (*Entrada del puerto de La Habana* y *Muelle de San Francisco* y *La Machina,* ambos de 1887 y que, inexplicablemente, se encuentran en el recinto de Arte Universal del Museo habanero) y una *Marina* (c. 1900) de Antonio Sánchez Araujo (1887-1946). La pieza donde estimo que el barco alcanza un mayor protagonismo es el *Embarque de Colón* pintado en 1893 por Armando Menocal.

Ya en el siglo XX conozco tres marinas de Caibarién de Leopoldo Romañach (1862-1951) dos piezas de José Mijares (1921-2004), *Muelle, bote y figuras* y otra sin título; dos de Antonio Rodriguez Morey (1872-1967), *Dama pescando* y *Escena junto al mar*; le siguen *Botes* (1947), un *Pescador* (1950), otro *Pescador* (1951) y un *Gallo amarillo* (1956), los tres de Mariano Rodríguez

(1912-90); *Río Almendares* (1958) de José Antonio Godoy; e *Interior con naturaleza muerta y figura sentada* (1961) de Cundo Bermúdez (1914-2008).

En *Los olvidados/ Diáspora* (1939?) de Víctor Manuel (1897-1969) el buque *St Louis* no es el verdadero protagonista y apenas se divisan unas embarcaciones en la bahía. El *paisaje con barcas en rosa y azul* de Amelia Peláez (1896-1968) realmente no cuenta, pues lo pintó en Mallorca en 1929 y sus *Las Barcas* (1930) tampoco representa nuestros barcos.

Si tenemos en cuenta el vasto número de pintores nacidos en la Isla y la importancia de los barcos en nuestra historia, la lista anterior resulta bastante pobre. Con esta exigua producción no logro concluir que ha existido un verdadero compromiso de nuestros plásticos con la realidad marina de Cuba

En nuestros días, excepto por Luis Cruz Azaceta (1942) —radicado en Estados Unidos— cuya obra está poblada de balseros, un barco negrero de Manuel Mendive (1944), una pieza de Alexis Leiva «Kcho» (1970), y las pinturas matanceras de Víctor Manuel Allende Martinez (1976) confieso no haber visto mucho más. Una importante excepción: el bote de los tres Juanes que hallaron la estatua de la Virgen de la Caridad en la Bahía de Nipe en 1612. Este sí ha sido pintado (y esculpido) por literalmente cientos de artistas.

También confieso que no tengo explicación para este sorprendente vacío en una isla rodeada de barcos por todas partes. Y es que al principio no fue así. En los primeros grabados (extranjeros, eso sí) relacionados con Cuba (los ataques de piratas a La Habana, la partida de Cortés a México, el saqueo holandés de la Flota de Plata en la Bahía de Matanzas y la Toma de La Habana por los ingleses), la presencia de barcos es inescapable.

Ya en el siglo XIX la serie de litografías puertos de Cuba (La Habana, Matanzas, Cienfuegos, Cárdenas, Santiago) ilustrada por Leonardo Barañano (1822-?) y Eduardo Laplante (1818-60) dan justa cuenta de las múltiples embarcaciones que año tras año nos visitaban.

Igualmente aparecen en los grabados de Hippolyte Garneray (1787-1858) y Adolf Hoeffler (1825-98), y también en la obra gráfica de Frédéric Mialhe (1810-81) (este último también nos dejó dos espectaculares litografías del huracán de 1846 desde la bahía). Fueron también los extranjeros, especialmente norteamericanos, quienes ilustraron las escaramuzas y batallas navales de nuestras guerras de independencia en el último tercio del siglo.

Pareciera que el misterio de por qué nuestros artistas no se han inspirado en los buques —que desde siempre han sido nuestro cordón umbilical con el mundo— se lo hubiera tragado el mar.

24. *NEPTUNO*

Habana – Matanzas
18 de julio de 1819 - 18 de julio de 1819

Se encontraba nuestro poeta Manuel Zequeira y Arango (1764-1846) en Matanzas cuando vió cruzar por la bahía la primera nave de vapor que llegaba a sus playas: el *Neptuno*. Pluma en mano, nos dejó este recuerdo (*A la nave de vapor*):

> Oh que dulce placer para mis ojos
> la vez primera al contemplar la nave
> ligera como el ave,
> surcando de impulsos del vapor violento!
> Enajenado con tan gran portento
> allá plantado en la arenosa orilla
> del tranquilo Canímar, dije al verla:
> ¡Salve oh prodigio del océano, salve,
> ¡Que nunca el rayo tu mástil destroce,
> ni en peña toque tu nadante quilla!
> ¡Por mil edades tu señor te goce!

Era el 18 de julio de 1819. Dos meses antes, una Real Orden de 24 de mayo de 1819 le era comunicada al superintendente de Hacienda confimando que Su Majestad otorgaba el

> permiso que así el capitán general como V. S. acordaron a Don Juan de O'Farrill, cónsul de ese Real Consulado, de un barco de vapor para emplearlo en beneficio del público y el comercio extranjero e igualmente se ha dignado conceder a O'Farrill el privilegio exclusivo por quince años...

Dieciséis años atrás, un memorable 9 de agosto de 1803, un talentoso inventor de Pennsylvania experimentaba a orillas del parisino Sena con su nuevo proyecto: una nave de vapor. Seis años después, Robert Fulton patentaba su diseño (11 de febrero de 1809). Es asombroso que apenas transcurridos 10 años ya navegaba por la

Isla nuestro propio buque de vapor. A los cubanos no se nos escapa nada.

Ildefonso Vivanco (?-1866) nos dejó una interesante crónica en el *Paseo Pintoresco por la Isla de Cuba* («Entrada del vapor Almendares», 1841), y allí nos enteramos que al *Neptuno* le sucedieron, primero el *Megicano* de Antonio Bruzón, y más tarde otros vapores que harían distintos trayectos (Batabanó, Bahía Honda, Cabañas, Mariel, etc.). Entre ellos mencionaremos el *Almendares, Cárdenas, Cisne, General Tacón, Pavo Real, Veloz* y *Villanueva*.

Entrada del vapor Almendares en el muelle de La Habana. Litografía de Fernando Costa. En *Paseo Pintoresco por la Isla de Cuba* (Habana, 1841)

Terminaba su crónica Vivanco anunciando que «proyéctase ya en la actualidad establecer un vapor en la carrera de Cárdenas a Sagua la Grande por la gran importancia que estos puntos van adquiriendo, como también la navegación fluvial del rio Sagua la Grande con vapores menores; podemos asegurar que se hayan bastante adelantadas dichas empresas». Añadimos que el primer buque de vapor construido en Cuba se echó al agua en 1849 y se llamaba el *Sagua la Grande*, datos estos que seguro agradarán a mi buen amigo «el gordo» Salvat.

Pero volvamos al poeta.
Zequeira terminaba su poema con una plegaria

> Plegue al justo cielo
> que nunca sirva la veloz carrera
> de tu preciosa nao
> para ir a enrojecer los anchos mares,
> ni llevar el horror por otra esfera;
> sino que, orlada de frondosa oliva,
> en su jiro diurno
> desde el manso Canímar a Almendares,
> nos recuerde trayendo la abundancia
> el venturoso siglo de Saturno.

Al justo cielo le plugo, es cierto, que así sucediera con el *Neptuno*. Con muchas otras naves que vinieron y salieron por nuestras costas, sin embargo, no tuvimos tanta suerte.

25. *JEAN BART*

Burdeos (Bordeaux) - Bahía de Jagua
? - 8 de abril de 1819

Desde que comenzaron a llegar a Cuba esclavos negros en cantidades industriales —era la industria azucarera quien los exigía—, la población blanca de la isla comenzó a preocuparse seriamente. Se trataba de un dilema existencial: o dejaban de importar «piezas» de África —y perdían su fortuna y su status— o seguían trayendo esclavos y arriesgaban una revuelta como la de Haití o una Cuba africana. Una cédula de 1789 había autorizado el comercio de esclavos a cualquier súbdito español y las importaciones habían flechado. Los que preveían que en 1841 llegaríamos a tener 171 mil más negros que blancos decidieron que había que tomar medidas.

Para contrarrestar esta siempre presente inquietud por la desproporción racial, durante el siglo XIX se propusieron en Cuba varios intentos de repoblar la isla con colonos blancos venidos principalmente de Europa. Uno de esos esfuerzos fue inicativa del Louis de Clouet de Piettre y Favrot, que convenció al Capitán General José Cienfuegos de autorizar una nueva colonia de blancos en el puerto de Jagua, en la costa Sur de Cuba. En honor al Rey Fernando VI la nueva colonia se llamaría Fernandina de Jagua. Diez años después, en 1829, en honor al capitán general, la nueva ciudad cambiaría su nombre por el de Cienfuegos.

De Clouet había nacido en Nueva Orleans el 6 de febrero de 1766, cuando la Luisiana era nominalmente francesa luego de su cesión por España a Francia después de la Toma de La Habana y el Tratado de Fontainbleau (1762). En 1791 Don Luis se había casado en Nueva Orleans con Clara López de la Peña nacida también en 1766 (otros dicen 1778) y con ella tuvo varios hijos. ¡Oh ironía de ironías!: La abuela de Clara era mestiza (aunque de hombre blanco e india americana). Por ello, el 14 de septiembre de 1799 había hecho diligencias en la Diócesis de Nueva Orleans para demostrar su pedigree indio y pedía al Obispo (cubano, por cierto) que trasladaran el asiento de bautizo de su hija Luisa del libro de negros al de blancos. *¿Y tu abuela dónde etá?*

En 1814 De Clouet había escrito un importante Memorial al Gobierno español defendiendo la presencia hispana en Luisiana. Por su fidelidad a la corona, lo transfirieron a La Habana en 1818 como Teniente Coronel de Infantería, agregado al Estado Mayor de La Habana. Masón de grado 33, poco después de llegar, como lo reportó Francico Ponte Domínguez, fundó la primera Cámara de Altos Grados Masónicos que existió en Cuba.

La Habana de 1818 era una plaza en movimiento. Ese año se había inaugurado el primer ingenio de vapor, aprobado la primera concesión para un buque de vapor y abierto la academia de pintura San Alejandro. Félix Varela publicaba sus *Apuntes filosóficos,* se terminaba de consturir el Santuario a la Virgen de Regla y comenzaba sus actividades comerciales la Plaza del Vapor. Más importante aún, por Real Decreto de Libre Comercio de 10 de febrero de 1818 se autorizaba a La Habana (y otros puertos cubanos), comerciar con todos los mercados extranjeros, de gran relevancia sobre todo si tenemos en cuenta que el año anterior se había levantado el Estanco del Tabaco.

Por esos días en La Habana también se discutía el panorama y las peresplectivas del futuro racial de la isla. Ya desde 1811 Francisco de Arango y Parreño se quejaba que la enorme presencia negra en la isla «ha detenido el progreso de las luces, del vigor y del número de blancos» (*Representación de la Ciudad de la Habana a las Cortes,* el 20 de julio de 1811, p. 22). Y en su Voto particular de varios consejeros de Indias sobre la abolición del tráfico de negros (15 de febrero de 1816), pedía que se favoreciera la entrada de colonos blancos en la isla. Finalmente, el 21 de octubre de 1817 se emitía un Decreto para el fomento de la población blanca y la creación de una Junta de Población.

Es dentro de este contexto que debemos enmarcar el proyecto de colonización blanca presentado por de De Clouet el primero de enero de 1819. Cuatro meses más tarde, a bordo del *Jean Bart,* procedentes de Burdeos con escala en Batabanó, llegaron a la

Bahía de Jagua cuarenta y seis colonos franceses, incluyendo el médico Domingo Monjenié y el agrimensor Domingo Dubroc. Agustín de Santa Cruz y de Castilla le había propuesto a De Clouet unos terrenos de su esposa Doña Antonia Guerrero y fue allí, el 22 de abril de 1819, que se fundó la colonia.

Pronto llegarían otros pobladores desde Nueva Orleans. No sería la primera vez que eso sucedía. Ya en junio de 1803 habían desembarcado 15 monjas ursulinas junto con otras familias que deseaban continuar viviendo bajo la bandera española. En su Memorial de 1814 arriba citado, De Clouet había mencionado 37 personas hispanizantes en Luisiana (incluyendo sus hermanos Alejandro y Baltasar). No sé si alguno de ellos se encuentra entre los primeros colonos de Cienfuegos. La nueva colonia progresaba rápidamente. Solamente cuatro años después, en 1823, ya se habían asentado 845 colonistas, venidos no solo de Luisiana y Francia sino, además, de Filadelfia y Baltimore.

***

Del 20 de mayo de 1829 al 30 de abril de 1832 De Clouet fue Teniente Gobernador de Cienfuegos. Pasó muchos años en España y Francia. Recibió en 1840 los títulos Conde de la Fernandina y primer Vizconde de Jagua. Murió en Córdoba, Andalucía, el 18 de junio de 1848. Cien años más tarde, el 3 de agosto de 1958 llegaban los restos de De Clouet a la ciudad que el fundó. Medio siglo después, el 22 de abril del 2009, sus restos se trasladaron al cementerio Acea.

***

Según el censo de 2012, Cienfuegos tenía entonces 142,900 habitantes. Considerando que 200 años atrás había comenzado con solo 46, el progreso ha sido notabilísimo. Otras ciudades con mas años de fundadas no habían experimentado ese ritmo (Baracoa se había fundado en 1511 y en 2012 tenía 82, 000; Trinidad, fundada en 1514 tenía 101,293; Batabanó, fundado en 1688 tenía 13,800; Manzanillo, fundado en 1795, tenía 132,183).

***

La composición racial de la Isla es más difícil de retratar, entre otras cosas porque el encuestador acepta la respuesta del entrevistado y muchas personas no siempre confiesan la verdad. En todo caso, los porcentajes relativos reportados por los diferentes censos de 1899 a 2012 aparecen en la tabla que sigue (el censo de 1970 eliminó esta categoría): Blancos (B), Negros (N), Mulatos (M):

1899	1907	1919	1931	1943	1953	1981	2002	2012
B 66.9	69.7	72.2	72.1	74.3	72.8	66.0	65.05	64.1
N 14.9	13.4	11.2	11.0	9.7	12.4	12.0	10.08	9.3
M 17.2	16.3	16.0	16.2	15.6	14.5	21.9	24.86	26.6

Sin duda, el fin de la importación de esclavos y los esfuerzos de blanquear a Cuba durante el siglo XIX tuvieron su efecto (aunque quizás no todo el que hubieran deseado nuestros patricios y matricias). La masiva inmigración española en el primer tercio del siglo XX también dejó profunda huella en nuestra pigmentación.

Por otro lado, la masiva emigración de familias blancas después de 1959 impactó las estadísticas en sentido contrario, pues, además de los ciudadanos que se marcharon, sus hijos son hoy parte de los censos nacionales de terceros países, no del nuestro.

Una cosa es evidente, no solo al que analiza cifras sino al que visita la Isla. En 2017 Cuba es proporcionalmente más mestiza y menos negra que en (casi) ningún otro momento de su historia: el primer censo de 1774 arrojaba 32.61% de negros (25.83% esclavos, 6.78% libres) y 11.9% de mulatos. Si de «blanquear» se trataba…

26. *ACTIVA*

La Coruña - La Habana
25 de junio de 1823 - 4 de agosto de 1823

Lo habían nombrado profesor de Historia Natural en La Habana y junto a su esposa, Manuela Turnes del Río, se embarcaba desde La Coruña hacia la capital cubana el 25 de junio de 1823. Ya a bordo del *Activa*, a la 1:30 pm escribe en su diario: «Desde ese momento comienza la serie de nuestras observaciones, en cuanto a la temperatura el aire, y de la superficie del océano, y a la humedad atmosférica».

Sin duda, el coruñés Ramón de La Sagra (1798-1871) había nacido para observar y llegaba a La Habana con 25 años listo para trabajar entre nosotros. Durante los 13 años siguientes dirigió el Jardín Botánico y la Institución Agrónoma de la Habana; editó los *Anales de Ciencias, Agricultura, Comercio y Artes de la Habana*; y hasta provocó la ira de algunos criollos con sus críticas negativas a la obra literaria de nuestro José María Heredia.

Pero lo mejor de su producción estaba aún por venir. Logró que el gobierno español le financiara la estancia en Europa por dos décadas para la publicación de una obra verdaderamente monumental: Su *Histoire physique politique et naturelle de l'ile de Cuba / Historia física, política y natural de la Isla de Cuba* (París, A. Bertrand, 1839-57), el más ambicioso, abarcador y hermoso trabajo que jamás se ha hecho sobre la historia natural de la Isla.

La *Historia* consiste en doce volúmenes con 276 grabados de cobre (156 de ellos coloreados) con cientos de imágenes de plantas y animales que se encuentran en Cuba (aunque no todos endémicos). También incorporó reproducciones de 13 mapas antiguos de Cuba, incluyendo la primera copia del tan importante mapa de Juan de la Cosa (fechado 1500) con la primerísima silueta de nuestra Isla en la historia de la cartografía. El libro, en francés, tuvo una edición simultánea en español, pero las láminas que se usaron fueron las mismas para las dos ediciones.

Dado que la *Historia* se publicó por entregas (alrededor de 190) y que el proceso duró casi dos décadas, no nos debe extrañar que sean muy raros los juegos que existen completos. El gobierno español se subscribió a 300 copias, 80 de las cuales deberían repartirse en Cuba. Pero nada de esto parece que sucedió. La Sagra mismo se quejó de su distribución:

> Pues bien, esas preciosas láminas, distribuidas a oficiales del Ministerio de Hacienda, no inteligentes en ciencias y unicamente curiosos, han tenido un fin desastroso. Baste decir, que he visto en casa de algunos oficiales que las tenían sus hijos pegadas con obleas en la pared; y en un nacimiento con figuras de barro, los pajaros de Cuba, recortados y metidos entre las yerbas y los arbolitos.

A fin de cuentas, no sabemos cuántos juegos realmente llegaron a Cuba ni cuántos se conservaron sin desmembrarse. Cuando Alfredo Aguayo (1866-1948) hizo su estudio de la *Historia* en 1946 solo encontró en Cuba un ejemplar, al que le faltaban dos láminas, en la Biblioteca del Centro Gallego. La última vez que yo consulté las instituciones cubanas existían dos ejemplares: uno en la Biblioteca Nacional de Cuba y otro en la del Jardín Botánico (aunque no sé si ambos estaban completos).

Los materiales que La Sagra nos legó, además de los mapas, están divididos en 7 ramas del mundo animal, 2 del mundo vegetal y uno de paleontología, como sigue:

Fauna: *Aves*, con 33 planchas grabadas (1839); *Foraminífera* (microfósiles marinos), con 20 planchas (1839); *Mamíferos*, con 8 planchas (1840); *Reptiles*, con 31 planchas (1843); *Moluscos*, con 29 planchas (1841-1845-1853?); *Peces*, con 5 planchas (1853 /1843?); y *Animales articulados*, con 20 planchas (1856-57).

Flora: *Cryptogamia* (plantas sin flores), con 20 planchas (1838-1842? / 1845?); *Plantas Vasculares,* con 102 planchas (1845).

Paleontología: 8 planchas (sin fecha).

La publicación de los libros se le confió a Arthus Bertrand, editor parisino de larga experiencia en este tipo de trabajos. Se contrató un equipo de 51 artistas franceses: 14 pintores (incluyendo algunos científicos que hicieron sus propios dibujos) y 37 grabadores.

La edicion francesa se imprimió en los talleres de Bougeard, y la española en los de Remond.

Para no olvidar a los artistas galos que engalanaron la obra consignamos sus nombres: Annedouche, Borromée, Bourgeois, Clergé, Corbié, Coutelot, Davesnes, Delarue, Delorby, Douliot, Forget, Fournier, Gabriel, Gabrielle, Giraud, Gontier, Gouffé, Guerin, Guyard, Lebreton, Legrand, Leleu, Leu, Levasseur, Martin, Mason, Massard, Mignaud, Millot, Mougeot, Nicolet, Noiret, d'Orbigny, Oudet, Pardinel, Perrot, Pierre, Plée, Prêtre, Rebel, Rebuffet, Riocreux, Schmeltz, Spelette, Taillant, Thomas, Traviès, du Val, Vauthier, Victor y Visto.

La *Histoire/ Historia* es una obra científica y artística francesa, soñada y organizada por un gallego con materiales cubanos —que atravesaron el Atlántico en barcos— y pagada por los contribuyentes criollos. Como hubiera dicho Maurice Chevalier, *C'est magnifique!*

27. *GALAXY*

Matanzas – Boston
14 de noviembre de 1823 - 4 de diciembre de 1823

El 7 de diciembre de 1817 y a bordo de la fragata *Isabela* que navegaba entre Puerto Cabello y La Habana, un joven santiaguero de 14 años escribía uno de sus primeros poemas, «Carta a M. F., Conde de Tovar». Dos años más tarde, al separarse de su novia Isabel en La Habana, escribe «La partida» en el bergantín *Argos* que lo llevaba a México. En 1825 compondría sus «Himno al Sol», «Himno del desterrado», «Vuelta al Sur», y la tragedia *Sila* en otro barco —el *Chasseur*— entre Nueva York y Alvarado, México. Y en 1836, viajando por última vez a La Habana, «Al Océano» surge de su inspiración. Se encontraba en el buque inglés *Pandora*.

Pero fue posiblemente el *Galaxy*, donde disfrazado de marinero tuvo que escapar de Matanzas hacia Boston en 1823, la embarcación más trascendental de su vida. Ese día se exilaba de Cuba y no viviría más nunca en su patria. Sólo regresaría en noviembre de 1837 en una corta visita de 41 días para reencontrarse con su madre después de 13 años de ausencia. En *La novela de mi vida*, Leonardo Padura lo persigue por esos días.

La goleta *Carmen* lo devolvería a México y allí moriría de tuberculosis dos años después, el 7 de mayo de 1839. Trasladados sus huesos en varias ocasiones, el actual paradero de su tumba no ha sido revelado. En 2003, mi gran amigo Alejandro González Acosta publicó «Los restos de José María Heredia (Santiago de Cuba, 1803-Ciudad de México, 1839)», accesible en internet, y los interesados en el tema pueden consultarlo.

¡Cuánto había logrado en sus cortos 35 años! Fue autor de la primera compilación de versos de nuestra literatura, publicada, no en La Habana sino en Nueva York, en 1825. Se estrenaba así la triste tradición en nuestro patio de escritores exilados excluidos de su entorno natural y de editoriales nacionales.

Extrañó —no pocos lo hemos hecho después— sus palmas frente al Niágara. Se le atribuye (aunque no todos los críticos coinciden) la primera novela histórica en castellano de este lado del Atlántico, *Jicoténcal*. Contribuyó a la introducción de la litografía en México, país donde ocupó importantes cargos. Escribió el primer libro de texto de Historia del mundo en español, sus *Lecciones de Historia Universal,* adaptadas y aumentadas de la obra del inglés Alexander Fraser Tytler. Tradujo a Walter Scott. Se nos fue con «La oración del poeta moribundo».

Su abundantísima bibliografía, activa y pasiva, está a la disposición de los lectores en internet y muchas instituciones. No lo dejen para más tarde.

Al cumplirse el primer centenario de su nacimiento un primo suyo cubano-francés (de igual nombre, pero de segundo apellido Girard) escribió, excepcionalmente en castellano, el siguiente soneto:

Desde la Francia, madre bendecida
de la sublime Libertad, que bella
sobre los mundos de Colón destella
en onda ardiente de pujante vida,

a ti, guerrero de coraza unida
por la virtud, que el combatir no mella;
a ti, creador de la radiante Estrella
de la Isla ardiente por el mar mecida;

a ti, de Cuba campeón glorioso
que no pudiste ver tu venturoso
sueño de amor y de esperanza cierto,

con grave estruendo en mi cantar saludo,
de pie, tocando tu vibrante escudo,
que es inmortal, porque tu voz no ha muerto.

Como su vida, este capítulo será corto. Me despido con una estrofa que confirma su visión realista y profética de nuestra realidad

Aunque viles traidores le sirvan,
Del tirano es inútil la saña,
Que no en vano entre Cuba y España
Tiende inmenso sus olas el mar.

¡Otra vez, el mar! Pusiste muy alto el nombre de Cuba, José María Heredia.

28. *MIDAS*

Nueva York - La Guaira
23 de octubre de 1823 - 26 de octubre de 1823

> Cuentan que un viajero llegó a Caracas al anochecer,
> y sin sacudirse el polvo del camino,
> no preguntó donde se comía ni se dormía,
> sino cómo se iba adonde estaba la estatua de Bolívar.
>
> José Martí

Como bien sabemos, la invasión napoleónica a España en 1808 trastornó la vida de las colonias hispanas en América, muchos criollos a lo largo y ancho del continente comenzaron a repensar sus lealtades y surgieron conspiraciones por todas partes. Cuba no fue una excepción.

En 1810 varios masones habaneros, entre ellos Román de la Luz Sánchez y Luis Francisco Bassave, asociados al abogado bayamés Joaquín de Infante y a miembros del Batallón de Pardos y Morenos, planearon un alzamiento para el mes de octubre. Descubierta la conspiración, Sánchez fue condenado a diez años y Basave a ocho. Infante logró escapar a Venezuela donde en 1812 publicó el primer *Proyecto de Constitución para la Isla de Cuba,* que contemplaba una isla independiente de la metrópolis.

Desde entonces otros criollos, notablemente José Antonio Aponte (1760-1812), habían logrado, aunque sin éxito, sublevarse contra las autoridades españolas en la Isla. Y fue por esas fechas que, al igual que otros del continente, comenzamos a mirar hacia Caracas. Porque fue allí que el 3 de julio de 1811 Simón Bolívar pronunciaría sus audaces palabras «Pongamos sin temor la piedra fundamental de la libertad suramericana» y dos días más tarde el Congreso reunido en Caracas declararía la Independencia de Venezuela

Durante los próximos años Bolívar liberaría del control español no solo a Venezuela, sino que en diciembre de 1819 el Congreso decretaría la *Ley Fundamental de la República de Colombia* incorporando además los actuales territorios de Panamá, Colombia y Ecuador. Las batallas de Carabobo (1821), Pichincha (triunfo del Mariscal Sucre en 1822) y Ayacucho (1824), junto con las victorias más al sur de José de San Martín pusieron fin a la presencia de España en el Nuevo Mundo continental.

Desde su exilio en Nueva York un grupo de cubanos independentistas decidieron solicitar el apoyo del Libertador para la causa de Cuba. Se acababa de descubirir en Cuba la conspiración llamada de Soles y Rayos de Bolívar y estimaron que el momento era propicio. Además, una Cuba española siempre representaría un peligro para las nuevas naciones recién independizadas mientras que una Cuba libre redundaría en beneficio de todos.

En busca de ese apoyo externo, el 23 de octubre de 1823 José Aniceto Iznaga, su hermano Antonio, José Agustín Arango, Fructuoso del Castillo, José R. Bustamante, Bernardo Sánchez, Gaspar Betancourt Cisneros y el argentino José Antonio Miralla zarparon en el *Midas* hacia La Guaira.

En Venezuela trataron de agilizar las gestiones para el encuentro con Bolívar. Entablaron conversaciones con el puertorriqueño Antonio Valero, entonces general del ejército colombiano, que les anticipó la penuria de las fuerzas libertadoras y les recomendó una entrevista en Santa Fe de Bogotá con el general Francisco de Paula Santander (Bolívar se encontraba guerreando en la campaña del Perú). Nada concreto salió de esa reunión y se descartó un viaje a Lima para ver a Bolívar en persona.

Los cubanos no se darían por vencidos. El abogado principeño José Agustín Arango y Agustín de Las Heras viajarían el año entrante a Puerto Cabello para entrevistarse con el General José Antonio Páez y éste, entusiasmado con la idea, le escribiría a Bolívar el 19 de agosto de 1824:

> Estoy casi seguro de no engañarme, en el concepto de que U. tardará muy poco en libertar al Perú, así que reciba los contingentes de tropas de Colombia, y entonces no nos queda otro padrastro que la Habana. Yo cuento que U. no hará otra cosa que voltear las bayonetas vencedoras en el Perú, en favor de aquella preciosa parte de nuestros hermanos, que gimen bajo el pesado yugo de los españoles; los únicos que sufren los enojos que les hemos causado repetidas veces y sobre

quiénes recargan su odio y furor. Para esto sí cuente U. conmigo y cuente con 3 ó 4 mil hombres de Venezuela, los más guapos, y que un mes después de recibidas las órdenes aquí, estaremos en La Habana. (*Memorias del general O'Leary,* Volumen 2, Caracas, 1880, p. 56).

El 20 de diciembre, tras la victoria de Ayacucho, Bolívar respondería, pero en términos nada optimistas:

> Me parecía bien que el gobierno de Colombia ... intimase a la España que, si en tanto tiempo no reconocía la independencia de Colombia y hacía la paz, estas mismas tropas irían a la Habana y Puerto Rico. *Más cuenta nos tiene la paz que libertar esas dos islas:* J'ai ma politique à moi. *La Habana independiente nos daría mucho que hacer,* la amenaza nos valdrá más que la insurrección. (énfasis mío).

Los cubanos insistirían. Desde Lima, el 25 de febrero de 1825 Arango y Las Heras le dirigieron una *Exposición* a Bolívar expresándole el deseo

> que con su genio sublime y su espada mucho más fuerte que la de la fatalidad llegue a ser también el Libertador de Cubanacán y de la hermosa Isla de Puerto Rico, últimas reliquias de la dominación española en el Atlántico, de donde debe ser despedida para su total oprobio y maldad.

Bolívar los recibió en abril, y según José Aniceto Iznaga (quien lo escucharía de los testigos), el Libertador les dijo que «él tenía resuelto mucho antes esa misma medida de echar a los españoles de Cuba y Puerto Rico para extinguirlos completamente de toda la América».

Pero nada pasó. Entre las preocupaciones y ocupaciones de Bolívar y la preferencia de las autoridades norteamericanas de que «Cuba y Puerto Rico continúen dependiendo de España…sin ningún cambio político de la actual situación», nunca más se volvieron a dar las circunstancias para una invasión bolivariana a la Isla.

No por ello, claro, dejamos los cubanos de admirar al Libertador. Y en 1881 se podía ver a un compatriota llorando frente a su estatua «que parecía que se movía, como un padre cuando se le acerca un hijo».

29. *DRAPER*

Gibraltar - Nueva York
? - 17 de diciembre de 1823

El 8 de noviembre de 1911 atracaba en el muelle de La Habana el vapor *Miami*, procedente de la Florida (probablemente Jacksonville). Dos días antes, en San Agustín de la Florida, el Obispo católico Monseñor William J. Kenny le había entregado los restos del sacerdote habanero Félix Varela Morales (1788-1853) al cónsul de Cuba en Jacksonville, Sr. Julio Rodríguez Embil y al Dr. Manuel Landa González, presidente de la Audiencia de Pinar del Río «para ser trasladados a su tierra nativa».

Varela había salido de su tierra nativa en 1822 para representar a Cuba en las Cortes de Cádiz. Ante ese parlamento, presentó Varela, junto con otros, un *Proyecto de instrucción para el gobierno económico político de las Provincias de Ultramar*. Había preparado también una *Memoria que demuestra la necesidad de extinguir la esclavitud de los negros en la Isla de Cuba, atendiendo a los intereses de sus propietarios,* Proyecto de Decreto que nunca llegó a presentar pues, restablecido el Absolutismo en España, se le condenó a muerte y tuvo que escapar a Gibraltar, territorio inglés.

Es desde el Peñón, un día de diciembre de 1823, que zarpa Varela en el *Draper* hacia Nueva York, a donde llegaría un frío 17 de diciembre de 1823. En esa gran metrópolis viviría casi todo el resto de su vida. Allí publicaría la revista *El Habanero*; allí sería pastor de irlandeses y constructor de iglesias; allí escribiría textos aclarando puntos de doctrina católica para defenderse de los ataques de los protestantes (eran tiempos menos ecuménicos). Enfermo, decidió en 1853 viajar a San Agustín —donde había vivido de niño— y allí murió el 25 de febrero de 1853.

En 1911, noventa años después de haber salido de Cuba, en el *Miami* llegaban a su ciudad natal los restos de «el que nos enseñó primero en pensar» como dijera Luz y Caballero. En la Machina del puerto se hallaban los Canónigos de la Catedral de la Habana, don Félix Caballero y don Antonio Abín, en representación del Obispo Pedro González Estrada. También estaban Manuel Delfín, Diego Tamayo, Raimundo Cabrera, Eduardo R. Plá y el Marqués de Esteban, junto con una multitud de fieles, patriotas y curiosos.

Del muelle, los restos pasaron al local de la Junta de Educación (Cuba no. 1), y de ahí al Ayuntamiento, donde estaban el vicepresidente de la República, el presidente del Tribunal Supremo, el alcalde y el presidente de la Cámara Municipal. Finalmente, la misa en la Catedral, donde le entregaron los restos al Obispo.

La iglesia cubana hubiera preferido que sus restos quedaran en sitio sagrado, pero ya se había proyectado que Varela descansara en el Aula Magna de la Universidad y el traslado se hizo el domingo 19 de noviembre. Por las calles habaneras miles de escolares presenciaron el cortejo y en la Universidad estarían el presidente de la República, Cuerpos Armados y académicos. Desde entonces allí reposan sus restos. Y hasta allí llegó el Papa Juan Pablo II el 23 de enero de 1998. Delante de sus restos pronunció estas palabras:

> Hijo preclaro de esta tierra es el Padre Félix Varela y Morales, considerado por muchos como piedra fundacional de la nacionalidad cubana. El mismo es, en su persona, la mejor síntesis que podemos encontrar entre fe cristiana y cultura cubana. Sacerdote habanero ejemplar y patriota indiscutible, fue un pensador insigne que renovó en la Cuba del siglo XIX los métodos pedagógicos y los contenidos de la enseñanza filosófica, jurídica, científica y teológica.
>
> Maestro de generaciones de cubanos, enseñó que para asumir responsablemente la existencia lo primero que se debe aprender es el difícil arte de pensar correctamente y con cabeza propia. Él fue el primero que habló de independencia en estas tierras. Habló también de democracia, considerándola como el proyecto político más armónico con la naturaleza humana, resaltando a la vez las exigencias que de ella se derivan.
>
> Entre estas exigencias destacaba dos: que haya personas educadas para la libertad y la responsabilidad, con un proyecto ético forjado en su interior, que asuman lo mejor de la herencia de la civilización y los perennes valores trascendentes, para ser así capaces de emprender tareas decisivas al servicio de la comunidad; y, en segundo lugar, que las relaciones humanas, así como el estilo de convivencia social, favorezcan los debidos espacios donde cada persona pueda, con el necesario

respeto y solidaridad, desempeñar el papel histórico que le corresponde para dinamizar el Estado de Derecho, garantía esencial de toda convivencia humana que quiera considerarse democrática.

El Padre Varela era consciente de que, en su tiempo, la independencia era un ideal todavía inalcanzable; por ello se dedicó a formar personas, hombres de conciencia, que no fueran soberbios con los débiles, ni débiles con los poderosos. Desde su exilio de Nueva York, hizo uso de los medios que tenía a su alcance: la correspondencia personal, la prensa y la que podríamos considerar su obra cimera, las *Cartas a Elpidio sobre la impiedad, la superstición y el fanatismo en sus relaciones con la sociedad,* verdadero monumento de enseñanza moral, que constituye su precioso legado a la juventud cubana.

Durante los últimos treinta años de su vida, apartado de su cátedra habanera, continuó enseñando desde lejos, generando de ese modo una escuela de pensamiento, un estilo de convivencia social y una actitud hacia la patria que deben iluminar, también hoy, a todos los cubanos.

Toda la vida del Padre Varela estuvo inspirada en una profunda espiritualidad cristiana. Esta es su motivación más fuerte, la fuente de sus virtudes, la raíz de su compromiso con la Iglesia y con Cuba: buscar la gloria de Dios en todo. Eso lo llevó a creer en la fuerza de lo pequeño, en la eficacia de las semillas de la verdad, en la conveniencia de que los cambios se dieran con la debida gradualidad hacia las grandes y autenticas reformas.

Cuando se encontraba al final de su camino, momentos antes de cerrar los ojos a la luz de este mundo y de abrirlos a la Luz inextinguible, cumplió aquella promesa que siempre habrá hecho: «Guiado por la antorcha de la fe, camino al sepulcro en cuyo borde espero, con la gracia divina, hacer, con el último suspiro, una protestación de mi firme creencia y un voto fervoroso por la prosperidad de mi patria» (*Cartas a Elpidio,* tomo 1, carta 6, p. 182).

...

Para ello me permito poner de nuevo en las manos de la juventud cubana aquel legado, siempre necesario y siempre actual, del Padre de la cultura cubana; aquella misión que el Padre Varela encomendó a sus discípulos: «Diles que ellos son la dulce esperanza de la patria y que no hay patria sin virtud, ni virtud con impiedad».

Fidel le regaló al Papa Juan Pablo II una biografía de Varela y le impuso la Orden Félix Varela, la más alta condecoración que concede el Estado cubano en el campo de la cultura.

En 2012 otro Papa, Benedicto XVI, declararía Venerable a Varela y, en espera de que nuestro presbítero sea beatificado en un futuro no lejano, se vuelve en estos días a conversar sobre si deben o no trasladarse los restos del Aula Magna a una iglesia, posiblemente la Catedral, junto al Seminario del que fue ilustre profesor.

Yo entiendo bien a los que desean enterrarlo en un templo: es una reclamación legítima. Sin embargo, yo preferiría que se quedara donde está, irradiando luz desde ese centro de cultura cubana que es la Universidad habanera, fundada por los padres dominicos en 1728. Por supuesto, si se le beatifica, no se podría negar a los fieles y creyentes que acudan al Aula Magna a rezarle, y tendría que establecerse algún acuerdo para que, en determinados momentos, al menos varias veces por semana, se permita acceso a las personas que deseen reverenciarlo y rezarle como hombre rodeado de santidad.

En un país donde hay tanta ignorancia religiosa y existe palpable distancia entre la juventud y los espacios sagrados, estimo que sería útil a los jóvenes universitarios cubanos presenciar el desfile constante por sus predios académicos de simples peregrinos en busca de ayuda espiritual. Y, quizás, Varela llegará a tener el honor de ser no solo «el que nos enseñó primero en pensar» sino también «el que los enseñó primero en rezar».

30. *CARIDAD*

Río Bonny, Nigeria- Santiago de Cuba
Septiembre de 1833

El 18 de septiembre de 1833 el buque negrero *Caridad*, que viajaba desde el río Bonny, en Nigeria, a Santiago de Cuba con 112 esclavos a bordo, fue detenido por el buque inglés *Trinculo*. Acusado de violar el tratado anglo-español sobre trata de esclavos, el barco se llevó para adjudicación ante el Tribunal Mixto Anglo Español con sede en Sierra Leone.

A consecuencia de la firma en 1817 de un tratado entre Gran Bretaña y España para la abolición del tráfico de esclavos, se había creado en 1819 un tribunal mixto anglo-español en Sierra Leone para juzgar a los buques negreros que practicaban la trata.

El *Caridad* llegó a Sierra Leone al día siguiente con 108 pasajeros, principalmente niños (cuatro de ellos habían muerto durante el viaje). Un médico inglés examinó a los esclavos y los encontró generalmente saludables excepto dos con disentería, cuatro con conjuntivitis neonatal («opftalmia») y otros con infecciones en la piel («craw craw»). Se decidió bajarlos a tierra para que las enfermedades no se siguieran propagando.

El 14 de octubre el tribunal tomó declaración del capitán del barco, Antonio Fortunato, quien, ante la evidencia de su cargamento y habiendo sido apresado *in fraganti,* confesó que, efectivamente estaba traficando con esclavos. No fue, pues, difícil al tribunal declarar ilícito el tráfico y liberar a los 107 esclavos (otro murió mientras se decidía el caso) el 21 de octubre de 1833.

Y, ¿quién era este Fortunato? Por su testimonio sabemos que era natural de Nápoles, pero se había hecho súbdito español y vivía casado en Santiago de Cuba. Hemos encontrado a un Antonio Fortunato Vallejo, pintor autodidacta nacido en Santiago en 1845 (y fallecido en 1925) y no creo demasiado aventurado suponer que este pudo haber sido el hijo del napolitano pues nombres, apellidos, localidades y fechas son consistentes con esta hipótesis.

Siempre según su testimonio, Fortunato había adquirido el buque *Caridad* —nombre nada apropiado para un barco negrero— seis meses atrás de un capitán de apellido Roche de Nueva Orleans. Había salido de Santiago con permiso válido, fechado el 30 de abril de 1833, para comerciar en la «Island of Princes», que yo interpreto que son las colonias portuguesas de São Tomé y Príncipe, en la costa africana.

La mercancía que llevaba a bordo al salir de Cuba fue tramitada a través de un establecimiento de franceses, Rousseau y Compañía. El buque llevaba a bordo como pasajero a un tal Don Manuel, pero los británicos descubrieron que era realmente el norteamericano Samuel Holmes, encontrándosele documentación que atestiguaba que era Maestro Masón. Y, antes de llegar a África, el barco había hecho una parada en Norfolk, estado de Virginia, en el Sur de los Estados Unidos, supuestamente para arreglar un desperfecto. Todo esto hizo sospechar a los británicos que el verdadero dueño del barco no era Fortunato, sino que detrás de esta fachada se escondían intereses norteamericanos y franceses.

No sabemos si, después de este incidente, Fortunato continuó traficando o decidió dedicarse a ocupaciones menos riesgosas en Santiago de Cuba. Lo cierto es que en esta microhistoria encontramos muchos de los ingredientes del horror del tráfico negrero cubano: intereses extranjeros, papeles falsos, captura de niños africanos, enfermedades propagadas por el hacinamiento de los capturados y muertes a bordo.

***

Seis años más tarde otro sonado caso también tendría un final (bastante) feliz. En enero de 1839 Sengbe Pieh (conocido fonéticamente como Cinque), de la tribu de los Mende, es capturado —¡por otros de su raza!— y vendido como esclavo. Ya para estas fechas, como hemos visto, la venta de esclavos era generalmente ilegal pero el negocio era demasiado lucrativo y los involucrados no pensaban abandonarlo tan pronto. Para eso estaban la imaginación, el soborno, la corrupción, y la complicidad de otros africanos.

Tres meses después de su captura encaramaron a Cinque en el barco negrero portugués *Tecora* y en julio llegaba a La Habana, donde dos respetables negreros peninsulares José Ruiz y Pedro Montes, compraron un lote de 49 varones adultos (pagando $450 por cada uno), 3 niñas y un niño. Uno de los adultos era Cinque. Ruiz y Montes pensarían que habían tenido más fortuna que Fortunato pues habían burlado a los buques ingleses que patrullaban el Atlántico.

Como no se podían importar esclavos, los esclavistas se las arreglaron para conseguir papeles falsos indicando que aquellos negros habían nacido ya esclavos en el nuevo mundo, y así maquillados, el 28 de junio de 1839 fueron embarcados en el *Amistad*, propiedad de Ruiz y Montes, hacia La Guanaja, en la costa norte de Camagüey. Se trataba de una operación comercial más —una de tantas — y nadie contemplaba ningún inconveniente.

Pero el inconveniente llegaría y tendría nombre y apellido: Joseph Cinque. Aprovechando una coyuntura favorable durante la travesía él y otro esclavo llamado Grabeau se liberaron, armaron al resto de los negros y secuestraron el barco. Motín a bordo. Los esclavos mataron al capitán, también murieron dos esclavos. Pero perdonaron la vida a los esclavistas porque éstos, para salvar sus vidas, prometieron regresar con el barco a África. Por supuesto, no tenían la menor intención de hacerlo. Pero ante la amenaza de muerte muchos confiesan y prometen cualquier cosa.

Estuvieron dando vueltas por el Atlántico por dos meses hasta que el 25 de agosto el *Amistad*, escaso en provisiones, ancla en la costa de Long Island, Nueva York. Allí, el Teniente Thomas R. Gedney, capitán del buque USS *Washington*, se apropia del barco y lo lleva a New London, Connecticut. Lo más lógico hubiera sido llevarlos a Nueva York que estaba más cerca, pero en ese estado la esclavitud no estaba permitida y Gedney pensó que, de llevarlos a Connecticut, podría reclamar la recompensa establecida para estos casos. La avaricia es parte del equipaje que carga nuestra raza humana.

A bordo del propio *Washington* el juez federal del Distrito Andrew T. Judson convoca a una audiencia el dia 27 de agosto para escuchar las reclamaciones de los esclavistas y decide que el caso debe ser analizado por una instancia superior, la Corte del Circuito en Hartford, del propio estado. Mientras tanto los esclavos van a parar a la cárcel en New Haven (donde mismo estaba ubicada la prestigiosa universidad de Yale) mientras esperan la decisión de la corte.

Sin perder un minuto, el 4 de septiembre grupos abolicionistas de Nueva York crean un comité que recaudaría fondos para pagar a los abogados que defenderían a los esclavos. Al frente de este grupo estaba Lewis Tappan, hombre profundamente cristiano que, entendiendo que la esclavitud era inmoral e inaceptable, en 1833 había fundado la Sociedad Anti-esclavista Americana. Los reverendos Joshua Leavitt y Simeon Jocelyn formaban parte del comité.

En 1840 la corte del circuito declaró que tanto el secuestro de los esclavos en Africa como su transporte a Estados Unidos era ilegal porque desde 1808 esta importación estaba prohibida. Podrán imaginase la decepción de los respetables hacendados y el igualmente respetable teniente que esperaba su botín. Claro, apelaron a la Corte Suprema.

Para defender a los esclavos habían reclutado nada menos que a John Quincy Adams, ex Secretario de Estado del presidente Monroe (el de la famosa doctrina) entre 1817 y 1825, y él mismo ex presidente de Estados Unidos Unidos (1825-1829). Nunca antes unos pobres esclavos habían tenido una voz tan ilustre y persuasiva. Adams pronunciaría sus discursos el 24 de febrero y el primero de marzo de 1841.

Y el el 9 de marzo de 1841 la Corte se pronunció. Puede, y debe, leerse la decisión, que está disponible en internet (la cita oficial es 40 U.S. 518). Con un solo voto en contra, los Jueces afirmaron la decisión de la corte inferior y dejaron libres a los esclavos. Hay que enfatizar que la Corte no condenó la esclavitud como institución —ese tema se decidiría en el campo de batalla durante la Guerra de Secesión dos décadas más tarde— pero sí el tráfico esclavo.

***

He escogido dos casos en que los esclavos fueron liberados gracias a procsos legales para compartir con ustedes mi firme convicción (quizás sesgo profesional) que los sistemas judiciales han sido fundamentales en nuestra historia para remediar injusticias y enderezar entuertos. Pero claro, eso requiere que las leyes que los tribunales aplican sean justas y claras, que los funcionarios no sean corruptos y que no haya intereferencia con el Tercer Poder.

Y ya eso es harina de otro costal.

31. *SOBERANO*

Cádiz - La Habana
¿Mayo? de 1834 - 1 de junio de 1834

Cuando en 1887 Antonio Bachiller y Morales (1812-89) leyó la historia de Miralda comentó que era una de «seres en su mayor parte imaginarios. Eran cuentos disfrazados que corrían entre las gentes más vulgares: exageradas versiones de las pasiones populares» (*Revista Cubana,* tomo V, 1887, p. 23). Tenía razón Don Antonio. Aquella anécdota de Miralda y Miguel Tacón no tenía ni pies ni cabeza.

Para sustituir a Mariano Ricafort, el primero de junio de 1834 (otros dicen 31 de mayo), procedente de Cádiz a bordo del vapor *Soberano*, llegaba a La Habana el flamante Capitán General Miguel Tacón Rosique (Cartagena, 10 de enero de 1775-Madrid, 12 de octubre de 1855). Estuvo con (¿contra?) nosotros entre 1834 y 1838. Años atrás había sido gobernador de Popayán y había participado en la la batalla de Viluma en Alto Perú. Había vivido la pérdida de las colonias del sur. Era uno de esos que la historiografía llama «ayacuchos». No vendría a Cuba a hacer concesiones políticas. Cuba se mantendría unida a España. Y a él lo harían Duque de la Unión de Cuba.

Entre los resultados positivos de su mandato —(casi) todos los gobernantes dejan algo útil— podemos mencionar el extraordinario teatro que mandó a construir y cuyas luces causaban el asombro de todos («Tres cosas tiene La Habana / que causan admiración: / son el Morro, la Cabaña / y la araña de Tacón»). Andando el tiempo se convirtió en la Sala Lorca del recientemenete bautizado Teatro Alicia Alonso. Avanzadísimo —y enorme— para su tiempo. El gran amigo Francisco Rey ha puesto mucho empeño en historiarlo bien. Bajo el mando de Tacón también se comenzó a consturir el primer ferrocarril.

Pero una golondrina no hace verano. En el desempeño de su cargo creó mucho malestar y enemigos, y de él se dijo que «gobernó a taconazos». Reprimió con fuerza el levantamiento del general Manuel Lorenzo, gobernador de Santiago (1836). Le hicieron un juicio de residencia al final de su período y le sacaron, si no todos, al menos algunos de sus trapos sucios. Contra él protestaron Cristóval Saumel; Domingo de Herrera; Rudesinda Alvear; el coronel Don Mariano Romay en la causa del hospital militar de San Ambrosio; Melchora Yáñez, patrona y camarera de la hermita del Monserrate; el presbítero D. Juan Tomás de Mena; la sucesión de condesa de Gibacoa, y el propio Ayuntamiento de La Habana.

Por todo ello a Bachiller le parecería raro aquella anécdota de Miralda, que primero se publicó en inglés en 1854 en el libro de Maturin Murray Ballou, *History of Cuba, or, Notes of a Traveller in the Tropics* (Boston, Phillips, Sampson and Co. 1854, pp. 162-170), y que pronto tomó vida propia, convirtiéndose en una popularísima historia cubana en Estados Unidos por varias décadas. Pasemos ahora a estudiar el fenómeno del *best seller* Miralda.

La trama pudo haber salido de la pluma de cualquier guionista de telenovela. Miralda Estález, una agraciada habanera de 16 años, huérfana y sin hermanos, tenía una vidriera de vender tabaco en la calle Mercaderes. Entre sus muchos admiradores estaba Pedro Mantanez (en otra versión, Martínez), joven cubano que trabajaba como botero en la bahía (¡siempre los barcos!), cerca del Morro habanero. Otro admirador era el Conde Almante (Almonte, según otros), oficial español, arrogante y de riqueza mal habida.

Una noche, el Conde Almante le hizo proposiciones deshonestas a Miralda, quien lo rechazó. Contrariado, el Conde la hizo arrestar y hacer conducir a su mansión en El Cerro. Para ganar tiempo, Miralda le pidió al Conde una semana de reflexión sobre sus proposiciones. Preocupado por la ausencia de su amada, Pedro Mantanez sospechó que el Conde la tenía secuestrada, se disfrazó de fraile, penetró en la casa de Almante, le prometió a su novia que la salvaría y se presentó ante Tacón a pedir justicia.

Tacón recibió al joven y escuchó su queja. Mandó entonces llamar al Conde Almante y luego de una corta interrogación tomó una sorprendente decisión: Miralda se casaría con el Conde. Poco después de la boda, Tacón ordenaría la ejecución del Conde y de este modo Miralda, joven, viuda y ahora rica por haber heredado los bienes de Almante, estaba libre de casarse con su enamorado el joven Pedro. ¿Quién dijo que el final feliz se inventó en Hollywood?

Luego de seguir infructuosas pistas por muchos años tratando de encontrar de dónde pudo haber salido semejante historia, una noche en el teatro encontré la solución: la fuente de esta trama estaba en *Medida por Medida (Measure for Measure)* de William Shakespeare (1564-1616), representada por primera vez en 1604 y publicada en 1623. Léala el lector y podrá constatar los puntos coincidentes entre ambas historias.

Si inaudita es la trama de *Miralda*, más inaudita aún es su trayectoria, particularmente en su versión teatral, cuyo texto se publicó por la editorial W.V. Spencer, también en Boston: *Miralda or, The justice of Tacon. A Drama, in Three Acts.* En la pieza teatral se añade un coprotagonista yanki, Seth Swap, minero del estado de Maine que regresa de trabajar en las minas de plata de México y está de paso en La Habana. Presumo que la intención de incluir un americano ayudaría a la audiencia a identificarse con la pieza.

Entre 1854 y 1905 se reportaron decenas de artículos en la prensa, menciones en libros y funciones teatrales de Miralda a todo lo largo de Estados Unidos. Ha sido sin duda la narración y pieza teatral de tema cubano de mayor impacto en nuestro vecino del Norte durante todo el siglo XIX y parte del XX. Como obra de teatro supongo que ha sido solo superada recientemente (en número de funciones y espectadores, aunque no en alcance grográfico) por el musical *On your feet* narrando la historia de Gloria y Emilio Estefan.

Asombrémonos con el tremendo éxito de *Miralda* (Los detalles aparecen en un apéndice que preparé para la edición santiaguera (2015) de Olga Portuondo de *Un artista en Cuba* de Walter Goodman). La lista a continuación menciona los estados y ciudades norteamericanas donde Miralda dejó su huella:

Alaska (Juneau, 1887)
Arizona (Mesa, 1899, 1907; Phoenix, 1904)
California (Placerville, 1854; San Francisco, 1859, 1881; Sacramento 1872, Los Angeles, 1874)
Connecticut (Hartford, 1871)
Illinois (Chicago, 1865)

Indiana (Newburgh, 1854; Brownstown, 1872; Crawfordsville, 1891, 1894)
Iowa (Vinton, 1857)
Kansas (Wichita, 1884)
Louisiana (New Orleans, 1872)
Maine (Portland, 1865)
Massachusetts (Boston,1866, 1869, 1873, 1892, 1897, 1898)
Missouri (Palmyra, 1854)
New Hampshire (Gorham, 1900, convertida en ópera)
New York (Nyack, 1854. Ft. Plains, 1854; New York, 1854, 1875, 1905; Mexico, 1875)
North Carolina (Raleigh, 1854)
Ohio (Xenia, 1898)
Oregon (Echo, 1879),
Pennsylvania (Lancaster, 1865; Reading, 1869; Philadelphia, 1900, 1909)
Tennessee (Columbia, 1872; Fayetteville, 1872)
Texas (Bryan, 1909; Orange, 1909)
Utah (Salt Lake City, 1873, 1875, 1880, 1893)
Virginia (Lexington, 1898)
Washington (Olympia, 1872)
West Virginia (Charleston, 1902)
Wisconsin (Janesville, 1854; Fond du Lac, 1898).

La obra se representó incluso en Canadá (Quebec, septiembre de 1890; Halifax, mayo de 1893) y en Australia (Adelaide, agosto de 1872; Sidney, julio de 1875). Por otra parte, la historia fue traducida al alemán, al francés y al sueco; y, navegando por internet, encontré recientemente un texto ¡en turco!

Llama la atención, sin embargo, la ausencia de Miralda entre los hispanohablantes. Supongo que de haberse publicado en Cuba o en España hubiera enseguida surgido una plétora de críticos y escépticos.

Pero si nunca escuchamos la historia de Miralda, en el siglo XX tendríamos nuestra oportunidad: nos volvimos locos con *El derecho de nacer* de Felix B. Caignet (1892-1976). Y fuimos pioneros en el mundo de la radionovela y la telenovela. Claro, aún no se conocía la prueba del ADN, que debe haber arruinado la carrera a más de un aspirante a guionista.

32. *CHOCTAW*

Nueva York - La Habana
Noviembre de 1835

Suponemos que, a sus siete años, Isabel II de España habría recibido muchos regalos el día de su santo. Pero ninguno tan sorprendente como el que le llegaba de Cuba: el 19 de noviembre de 1837 se inauguraba el primer ferrocarril de todos sus dominios (y el séptimo del mundo, después de Inglaterra (1825), Austria (1825), Estados Unidos (1830), Alemania (1835), Bélgica (1835) y Francia (1837)). Cierto, solamente eran 27 kilómetros entre La Habana y Bejucal, pero ya se proyectaba continuarlo hasta Güines.

Hay que reconocer que la Junta de Fomento de La Habana, bajo la presidencia del habanero Claudio Martínez de Pinillos, Conde de Villanueva (1782-1853), había trabajado con diligencia. Tras promulgarse el 12 de octubre de 1834 una Real Orden autorizando el inicio de las obras y obtener un préstamo de una firma bancaria londinense, Francisco Stoughton, cónsul español en Nueva York, contrató a los ingenieros Alfred Kruger and Benjamin Wright Jr. para dirigir las operaciones.

Asimismo, consciente de la escasez de mano de obra en la isla y de que con la llegada del invierno quedarían cesantes en Nueva York más de mil irlandeses que trabajaban en el ferrocarril *New York and Harlem* y en las obras del Canal del Eire, el diplomático organizó contratos con varios operadores de buques para que transportaran los materiales y obreros que se necesitarían en la isla.

Entre noviembre de 1835 y 1837 llegarían a La Habana procedentes de Nueva York en los barcos *Havre, Roanoke, Choctaw* y *San Miguel* no solo herramientas y equipos sino también alrededor de mil «irlandeses» (aunque quizás no todos fueran necesariamente nacidos en Irlanda). La historiadora Margaret Brehony se ha preguntado si pudo haber habido alguna conexión entre este grupo de obreros y el Padre Félix Varela, que por esas fechas se encontraba en Nueva York precisamente asistiendo espiritual y materialmente a los inmigrantes llegados de Irlanda, mayoritariamente católicos, en medio de una urbe mayoritariamente protestante.

Pero los irlandeses neoyorquinos no serían suficientes para terminar el primer tramo del ferrocarril. Para tan gigantesca labor en Cuba solo disponían de algunos cimarrones (200), esclavos (145), prisioneros (140) y emancipados (87). De modo que hubo que contratar adicionalmente a 926 isleños que desde el otro lado del Atlántico llegaron a la isla en los barcos *Argos, Aurora, Diamante, El Intrépido, El Laberinto, El Marinero, Neptuno, Rosa (Fortuna), San José (Diamante), San Vicente, Tenerife,* y *Los Tres Hermanos*. Toda una impresionante logística. Y siempre los barcos en papeles protagónicos.

Una vez inaugurado el primer tramo entre La Habana y Bejucal la red ferroviaria se expandió rápidamente por el territorio. En el capítulo 18 citamos algunas cifras entre 1834 y 1857 y a ellas remito al lector.

Durante la segunda mitad del siglo XIX las vías férreas se exendieron por otras zonas. En 1858 se creó la línea Guantánamo-puerto de Caimanera y el trayecto Sancti Spíritus-Tunas de Zaza se completó en 1864. Banes contaría con el ferrocarril de los hermanos Dumois en 1888 y para 1893 Holguín ya estaría conectado con Gibara.

Con la intervención americana llegó Sir William Cornelius Van Horne, presidente de la *Canadian Pacific Railroad* y ahora interesado en invertir capitales norteamericanos en la Isla. En 1898 proyectó 572 kilómetros de caminos de hierro entre Santa Clara y Santiago de Cuba. Solo cuatro años mas tarde, el 22 de noviembre de 1902, el flamante presidente Estrada Palma inauguraría el *Cuba Railroad* (Ferrocarril de Cuba). Al otro extremo de la Isla, Guane se conectaba con La Habana en 1908 por ferrocarril del Oeste.

La presencia americana se hizo sentir también en la arquitectura. Aspirando a lo mejor, la empresa contrató al arquitecto neoyorquino Kenneth Murchison (1872-1938) educado en Nueva York y París y que había diseñado la estación ferroviaria en Hoboken, New Jersey. La estación central en La Habana vieja se inauguró en 1912.

Tengo en mi colección varios horarios de estos trenes y siempre que los consulto me asombra la extensión de la red cubana y su aspiración a puntualidad en las primeras décadas del siglo XX. Por ejemplo, en 1911 Ud. tomaba el tren en Santiago a las 7: 15 am, llegaba a Camagüey a 12: 30 pm y estaba en La Habana 6:28 de la mañana siguiente, menos de 12 horas. Y en 1944 viajar entre Bayamo y Santiago tomaba 3 horas, 40 minutos.

En 1982, sin embargo, un itinerario de ese año indica salida de Santiago a las 6:14 pm, llegando a La Habana a las 9:01 am, confirmando que, en siete décadas nos habíamos retrasado 2 horas y media. En el mismo 1982 se salía de Bayamo a las 8:15 am llegando a Santiago a las 11:43, solamente 15 minutos menos que 40 años antes.

Yo solo he tomado el tren en Cuba una vez hace ya muchos años y, a pesar de la amabilidad de las ferromozas, prometí no tomarlo más nunca. Entre la falta de aire acondicionado (en coches argentinos con ventanas herméticamente cerradas) y los múltiples retrasos que se acumularon fue una experiencia surrealista.

Una nota periodística de Osniel Carmona Breijo del 24 de agosto de 2017 diseminada por la red nos habla de la experiencia de Caridad Rodríguez Vera, de 64 años, que llevaba 13 días viviendo en la terminal habanera de La Coubre esperando pasaje para Santiago. Ese tren, francés, sale ahora solamente cada cuatro días. El periodista continúa informándonos que a principios de julio del 2017 el tramo La Habana-Artemisa-Pinar del Río estuvo parado por más de veinte días.

La compañía turística Lonely Planet, cuyas páginas son accesibles por internet, nos anuncia que viajar en tren en Cuba requiere la «paciencia de un santo y la resistencia de un campeón de lucha libre». Le advierte al potencial turista que

> Trenes viejos y falta de combustible garantizan retrasos. Los viajeros reportan largas demoras y sanitarios que no funcionan... Los cubanos que pueden viajan por otros medios... La hora de salida es puramente teórica.

Menos mal que los ennoblecidos Conde de Villanueva y Sir William Van Horne ya fallecieron. De encaramarse hoy en día en uno de nuestros trenes la sangre azul herviría al rojo vivo.

33. *LE BELLOCHAN*

Santiago de Cuba - Pauillac, Burdeos
9 de abril de 1836 - 3 de junio de 1836

> ¡Voy a partir!... La chusma diligente,
> para arrancarme del nativo suelo
> las velas iza, y pronta a su desvelo
> la brisa acude de tu zona ardiente.
> ...
> ¡Adiós!... Ya cruje la turgente vela...
> el ancla se alza... el buque, estremecido,
> las olas corta y silencioso vuela.

No me extenderé mucho en la vida y obra de Gertrudis Gómez de Avellaneda, pues ha sido ampliamente estudiada con mucho rigor por destacados investigadores y unos pocos párrafos míos no podrían hacerle justicia. Prefiero aquí hablarles del eco que nuestra Tula ha tenido en los más disímiles espacios, contextos y formas.

De familia acomodada, nació en Puerto Príncipe el 23 de marzo de 1814. Se embarcó hacia España, vía Francia, en *Le Bellochan*, un 9 de abril de 1836 y no regresó a la isla hasta 1859. Se enamoró. No fue correspondida. Perdió una niña de siete meses. Se casó dos veces. Por mujer no la eligieron a la Real Academia Española (que no tendría presencia femenina hasta la elección de Carmen Conde en 1979). La Habana la saludó con una corona de laurel en oro. Escribió novela (*Espatolino, Guatimozín, Sab*), teatro (*Alfonso Munio, Baltasar, La hija de las flores*) poesía («A mi jilguero», «Al partir», citada al principio de este trabajo, «Amor y orgullo») y un *Devocionario*. Editó también el *Álbum Cubano de lo Bueno y de lo Bello*. A los casi 58 años murió en Madrid el 1 de febrero de 1873.

Sus largos años de estancia en España, la publicación de sus libros en la metrópolis y el hecho de que, a todas luces, es una escritora española y así lo entiende los estudiosos de la Literatura de

España, han generado controversias sobre su cubanidad. En esto también ha sido una pionera. Especialmente desde 1959, cuando muchos cubanos emigraron a otras tierras y ellos o sus hijos comenzaron a escribir fuera de la isla —y no pocos en otros idiomas— algunos se preguntan si la obra de éstos es parte del tronco de la literatura de la isla (una rama suspendida al otro lado de la cerca) u otra planta distinta. Del mismo modo que, en algún momento del siglo XIX, nuestros insulares ya no se reconocieron como peninsulares.

Regresemos a Tula. Dentro de la isla (y no solo dentro) Tula siempre ha estado muy presente, y no solo porque sus libros están en los estantes de bibliotecas y librerías o se estudian en las aulas de las escuelas. Sino porque muchos admiradores la han inmortalizado en sus obras. Entre otros, el profesor Amauri Gutiérrez se ha hecho eco de este fenómeno.

El cubano Eugenio Sánchez de Fuentes y Peláez (1826-96) le dedicó un verso en 1887 («Perla de Cuba, hermosa Peregrina»). No fue el único. También lo hicieron Dulce María Borrero (1883-1945), Aurelia Castillo (1842-1920), Domitila García (1847-1938), Ricardo del Monte (1828-1909), Luisa Pérez de Zambrana (1835-1922), Lola Rodríguez de Tió (1843-1924) («Cómo no darme calor/la hermosa tierra de Tula/ donde al horizonte azula/ y da a los campos color?); su hija Patria Tió Rodríguez (1865–1943), e Isolina de Torres.

Si los poetas la han cantado, los prosistas también la han contado. Mary Cruz (1923) le dedicó una trilogía y María Elena Cruz Varela (1953) la retrató en *La hija de Cuba*. En su *El color del verano* Reinaldo Arenas (1943-90) nos habla de una «obra ligera en un acto (de repudio)», titulada «La fuga de la Avellaneda», donde la poetisa ha decidido huir a Cayo Hueso en lancha y le organizan un mitin para repudiarla.

Por su parte, el dramaturgo Héctor Santiago (1944) estrenó hace años en el Festival de Teatro Hispano de Miami su *Vida y pasión de la Peregrina*. Mucho después, en 2014, Gerardo Fulleda León (1942) presentaría en La Habana *La pasión desobediente,* mientras que ese mismo año en FIU, Miami, se hizo una lectura dramatizada de *La Avellaneda, una y otra vez,* de Matías Montes

Huidobro (1931). Una coproducción entre Televisión Cubana y el Grupo Aerovídeo en 1994 llevó a la pantalla chica el Docudrama *La Peregrina,* filmado en Camagüey y Sevilla (algunos capítulos pueden seguirse en Youtube).

Las artes plásticas también plasmarían la huella de nuestra camagüeyana. El artista colombiano Marco Tobón Mejía (1876-1933) le hizo una medalla en bronce, que tengo en mi colección. Conozco dos bustos de ella, el de José Villalta de Saavedra, originalmente en el en Ateneo de La Habana, y el de Juan José Sicre en el vestíbulo de la antigua Sociedad Económica, hoy Instituto de Literatura y Lingüística. El escultor Sergio Roque Ruano (Nuevitas, 1954), le hizo una estatua en bronce de más de dos metros que se fundió en Santiago de Cuba y se develó en una calle camagüeyana en 2016. Tula inspiró también a dos conocidos artistas españoles del pincel, Antonio María Esquivel (1806-57) y Federico Madrazo (1815-94), así como a varios otros grabadores, que dispersaron su iconografía a través de la prensa ilustrada española.

En la Sala Santa Gertrudis del hospital «Santa Isabel» de Cárdenas hay una tarja en su memoria. Pusieron su nombre a una de nuestras mariposas endémicas (*Phoebis avellaneda*) y en varias ocasiones ha sido objeto de emisiones postales criollas (1914, 1973, 2014) o españolas (1977). Alicia Alonso le coreografió un ballet (*Tula,* 1999). Inspirados en la poetisa y musicalizando sus textos encontramos a Justo Blasco, Rogelio Dihigo Hernández, Mariano García, Carlos Gómez, Tomás Kóschat, Bernardino Valle, Gaspar Villate y John Henry Wigmore.

Han llevado su nombre la Academia Literaria del Colegio de Belén (conservo aún mi diploma de Vice-Bibliotecario de la institución), una de las cátedras de estudios en el Instituto de Literatura y Lingüística, la Sala principal del Teatro Nacional en La Habana, una Secundaria Básica, un hotel y un teatro en Camagüey, y un restorán de Guantánamo. Existen calles con su nombre al menos en Pinar del Río, La Víbora, San Nicolás de Bari, Colón, Ciego de Ávila, Chambas, Morón y Camagüey.

¿Sus restos? No, esos siguen, juntos con lo de su esposo Carlos Verdugo y su hermano Manuel, en el cementerio de San Fernando en Sevilla. Esa Sevilla cuna de sus antepasados y que tantos lazos tiene con Cuba, desde la Casa de Contratación, el Archivo de Indias, la Exposición Universal de 1929 y el vuelo de Barberán y Collar, hasta el Disco Club Puerto de Cuba en la Calle Betis y la Asociación de Cubanos Residentes en Sevilla «Tocororo».

Quizás algún día otro buque estremecido las olas corte y venga desde Sevilla a devolvérnosla.

34. *PRECIOSA VICTORIA*

Cádiz - La Habana
4 de diciembre de 1846 - 18 de enero de 1847

Cuando Louise de Marrillac, joven parisina de buena familia, quedó viuda en 1625 decidió dedicar su vida al servicio de Dios. Junto con su director espiritual, el padre Vicente de Paúl llegaron a fundar una congregación religiosa femenina que fue finalmente aprobada por el Obispo de París y, en 1668, por el Papa Clemente XI. Tomaron el nombre de Hijas de la Caridad en función de la misión que se proponían. Poco a poco se expandieron por otros países y en 1790 fundaron en España.

Medio siglo más tarde Leopoldo O'Donnell, Capitán General de Cuba solicitó al gobierno de Madrid que enviaran a la Isla seis hermanas de la Caridad (a fines de 1845 un grupo ya se había establecido en Veracruz). El gobierno contactó al padre Buenaventura Codina, director de la comunidad en Madrid quien, a su vez, el 17 de febrero de 1846 le escribió al Padre General, Jean Baptiste Étienne para que aprobara el proyecto.

El 22 de noviembre de 1846 salían de Madrid seis Hijas de la Caridad llevando como superiora a sor Casimira Irazoqui, nacida en Vera, Navarra hacia 1809. Iban acompañadas de los padres Paúles Francisco Bosch y Ramón Vila. En Cádiz tomaron el 4 de diciembre la fragata *Preciosa Victoria* y llegaron a La Habana el 18 de enero de 1847. Seis días más tarde asumían las riendas de la Casa de Beneficencia habanera.

Hasta su disolución por el gobierno en 1961, las hermanas dirigieron con celo y amor ese centro, creado principalmente para atender niños huérfanos. Lo había fundado en 1687 el obispo Diego Evelino de Compostela, pero fue su sucesor, el Obispo Gerónimo Valdés, quien completó el edificio. Este obispo dio, además, su apellido a los expósitos (entre ellos Cecilia, creación literaria de Cirilo Villaverde, el poeta Plácido y el Beato Olallo).

Las Hijas de la Caridad se ocuparon también de otras obras caritativas, edcacionales y hospitalarias. En 1951 tenían 29 casas y 320 religiosas operando entre nosotros.

***

Cinco años después de la llegada de estas monjas a Cuba, el gobierno español firmaba el 16 de marzo de 1851 un Concordato con la Santa Sede. En el artículo 29 del mismo «... el Gobierno de S. M., que se propone mejorar oportunamente los colegios de misiones para Ultramar, tomará desde luego las disposiciones convenientes para que se establezcan donde sea necesario».

Para concretizar ese deseo de Isabel II se emitió la Real Cédula del 26 noviembre 1852 «disponiendo que se establezcan en La Habana y [Santiago de] Cuba dos casas de la Orden de San Vicente de Paúl, otras dos de Padres Escolapios, y un colegio de la Compañía de Jesús».

Este decreto impulsó grandemente el florecimiento de de la educación religiosa en Cuba.

ESCOLAPIOS. Los Padres escolapios no perdieron tiempo en organizar la fundación en Cuba. Y para ello tuvieron que movilizarse en varios barcos. El P. Jacinto Felíu decide reclutar 14 escolapios de las cuatro provincias españolas. El 17 de noviembre los seis religiosos de Cataluña (entre ellos los padres Bernardo Collaso y Agustín Botey) partieron en el *Barcino* a Valencia donde recogieron a los tres de Aragón y a los dos de Valencia.

Después de 6 días en la ciudad de de la paella, los once partieron en el *Wilfredo*, llegando a Cádiz el 28 de noviembre. Allí se le sumaron los tres escolapios de Castilla (Faustino Míguez, Luciano Solís, y Pedro Díaz). Ya reunidos los catorce, partieron del puerto gaditano el 12 diciembre 1853 a bordo del *Velasco*, llegando a La Habana el 10 de enero de 1854. Entre los tantos padres que se distinguieron deseo mencionar a Antonio Perpiñá y a Pío Galtés.

Perpiñá (1835-1912) había viajado en *El Pájaro del Océano* para transportarse de La Habana a Nuevitas, a donde llegó el 24 de diciembre de 1858. Fundaría en Puerto Príncipe un colegio que dio mucho prestigio a la ciudad del Tínima. Nos dejó un libro fundamental para entender a los camagüeyanos, *El Camagüey; viajes pintorescos por el interior de Cuba y por sus costas, con descripciones del país; obra literaria á la par que moral y religiosa; sumamente útil á la juventud, é interesante para todos los amantes de la Reina de las Antillas,* publicado en Barcelona en 1889.

Por su parte, Pío Galtés (1844-1911), hombre de ciencias, publicó *Breve memoria de los trabajos y estudios hechos en una espedición á Cubitas* (Puerto-Príncipe, El Fanal 1886) y *Memoria sobre unos fósiles vegetales encontrados en el Cherrillo* (Puerto Príncipe, 1887). En 1951 tenían en nuestra Isla 4 colegios y 40 religiosos.

JESUITAS. Los religiosos de la Compañía de Jesús, que como vimos en el capítulo 15 habían sido expulsados en 1767, también estuvieron deseosos de regresar. El 7 de abril embarcaron a bordo del *Fernando el Católico* en Cádiz tres religiosos de la Compañía: los padres Bartolomé Munar y Cipriano Sevillano y el hermano Manuel Rubia. Llegarían a La Habana el 29 de abril. Se les asignó el antiguo convento de los pades Betlemitas en La Habana y allí abrió el 2 de marzo de 1854 el Colegio de Belén, que tomaría su nombre por el del convento.

Con el tiempo los jesuitas tendrían otros colegios en Sancti Spíritus, Sagua, Cienfuegos y Santiago de Cuba (Dolores). Confiscados los dos planteles cubanos que quedaban en junio de 1961, una nueva escuela abrió sus puertas en Miami apenas 3 meses después, justo a tiempo para el curso escolar 1961-1962. En los anales de la educación dudo que haya un ejemplo igual.

SAGRADO CORAZÓN. Las chicas no quedarían atrás. Ya desde 1803 habían llegado las monjas Ursulinas de Nueva Orleans cuando Luisiana dejó de ser española. Quince años después, el 16 de mayo de 1818 llegaría a La Habana a bordo del *Rebeca* la Madre Rose-Philippine Duchesne. Iba camino a Louisiana a fundar una escuela. Al llegar a La Habana un tal Martínez les ofreció que si no les iba bien en Luisiana él las ayudaría a fundar en la Habana. De hecho, les fue muy bien en Luisiana y con el tiempo abrieron también una escuela en Manhattanville, New York en 1847 e incluso llegaron a tener postulantas novicias cubanas, entre ellas la santiaguera Justina Casanova Lay.

Quizás fuera esto lo que las inspiró a fundar en Cuba. Y el 27 de diciembre dejaban su convento en Manhattanville, New York, tres madres del Sagrado Corazón, Maria Aloysia Hardey (Piscataway, Maryland, 1809-Paris, 1886), Maria Stanislas Tommasini (Parma, Italia, 1827-Albany, 1913), y la Madre Fowler. Llegaron a La Habana el 3 de enero de 1858 y tres meses mas tarde, el 19 de marzo, abrirían su primera escuela con 45 alumnas. La mayoría de estas niñas llegarían transferidas de una Academia de Señoritas que regentaba Enriqueta Purroy, quien había recibido el título de maestra en 1850. En 1860 inauguraron otra escuela en Sancti Spíritus.

En 1951 tenían 3 colegios y 63 religiosas. En 1958 el colegio de Marianao (hoy Instituto de Ciencias Básicas y Preclínicas Victoria de Girón) educaba alrededor de 300 alumnas.

***

En la década que transcurre entre 1847 y 1858 varios barcos procedentes de España y Estados Unidos trajeron a nuestras costas religiosos y religosas que, junto a los que les siguieron, cambiaron en el transcurso de poco más de un siglo el panorama asistencial, hospitalario y educacional de la Isla.

A todos ellos que abandonaron sus hogares, afectos y recuerdos en sus países de origen para venir a ocuparse de nuestros isleños sin más recompensa que la sonrisa de los jóvenes y ancianos a quienes sirvieron van, desde estas sencillas páginas, mi mayor admiración y agradecimiento.

35. *OQUENDO*

Amoy (Xiamen), China - La Habana
2 de enero de 1847 - 3 de junio de 1847

Para mejor comprensión del tema que vamos a abordar estimo que es útil empezar echando un vistazo al flujo demográfico de la comunidad china en Cuba en los últimos 170 años (a partir de 1981 era tan exigua que el censo no la reportó individualmente). Los censos cubanos, y los trabajos de los investigadores Federico Chang, Mauro García, Jesús Guanche, Miriam Herrera, Julio Hun y otros han permitido que yo comparta todos estos datos con ustedes.

AÑO	POBLACIÓN TOTAL	CHINOS	% TOTAL	% HOMBRES
1861	1 366 232	34,828	2.549	99.83
1877	1 509 291	40,327	2.672	99.84
1887	1 609 075	28,752	1.786	99.80
1889	1 572 797	14,814	0.942	99.67
1907	2 048 980	11,166	0.544	99.55
1919	2 889 004	10,016	0.346	97.20
1931	3 962 344	24,445	0.617	99.18
1943	4 778 583	15,657	0.327	98.96
1953	5 829 029	11,350	0.195	95.91
1970	8 569 121	5,710	0.066	96.91

AÑO	POBLACIÓN TOTAL	CHINOS	% TOTAL	% HOMBRES
1981	9 723 605	?	—	—
2002	11 177 743	400?	0.003	—
2010	11 167 325	300?	0.002	—

PROVINCIAS	1907	1919	1931	1948
Pinar del Río	540	305	674	668
Habana	2 940	2 298	11 148	14 296
Matanzas	3 221	1 759	2 313	2 202
Las Villas	3 518	2 937	3 852	3 888
Camagüey	282	1 309	3 041	3 247
Oriente	676	1 692	3 619	4 528

Cinco fechas (1847, 1877, 1899, 1954 y 1960) y cinco tópicos (Medicina, Juego, Mambises, Espectáculos y Cocina) ocuparán nuestra atención en las páginas siguientes.

FECHAS

1847. Llegada. La industria azucarera cubana necesitaba brazos y, desde que la abolición de la llamada «trata» en 1817/1820 hizo ilegal la importación de esclavos, era necesario no solo seguir trayendo africanos de modo clandestino, sino también buscar mano de obra allende otros mares.

Para preparar el camino, el hacendado y negrero Julián de Zulueta (1814-78) presentó un proyecto a la Junta de Fomento para importar chinos desde el Amoy, puerto cerca de Cantón, al sur de China. Firmados los contratos con casas comerciales en Manila y Londres, era necesario reclutar personal. De eso se encargaron, como nos relata Antonio Chuffat Latour, hacendado chino asentado en Jovellanos hacia 1860, los Chu Chay Tau («capitanes de cerdos»), «hombres hábiles» que «usaban el engaño»:

Invitaban al víctima a una casa de té donde se expendían dulces y pasteles y se le brindaba con esplendidez. Les prometían «que habían de ir al... país de mucho oro y plata donde en corto tiempo se hacían de gran capital y podían regresar riquísimos ... a la terminación de los ocho años de contrata...».

Supongo que de aquella experiencia surgio la frase «lo engañaron como a un chino».

A bordo del vapor español *Oquendo*, después de 131 larguísimas noches, llegaban a La Habana 3 de junio de 1847 los 206 primeros ciudadanos del Celeste Imperio (9 perecieron en alta mar). Nueve días después arribaba la fragata inglesa *Duke of Argyle* con 365 culíes. Se había demorado 8 días menos, pero había perdido 35 trabajadores durante la travesía.

Del mismo modo que los judíos cubanos vinieron de sitios distintos y tomaron rutas distintas para llegar a la Isla (los sefarditas de Turquía y el Cercano Oriente y los ashkenazi, de Europa del Este), los chinos tambien llegaron por vías diferentes: Los culíes que llegaron directamentre de China y los «californianos» que, comenzando en 1858, vinieron desde Estados Unidos. Reportan que fue uno de éstos, Abraham Scull, quien al llegar instaló en la calle Zanja uno de los primeros puestos de frutas, frituras y chicharrones.

Los chinos trabajaron muy duro, especialmente en el azúcar. Eduardo Laplante los captó con su pincel en varias de las láminas de *Los Ingenios*. Una foto de 3 culíes en un cañaveral le dio la vuelta al mundo a bordo del grabado que de ella hiciera Pelcoq para *Le Tour du Monde* en diciembre de 1860.

También nos ha hablado Oscar Zanetti de la importancia del trabajo chino en la construcción de nuestros ferrocarriles. En 1856 Los Caminos de Hierro de La Habana empleaban 98 chinos y ya en 1861 eran 322. Ocho años después encontramos trabajando 751 chinos en el Ferrocarril del Oeste.

Si se fijan en la primera de las tablas al comienzo de este capítulo notarán que la población asiática era casi completamente masculina. Una parte importante de nuestros inmigrantes se unieron con personas de la raza negra y la mulata china comenzó a engalanar desde pronto nuestro panorama humano. Y no pocas portadas de *Carteles*.

1877. Tratado. Los abusos cometidos contra esta «gente sin historia» provocaron una investigación por parte de una Comisión enviada desde China y sus resultados se publicaron en Shanghai en 1876. Al año siguiente se firmaría el «Convenio relativo a la emigración de sus súbditos á Cuba» firmado en Pekín el 17 de noviembre de 1877, modificando el Tratado ajustado en Tientsin el 10 de octubre de 1864. Transcribo algunas de sus logros más importantes:

Art. III. Las Altas Partes contratantes convienen que la emigración de sus respectivos súbditos, vayan ó no acompañados de sus familias, será, en lo sucesivo, libre y voluntaria, y desaprueban todo acto de violencia ó de engaño que se cometa en los puertos de China ó en otra parte, con objeto de expatriar súbditos chinos contra su voluntad.

Art. VII. Los subditos chinos podrán salir de la Isla de Cuba siempre que no se encuentren sujetos á diligencias judiciales.

Art. VIII. Los súbditos chinos tendrán la facultad de recurrir á los Tribunales españoles para defender ó reclamar sus derechos, y gozarán á este respecto de los mismos derechos y privilegios que los súbditos de la Nación más favorecida.

Art. XI. El Gobierno de Su Majestad el Rey de España, deseando dar al de Su Majestad el Emperador de la China una prueba de amistad y buen deseo, se compromete á repatriar á sus expensas... los ancianos á quienes su edad imposibilite para el trabajo, y que pidan volver á China, así como las huérfanas chinas solteras que deseen volver á su país.

Se ha calculado que entre 1847 y 1875 llegaron a Cuba 150 mil chinos, entre ellos alrededor de cinco mil procedentes de California. Cuánto cambiaría el panorama después del Tratado de Pekín lo veremos en la próxima sección.

1899. Censo(s). En vísperas de inaugurarse la República solo quedaban en la Isla poco más de 14 mil chinos. La inmensa mayoría estaba empleada (proeza nada despreciable) y lo hacían en las actividades que se mencionan a continuación:

OCUPACIONES	1899	1907
Albañiles	121	78
Baratilleros	290	232
Barberos	61	45
Carboneros	99	287
Carpinteros	104	84
Comerciantes	1 973	2 059
Criados	2 154	1 644
Dueños hoteles/fondas	17	19
Hojataleros	23	11
Jardineros	71	120
Jornaleros	8 033	4 729
Lavanderos	196	282
Panaderos	48	15
Pintores	23	18
Sastres	27	16
Tabaqueros	361	87
Vendedores	471	987
Zapateros	29	18
TOTAL	14 101	10 731

1954. Comercio. La tabla que sigue, tomada del *Directorio Comercial de La Habana* sería como la foto que hubiera podido tomar Noé antes del diluvio, o la versión criolla de *Lo que el viento se llevó*. Y esto era solo en la capital.

ACTIVIDAD COMERCIAL	CHINOS	% DEL TOTAL
Almacenes loza/ cristal	1	7.1
Bodegas	277	14.3
Cafés/ cantinas	5	11.1
Carnicerías	10	1.3
Combustible/ acces. autos	63	6.1
Puestos de frutas/ viandas	173	58.6
Puestos frituras/ frutas	70	89.7
Puestos frituras/ helados	108	98.2
Restaurantes	17	18.2

ACTIVIDAD COMERCIAL	CHINOS	% DEL TOTAL
Sederías y quincallas	4	0.8
Talleres zapatería a mano	9	6.4
Tiendas de productos de Asia	20	37.7
Tiendas de tejido/taller	2	1.6
Tiendas de víveres finos	20	31.2
Tiendas pescado/ mariscos	24	64.8
Tintorerías	91	15.5
Trenes de lavado a mano	130	83.3
TOTAL	1 024	

1960. Fin de una era. El 28 de septiembre de 1960 Cuba se convirtió en el primer país latinoamericano en establecer relaciones diplomáticas con China comunista. Poco duró la luna de miel. Ya en su discurso del 2 de enero de 1966 Fidel se vió obligado a explicar que China no podía aceptar las 800 mil toneladas de azúcar cubanas ni vender 250 mil toneladas de arroz (solo 135 mil), duro golpe para el pueblo cubano.

Luego, en su discurso sobre Viet Nam el 21 de febrero de 1979, Fidel habló de «los actos de hostigamiento de China contra Viet Nam», refiriéndose a China como «un país que hasta hace algunos años se consideró un baluarte del movimiento revolucionario mundial, que *se consideró un país socialista,* un país antimperialista, un país amigo del movimiento revolucionario» (énfasis mío).

Y en fecha tan cercana como junio 14 de 2012 (y precisamente a la 1 y 40 p.m.) Fidel escribió lo siguiente sobre Deng Xiaoping (1904-97) en una de sus Reflexiones: «Presumía de hombre sabio y, sin duda, lo era. Pero incurrió en un pequeño error. "Hay que castigar a Cuba», dijo un día. Nuestro país nunca pronunció siquiera su nombre. Fue una ofensa absolutamente gratuita».

A pesar de lo anterior, el comercio entre los dos países ha florecido hasta llegar a cifras muy respetables; el president Xi Jinping visitó Cuba en julio de 2014; no hay cubano que no haya montado una bicicleta de Tianjín o una guagua Yutón; y miles de chinos han "estudiao" español en Tarará. A veces pienso en la cara de sorpresa de un catalá, bogotano, o porteño cuando lo saluden en un cinco estrellas de Shanghai con un sonriente «¡Qué volá!».

Durante la década de los cincuenta, como vimos en la tabla anterior, la mayoría de la comunidad china de Cuba estaba relacionada con el comercio y casi todos ellos habían puesto sus esperanzas —y sus ahorros— en la propiedad privada y el libre mercado. Los nuevos tiempos marchaban en sentido contrario y llegó el momento en que la pujante y vibrante comunidad china marchó al exilio.

Un chiste de la época hablaba de un chinito que aprovechó la tradición cubana de tirar flores al mar el día el aniversario de la desaparición de Camilo Cienfuegos (28 de octubre de 1959) para exilarse. Empezó tirando las flores desde su pequeño bote en el Malecón diciendo en voz alta para que todos lo oyeran «fló blanca pa Camilo». pero cuando se percató que nadie lo seguía, remó mas fuerte, enfiló al Norte y dijo, «flo-lila pa mi».

No todos se marcharon, claro. Muchos simpatizaron con la revolución, intervinieron el Kuo Ming Tang, crearon la Alianza Socialista China y rehicieron sus vidas en un nuevo contexto. Tres de ellos llegaron a ser generales de las FAR, Armando Choy, Gustavo Chui y Moisés Sio Wong. Pero la colonia china, y su incomparable Barrio, no es hoy ni la sombra de lo que llegó a ser.

TÓPICOS

Medicina. «A ese no lo salva ni médico chino». Ese dicho popular nació de la admiración que sintieron nuestros antepasados por Cham Bom-biá, que había llegado a Cuba en 1858 y luego de vivir en Matanzas (1864-1871) se estableció en Cárdenas. En un trabajo de 1939 (*Carteles*, 26 de marzo), reeditado en 1999 (*Opus Habana*), Emilio Roig, citando a Herminio Portell-Vilá, nos relata muchas historias del sabio y popular botánico. Era, además, muy generoso*: «Si tiene linelo paga pa mí. Si no tiene, no paga; yo simple da la medicina pa gente poble».*

No todos tuvieron buena opinión de los médicos venidos de China. Creto Gangá (Bartolomé Crespo) nos ha dejado —en lenguaje bozal —jocosísimos diálogos entre él y su «Frasica» hablando de la «méricu chino». Uno de ellos se publicó el mismo año de la llegada de los asiáticos (*Carta de Creto Gangá a su mujer Frasica Lucumí (q.e.p.d) sobre el médico chino*. La Habana, Imp. de Oliva, 1847). Comparto otro texto (que es preferible leer en voz alta para comprenderlo):

> desde que la méricu chino, de que ya yo te jabrá notro casione, viní a la Bana, la gente la Bana no quedá mu güeno la cayuca cun la merisina de guariente y cucaracha y otro puquiría que dielle se lo daba. [Desde que el médico chino, de quien ya te hablé en otra ocasión, vino a La Habana, la gente de La Habana no quedó muy bien en la cabeza con la medicina de aguardiente y cucaracha y otra porquería que ella le daba].

Juego. «Monja» —le gritó un cliente desesperado a un taxista que pasaba por la acera de enfrente en la calle Infanta. Yo presencié aquel intercambio sin entender nada. Hasta que alguien me explicó que el transeúnte le ofrecía al taxista cinco pesos por encima de la carrera para que lo llevara.

Para descifrar aquella críptica conversación tenemos que remontarnos a la popularísima charada china, cuyo uso ya estaba muy expandido en 1879. Esta chifá le asigna números individuales a una serie de bichos y objetos (que pueden verse en y sobre la imagen de una especie de mandarín) y permite al que sueña con uno de ellos apostar el número correspondiente al juego con esperanza de acertar el sorteo. «Uno, caballo; dos, mariposa; tres, marinero...» Así sucesivamente hasta 100. «Monja» es cinco, lo que permitió al cliente retrasado llegar a casa.

Otra anécdota. Estando en Angola, y para evitar que las fuerzas enemigas comprendieran el mensaje que enviaba, el teniente coronel Lino Rodríguez Pérez envió la siguiente comunicación: «Majá para ti». Como majá es el número 21 en la charada, los destinatarios comprendieron que los aviones MIG-21 los apoyarían. La charada convertida en clave de Morse cubana.

Mambises. En la esquina de Línea y L, en el Vedado habanero, se levanta desde el 12 abril de 1946 una columna de mármol gris con la frase de Gonzalo de Quesada y Aróstegui (1868-1915):

«Nunca hubo un chino cubano traidor, nunca hubo un chino cubano desertor». El monumento honra la importante contribución china a nuestras guerras de independencia, particularmente la Guerra de los 10 años, época en que había más chinos en Cuba y, además, al vivir en condiciones de semi esclavitud, tenían mayores motivaciones para rebelarse.

De entre los miles que partciparon (y al castellanizar sus nombres se les ha perdido la pista a muchos), recordemos a algunos de estos mambises. De la Guera Grande: Juan Anelay, Jose Bu Tak, Andres Chiong, Jose Cuan (Kau-kong-Kuan), Pio Cabrera, Bartolo Fernández, Jose Fong, Pedro Lau, José Pedroso, Juan Sánchez (Lam Fu Kin), Sebastián Sian, Capitán Tancredo, Ambrosio Tang, José Tolón y Liborio Wong. Del 95: Luis Achón, Rogelio Guillén, Alfredo Lima, Juan Chao Sen, Manuel Yung Sao, Francisco Vidal, Patricio Velasco. ¿Cómo se dice gracias en chino?

Espectáculos. Orgullosos de su cultura milenaria, en cuanto les fue posible, la comunidad abrió espacios dentro de la Isla para música y teatro. El dibujante Frank Taylor que acompañó al presidente norteamericano Ulisses Grant (1822-85) en su vista a La Habana en 1880 nos dejó un dibujo de un teatro chino en plena función. Pero la barrera del idioma y la poca familiarización en la Isla con este tipo de música y gesticulaciones hizo que muchas de estas manifestaciones no transcendieran al público hispanohablante. Un conmovedor film de Pok Chi Lau (¿2011?) puede verse en vimeo (vimeo.com/18304444) con la historia de Ho Chou Lan, nacida en 1920 y cantante de ópera china en La Habana.

Los esfuerzos culturales que sí trascendieron fueron los que se incorporaron a las fiestas callejeras cubanas, como la Comparsa del Dragón o la Danza del León. Y, por encima de todo, la presencia en la radio, a partir de 1934, del detective Chan-Li-Po («paciencia, mucha paciencia»), creación del talentoso Félix B. Caignet (1892-1976), autor, entre otras cosas, del simpático *Ratoncito Miguel* de mi niñez. Fue tan popular el astuto detective que el Trío Matamoros le compuso una canción que decía:

> Chan Li Po vino de China
> pero se quedó en La Habana
> por la boca purpurina de
> una chiquita cubana.
> Chan Li Po / el crimen se descubrió

El éxito de la serie detectivesca radial los llevó a la gran pantalla y el 19 de julio de 1937 se estrenaba *La serpiente roja,* primer largometraje cubano de ficción. Luego de décadas de olvido su recuerdo regresó a La Habana al abrirse en el Barrio Chino un restorán que lleva su nombre. Y esto nos lleva a la última sección de la larga huella del «viaje más largo» (título del documental de Rigoberto López) del barco *Oquendo*.

Cocina. Tan distinta como su música y sus caracteres de imprenta, la comida china trajo nuevos sabores, colores y olores a la mesa cubana. El restorán Pacífico reinaba entre los otros establecimientos y fondas de comida abundante, y en las afueras de La Habana se establecieron huertas especiales para suplir de productos frescos las cocinas chinas. En un país de vianda frita por todas partes, nos enseñaron a comer vegetales, pescados y alimentos más sanos. Hoy en día muchos comen en el turístico barrio chino de la calle Zanja, pero ahora la pizza compite con la sopa wantón y las mariposas tradicionales.

Al triunfo de la Revolución una parte significativa de la colonia china, luego de ver confiscados sus negocios, se fue de Cuba. Muchos del sector gastronómico terminaron en Nueva York donde conquistaron a sus moradores con novedosas especialidades chinocubanas que, desde entonces, deslumbran a los paladares más exigentes. Y a los bolsillos menos pudientes.

Entre esos restaurantes —*La Caridad, Asia, La Dinastía, La Victoria China, Nuevo Jardín de China*— deseo evocar aquí a *La Palma Oriental*, de la bayamesa Mikén Tan y su esposo Felipe. Conocí a Mikén en 1979 y desde entonces hasta que me fui de la Gran Manzana en 1992, estuve frecuentando su restorán. Allí llevé a todos mis amigos —preparaba los mejores tostones que he comido. El profesor Carlos Ripoll (1922-2011) le publicó su cuento «Cristián» y más tarde ella escribiría libros de versos. *Amor como yo lo siento* engalana mi biblioteca.

Después del Mariel muchos artistas y escritores de esa época allí se convocaban durante los fines de semana. Recuerdo a Reinaldo Arenas, Giulio Blanc, Reinaldo García Ramos, Vicente Echerri, Héctor Santiago y muchos otros. Entre ellos Mikén reinaba como lo hubiera hecho la Condesa de Merlín en uno de sus salones parisinos. Excepto que en vez de profiteroles servía mariquitas.

Confieso que de ese binomio de cocina china-cubana yo siempre me tiraba «pa' lo mío» (léase palomilla). Aunque aprecio de vez en cuando un buen pato pekinés, no soy de los que cantan «aló con palito yo vo a comé».

36. *CETRO*

Sisal, Yucatán - La Habana
Marzo de 1849

El turista que visita el Palacio de Gobierno de la ciudad de Mérida en Yucatán quedará sin duda impresionado por la colección de 26 murales de Fernando Castro Pacheco, artista nacido en esa ciudad en 1918 y allí fallecido en 2013. Uno de los más significativos, terminado en 1974, lleva por título *Venta de Indios* y se remonta al complejo período yucateco conocido como Guerra de Castas. Fue este un movimiento social iniciado en julio de 1847 protagonizado por los mayas nativos de la zona sur y oriental de Yucatán contra los criollos y mestizos de la zona occidental.

Nuestra historia puede comenzar tanto en Mérida (que proveía la oferta, ilustrada en el mural) como en La Habana (donde estaba la demanda). Veamos qué nos ofrecían los mexicanos.

Nos ofrecían presos mayas como mano de obra semi-esclava. Y las firmas habaneras de Zangroniz y Hnos, Goicuría y Cía, junto con Francisco «Pancho» Marty (1786-1866) tendrían el dinero para «alquilarlos» por un tiempo. Un sistema parecido al de los culíes chinos, con contrato y todo.

> Yo natural del estado de Yucatán en la república mejicana, de edad de _____ años, de oficio labrador, declaro que me he contratado libre y voluntariamente con el Sr. D agente de la comisión encargada para embarcarme en el buque y pasar a la isla de Cuba, obligándome desde mi llegada a dedicarme en ella a la orden de los referidos Sres., por el término de diez años, en los períodos y divisiones que establezcan (no pasando de dicho tiempo), para servir a la persona o personas que designen en los trabajos de campo, ya sean ingenios, cafetales, potreros, vegas y cualesquiera otra clase de fincas, o en algún otro tipo de trabajo de caminos, fábricas, talleres o servicio doméstico, pues me comprometo a trabajar en todo aquello a que se me destine y pueda

ejecutar en las horas del día que son de costumbre, y aquellas faenas extraordinarias que estén establecidas en los campos de aquella isla.

Durante el expresado tiempo de mi contrata, no podré ausentarme ni variar de amo sin justas y legales causas, ni dejar de prestar mis servicios a la persona con quien me he ajustado o a la que éste me designe, a quien deberé respeto y obediencia absoluta, y a los agentes encargados del trabajo, pudiendo legalmente obligárseme al cumplimiento de mi contrato, quedando sujeto en los delitos comunes que pueda cometer, a las leyes del país y a sus autoridades constituidas.

Según la prensa de Campeche, «Se nos escribe de la Capital, (Mérida) que el vapor *Cetro* procedente de la Habana y que fondeó en la rada de Sisal hace algunos días, trajo a bordo un Agente de la Empresa establecida en la isla de Cuba para introducir allí nuestros indios; y que ese agente había hecho al Gobierno la proposición de dar veinte y cinco pesos en efectivo por cabeza». El mismo *Cetro* regresaría a La Habana desde Sisal en marzo de 1849 con los primeros 140 mayas. El segundo cargamento, también en el *Cetro*, traería 175 más.

Para facilitar el tráfico, los contratistas habaneros nombraron a Gerardo Tizón su agente en Mérida y como intérprete de los pobres indios a Pedro Zetina. Otros barcos involucrados en el trasiego del oro cobrizo fueron el *Conde de Reus, Lola, Manolo, México, La Teresita* y *Unión*.

El tráfico de yucatecos duró 13 años y se calcula llegaron a La Habana alrededor de dos mil de esos infelices. Hasta José Zorrilla (autor de *Don Juan Tenorio*) estuvo involucrado en el negocio, pero no creo que sus indígenas exclamarían

> ¿No es verdad, maya de amor
> que en esta apartada orilla
> mas cerca la luna brilla
> y se respira mejor?

No, en aquella apartada orilla cubana serían sometidos a un ritmo de trabajo agobiante. Este episodio —triste tanto para México como para Cuba— llegó a su fin con el decreto del 6 de mayo de 1861 del presidente de México, Benito Juárez (1806-72). Allí se estipulaba:

Art. 1. Se prohibe la extracción para el extranjero de los indígenas de Yucatán, bajo cualquier título ó denominación que sea.

Art. 3. Ningún contrato de locación de obras con los individuos de dicha raza y la mixta podrá tener efecto en el extranjero, ni será válida sin la intervencion y autorización del supremo gobierno nacional.

Art. 4. Son nulas, de ningún valor ni efecto, las contratas de dicha especie que se hayan celebrado por el gobierno y autoridades de Yucatan ó cualquiera otra persona.

En Cuba, los investigadores Ramón Artiles Avela, Jaime Sarusky y Juan González Díaz se han ocupado de esclarecer la historia de estos infelices. Nos informan que en nuestros días quedan siete familias descendientes de estos mayas, en las Lomas del Grillo, en Madruga, Mayabeque. El video *Ceremonia en la loma del grillo,* colgado en Youtube por Osmel Francis Turner, nos acerca a esta comunidad. El 16 de octubre del 2014, Cubanos en la Red visitó nuevamente la comunidad, esta vez acompañados por el Embajador de Guatemala en Cuba. Todo quedó reflejado en otro video que también puede verse en Youtube.

Ciertamente ése no es el México de los mariachis, burritos o sarapes.

37. *CREOLE*

Nueva Orleans – Cárdenas
8 de mayo de 1850 - 19 mayo de 1850

Flotó por primera vez el 11 de mayo a bordo de los barcos *Susan Loud* (capitán Pendleton) y *Creole* (capitán Armstrong J. Lewis) en el golfo de México, a mitad de distancia entre Nueva Orleans y el cabo Catoche, Yucatán. Ese mismo día 11 ondearía en el mástil del periódico *The Sun*, situado en el número 89 de la Calle Nassau del bajo Manhattan, en Nueva York. Asímismo ocurriría en el edificio del *Daily Delta,* en el número 112 de la calle Poydras de Nueva Orleans.

Ese 11 de mayo el *Sun* publicaría la primera imagen de nuestra bandera con el texto que sigue, en traducción de Herminio Portell Vilá (1901-92):

> Arriba presentamos la bandera de Cuba Libre. Ondee más tarde o más temprano sobre el Morro, aquí está. Las ideas que abarca son tan amplias, como gloriosa es la causa por la cual se iza. La estrella es Cuba— una nación independiente— colocada en un triángulo, símbolo de fuerza, y que representa con sus tres lados los poderes ejecutivo, legislativo y judicial. Estos son los escudos protectores de la nación.

Fue el 19 de mayo de 1850 al desembarcar Narciso López (1797-1851) en Cárdenas a bordo del *Creole* que ya pudo besar el cielo de Cuba e iluminar a los hijos de la Isla con su estrella solitaria. No ha dejado de hacerlo desde entonces. Y no solo en Cuba, sino también donde quiera que se encuentre un cubano emigrado. Bonifacio Byrne (1861-1936) lo dijo mejor que nadie:

> …y sus huellas en otras regiones
> son letreros de luz en la nieve.

Pocas veces en la historia de Cuba un barco nos traería carga igualmente noble y unificadora —puedo pensar también en las pequeñas embarcaciones que transportaron a Cachita y a Martí. Santa

Trinidad de nuestra nacionalidad, esas tres embarcaciones representan el mensaje abarcador de con todos, por todos y para todos.

Con Narciso vendrían alrededor de 500 extranjeros. La presencia de foráneos en nuestras luchas independentistas comienza con Hatuey, continúa con los esfuerzos de reclutar a Bolívar, y será una constante en nuestra historia. Jorge Quintana consignó muchos de estos nombres en el *Índice de extranjeros en el ejército libertador de Cuba, 1895-1898*. Ramón Roa (1844-1912) lo celebraría en uno de sus versos:

> ¿Los vítores no oís? —El pueblo arrebatado
> del triunfo la guirnalda a un joven le ciñó;
> al joven extranjero, de espíritu elevado,
> que a Cuba en esta lucha su brazo le ofreció.

No son pocas las personas que saben que la bandera cubana se ideó y bordó en Nueva York y los nombres de Narciso López, Miguel Teurbe Tolón y de la Guardia (1820-57) y su prima y esposa Emilia Teurbe Tolón Otero (1828-1902) estarán para siempre asociados con la «gallarda, hermosa, triunfal» enseña que aprendimos a amar desde pequeños.

Son menos, sin embargo, las personas que saben que muchísimo antes que Ramón Moreno compusiera el vals *La Bandera Cubana* en 1899, una de las primeras, si no la primera pieza a nuestro pabellón compuesta en Cuba, ya dos americanos se nos habían adelantado.

En efecto, apenas un año después de flotar la bandera en ambos países, se inscribió en la Biblioteca del Congreso, que la atesora, la partitura de la pieza *The Flag of Cuba*, con música de John Hill Hewitt y letra John T. Humphreys. Se publicó por la casa editora G. Willig, Jr.de Baltimore, Maryland, en 1851.

Hewitt había nacido en Maiden Lane, Nueva York el 11 de julio de 1801 y murió en Baltimore, el 7 de octubre de 1890. Por su parte, he visto mencionado en una compilación de biografías de abogados americanos famosos impresa en 1852 (*Biographical sketches of eminent American lawyers*) a un John C. Humphreys nacido en Lexington, Kentucky, el 1 de junio de 1813 y electo, en

1849, juez en Tennessee. No puedo asegurar, aunque tampoco descarto, que éste sea el mismo que escribió la letra.

Tampoco, lamentablemente, he podido descubrir si estos dos pioneros tuvieron algún contacto con cubanos o simplemente se inspiraron por las noticias en la prensa de la época. Ese año de 1851 habían fusilado en La Habana a López y a un grupo de expedicionarios norteamericanos y la opinión pública en Estados Unidos se había sensibilizado con la causa de una Cuba libre.

Para no olvidar este gesto de buena voluntad de dos norteños con relación a nuestra causa, incluimos el texto original de la canción en inglés y una versión castellana que, con la ayuda de generosos y talentosos amigos, he preparado.

See the Golden star above us
Printed on the scarlet fold
Wrought by those who always love us,
Flag of Cuba! fring'd with gold
Come to battle, Southern legions!
Come for Freedom's mane, O come!
Till your tread shall shake the regions,
Where we offer you a home.

Flag of Cuba! dipp'd in scarlet
Southern beauties proudly smile
On thy bright and golden starlit,
Floating o'er our sunny isle.

Monarchs fall and thrones are crumbling,
While we battle to be free,
Freedom's thunders far are rumbling
O'er the land and o'er the sea.
Blood hath reek'd on broad savanna,
Shall that blood flow unredress'd?
Give the breeze our beauteous banner
And the struggle will be bless'd.

Ved la estrella dorada sobre nosotros:
Impresa en un paño escarlata,
Forjada por aquéllos que siempre nos han querido.
¡Bandera de Cuba!, orlada con ribetes de oro
Venid a la batalla, legiones del Sur,
Acudid a la causa de la Libertad; venid, pues,
Hasta que vuestros pasos sacudan la tierra
Donde les ofrecemos un hogar.

Bandera de Cuba, bañada en escarlata,
Las bellas del Sur sonríen orgullosas
Al ver tu estrella dorada y luminosa ondear
sobre nuestra isla soleada

Los monarcas caen y los tronos se desmoronan
Mientras luchamos por ser libres
Los truenos de la libertad suenan desde lejos
Sobre la tierra y sobre el mar.
La sangre se ha vertido en la amplia sabana
¿Seguirá esa sangre corriendo sin redención?
Echemos a ondear nuestra bandera con la brisa
Y será bendecida nuestra lucha.

Después de siglo y medio de olvido, el 14 de diciembre de 2008 desempolvamos esta pieza y la presentamos en «La Música de las guerras de independencia de Cuba» en Florida International

University. Gracias a las tecnologías modernas la melodía se puede escuchar en http://www.pdmusic.org/hewitt/jhh51tfoc.mid.

Se ideó y bordó en Nueva York. Se publicó por primera vez en un periódico neoyorquino. Ondeó en el Golfo de México, Nueva York y Luisiana antes de llegar a Cuba. Sus primeros cantores fueron norteamericanos. Flotó en el mástil de la Alcaldía de Nueva York durante los funerales de Francisco Vicente Aguilera. En *Los poetas de La Guerra,* publicado en Nueva York por Patria, Luis Victoriano Betancourt, Fernando Figueredo, Antonio Hurtado del Valle y Raúl Roa le cantaron. La llevaba Martí cuando salió de Nueva York camino a Dos Ríos. Fue en Nueva York que Enrique Hernández Miyares escribió *La bordadora.* Engalanó la cabecera del periódico *Saturday Globe* de Utica, Nueva York, durante varios meses en 1898. Desde siempre se le ha reservado un rinconcito en las casas de los emigrados. Cubrió el ataúd de Celia Cruz en la Catedral de San Patricio. Hoy flota en la embajada cubana, en los pasillos de la OEA y la Organización Panamericana de la Salud, todas en Washington, así como en Naciones Unidas en Nueva York. Está con la Virgen de la Caridad en su Ermita de Miami.

También nuestra bandera une a los cubanos y pueblos de ambas orillas.

Desembarco de Narciso López en Cárdenas, y el *Créole* en la bahía.
Sello postal (1951)

38. *FULTON*

Norfolk, Virginia - La Habana
17 de enero de 1853 - 6 de febrero de 1853

Cerca de Limonar, en el cafetal Ariadne, tuvo lugar un evento sin precedentes: juraba su cargo el Vice-Presidente de la República.

Pero lo extraordinario era que no se trataba de un oficial de la República Española ni la de Cuba (que, por demás, no existían todavía), sino de los Estados Unidos. Como lo oyen. ¿Cómo fue posible que un vicepresidente americano haya juramentado su cargo en la isla de Cuba?

La respuesta hay que buscarla en la cercanía y en el clima. Situada a casi 22 grados al norte del Ecuador, muy próxima al Trópico de Cáncer, el clima predominante de Cuba es del tipo cálido tropical. De noviembre a abril el tiempo es poco lluvioso y generalmente enero es el mes más «frío», con temperaturas promediando 11 grados centígrados. Todo un Edén. Y, para mayor comodidad, muy cerca de los Estados Unidos.

Los poetas no han dejado de cantarle:

> Canto al delicioso clima
> Donde la alterosa palma
> Y la corpulenta ceiba,
> Mas feraces vegetaran.
> Francisco Pobeda y Armenteros (1796-1881)

> Bello todo es aquí... de día advierto
> de perenne verdura un oceano,
> mientras sones agrestes en concierto
> inundan sin cesar el aire vano;
> y por la noche, como en un desierto,
> el silencio domina soberano
> pues sólo de las selvas inmediatas
> salen voces sombrías, pero gratas.
> Federico García Copley (1823-90)

Llegaste, viejo turista,
todo empolvado de olvido
y te ha rejuvenecido
tu verde y azul conquista.
Ebria se quedó tu vista
de ceibas y palmas reales;
y entre los cañaverales
para siempre has enterrado
tu recuerdo constelado
de balcones medievales.
Jesús Orta Ruiz (1922-2005)

Aunque la inspiración de estos versos del Indio Naborí lo fue el laúd peninsular, su mensaje es igualmente aplicable al enfermo norteño que desea mejorar su salud y estado de ánimo en nuestras playas... y de ellas se enamora.

El dulce clima cubano, sus beneficiosas aguas minerales y lo atractivo de sus paisajes desde muy temprano convirtieron a nuestra Patria en un destino turístico y la isla era muy recomendada para descansar y reponerse. En el siglo XIX se publicaron varios libros en Estados Unidos que hacían énfasis en esta ventaja comparativa que ofrecía Cuba a sus viajeros, entre ellos, *A Winter in the West Indies* (Anónimo, 1839); *Notes on Cuba* (Wurdeman, 1844); *Health trip to the tropics* (Willis, 1853); *Cuba for invalids* (Gibbs, 1860); *The Stranger in the Tropics* (Tyng, 1869); *Cuba with pen and pencil* (Hazard, 1871).

Precisamente para reponerse de sus problemas respiratorios en nuestra Isla, el 6 de febrero de 1853 a bordo del *Fulton* llegaba a La Habana el recién electo vicepresidente norteamericano William Rufus King (1786-1853). De La Habana pasó a Matanzas, donde su amigo, el azucarero William Scott Jencks tenía una propiedad en la zona de Versailles. Luego se trasladó al cafetal matancero Ariadne, propiedad de otro amigo, John Matthew Chartrand, nacido en St Domingue en 1788, establecido desde hacía años en Cuba y padre de los eminentes paisajistas Esteban, Felipe y Augusto.

Pero King empeoró y, al conocerse la noticia que no llegaría a tiempo a Washington para jurar su cargo, a título excepcional se le permitió hacerlo en el propio cafetal. Fue allí el 24 de marzo de

1853 que, en presencia de William L. Sharkey, cónsul americano en La Habana, George W. Jones, Representante a la Cámara por Tennessee y varios ciudadanos americanos residentes en la capital juraba en pleno campo cubano el décimo tercer vicepresidente de los Estados Unidos de América. En su edición del 16 de abril de 1853, el *Illustrated News* de Nueva York publicaba un grabado alusivo a la ceremonia. Nunca más un oficial norteamericano de tal rango juraría fuera de su país.

El 6 de abril, ya muy enfermo, partía King de La Habana en dirección a Mobile, Alabama, en el mismo *Fulton* que lo había traído. Al día siguiente de llegar a su plantación, King fallecía el 18 de abril. El presidente que nunca llegó a servir, Franklin Pierce (1804-69), intentaría comprar a Cuba por 120 (¿130?) millones de dólares.

¿Se imaginan una Casa Blanca de inverno en Limonar?

39. *EMPIRE CITY*

La Habana - Nueva York
Septiembre de 1853

El 14 de mayo de 1955 se celebraba en el hotel New Yorker de Nueva York una fiesta por el centenario de la fundación de la Logia másonica La Fraternidad 387, la primera logia de habla hispana en Estados Unidos y que aún se mantenía vigente. En el programa que repartieron encontramos unas informativas *Facetas históricas de nuestra logia* y de esa fuente, y otras, compartimos con el lector las interesantes informaciones que siguen. El Dr. Eduardo Torres Cuevas es un serio estudioso de estos temas y a sus eruditos trabajos también remito al lector.

El alma de la logia La Fraternidad, su promotor y primer presidente había sido un santiaguero, Andrés Cassard, nacido en 1823. Después de publicar un libro de poesías en La Habana (1846) y colaborado con el periódico clandestino *La Voz del Pueblo,* se había visto obligado a emigrar escondiéndose a bordo del *Empire City* que zarpó de Cuba en septiembre de 1853 con destino a Nueva York. Mucho tendría que agradecerle Cassard al capitán del buque, Almirante David Dixon Porter (1813-91).

El Almirante Porter bien conocía las arbitrariedades del gobierno colonial. Capitaneando el *Crescent City,* a su llegada a La Habana a principios de octubre de 1852 no le habían permitido entregar el correo que llevaba alegando que el sobrecargo del barco había hecho declaraciones en periódicos americanos objetables a las autoridades de la Isla.

Por los días que Casard se instalaba en Nueva York, su Distrito Masónico No. 10 se componía de 5 logias: La Clemente Amitié, Cosmopolite, Garibaldi, La Sinceritè y L'Unión Française. Cassard solicitó entrada en La Sinceritè, situada en la calle 15 y tercera avenida de Nueva York.

Pronto Cassard tuvo la idea de crear una nueva logia, pero que hablara en español, reclutando lo mejor de la colonia hispana. Y el

16 de abril de 1855, seis cubanos, un colombiano y un francés fundan La Respetable Logia La Fraternidad No. 387. Sus miembros fueron:

Andres Cassard (cubano)/ Venerable Maestro
Francisco Párraga (colombiano)/ Primer Vigilante
Bernabé del Pozo (cubano)/ Segundo Vigilante
Gaspar de Arteaga (cubano)/ Orador
Aníbal De Mosquera (cubano)/ Secretario
Juan M. de la Cruz (cubano)/ Tesorero
Enrique D'Espaigne (cubano)/ Primer Experto
Juan Giglet (francés)/ Guarda Templo

La logia fue instituida formalmente por R. W. (*Right Worshipful*) Robert McCoy el 11 de junio de ese mismo año y el 16 de junio de 1856 tuvieron su primera comunicación en unos salones situados en las calles Broome y Crosby. Catalina Puig, la esposa de Cassard, ayudo a confeccionar los mandiles para la Logia.

Casard acumuló otras responsabilidades. Nos dice su biógrafo Leon Hyneman que «en marzo de 1856 fué nombrado representante del Gran Oriente de Venezuela en la Gran Logia de Nueva York y en julio del año siguiente fué nombrado representante del Gran Oriente y Supremo Consejo de la misma República, ante todos los cuerpos Masónicos de los Estados Unidos».

Tres años más tarde Cassard viajaría a Cuba. Continúa diciendo el documento de 1955 citado al principio de esta nota:

> Era ahora el año 1859, a mitad del mes de diciembre... que llega a Santiago de Cuba procedente de los Estados Unidos, nuestro ilustre Hermano Andrés Cassard, conocido, querido y respetado en toda la América y en otras partes del mundo por su erudición y dotes excepcionales, para cumplir una importantísima misión masónica y después tal vez, descansar un poco su atribulado espíritu en el seno de la dulce tierra que lo vio nacer y en la que también un día imborrable contemplaron sus ojos por primera vez la Verdadera Luz Masónica. Pero enteradas las autoridades españolas de su presencia a bordo del buque que le conducía y surto en el puerto, le es prohibido pasar a tierra cubana, sopena de ser sometido a la ejecución de la sentencia de pena de muerte contra él fallada —por infidencia.

Esto no impidió que, en 1859, y bajo la tutela de Andrés Cassard, considerado el padre de la masonería cubana, se fundara en nuestra Isla la Gran Logia de Colón, con la colaboración de la Logia Fraternidad No. 1 (proveniente del Consejo de Caballeros Kadosh), Prudencia No. 2 y San Andrés No. 3 (con patente de la Gran Logia de Carolina del Sur).

Al año siguiente, de vuelta en Nueva York, Casard sorprende con su *Manual de masonería, o sea; El tejador de los ritos antiguo escocés, francés y de adopción,* pubicado por la casa editorial Macoy y Sickles de esa ciudad. Editaría también, entre otros, *El espejo masónico* (1873) y el *Manual de la Estrella del Oriente: compuesto para el uso de los patronos* (1875).

En 1873 los miembros de la Logia hicieron una contribución para ayudar a las viudas y huérfanos de los fusilados durante el incidente del *Virginius* en Santiago (del cual hablaremos en otro capítulo). Pero esto dividió a la Logia ya que los españoles del grupo, molestos con la decisión, decidieron separarse de La Fraternidad, fundando La Universal, en Brooklyn. No sería la primera ni la última vez en nuestra historia que las diferencias políticas dividirían a hermanos de sangre, religión o principios fraternales.

En 1898 su Gran Maestro era Regino López, nacido en Santiago de Las Vegas en 1853 y emigrado a Estados Unidos en 1873. Durante su estancia en Cayo Hueso había sido Tesorero de la Logia Félix Varela. En 1894 las reuniones de la Logia La Fraternidad tenían lugar en el edificio del Templo Masónico Alemán, 220 Este de la Quinta Avenida. En nuestros días se reúnen los segundos y cuartos viernes de cada mes en el Masonic Hall - Empire 71 West 23rd Street.

En las *Facetas históricas de nuestra logia* arriba citadas escribirían los masones al festejar el centenario de la logia fundada por Cassard

> Y así afirmados en estas nobles doctrinas [virtud, moral y amor fraternal universal] fundaron nuestros antiguos Hermanos cubanos esta venerable Logia cien años ha. Esta es la sacrosanta herencia que nos legaron, para honra y legítimo orgullo de su país de origen, la Isla de Cuba, en aras de cuya libertad e independencia ofrendaron tantos y tantos de ellos sus vidas y sus bienes.

Cassard fallecería el 3 de febrero de 1894 en casa de su hijo mayor, en el No. 139 Oeste de la calle 70 en Nueva York. Había dejado —como muchos otros emigrados lo habían hecho antes y hoy continúan haciendo— profundas huellas tanto en su país natal como el adoptivo.

40. *BLACK WARRIOR*

Habana - Nueva York
27 de junio de 1854 - ?

El 28 de junio de 1854 la *Gaceta de La Habana,* informaba al público habanero que

> El vapor *Black Warrior,* que ha salido ayer de este puerto para el de Nueva York, conduce al distinguido artista Mr. Mialhe, tan conocido en La Habana donde ha permanecido un gran número de años, por su talento poco común en la pintura como por sus excelentes cualidades, que le han granjeado un gran número de apasionados y amigos. Mr. Mialhe se trasladará inmediatamente de Nueva York a Francia, su patria, con el objeto de establecerse en París, que ofrecerá a su mucho mérito como paisagista un campo más vasto en que brillar. Tanto a él como a su apreciabilísima señora les deseamos feliz viage y prosperidad.

Se equivocaba la *Gaceta* al pensar que en París tendría vasto campo para brillar Frédéric (en Cuba tenemos la costumbre de castellanizar los nombres y muchos lo llaman Federico) Mialhe. En realidad, el brillo que Cuba le dio a Mialhe —y viceversa— no se volvería a repetir.

Si el lector me lo permite, le ruego me acompañe a la Alemania de 1796. Un joven inventor nacido en Praga y residente en Munich, Aloys Senefelder (1771-1834), debía entregarle una lista de ropa a la lavandera y, no encontrando papel a mano, la escribió con un creyón graso sobre una piedra pulida y ¡Eureka! Descubrió que esta combinación permitía que un dibujo quedara fijo en la piedra y, entintado, podrían lograrse impresiones en papel. Había nacido la litografía.

Pronto esta nueva fórmula, más fácil y menos costosa que las anteriores en madera o metal, se convirtió en el método por excelencia de grabar imágenes y notas musicales y revolucionó la industria.

A La Habana llegaría temprano gracias a dos franceses, Santiago Lessieur (que operó su taller entre 1822 y 1828) y Luis Caire

(1829-31) —a Santiago llegó en 1824 de la mano del dominicano Juan de Mata Tejada (1786-1835)— pero ninguno de los talleres habaneros prosperó y estuvimos varios años sin ese utilísimo instrumento. Hasta que la Sociedad Económica de Amigos del País estimó en 1837 que había que mandar a buscar a Francia a un buen litógrafo que se comprometiera a vivir en Cuba y traer prensas y operarios entrenados para crear la Imprenta Litográfica de la Real Sociedad Patriótica.

Y así fue como arribó al puerto habanero a fines de 1838 nuestro Frédéric Mialhe, que ya había tabajado en México y evidentemente quería hacer carrera en el Nuevo Mundo. Permaneció en Cuba 16 años y podemos afirmar que no ha habido en la historia de nuestras artes visuales nadie más relevante e influyente por la divulgación de su producción. La Cuba decimonónica es aquella que Mialhe observó y dibujó y la que, gracias a la prensa ilustrada —nacida en Londres en el 14 de mayo de 1842 —nos llevó a todos los rincones del mundo letrado.

Mialhe concibió y ejecutó el primer proyecto cubano de recorrer el país y darnos a conocer a nosotros mismos. Dejó al menos diez óleos de tema cubano (aunque solo 4 de ellos han resucitado en los últimos años) pero fueron sus grabados de la Isla los que dejaron una huella profunda en nuestra cultura.

Lo más divulgado de su obra consiste en dos colecciones. La primera, *Isla de Cuba pintoresca,* se publicó por entregas entre 1839 y 1841. Consistió en 54 vistas (algunas de la misma imagen, pero con ligeras variantes en el dibujo o texto acompañante) y un amplio alcance geográfico: 8 de Pinar del Río, 40 de La Habana, 3 de Matanzas, 2 de Oriente y una no precisada (¿Pinar del Río?). Un esfuerzo novedoso y sorprendente para la época.

En 1847-1848 nos regaló otra compilación de vistas, su *Viaje pintoresco al-rededor de la Isla de Cuba.* En esta ocasión serían 30 láminas: 16 de La Habana, 2 de Matanzas, 3 de Villa Clara, 1 de Camagüey y 5 de Oriente. Cinco de estas vistas eran de tipo costumbristas que, junto con 4 adicionales sin ubicación geográfica precisa, constituyeron el corpus mas importante de imágenes de costumbres de la primera mitad del siglo XIX cubano.

Es importante subrayar la naturaleza callejera del costumbrismo de Mialhe y cubano en general. Contrariamente a las pinturas llamadas de *genre* realizadas en otros países (notablemente Holanda, Italia y España) por regla general nuestro costumbrismo no revela interiores: ausentes están enfermos en la recámara, lecciones de música, juegos y diversiones de salón, cenas familiares, reuniones en bibliotecas, recibo de visitas en la sala, cocinas en pleno apogeo, cuartos de niños o de criados. Quizás nuestro clima hizo que nos volcáramos hacia la calle o quizás no abrimos nuestras puertas a los pintores. Recontruir el interior de una casa cubana del siglo XIX y la vida doméstica dentro de ese espacio privado resulta una tarea desafiante.

Entre esas imágenes podemos admirar el curioso *Quitrín*, invento cubano que permitía a las familias pasear a la niña casadera en un asiento móvil (el «niña bonita», según Villaverde) que se proyectaba hacia adelante para mejor presentarla en sociedad; el importantísimo *Día de Reyes,* única ocasión al año en que se les permitía a la comunidad negra hacer su carnaval; *El Zapateado* de nuestros campos, la popular *Valla de Gallos,* y las andanzas callejeras de *El Casero* y *El Panadero y el malojero,* llevando a los hogares las mercancías del día.

Esta segunda serie tuvo una historia insólita. Una casa de origen alemán establecida en La Habana, Bernardo May y Cía., decidió simple y llanamente plagiar en Alemania (posiblemente Hamburgo) la colección de Mialhe con el título de *Álbum pintoresco de la Isla de Cuba.* En 1853 se vendería en La Habana con las mismas láminas, pero sin el nombre del verdadero autor y a mitad de precio. Mialhe los llevó a juicio, pero al no poder probar que había inscrito su libro en el registro de propiedad intelectual, tuvo que transar el pleito fuera de los tribunales. Puedo imaginar su desilusión.

Quizás fue esta decepción la que lo llevó a embarcarse en el *Black Warrior* hacia su patria el 27 de junio de 1854. Y menos mal que se fue. Porque en 1855 le hubiera aguardado otro disgusto: la casa May imprimía en Berlín un segundo *Álbum* plagiando sus vistas, esta vez a todo color.

No sería la primera vez, sin embargo, que un revés se convierte en victoria. La difusión que tuvieron sus láminas, a través no solo de sus originales sino también de los plagios, hicieron que los periódicos y los libros ilustrados de Norteamérica y Europa utilizaran sus imágenes a la hora de tratar el tema de Cuba, aún si no siempre conocían o mencionaban su nombre.

Mialhe fue nuestro primer Embajador Plenipotenciario. En mi extenso estudio de su obra he encontrado alrededor de 430 apropiaciones de sus imágenes que aparecieron en más de 120 publicaciones. Comparto con ustedes la lista de ciudades donde se imprimieron las vistas cubanas de Mialhe: Barcelona, Boston, Berlín, Charleston, Edinburgo, Frankfurt, La Habana, Hamburgo, Hartford, Hildburghausen, Leipzig, Lima, Lisboa, Londres, Maastricht, México, Milán, Montréal, Nueva York, París, Pest, Philadelphia, Santa Cruz de Tenerife, Sargadelos, Sevilla, Stoke-on Trent y Stuttgart. ¡Y esto era antes de los faxes y el internet!

Las vistas de Mialhe fueron tan populares que terminaron adornando vajillas y objetos de aseo en Staffordshire (Inglaterra), Sargadelos (España) y Maastricht (Holanda). Inspiraron, además, la novela *The Bright Shawl* (1922) del escritor norteamericano Joseph Hergesheimer (1880-1954). Por su parte, el *Día de Reyes,* sirvió de inspiración al ballet *La Rebambaramba* (1928) de Amadeo Roldán (1900-39) y Alejo Carpentier (1902-80), y de esa lámina salió parte del vestuario del Conjunto Folklórico Nacional.

Hace algunos años viajé al pueblito inglés de Wellingborough, Northamptonshire para adquir una pieza de cerámica única. La vendedora no podía creer que yo me había desplazado desde Washington, pero como ella no quería arriesgar el envío por correo no me quedó mas remedio que ir yo a buscarla. Me comentó que en su familia la habían utilizado de maceta por muchos años pero que quería redecorar la casa y aquella imagen de un panadero tropical frente a una iglesia (cuya ubicación y origen ella ignoraba) ya no le interesaba.

A mi sí. Y atravesé el Atlántico de regreso con un tibor en la maleta. Claro, la imagen de la iglesia era el templo habanero de El Cristo, el panadero era criollo y el autor era Mialhe.

41. *MAGDALENA*

Habana – Valencia
Septiembre? de 1857

Los niños de la Calle Tapinería se alegraron mucho cuando supieron que su vecinito Pepe —que, por cierto, hablaba con un acento distinto a ellos— cumpliría 5 años el viernes 28 y que su mamá estaba planeando una fiestecita ese domingo para celebrarlo. Sería algo sencillo. Quizás un paseo por el río Turia o alrededor de las murallas árabes. Sin duda, después habría algún dulce casero.

Luego que Don Mariano renunciara a su plaza de celador en mayo de 1857, la familia Martí (Mariano, Leonor, Pepe, Leonor Petrona (Chata) y María Salustiana (Ana)) se había embarcado en La Habana a bordo del *Magdalena* para hacer la larga travesía a Valencia.

A principios de año Doña Leonor había recibido una herencia por el fallecimiento de su padre y quizás decidieron probar mejor fortuna en la ciudad natal de Mariano, la cual había dejado hacía solo 12 años. No sería el primer español que se arrepentía de haber intentado «hacer las Américas». En diciembre de ese año nacería María del Carmen («la Valenciana») y, de haberles ido mejor, quizás la familia nunca hubiera regresado a Cuba. Por fortuna no fue así. Y ya en junio de 1859 se encuentran viviendo en la Calle Industria 32, nuevamente en La Habana.

No se imaginaba José Martí en el viaje de regreso cuántas embarcaciones diferentes tomaría en su vida. Pero su pasión —no hay otra palabra— por la Isla que lo vió nacer lo llevó a andar mucho y ligero. Al morir apenas llevaba una foto, una escarapela y un reloj en sus bolsillos.

El castigo y el destierro le llegaron temprano. De ahí en adelante todo fueron barcos: A Isla de Pinos. A España. A Estados Unidos. A México. A Guatemala. A Honduras. A Venezuela. A Cayo

Hueso. A Tampa. A Costa Rica. A Santo Domingo. A Panamá. A Jamaica. A Haití. A Bahamas. A Playitas. Acompañemos al Apóstol.

1870. *Nuevo Cubano.* La Habana, ? de octubre - Nueva Gerona, Isla de Pinos, 13 de octubre.
1870. Desconocido. Nueva Gerona, 18 de diciembre - La Habana, ?
1870. *Guipúzcoa.* La Habana, 15 de enero, Cádiz, España, ?
1875. *Celtic.* Liverpool, Inglaterra, 2 de enero (con escala en Queesntown, Irlanda) - Nueva York, 14 de enero.
1875. *City of Merida.* Nueva York, 26 de enero (con escala de 5 días en La Habana y Progreso, México) - Veracruz, México, 8 de febrero.
1877. *Ebro.* Veracruz, 2 de enero - La Habana, 8 de enero (viaja con pasaporte a nombre de Julián Pérez, sus segundos nombres y apellidos).
1877. *City of Havana.* La Habana, 24 de febrero - Progreso, 28 de febrero.
1877. Canoa. Progreso, 5 de marzo? - ?, Isla de Jolbos/Holbox, Península de Yucatán.
1877. Desconocido. Marzo? Llega a Isla Contoy.
1877. Desconocido. ¿Marzo? Llega a Isla Mujeres.
1877. Cayuco. ¿Marzo? Llega a Belice.
1877. Goleta. Canoa. ¿Marzo? Llega a Livingstone
1877. Desconocido. 15 de marzo. Está en Izabal, Guatemala.
1877. Vapor de la Línea del Pacífico. Puerto San José, Guatemala, 29 de noviembre - Acapulco, México, 4/5 de diciembre.
1877. Balsas. Río Mezcala, 30 de diciembre.
1878. Canoa. Río Papagayo, Estado de Guerrero, México - Dos Arroyos, 4 de enero.
1878. Desconocido. Acapulco, 9 de enero? – Guatemala, ?
1878. Desconocido. Livingstone, 28 de julio? - Trujillo, Honduras, ?
1878. *Nueva Barcelona.* Trujillo, 28 de agosto - La Habana, 31 de agosto.
1879. *Alfonso XIII.* La Habana, 15 de septiembre - Santander, 11 de octubre.
1880. *France.* Le Havre, Francia, 20 de diciembre - Nueva York, 3 de enero de 1881.

1881. *Felicia*. Nueva York, 8 de enero (con escala en Curazao y Puerto Cabello) - La Guaira, Venezuela, 20 de enero.

1881. *Claudius*. La Guaira, 28 de julio - Nueva York, 10 de agosto.

1888. Vapores. Bath Beach, Brooklyn - Manhattan. Agosto.

1891. *Olivette*. Tampa, 25 de diciembre, Cayo Hueso, 26 de diciembre.

1892. Vapor. Cayo Hueso, 9 de enero – Tampa, 10 de enero.

1892. Vapor. Tampa, 7 de julio - Cayo Hueso, 8 de julio.

1892. Vapor. Cayo Hueso, 16 de julio – Tampa, 17 de julio.

1892. Desconocido. Nueva York, 31 de agosto - Gonaïves, Haití, 7 de septiembre.

1892. *Lépido*. Santo Domingo, 19 de septiembre - Barahona, 20 de septiembre.

1892. *Alvena*. Puerto Príncipe, Haití, 4 de octubre - Kingston, Jamaica, 8 de octubre.

1892. *Alisa*. Kingston, 13 de octubre - Nueva York, 19 de octubre.

1892. Vapor. Tampa, 9 de noviembre - Cayo Hueso, 10 de noviembre.

1892. Vapor. Cayo Hueso, 7 de diciembre – Tampa, 8 de diciembre.

1893. Vapor. Tampa, 22 de febrero - Cayo Hueso, 23 de febrero.

1893. Vapor. Cayo Hueso, 27 de febrero - Tampa, 28 de febrero.

1893. Vapor. Tampa, 2 de mayo - Cayo Hueso, 3 de mayo.

1893. Vapor. Cayo Hueso, 16 de mayo? - Tampa, 17 de mayo.

1893. Desconocido. Nueva York, 25 de mayo - Montecristi, Santo Domingo 3 de junio.

1893. Desconocido. Montecristi, 5 de junio - Cabo Haitiano, Haití, 6 de junio.

1893. Desconocido. Cabo Haitiano, 9 de junio - Puerto Príncipe, 9 de junio.

1893. Desconocido. Puerto Príncipe, ¿29 de junio? - Puerto Limón, Costa Rica, 30 de junio.

1893. Desconocido. Puerto Limón, 8 de julio - Nueva York, ?

1893. Vapor. Tampa, 7 de septiembre - Cayo Hueso, 8 de septiembre.

1893. Vapor. Cayo Hueso, 13 de septiembre – Tampa, 14 de septiembre.

1893. Vapor. Tampa, 14 de diciembre - Cayo Hueso, 15 de diciembre.

1893. *Olivette*. Cayo Hueso, 20 de diciembre – Tampa, 21 de diciembre.

Tarjeta postal, 1906

1893. *Mascotte*. Tampa, 14 de mayo - Cayo Hueso, 15 de mayo (a bordo escribe a su madre «Mi porvenir es como la luz del carbón blanco, que se quema él para iluminar alrededor. Siento que jamás acabarán mis luchas»).

1894. Vapor. Tampa, 14 de mayo - Cayo Hueso, 15 de mayo.

1894. Vapor. Cayo Hueso, 19 de mayo - Tampa, 20 de mayo.

1894. *Alberto Dumois*. Nueva Orleans, 31 de mayo - Puerto Limón, 5 de junio.

1894. ¿Tierra? ¿Barco? Puerto Limón, junio – Panamá, ?

1894. *Star Buck*. Colón, Panamá, 22 de junio - Kingston, Jamaica, 24 de junio.

1894. *Alisa*. 26 de junio, Kingston, Jamaica - Nueva York, 2 de julio.

1894. Desconocido. México, 10 de agosto - Nueva York, ¿15 de agosto?

1895. *Athos*. Nueva York, 30 enero - Cabo Haitiano, 6 de febrero.
1895. Barco. Cabo Haitiano, 6 de febrero - Montecristi, 7 de febrero.
1895. Desconocido. Cabo Haitiano, 4 de marzo – Montecristi, 5 de marzo.
1895. *Brothers*. Montecristi, 1 de abril - Gran Inagua, Bahamas, 5 de abril (con Máximo Gómez, Francisco Borrero, Ángel Guerra, César Salas y Marcos del Rosario).
1895. *Nordstrand*. Gran Inagua, 5 de abril - Cabo Haitiano, 6 de abril.
1895. *Nordstrand*. Cabo Haitiano, 10 de abril - Gran Inagua, 11 de abril (izan pequeño bote para desembarco).
1895. *Nordstrand,* luego bote. Gran Inagua, 11 de abril - La Playita, Cajobabo, Guantánamo.

Curioso. Hay infinidad de estatuas de Martí, pero ninguna a bordo de un barco.

42. EMBARCACIÓN DESCONOCIDA

Mobile - La Habana
Agosto de 1864 ?

Los convulsos eventos de la Revolución Francesa obligaron a muchos sacerdotes de la orden religiosa de San Sulpicio a abandonar Francia. Uno de ellos, Pierre Babade (1753-1846), fue a España; otros como William Dubourg (1766-1833) y Benedict Joseph Flaget (1763-1850) fueron a Baltimore, Maryland donde fundaron el primer seminario católico, St. Mary's, en 1791.

De España, Babade pasó a Cuba con la intención de fundar allí un seminario, pidió apoyo a sus colegas de Maryland, y Dubourg y Flaget llegaron a La Habana hacia 1798. Las autoridades españolas, sin embargo, no les permitieron abrir la escuela y Dubourg y Babade regresaron a Baltimore, pero no lo harían solos. Con ellos viajaron tres jóvenes cubanos —Pedro Gutiérrez, José Azcárate y Nicolás Ruiz. Con ellos nacía la tradición de educar criollos en Estados Unidos.

Flaget permaneció tres años en Cuba y regresó a Maryland en 1801 llevando consigo a 23 jóvenes cubanos más. La Corona española reaccionó emitiendo Reales Órdenes (25 de enero de 1802, 24 de febrero de 1824, 21 de diciembre de 1828, 24 de febrero de 1829) condenando esa práctica. En Cuba, siendo Cuba, no las cumplimos.

Las motivaciones para estudiar fuera siempre han sido muchas. Aprender otro idioma, especialmente inglés, ampliar horizontes, establecer contactos sociales (y, oportunamente, comerciales), aprovechar otras opciones curriculares, escapar la violencia, acompañar a los padres al exilio. Entre los tantísimos insulares que estudiaron en Estados Unidos dirigimos ahora nuestra mirada a dos hermanos, Nemesio y Esteban Guillot.

Los jóvenes habían estado estudiando por varios años en Spring Hill College, de los padres jesuitas en Mobile, Alabama, y al fin del verano de 1864 regresaban a La Habana (no hemos localizado aún el nombre de la embarcación). Durante los ratos de ocio en la escuela habían aprendido a jugar un novedoso deporte y, para continuar practicándolo en su país, Nemesio traía en su maleta algo nunca visto en la isla, un bate y una pelota. Llegaba el beisbol a Cuba.

Poco después llegaría un tercer estudiante, Esteban Bellán (1849-1932), que había aprendido a jugar pelota en la universidad jesuita de St John's (hoy Fordham), en Nueva York. Después de graduarse jugó profesionalmente en Estados Unidos y, ya de regreso a Cuba, lo encontramos tomando parte en el legendario juego del 27 de diciembre de 1874 en el Palmar del Junco (que había sido testigo el 2 de septiembre de 1867 del primer juego de pelota reportado en Cuba y que, según *EcuRed*, es el estadio «de beisbol activo más antiguo del mundo»).

¡Quién le iba a decir a mis amigos del Colegio de La Salle que los jesuitas serían, en cierta forma, los padres de la pelota en Cuba! Es cierto que Camagüebax, Guamá, Habaguanex y Maniabón tenían su deporte de «batos», pero una cosa es jugar *con* pelota y otra *a* la pelota.

La importancia del beisbol en la isla es tan abrumadora que solo muchos volúmenes le harían justicia (y volúmenes se han escrito). Se trata, nada más y nada menos, que del «fenómeno cultural de mayor arraigo en Cuba», en sabias palabras de Graziella Pogolotti. La vemos por todas partes: frases en nuestro vocabulario; cerámicas con los símbolos de los equipos del Almendares, Habana, Cienfuegos y Marianao; colecciones de postalitas; acaloradas discusiones en el Parque Central; diplomacia deportiva; hábitos televisivos; disgustos familiares; orgullo olímpico; excusas para enamorados; visas para el extranjero; ofrendas en el Santuario de El Cobre.

Podríamos estar hablando meses sobre Martín Dihigo, el Duque Hernández, Orestes Kindelán, Pedro Luis Lazo, Omar Linares, Adolfo Luque, Germán Mesa, Tony Oliva o Camilo Pascual. Pero esa información se consigue fácilmente en internet y en las bibliotecas. También quisiera remitir al lector al número 47 de la revista *Signos* (2002), dedicado íntegramente a este tema. En este corto espacio prefiero aquí concentrarme en el eco que nuestro Deporte

Nacional ha dejado en la música, la literatura, y las artes visuales (¡menuda tarea!).

Comenzamos en los predios de Euterpe de la mano de mis amigos Félix Julio Alfonso y Cristóbal Díaz Ayala y saludamos primero a Raimundo Valenzuela, nacido en San Antonio de los Baños, que compuso en 1883 su danzón *La pelota*. Tuvo muchos seguidores y aquí recordaremos solo unos pocos. *Amorós se la comió* (Richard Egües), *A la pelota con Carlota* (Ricardo Díaz), *A los cocodrilos de Matanzas* (Héctor Daniel), *Botamos la pelota* (Silvio Contreras), *Botaste la bola, negro* (Bienvenido Julián Gutiérrez), *Cucalambé de los peloteros* (José Luis Cortés), *Jugar a la pelota* (Jorge Díaz), *Miñoso al bate* (Enrique Jorrín), *Ni hits ni carreras* (Justo Quijano), *Pelota* (Trío Matamoros), *¿Por qué tan pronto se lo llevó?* (Michael Marichal y Michel Marcos), *Que se corra la bola* (Alberto Ruiz) y *Yo no quiero discutir de pelota* (Juan Formell).

No olvidar tampoco a la orquesta juvenil *La Bola,* que debutó en octubre de 2000 en el Salón Rosado «Benny Moré», de La Tropical. Se visten de peloteros. Ellos son Noel Álvarez, Jorge Luis Arregoitía, Jesús Castellanos, Leonardo Herrera, Berto López Castellón, Rubeldis López Correa, Yosbel López, Danny Julio Méndez, Reghuel Reinoso, Luis Augusto Rodríguez, Adrián Sedano, Reinaldo Sosa Varona, y Yordanky Veitía Pérez.

Dejemos la última palabra al Dúo Buena Fe que nos interpreta *Soñar en azul*

> Y cada jugada está escrita en el viento
> La gloria está esperando a quien la sepa leer.
> Es por eso que te odio como mismo te quiero.
> Pon a mi alegría el mejor doble play.
>
> Desborda un torrente de cruel ofensiva
> o queda atrapado en un fuego de strike.
> Será que el baseball se parece a la vida,
> será que sin él no podemos soñar.

***

En el año 2008 nuestro amigo bautense Miguel Terry Valdespino junto con Francisco García González nos regalaron, cortesía de la Editorial Unicornio, *Escribas en el Estadio. Antología de cuentos cubanos sobre baseball*. Para dar una idea del amplio espectro de autores (27), citamos aquí algunos de ellos: Arturo Arango (*El estadio*), Alexis Díaz-Pimienta (*Reconciliación en el noveno inning*), Marcial Gala (*El pitcher*), Carmen Hernández Peña (*Final de juego*), Lorenzo Lunar (*Por el jardín central*), Félix Sánchez Rodríguez (*Extra innings*), Amir Valle Ojeda (*Hoy almorzaremos con el Duque*) y Yoss (*El novato del milenio*).

Cuatro meses antes de despedirse, Lezama Lima (1910-76) nos entregó este postrer retrato:

> Me hago invisible
> y en el reverso recobro mi cuerpo
> nadando en una playa,
> rodeado de bachilleres con estandartes de nieve,
> de matemáticos y de jugadores de pelota
> describiendo un helado de mamey.
>
> 1/ de abril y 1976, *Fragmentos a su imán*

Mucho más tarde, en enero de 2017 en la sala Rubén Martínez Villena de la UNEAC, Víctor Joaquín Ortega (La Habana, 1942) leía sus versos en homenaje a los peloteros Agustín Marquetti, Pedro Chávez, Braudilio Vinent y Antonio Muñó. Entre ambos momentos, y aún desde mucho antes, deben ser legión las referencias a la pelota en nuestra poesía. Recordemos a Roberto Fernández Retamar (*Pío Tai*), Nicolás Guillén (*Elegía por Martín Dihigo*), Luis Manuel Pérez Boitel (*No se lo pidas a Victor Mesa*), Amado del Pino (*La pelota*), Mariano Ramiro (*El base-ball*), José Manuel Silverio León (*Espectador anónimo*) y Edelmis Anoceto Vega (*Play ball*). No dudo que muchos otros antologadores vendrán oportunamente a mi rescate.

El teatro tampoco ha olvidado la pelota. En su *Gente desconocida o treinta grados bajo cero* (1955) Fermín Borges Arboleya (1931-87) nos pinta esta bronca entre Marta y su marido Raúl, que llega apestando a cerveza pasada la media noche:

> «¡Olvidas una cosa, soy tu mujer! ¡Y me estoy cansando! Todas las noches sucede lo mismo. ¡Y con esos amigos!... El mismo correco-

rre. De la pelota te metes en la barra. Debieran poner bombas en todos los bares y juegos de pelota. ¡No dejar ni uno! Te hacen olvidar muchas cosas».

***

Entre las nueve míticas musas griegas no hay ninguna que vele por las artes plásticas. Tampoco por los deportes. Pero el infatigable Jorge Bermúdez ha tratado de llenar este vacío con su antología visual, *El beisbol en la plástica y gráfica cubanas* (2016). En sus páginas se dan cita, entre otros, Rubén Alpízar, Choco, Rapi Diego, Antonia Eiriz, Roberto Fabelo, Ever Fonseca, Arístides Esteban Hernández (Ares), Vicente Hernández, Alicia Leal, César Leal, Alexis Leyva (Kcho), Conrado Massaguer, Arturo Montoto, Pedro Pablo Oliva, Juan Padrón, Ernesto Rancaño, Vicente Rodríguez Bonachea, Eladio y Mercedes Rivadulla, Jaime Valls y Lesbia Vent Dumois.

También pudiéramos añadir a Fernando Betancourt, Lino Fernández, Lester García-Mera, Ramón Ramírez, Alberto Ruiz Migoya, así como a los caricaturistas Ramón Arroyo Cisneros (Arroyito), Carlos Guiraldo Gonzalez (Carlitos), Rolando González Reyes (Roland), Adalberto Linares y Yiraldi Rodríguez Puentes (Yuri).

En marzo de 2017 tuve el placer de visitar en la Galería Habana de la calle Línea la extraordinaria exposición que, con el sugerente título de *Cuba en pelota*, nos propuso Reinerio Tamayo Fonseca (Niquero, 1968). Una nota de Ana León en Cubanet les dará una más cabal idea del evento y, además, podrán admirar a la misma Caridad del Cobre en *El cuarto bate*.

La pelota también ha dejado su huella en la escultura. José Villa Soberón levantó una estatua en bronce en las gradas de tercera base del Estadio Latinoamericano para que no olvidáramos al fiel aficionado conocido como *Armandito el Tintorero*; y Juan García Cruz ha emplazado en el Estadio Cinco de Septiembre de Cienfuegos su *Pelotero que espera su turno al bate*. Fuera de la isla han develado esculturas en honor de Orestes «Minnie» Miñoso en el U.S. Cellular Field de Chicago y de Tony Pérez en el American Ball Park de Cincinnati. Se anuncia una de José Fernández en el estadio Marlins Park de Miami.

Concluimos esta incursión en el imaginario de nuestro Deporte Nacional de la mano del Séptimo Arte. Algunos ejemplos son, *Pelotas cubanas* (Luis López, 1962, serie Enciclopedia Popular No. 11), *El diamante* (Oscar Valdés, 1967), *Mundial de la dignidad* (Luis Felipe Bernaza, 1974), *Deportivamente* (Manuel Herrera, 1976), *El deporte nacional* (animado, Tulio Raggi, 1981), *En tres y dos* (Rolando Díaz, 1985), *El que siempre pierde* (Guillermo Torres, 1988), *Baseball in Cuba* (Nueva York, 1996), *Greener grass: Cuba, baseball and the United States* (PBS Home Video, 2000), *Stealing home: the case of contemporary Cuban baseball* (Salomé Aguilera Skvirsky, 2001), *The bases are loaded* (4th Street Films, 2005), *Cuba and baseball* (ABC News Productions, 2006), *Un poco de historia sobre el beisbol en Cuba con Eddy Martín* (2006?), *Con la Historia a cuestas* (2006?), *Bola y Corredor* (2006?), *Cubaball: the lure and the legend of baseball in Cuba* (Eli Gorn Productions, 2007), y *Diplomacy and the Next Generation of Cuban Baseball Players* (NBC Universal Media, 2016).

***

No podemos cerrar este capítulo sin recordarle al lector la importancia que tuvo nuestro deporte nacional en asuntos de altísima política internacional. No me refiero a juegos amistosos entre peloteros cubanos y los de otros países. Me refiero a la crisis en las relaciones cubano-americanas que provocó el descubrimiento, en 1970, de instalaciones navales soviéticas en Cayo Alcatraz, en la bahía de Cienfuegos.

Los aviones espías U-2 seguían sobrevolando Cuba para tomar fotos clandestinas y no dejarse sorprender —por segunda vez— ante cualquier actividad que consideraran amenazante. Uno de los aviones detectó la presencia de canchas de fútbol en Cienfuegos y se las llevó a Henry Kissinger, asesor principal para seguridad nacional del presidente Richard Nixon. El 18 de septiembre de 1970 Kissinger entró en la oficina de Robert Haldeman, jefe del personal de la Casa Blanca, con las fotos y le dijo: «Esas canchas pudieran representar una guerra: los cubanos juegan pelota. Los rusos juegan fútbol».

Y ahora *Pío Tai* para pasar al próximo barco.

43. *PERRIT*

Nueva York - Península de Ramón, Bahía de Nipe
? de mayo de 1869 - 11 de mayo de 1869

Por la causa de la libertad de Cuba se había movilizado el exilio. Este es un fenómeno tan recurrente en el devenir de nuestra Isla y el lector debe ir familiarizándose con él, pues muchos han sido los barcos involucrados en estos esfuerzos a través de nuestra historia.

Ahora nos toca el turno de referirnos al *Perrit*. Fue una de las tantas embarcaciones que, durante la Guerra de los 10 años, consiguieron los emigrados para trasportar expedicionarios y armas a la Isla. En el estudio de Manuel Rolando Sánchez Solís se detallan no menos de 40 expediciones (sin contar las fallidas), que en la tabla siguiente las he resumido, junto con alguna otra que ha llegado a mi conocimiento (y seguramente la lista está incompleta). Las 17 expediciones ahí mencionadas salidas de Estados Unidos ennoblecen a los norteamericanos que simpatizaron con nuestra causa y a los exilados que movilizaron la opinión pública para que eso sucediera.

PAÍS / Puerto de embarque	BARCO (fecha)
BAHAMAS/ Nassau	*Galvanic* (1868, 1869,) *John Grey* (1870), *El Salvador* (1870), *Webler* (1871)
BELGICA/ Amberes	*Silentium* (1870)
COLOMBIA/ Aspinwall (Panama)	*George B. Upton* (1870), *Watchman* (1871)
ESTADOS UNIDOS / Cayo Hueso	*El Salvador* (1869), *Velocity* (1870), *Wave* (1870)
/Filadelfia	*E. A. Canhron* (?) (1873)
/Jacksonville	*Henry Burden* (1869)
/New London, Connecticut	*Edward Stuart/ Edgar Star* (1872)

PAÍS / Puerto de embarque	BARCO (fecha)
/Nueva York	*Don* (1869), *Eagle* (1869), *Perrit* (1869), *Grapeshot* (1869), *Yacht* (1869), *Ana* (1869),
	George B. Upton (1870), *Billie Bults* (1870), *Virginius* (1870), *Hornet* (1871), *Florida* (1871)
HAITI/ Les Cayes	*Champion* (1870)
/ Port-au-Prince	*Laura Pride* (1875)
INGLATERRA/ Liverpool	*City of Antwerp* (1869), *Java* (1869), *Nebraska* (1869)
/ Londres	*Chieftain* (1870)
JAMAICA/ Kingston	*Mautrice* (?) (1870), *Virginius* (1873)
SANTO DOMINGO/ Montecristi	*Virginius* (1870)
/ Puerto Cabello	*Virginius* (1871)

La expedición del *Perrit* fue organizada por la Junta Central Republicana de Cuba y Puerto Rico, que se había fundado en Nueva York. Al frente de ella venía Francisco Javier Cisneros (1836-98) ingeniero cubano graduado del prestigioso Instituto Politécnico de Troy, Nueva York (Rensselaer) y que llegaría a ser el constructor del ferrocarril de Antioquia, Colombia.

En el *Perrit,* que partió de Nueva York a principios de mayo de 1869, venían doscientos expedicionarios, 80 de ellos extranjeros (otra constante en nuestras vidas). Desembarcaron el 11 de mayo entre las bahías de Banes y Nipe, cerca de Holguín, con un impresionante cargamento de armas que, según *EcuRed*, consistía en 4 obuses, 4 cañones 2 carros de artillería, 50 granadas, 50 proyectiles 200 cápsulas para cañones, 4,000 fusiles Springfield y 51 Remington, 50 carabinas Remington, 200 revólveres, botes de metralla, más de 814.000 cartuchos, 50.000 fulminantes para fusil y pistolas, así como abundantes armas blancas.

Quiero aquí concentrarme en una sola de esas armas por las lecciones que nos ofrece. Era un regalo de las patriotas cubanas de Nueva York para el presidente mambí Carlos Manuel de Céspedes

(1819-74). Con mucha delicadeza Céspedes lo rechazó. He aquí la carta que les escribió en esa ocasión, firmada en Berrocal el 2 de junio de 1869:

> Ilustres conciudadanas:
>
> El C. Francisco Javier Cisneros me ha entregado la Espada de Honor, que habéis tenido la bondad de dedicarme, aunque sin merecerla, y al aceptarla con reconocimiento, no puedo daros mayor muestra de gratitud y aprecio que consagrarla a nuestra amada patria, a nuestra naciente República, para que con su valor atienda a las necesidades de las tropas libertadoras.
>
> Creería hacer un agravio a vuestro patriotismo e inteligencia si me esforzase en demostrar que este acto nunca puede ser tomado como un desaire de mi parte a la atención que tan beneméritos y amables ciudadanos se han dignado dispensarme; pero considerad que no es inoportuno daros una ligera idea de los motivos que me han impulsado a proceder de ese modo.
>
> Al revestirme con el título de Capitán General con que me saludaron el pueblo y el Ejército Libertador de Cuba, no sólo di a entender que me consideraba como un funcionario dependiente de otro Poder más alto, sino que mirándolo como un nombramiento puramente provisional, no me propuse más que ser útil a mi patria, formando el propósito de desnudarme de ese dictado y graduación tan pronto como se estableciese un gobierno civil, que representase la Nación Cubana.
>
> Fue dicha mía poderlo realizar muy en breve y dar una prueba palpable de que más que el nombre de general estimaba el de ciudadano de un país libre, cabiéndome la gloria de ofrecer ese ejemplo a mis compañeros para que se apresurasen, imitándolo, no sólo a llenar sus propios deseos sino a patentizar al mundo que nuestra Revolución, muy lejos de parecerse a las de España, no tiene por mira ambiciones personales, sino el bien y la grandeza de nuestra patria.
>
> Por otra parte, cuando nuestros valientes soldados sufren tantas penalidades, cuando las mismas ciudadanas que me han honrado con tan grato recuerdo, quizás han sacrificado sus joyas, adorno de su belleza, para proporcionar recursos a nuestra santa causa, no sería bien visto que yo me ciñese tan valiosa prenda, ni que la guardase para enorgullecer a mis herederos, que como yo, no deben desear más que

morir por la libertad de Cuba, y una herencia pobre de dinero, pero rica de virtudes cívicas.

Dignaos, ciudadanas, admitir con benevolencia esta manifestación, y la seguridad de mi más elevada consideración y eterno agradecimiento.

El texto anterior ha sido tomado de Eleuterio Llofriú, *Historia de la insurrección y guerra de la isla de Cuba,* tomo II, Madrid, 1870, pp. 110-111, cotejado con el de Antonio Pirala, *Anales de la guerra de Cuba,* p. 651 (entre ambos hay pequeñas diferencias). En el libro de Hortensia Pichardo con los documentos más importantes de Céspedes no aparece éste. Desconozco dónde está el original.

Cinco días más tarde, el 9 de junio, la Cámara de Representantes de la República en Armas reunida en Sabanilla, se hace eco de los conceptos vertidos en la carta y también envía su propia carta a las patriotas cubanas, firmada ésta por su presidente, Salvador Cisneros y refrendada por el secretario Antonio Zambrana. Decía en parte:

> La cámara hace suyo el homenaje de los cubanos residentes en (Nueva York) los Estados Unidos. Cúmplase empero vuestro [de Céspedes] noble deseo que cuando las hijas de de Cuba venden sus joyas para honrar a uno de los más bravos defensores de la libertad, no pueden ofenderse porque nosotros participemos de nuestro desprendimiento. Sí, que se venda también esa muestra valiosa de su simpatía y que el oro de su precio sirva para cubrir de hierro la mano denodada del pueblo.

Devolvieron, pues, la espada a Nueva York, pero las damas no se dieron por vencidas. Enviaron de nuevo la espada al campo de batalla (dice una crónica que en una caja rotulada como si fueran clavos), alguien la conservó y desde 1968 se guarda en el Museo Casa Natal de Céspedes en Bayamo, transferida del Museo Nacional de Bellas Artes, que la atesoraba.

Siguiendo la descripción que de la espada nos ha hecho Miguel Antonio Muñoz, compartimos con los lectores que el conjunto de la empuñadura incluye cuatro dioses griegos, Palas Atenea (Sabiduría), Afrodita (Amor), Artemisa (Caza) y Temis (Justicia). Todo un imaginario para nuestra República en armas. Muestra, además, las figuras de un oficial y un soldado del Ejército de la Unión norteamericana, vencedor en la guerra civil.

Una vez más, los lazos entre Cuba y Estados Unidos se hacen evidentes en los rincones más inesperados de nuestra historia y nuestra cultura material y patrimonial.

44. *SAN FRANCISCO DE BORJA*

La Habana - Fernando Poo (Bioko, Golfo de Guinea)
21 de marzo de 1869 - 21 de mayo de 1869

El suscriptor al semanario neoyorquino *Harper's Weekly* al recibir su edción del 10 de abril de 1869 encontraría en la portada, y a página completa, un grabado mostrando una larga fila de insurrectos cubanos saliendo de la fortaleza de la Cabaña camino al exilio.

Los exilados marchaban al puerto habanero donde los esperaba el *San Francisco de Borja*. Muy apropiado el nombre del buque. Joven de 18 años, Francisco de Borja (1510-72), que mucho después sería superior de los jesuitas, había visto cómo se llevaban preso en Alcalá de Henares, camino a la inquisición, a Ignacio de Loyola («En Alcalá, de Henares, después que mis superiores hicieron tres veces proceso contra mí, fui preso- y puesto en cárcel por cuarenta y dos días. Y si Vuestra Alteza quisiere ser informado por qué era tanta la indagación e inquisición sobre mí, sepa porque, yo no teniendo letras, mayormente en España, se maravillaban que yo hablase y conversase tan largo en cosas espirituales»).

Comparto con los lectores el texto (en mi versión castellana) que acompañaba el dibujo de nuestros exilados en ese importante e influyente periódico americano.

> El esfuerzo determinado de los cubanos por conquistar su independencia expulsando a los militares y al gobierno de Cuba, desde un principio ha capturado las simpatías del pueblo americano. La insurrección de Cuba contra España es tan justa como lo fue nuestra revolución de 1776: una colonia está sometida a la sujeción de la metrópolis, que la gobierna según sus propios intereses, no los de la colonia.
>
> Es cierto que el gobierno español ha intentado una política conciliatoria desde que estalló la insurrección. El régimen del Capitán general Lersundi era demasiado Borbón como para agradar a los que

acababan de destronar a Isabel II. Por lo tanto, Dulce tomó el lugar de Lersundi y trató de suprimir la insurrección ofreciendo una amnistía. A esto, los cubanos justamente respondieron que ellos no querían clemencia sino independencia.

Al persistir en su rebelión, el gobierno metropolitano retomó su política de mayor represión, lo cual ha estado sucediendo en las últimas semanas. Retiraron el ofrecimiento de amnistía y se emitió la orden de no tomar prisioneros, sino que todos deberían ser fusilados. En lo que va de mes, entre 300 y 400 presos políticos han sido enviados a la colonia penal de Fernando Poo por cometer solo el crimen que querer la libertad. [...]

La revolución ya ha obtenido importantes resultados, aunque aún no ha alcanzado su meta principal. La libertad de los esclavos por los insurrectos ha fortalecido su causa y ha aumentado la simpatía en el extranjero. El departamento Occidental [querría decir Oriental] era la única parte de la isla originalmente involucrada en la insurrección, pero gradualmente la isla entera ha quedado enardecida.

Muchos desmanes, sin duda se han cometido en nombre de la libertad, pero los que así han actuado no son reconocidos ni apoyados por la masa de revolucionarios. Es imposible comprobar la verdad sobre los conflictos que se han librado. Pero el hecho de que sus resultados no hayan cimentado la confianza de los epañoles se deduce por el flujo continuo de refuerzos que llegan de la metrópolis.

Alrededor del 18 de febrero una expedición de cuatro vapores y 3 600 tropas salió de Nuevitas hacia el interior. Al mando iba el General [Juan de] Lesca y su objetivo era levantar el cerco a Puerto Príncipe. Su propósito se ha alcanzado, pero aparentemente con un alto saldo de vidas.

La marcha de Lesca a través de los montes estuvo constantmente acosada por los insurgentes. Una enconada batalla se libró en la Sierra de Cubitas en la que se enfrentó a las fuerzas del General [Manuel de] Quesada. Es probable que Lesca sufriera la pérdida mayor, pero logró continuar su marcha. Acompañamos una ilustración del conficto en la página 223. El desfiladero de Los Paredones fue la escena de la batalla.

Los insurgentes alegan que con mil hombres repulsaron al enemigo. El señor [Francisco Vicente] Aguilera, cuyo retrato aparece en la p. 232, es el principal líder civil de los revolucionarios, bajo el General Céspedes. En nuestra ilustración de los patriotas cubanos alrededor de su bandera se encuentra, arrodillado, el hijo del general Céspedes.

Parece probable que nuestro gobierno pronto reconocerá a los cubanos. La reunión que tuvo lugar en Steinway Hall de esta ciudad la noche del 25 de marzo indica el fuerte impacto que la causa cubana ya ha calado en nuestra sociedad. Henry Ward Beecher pronunció un discurso muy efectivo y Paul du Chaillu, a quien le debemos muchos de los datos presentados, ofreció una gráfica descripción de Fernando Poo y lanzó una elocuente súplica en favor de la independencia cubana.

Para que el lector pueda mejor apreciar el nivel de los oradores en esta reunión de exilados cubanos, diremos que Paul Belloni du Chaillu (1831?-1903) fue un viajero, zoólogo y antropólogo franco americano más conocido por haber sido el primer europeo en confirmar la existencia de gorilas y, más tarde, de los pigmeos en África Central.

Henry Ward Beecher (1813-87) fue un clérigo Congregacionalista, reformador social y ferviente anti-esclavista. Era hermano de Harriet Beecher Stowe (1811-96), que alcanzó inesperada fama por su libro *La Cabaña del Tío Tom* (1852).

Quizás los lectores recuerden el pasaje de *La Cabaña* (o lo vieron en la película *The King and I/El Rey y yo*) donde la esclava mulata Eliza Harris, cruza el helado río Ohio con su niño en brazos tratando de escapar los sabuesos entrenados para perseguir esclavos.

Durante el siglo XIX nuestra Isla se especializó —otro de nuestros peores momentos— en exportar ese tipo de perros (*bloodhounds*) a los esclavistas americanos. En barcos, por supuesto.

45. *FRANCE*

Saint Nazaire, Francia - La Habana
Febrero de 1870 - 4 (7) de marzo de 1870

24 de octubre de 1692. 15 de octubre de 1768. 29 de octubre de 1792. 26 de octubre de 1810. 26 de octubre de 1837. 5 de octubre de 1844. 11 de octubre de 1846. 20 de agosto de 1851. Agosto de 1856. 2 de octubre de 1859. Octubre de 1865. Fechas todas de infeliz memoria para Cuba.

Por su ubicación geográfica, nuestra isla ha sido víctima de devastadores ciclones que, a lo largo de los siglos, han dejado incontables sufrimientos y pérdidas. La Tormenta de Santa Teresa (1768) derribó 70 varas de la muralla habanera. Durante la Tormenta de la Escarcha Salitrosa (1810) se perdieron 70 embarcaciones. Cien muertos, dos mil quinientas casas destruidas y trece buques mercantes perdidos fue el saldo de la Tormenta de San Francisco de Asís (1844). Y la peor de todas: la Tormenta de San Francisco de Borja (1846) que destruyó la cuarta parte de las casas intramuros de La Habana, el Teatro Principal, el templo del Santo Ángel y el coro de la Iglesia de San Francisco. Frédéric Mialhe, testigo ocular, nos ha dejado dos impresionantes litografías del siniestro.

Así ha sido desde siempre. Los primeros europeos —al igual que los aborígenes— estaban espantados. En su *Historia de las Indias* Fray Bartolomé de las Casas así lo consignaba: «En este tiempo se perdieron en el puerto los cuatro navíos que truxo Juan Aguado, con gran tempestad; que es lo que llamaban los indios en su lengua huracán y agora todos las llamamos huracanes, como quien por la mar y por la tierra cuasi todos las habemos experimentado».

Y hablando del ciclón que en 1495 azotó la colonia La Isabela en la vecina isla de La Española, el cronista Pedro Mártir de Anglería refiere que «cuentan ellos que aquel año, en el mes de junio, hubo inaudito torbellino de Levante, que levantaba hasta el cielo rápidos remolinos, que conmovía las raíces de los más grandes árboles...».

Es por todo ello que la llegada del sacerdote jesuita Benito Viñes (1837-93) a La Habana en el *France* esa mañana de marzo de 1870 resultaría providencial. Y no solo por lo mucho que rezaría para que los huracanes no tuvieran ese desastroso impacto en la isla sino porque, además, venía entrenado para enfrentarlos.

Graduado en Ciencias Naturales y en Física por la Universidad de Salamanca, al llegar a Cuba se hizo cargo del observatorio del Colegio de Belén. Este había comenzado doce años antes y comparto con ustedes este relato del investigador Luís Enrique Ramos Guadalupe (*Opus Habana,* vol XII no. 1, septiembre 2008-febrero 2009):

> Amanece en La Habana el primer día de marzo de 1858. ...Poco después, en la terraza de uno de los seculares conventos de la calle de Compostela, el padre Antonio Cabré está mostrando un termómetro a un grupo de jóvenes alumnos del Colegio que los jesuitas tienen en aquel edificio. Ha dado comienzo a su clase de Física, y propone a los pupilos llevar a partir de ese día un registro de las temperaturas, la cantidad de lluvia, la humedad y el valor de la presión atmosférica, con el propósito de seguir sus variaciones y expresarlas sobre un gráfico.
>
> Cabré no lo sabe, pero acaba de dar el primer paso para establecer lo que más adelante será el centro meteorológico, geomagnético, sísmico y astronómico más importante de la zona intertropical del planeta durante la segunda mitad del siglo XIX: el Observatorio del Real Colegio de Belén, de la Compañía de Jesús.

Con la llegada de Viñes a La Habana se darían nuevos impulsos al observatorio de los jesuitas. A su frente estaría por los próximos 23 años, hasta su fallecimiento el 23 de julio de 1893.

Apenas siete meses después de su llegada estudiaría los huracanes del 7 y el 19 de octubre; tres años más tarde adquiriría el meteorógrafo que había inventado el jesuita Pietro Angelo Secchi en el Observatorio del Collegio Romano en Castelgandolfo y que era «lo último» en materia de mediciones.

Publicó sus *Apuntes relativos a los huracanes de las Antillas en septiembre y octubre de 1875-1876* (1877), *Observaciones del paso de Venus, hechas en el Real Colegio de Belén de la Habana, el 6 de diciembre de 1882* y *Las tempestades de Cuba* (1886). Murió con las botas puestas: acababa de terminar un trabajo sobre los huracanes antillanos para un congreso metereológico de Chicago. Sus *Investigaciones relativas a la circulación y traslación ciclónica de los huracanes de las Antillas* verían la luz póstumamente en 1894.

Tras la muerte de Viñes, el Observatorio del Colegio siguió funcionando casi siete décadas más. Otros jesuitas serían sus directores: Lorenzo Gangoiti (1893-1924), Mariano Gutiérrez-Lanza (1924-1943), Simón Sarasola (1943-1947) y Rafael Goberna (1947-1961). La brillante carrera del Observatorio apagaría sus luces cuando fue confiscado por el gobierno en junio de 1961.

***

El 27 de mayo de 1954, en ocasión del centenario de mi querido Colegio de Belén, se develó un hermoso bajorrelieve —obra de Rita Longa (1912-2000)— en la pared de la izquierda del vestíbulo del edificio antes de entrar a la Capilla para honrar la memoria del sabio. La tarja que lo acompañaba decía:

Al sabio metereólogo Padre Benito Viñes S.J. 1837-1893. Director del Observatorio de Belén durante veintitrés años, a cuyas leyes sobre los huracanes de las Antillas debe el pueblo de Cuba tantas vidas y propiedades salvadas.

LEYES DE CIRCULACIÓN CICLÓNICA.
1. Ley general de rotación ciclónica. En nuestro hemisferio la rotación ciclónica se verifica siempre en sentido contrario al movimiento de las manecillas de un reloj.
2. Ley general de corrientes ciclónicas a diversas alturas: Las corrientes inferiores son más o menos convergentes; a cierta altura son próximamente circulares; a mayor altura salen divergentes tanto más cuanto más elevadas.

LEYES DE TRASLACIÓN CICLÓNICA.
1. Ley general de traslación de los ciclones de las Antillas: Desde su punto de origen el ciclón se dirige hacia el cuarto cuadrante con mayor o menor inclinación hacia el Oeste; más tarde va inclinándose por grados hacia el Norte y por fin recurva hacia el primer cuadrante.

2. Ley de las curvas de los huracanes en los diferentes meses de la estación ciclónica.
3. Ley de la dirección normal de las trayectorias en diferentes fechas y latitudes.
4. Ley de las rutas generales o zonas geográficas que recorren los huracanes según los meses.
5. Ley de las velocidades de traslación relativas en las diversas partes de la trayectoria.
6. Ley de las velocidades de traslación relativas en las recurvas según sea la parábola más o menos abierta.

En agosto de 2017, viendo por televisión a los metereólogos pronosticar con gran precisión la trayectoria de los huracanes *Harvey* e *Irma* no pude menos que pensar en Benito Viñes y el Colegio de Belén. Otro regalo de Cuba y de su Iglesia a nuestros vecinos del Norte y de todo el Caribe.

46. *SWATARA*

Bahía de La Habana
Febrero de 1871

Otra persona se hubiese profundamente lamentado de haber perdido la conexión de viaje en La Habana, pero no el Reverendo Henry B. Whipple (1822-1901), Obispo anglicano de Minnesota. Viajaba en febrero de 1871 hacia Haití con escala en Cuba, y al enterarse que barco que lo llevaría a Port-au-Prince ya había salido se dijo:

> Dios en su providencia me ha traído a La Habana con un sabio propósito. No hay servicios Protestantes en Cuba y la nieta del Obispo White había muerto ese año sin acceso a los ritos de nuestra santa religión. Había muchos residentes ingleses, alemanes, y americanos.
> Contacté al Cónsul americano y le pedí permiso para celebrar un servicio en el consulado. No pensó que era aconsejable pues las relaciones eran tensas entre Estados Unidos y España, pero sugirió que le pidiera autorización al Capitán General.

El Obispo se negó a hacerlo por considerarlo innecesario y en contra de la propia Constitución española que garantizaba libertad de culto. Prosigue su relato:

> Celebré mi servicio religioso a bordo del buque de guerra *Swatara*, y al domingo siguiente en las habitaciones del Cónsul General británico el honorable John Dunlap. El honorable Louis Willis, Cónsul General de Alemania, me pidió que oficiara un matrimonio en su consulado, pues la novia había llegado de Alemania a encontrarse con su prometido, que venía de Suramérica…. Días más tarde pedí permiso al Sr. Willis para celebrar un servicio público en su consulado, lo cual hice al domingo siguiente frente a una amplia congregación… Este fue el primer oficio Protestante público que se efectuó en La Habana. [Desde la Toma de La Habana por los ingleses (de Europa y Norteamérica) habría que añadir].
> Durante mi visita le di la Santa Comunión a correligionarios que no la habían recibido en 12 años. Bauticé y confirmé a un moribundo

soldado Confederado y celebré varios bautizos. Encontré muchos ciudadanos americanos que añoraban los servicios de la Iglesia y muchos miembros de la Iglesia Católica Romana expresaron su deseo de ver a la Iglesia [anglicana] establecida en Cuba.

En aquella época la Cámara de Obispos no se había responsabilizado con la fundación de una misión en Cuba. Pero con el nombramiento del Obispo Whittingham yo envié al reverendo Edward Kenny como el primer clérigo protestante residente, luego de recibir una subscripción de varios miles de dólares para apoyarlo, y uno de esos subscriptores era un católico prominente. Durante una visita posterior, administré la Confirmación y prediqué en el hotel San Carlos, donde el Sr. Kenny oficiaba sus servicios. [Por razones de salud el padre Kenny regresaría a los Estados Unidos algunos años después.]

Creo que la buena semilla sembrada por [Kenny] ha fructificado y ha preparado el camino para nuestro trabajo futuro en la Isla de Cuba. Cuba debería ser un paraíso, pero la lotería, corridas de toros y peleas de gallos han corrompido la moral y un gobierno corrupto ha oprimido a su gente.

Así fueron los comienzos protestantes en Cuba. Claro, ya durante el siglo XIX, muchos cubanos emigrados en los Estados Unidos conocieron allí esas iglesias y engrosaron sus filas. Más tarde, durante la ocupación norteamericana (1898-1902), y en los años siguientes, las más importantes denominaciones cristianas del Norte vinieron a misionar a Cuba: episcopales, metodistas, presbiterianos, bautistas y otros (por Cuba han pasado al menos 54 denominaciones cristianas). Hacia 1910 unos 150 misioneros americanos atendían aproximadamente 10,000 feligreses, lo que muestra un avance impresionante en una Cuba previamente (casi) exclusivamente católica.

EPISCOPALES. La más temprana huella cubana entre los anglicanos norteamericanos data de 1866, cuando Joaquín de Palma (1823-84), primero de los nuestros a ser ordenado pastor protestante, funda la iglesia Santiago Apóstol en Nueva York. Una década más tarde, y con el fin de ayudar a la pequeña comunidad anglicana en la isla, en 1878 se fundó en Nueva York el Gremio Misionero de la Iglesia de Cuba *(«The Cuba Church Missionary Guild»)*. En 1901 se fundó la Diócesis Misionera de Cuba, que se puso bajo la jurisdicción de la Iglesia Episcopal de los Estados Unidos (ECUSA).

No podemos dejar de señalar que el Reverendo Luis León, guantanamero, rector de la Iglesia que está frente a la Casa Blanca en Washington, D.C., en dos ocasiones y frente a millones de personas que lo seguían por televisión, ha pronunciado la oración tradicional durante las ceremonias de inauguración de los presidentes George W. Bush y Barack Obama.

METODISTAS. Entre los tabaqueros de Cayo Hueso encontramos unas de las primeras huellas de Cuba en el metodismo americano en las figuras de Enrique Benito (H. B.) Someillán (1857-1921), Aurelio Silvera y Manuel Deulofeu (1836-1922). Para la primera mitad del siglo XX destacamos la publicación de Paul Mitchell en 1949 informándole a los metodistas norteamericanos la situación de las comunidades cubanas. Ya en nuestros días, resulta imposible no mencionar al habanero Justo L. González, el más joven de los doctores de Teología graduados en Yale University, entre los metodistas contemporáneos más reconocidos en los Estados Unidos.

PRESBITERIANOS. Fue en la emigración que el patriota cubano Evaristo Collazo se convirtió al presbiterianismo y, de regreso a Cuba, en 1890 solicitó de la iglesia americana ayuda para comenzar el culto. Algunos años después, en 1904, el Presbiterio de la Habana fue organizado por la Iglesia Presbiteriana de Estados Unidos (PCUSA) y se colocó bajo la jurisdicción del Sínodo de New Jersey. Luego de 1959 fueron muchos los presbiterianos cubanos que emigraron al Norte. Entre sus líderes más conocidos queremos mencionar a los Reverendos Martín Añorga y Cecilio Arrastía (1922-1995), este último graduado del Seminario Teológico McCormick en Chicago y de Princeton Theological Seminary.

BAUTISTAS. En 1886, Alberto J. Díaz, ordenado pastor bautista en Cayo Hueso el año anterior, convirtió en bautista la iglesia habanera Getsemaní (fundada bajo la jurisdicción del Obispo Episcopal de la Florida 3 años antes) y desde un principio estrechos lazos los unieron con sus contrapartes del Norte. La guerra de independencia de Cuba, que tanto impactó al pueblo americano, halló también eco entre los bautistas norteños y, en enero de 1898, el prominente reverendo George C. Lorrimer (1838-1904), pastor del Templo Tremont de Boston, pronunció un sermón solicitando ayuda para aliviar los sufrimientos de los cubanos.

Años más tarde, Herbert Caudill (ca. 1903-?), importante líder bautista que misionaba en Cuba desde 1929, publicó un texto para el público norteamericano dando a conocer los desafíos de la misión cubana, especialmente los jóvenes. A éste le siguió siete años más tarde otra publicación de Christine Garnett.

Si algún lector desea saber más de estos temas, por favor, consulte los ya clásicos trabajos del pastor, profesor, y gran amigo, Marcos Antonio Ramos. O puede llamarlo por teléfono. Eso sí, hay que dejarlo hablar.

47. *VIRGINIUS*

Kingston, Jamaica - Santiago de Cuba
23 de octubre de 1873 - 1 de noviembre de 1873

Si nuestros lazos con España se ataron con apoyo de barcos, también con barcos los cubanos intentaríamos romperlos. En capítulos anteriores hemos hablado de las embarcaciones de Narciso López y de muchas que se utilizaron durante la Guerra de los 10 años. Ahora deseo llamar la atención a un evento de esa década que fue posiblemente el que más repercusión tuvo entre todos ellos.

Se trata de la captura por los españoles, en aguas internacionales, del vapor *Virginius* de pabellón norteamericano y capitaneado por Joseph Fry (1826-73), con independentistas cubanos a bordo.

Fabricado en Escocia para los Estados Confederados del Sur de Estados Unidos en 1864, el entonces *Virgin* fue capturado el 12 de abril de 1865 por las fuerzas de la Unión. Lo adquirió en 1870 John F. Patterson y, rebautizado *Virginius*, lo puso al servicio de la causa de la libertad de Cuba por su amistad con el General en Jefe Manuel de Quesada y Loynaz (1833-84).

Uno de esos viajes hacia las costas cubanas fue el que zarpó de Kingston el 23 de octubre de 1873. Al frente de la expedición estaba el General Bernabé Varona, acompañado de 155 pasajeros (52 de ellos norteamericanos y británicos) y nutrido cargamento de armas y municiones para los campos de Cuba Libre: 300 Remingtons, 300 mil cartuchos, 800 dagas, 800 machetes, un barril de pólvora y una caja de zapatos.

Pero ocho días después, el 31 de octubre de 1873, la corbeta española *Tornado* capturó en aguas internacionales al *Virginius*, que es trasladado a Santiago de Cuba. Varios consejos de guerra (uno de ellos a bordo del *San Francisco de Borja*, el mismo buque que había trasnportado a los exilados cubanos a Fernando Poo en 1869) condenaron a muerte a 53 de los prisioneros, matanza que se llevó a cabo frente a los muros del matadero municipal. Donde mismo sacrificaban a los animales.

Apresamiento del buque filibustero Virginius *por el vapor de guerra español* Tornado. Dibujo de R. M., grabado de Rico. En *La Ilustración Española y Americana* (Madrid), 16 de noviembre de 1873, p. 692

La reacción internacional no se hizo esperar. Un cablegrama clandestino hizo llegar la noticia a Jamaica y desde Kingston zarparía el 8 de noviembre Sir Lambton Loraine (1838-1917) comandando el buque la armada británica HMS *Niobe*. Lorraine envió una carta al comandante militar español de Santiago de Cuba, general Juan Nepomuceno Burriel amenzando con bombarderar la ciudad si no se paraba aquel baño de sangre. Cesaron las ejecuciones.

Las intervenciones extranjeras en los asuntos internos de otros países son siempre problemáticas. Lamentablemente, a veces son la única solución para evitar desgracias mayores. Visto desde nuestra perspectiva de los siglos XX y XXI, deseo llamar la atención al hecho de que ningún historiador (al menos que yo sepa) ha condenado esta amenaza inglesa como injerencia impropia e inaceptable del imperialismo británico en asuntos internos de la isla.

La prensa del mundo se hizo eco privilegiado de estos eventos. Fueron muchos los textos y grabados que le dieron la vuelta al mundo, ayudando con ello a aumentar las simpatías por la causa de Cuba. El ilustre patriota puertorriqueño Eugenio María de Hostos (1839-1903) vivía en Buenos Aires por esos años y reseñó en *La Tribuna* de Buenos Aires del 18 de agosto de 1873 un artículo que había aparecido en *L'Operario Italiano,* periódico de inmigrantes de Italia publicado en la capital porteña, solidarizándose con nuestros mambises. Del Norte de Europa al Cono Sur el mundo repudiaba la insensata violencia de España.

Porque una imagen vale mas de mil palabras, comparto con los lectores un inventario de los grabados relacionados con el *Virginius*, al menos 34, que he podido localizar en la prensa ilustrada de la época.

NOVIEMBRE DE 1873

Día 14. *Bay and harbor of Santiago de Cuba, into which the steamer «Virginius» was taken by the Spanish gunboat «Tornado»* [Bahía y puerto de Santiago de Cuba, a donde el cañonero español «Tornado» condujo al vapor Virginius»], en *The Daily Graphic* (New York), 14 de noviembre de 1873, p. 92.

Día 22. *The slaughter of the crew of the «Virginius»* [La matanza de la tripulación del «Virginius»]. Caricatura de de Frank Bellew (1828-1888). En *The Daily Graphic,* 22 de noviembre de 1873, p. 148.

Día 26. *A word of remonstrance [Una palabra de protesta].* Caricatura. En *Judy* (Londres), 26 de noviembre de 1873.

Día 28. *Horrible butchery of the «Virginius» passengers* [La horrible carnicería de la tripulación del «Virginius»]. Conjunto de seis viñetas alusivas al evento, incluyendo una que muestra a los condenados desfilando por una calle de Santiago y una escena del fusilamiento. Dibujo de G. Parker. En *The Daily Graphic,* 28 de noviembre de 1873.

Día 29. *The last Straw on the camel's back [*La gota que colmó el vaso]. Caricatura de Matt Morgan (Londres, 1839-Nueva York, 1890). En *Frank Leslie's Illustrated Newspaper,* 29 de noviembre de 1873, pp. 200-201.

Día 29. *The Spanish outrage. Chase and capture of the American ship «Virginius»* [La ofensa española. Persecución y captura del buque americano «Virginius»]. Conjunto de siete imágenes dibujadas por M. Matthews. En *Frank Leslie's Illustrated Newspaper,* 29 de noviembre de 1873, p. 204.

Día 29. *The «Tornado» and the «Virginius» in the harbor of Santiago de Cuba* [El «Tornado y el «Virginius» en la bahía de Santiago de Cuba]. En *The Daily Graphic,* 29 de noviembre de 1873, p. 188.

Día 29. *View of Santiago de Cuba, where the Captain and crew of the «Virginius» were executed* [Vista de Santiago de Cuba, donde el capitán y la tripulación del «Virgnius» fueron ejecutados], en *Frank Leslie's Illustrated Nespaper,* el 29 de noviembre de 1873, p. 197.

Día 30. *Acontecimientos de Cuba. Fusilamiento de los cubanos apresados en el Virginius.* Dibujo de H. Meyer, grabado por L. Dumont. En *El Americano* (París), 30 de noviembre de 1873.

¿Día?. *Hinrichtung der Mannschaft der «Virginius» bei Sant Jago de Cuba am 8 November 1873* [Ejecución de la tripulación del «Virginius» en Santiago de Cuba el 8 de noviembre de 1873]. Matt Morgan. En *Frank Leslie's Illustrirte Zeitung,* ¿día? de noviembre de 1873, p. 361.

DICIEMBRE DE 1873

Día 1. *Vista de la Ciudad y bahía de Santiago de Cuba á la llegada del Tornado y del Virginius.* En *El Mundo Nuevo* (Madrid), 1 de diciembre de 1873, p. 313.

Día 6. *The City of Santiago de Cuba. Arrival of the Spanish steamer «Tornado» with the captured American steamer «Virginius»* [La ciudad de Santiago de Cuba. Llegada del vapor «Tornado» con su presa, el vapor americano «Virgnius»]. Dibujo del Capitán Francisco Chobot, basado en la litografía santiaguera de Barañano y Laplante. En *Frank Leslie's Illustrated Newspaper,* 6 de diciembre de 1873, p. 213.; repetido en la versión alemana del semanario de Leslie's, *Frank Leslie's Illustrirte Zeitung,* del 13 de diciembre de 1873, p. 328, con el título *Cuba. Ankunft der Spanischen Kriegsschiffe «Tornado» mit dem amerikanischen Filibustierschiff «Virgi-*

nius» in hafen von Sant Iago de Cuba [Cuba. Vista del buque de Guerra «Tornado» con el barco filibustero americano «Virginius» en la bahía de Santiago de Cuba]; había sido publicado, con el título *Vista de la Ciudad y bahía de Santiago de Cuba á la llegada del Tornado y del Virginius*, en *El Mundo Nuevo* (Madrid), 1 de diciembre de 1873, p. 313.

Día 6. *Passagiere und Mannschaft der «Virginius» auf dem Wege zum Gefängniss in Sant Jago de Cuba* [Pasajeros y tripulación del «Virginius» en camino a la cárcel en Santiago de Cuba]. En *Frank Leslie's Illustrirte Zeitung*, 6 de diciembre de 1873, p. 313.

Día 6. *Erschiessung von Varona, Cespedes, del Sol und W. A. C. Ryan in Sant Jago de Cuba am 4. November 1873* [Fusilamiento de Varona, Céspedes, del Sol y W. C. Ryan en Santiago de Cuba el 4 de noviembre de 1873]. En *Frank Leslie's Illustrirte Zeitung*, 6 de diciembre de 1873, p. 313.

Día 6. *View of the slaughter-house on the suburbs of Santiago de Cuba, where the principal members of the «Virginius» crew were shot* [Vista del matadero en las afueras de Santiago de Cuba donde los principales miembros de la tripulación del «Virgnius» fueron fusilados]. En *Frank Leslie's Illustrated Newspaper*, 6 de diciembre de 1873, p. 217; publicado, con el título *Vista del matadero en los suburbios de Santiago donde fueron fusilados los pasajeros y tripulantes del «Virginius»*, en *El Mundo Nuevo*, 1 de diciembre de 1873, p. 309.

Día 8. *How Castelar's proposed surrender of the «Virginius» to the United States is received by the Cubans* [Cómo los cubanos reciben la propuesta de Castelar de entregar el «Virginius» a los americanos]. En *The Daily Graphic*, 8 de diciembre de 1872.

Día 13. *Peace- when there is no peace* [Paz -cuando no hay paz]. Caricatura de Matt Morgan. En *Frank Leslie's Illustrated Newspaper*, 13 de diciembre de 1873.

Día 13. *Santiago de Cuba. Scene of the Virginius Executions* [Santiago de Cuba. Ecena de las ejecuciones del Virginius]. En *Penny Illustrated Paper* (Londres), 13 de diciembre de 1873, p. 380. Es la misma imagen que ya había aparecido en el *Illustrated London News* en 1849.

Día 13. *Das Castell an der Einfahrt des Hafens von Santiago de Cuba* [El castillo a la entrada de la bahía de Santiago de Cuba]. Dibujo de Klein. En *Illustrirte Zeitung* (Leipzig), 13 de diciembre de 1873, p. 433.

Día 13. *Cuba. Ankunft der Spanischen Kriegsschiffe «Tornado» mit dem amerikanischen Filibustierschiff «Virginius» in hafen von Sant Iago de Cuba* [Cuba. Vista del buque de guerra español «Tornado» con el buque filibustero americano «Virginius» en la bahía de Santiago de Cuba]. En *Frank Leslie's Illustrirte Zeitung,* del 13 de diciembre de 1873, p. 328.

Día 14. *The «Virginius» Massacre* [La masacre del «Virginius»], representando un diálogo entre Miss Columbia (que representa los Estados Unidos) y el Secretario de Estado Hamilton Fish (1808- 1893); a sus espaldas una escena de Santiago y el fusilamiento de los condenados. Dibujo de G. Hart, en *The Daily Graphic,* 14 de noviembre de 1873, p. 89.

Día 16. *Episodios de la captura del Virginius.* Cuatro dibujos de Gastón Marichal grabados por R.B. *Llegada de los marinos españoles a borde del Virginius; La bandera americana es arriada en el Virginius; Trasbordo de los prisioneros al Tornado; Conducción de los prisioneros a la cárcel de Santiago de Cuba.* En *La Ilustración Española y Americana,* 16 de diciembre de 1873, p. 764.

Día 20. *The Spanish outrage at Santiago de Cuba. Scene at the slaughterhouse the moment before the execution of the crew of the «Virginius». Captain Fry walking down the line, bidding his companions farewell* [La afrenta española en Santiago de Cuba. Escena en el matadero momentos antes de la ejecución de la tripulación del «Virginius». El Capitán Fry camina despidiéndose de sus compañeros]. Dibujado por Franklin Coffin y grabado por Matt Morgan. En *Frank Leslie's Illustrated Newspaper,* 20 de diciembre de 1873, p. 252.

Día 20. *«Do not offend Spanish pride»* [«No ofender el orgullo español»]. Caricatura de Matt Morgan. En *Frank Leslie's Illustrated Newspaper,* 20 de diciembre de 1873.

Día 20. *Indignities perpetrated on the «Virginius» victims at the Santiago slaughter house* [Vejaciones perpetradas contra las víctimas del «Virginius» en el matadero de Santiago]. Dibujado por Franklin Coffin. En *Frank Leslie's Illustrated Newspaper,* 20 de diciembre de 1873, p. 253.

Día 20. *Santiago de Cuba. The Spanish outrage. After the butchery. Negroes of the chain-gang, under command of Spanish officers, tumbling the dead bodies of Captain Fry and his companions into mulecarts* [Santiago de Cuba. La afrenta española. Después de la carnicería cuadrillas de negros bajo las órdenes de los oficiales españoles, arrojan los cadáveres del Capitán Fry y sus compañeros en carretones de mulas]. Dibujado por Franklin Coffin. En *Frank Leslie's Illustrated Newspaper,* 20 de diciembre de 1873, p. 253.

Día 20. *Views in Santiago de Cuba* [Vistas en Santiago de Cuba]. Conjunto de cuatro imágenes, que incluye la familia de un hacendado, la casa de campo de un comerciante, una escena costumbrista callejera y el matadero donde fusilaron a los prisioneros del «Virginius». En *The Graphic,* 20 de diciembre de 1873, p. 592.

Día 20. *Evénements de Cuba. Exécution de l'équipage du Virginius, à Santiago de Cuba* [Acontecimientos de Cuba. Ejecución de la tripulacion del Virginius en Santiago de Cuba]. Dibujado por Miranda (?) y grabado por Ed. Yon. En *L'Illustration,* 20 de diciembre de 1873, p. 408.

Día 20. *Les éxécutions de Santiago de Cuba. Les cadavres foulés aux pieds des chevaux aprés l'exécution* [Las ejecuciones de Santiago de Cuba. Los cadáveres arrojados a los pies de los caballos después de la ejecución]. Grabado de Smeeton-Tilly. En *L'Illustration,* 20 de diciembre de 1873, p. 413.

Día 30. *The surrender of the «Virginius» and the remainder of her crew* [La rendición del «Virginius» y el resto de su tripulación]. Cinco dibujos de J. O. Davidson. En *The Daily Graphic,* 30 de diciembre de 1873.

ENERO DE 1874

Día 9. *Fucilazione dei prigionieri del Virginius* [Fusilamiento de los prisioneros del Virginius]. En *Illustrazione Italiana* (Milán), 9 de enero de 1974.

Día 10. *The surrender of the surviving prisoners of the «Virginius» crew* [La rendición de los prisioneros sobrevivientes del Virginius]. Conjunto de tres imágenes dibujadas por Francisco Chobot: *The prisoners in the dungeon of Morro Castle in Santiago de Cuba; The transfer of the prisoners from the Castle to the «Juniata.» Their joy at sight of the American flag; The prisoners receiving clothing and blankets from the stores of the crew of the «Juniata»* [Los prisioneros en la mazmorra del Castillo del Morro en Santiago de Cuba; la trasnferencia de los prisioneros del Castillo al barco «Juniata», La alegria de los prisioneros al ver la bandera americana. Los prisioneros reciben ropa y frazadas de los almacenes de la tripulación del «Juniata»]. En *Frank Leslie's Illustrated Newspaper,* 10 de enero de 1874, p. 300.

***

El *Virginius* fue trasladado a Bahía Honda, y salió remolcado hacia la Florida el 18 de diciembre de 1873, pero sus malas condiciones no le permitieron llegar a puerto. Se hundió cerca de Cabo Hatteras, Carolina del Norte, el 26 de diciembre de 1873, casi dos meses después del inicio de su fatídico viaje.

Luego de medio siglo, en 1922, siendo alcalde de Santiago Emilio Bacardí (1844-1922), una calle santiaguera tomó el nombre de Lambton Loraine y allí, frente a la Bahía, se colocó un busto de bronce del capitán inglés, esculpido por la propia hija del alcalde. Evidentemente, en este caso, su amenaza con bombardear la ciudad fue aplaudida y bienvenida por todos.

Un sello de Honduras de 2015 ilustra al *Niobe*. Quizás nuestro Ministerio de Comunicaciones se embulle algún día y lo honremos con un sello criollo. O quizás no, por considerar que las potencias extranjeras no deben inmiscuirse en la situación de derechos humanos dentro de la Isla.

48. EMBARCACIÓN DESCONOCIDA

Habana – Filadelfia
Marzo de 1876

Para celebrar el centenario de la Declaración de Independencia americana muestros vecinos del Norte decidieron botar la casa por la ventana. Aspirando a entrar a la liga de los mayores —el mundo europeo— decidieron organizar la primera exposición universal de este lado del Atlántico. Si París, Londres y Viena podían, Filadelfia también lo haría.

Pero lo haría distinto. En vez de tener muchas categorías de premios habría solo una: todos recibirían medalla de bronce. Y en vez de galardonar solo al «mejor», serían premiados los buenos («lo perfecto es lo enemigo de lo bueno», me enseñaron los jesuitas). De hecho, entre los más de 30,000 concursantes se repartieron 13,108 medallas. Una feria muy democrática. Fueron tantas las medallas que se llevaron los americanos que uno puede encontrar una en *ebay* por $150.00.

Se cursaron invitciones a un gran número de países. España enfrentaba dos guerras (la carlista y la de los mambises) y al principio dudó si podría afrontar los gastos. Además, los adelantos industriales de España no podrían competir realmente con los de otras naciones europeas ni con los Estados Unidos. Pero España y sus colonias sí tenían una inmensa riqueza agrícola y finalmente fueron persuadidos de que tenían que acudir a la cita.

La Feria estaba organizada en cuatro grandes categorías: agricultura (que incluía bebidas alcohólicas derivadas de las plantas), industria, instrucción pública y las bellas artes. Por razones de lógica y logística la comisión española organizadora creó subcomisiones en Ultramar (Cuba, Puerto Rico y Filipinas). No tendría sentido enviar los productos cubanos a España para de allí reembarcarlos. En algún buque, cuyo nombre desconocemos, nuestra Isla mandó una representación de lo mejor que teníamos. Los artículos tenían que llegar a Filadelfia antes del 31 de marzo, por lo que suponemos que nuestra feliz embarcación zarparía de La Habana algunas semanas antes.

Y finalmente el 10 de mayo de 1876 abría sus puertas la Exposición Universal de Filadelfia (*Centennial Exhibition*). En sus predios se construyeron 200 edificios que recibirían el primer día 186,272 personas. No se mantuvo así todos los días, claro, pero el 28 de septiembre se contaron un cuarto de millón de visitantes.

A la cita concurrieron varios países y posesiones, incluyendo Inglaterra, Nueva Zelanda, Australia, Ceilán, Mauritius, Tasmania, Seychelles, India, Canadá, Argentina, Dinamarca, Alemania, Austria, Suiza, Bélgica, Holanda, China, Japón, Brasil, Chile, Perú, México, Filipinas, Portugal, Turquía, Egipto, Suecia, Rusia, Liberia, Luxemburgo, Venezuela y España (bajo cuya bandera transitábamos nosotros entonces).

Entre los inventos y productos que se presentaban por primera vez estaba el teléfono de Alexander Graham Bell, la máquina de escribir Remington y el cachú (*ketchup*) de Heinz.

Representando a España llevaron sus productos 2,340 expositores de la Península (incluyendo Cuba y Puerto Rico) y más 400 de Filipinas. Si mi cuenta es correcta, de nuestra Isla participaron al menos 85 expositores (todo esto puede leerse en el Catálogo Oficial de la Feria).

Además de los representantes del ramo del tabaco, otros insulares llevaron sus chocolates, frutas en conserva, pasta de guayaba, azúcar, miel, frutas y vegetales frescos y bebidas. Dentro de las otras categorías, Menéndez, Carvajal y Ca. llevó sombreros; Desiderio Rodríguez de Cienfuegos una mesa hecha de mosaicos; Manuel María Campos sus modelos de raíles y vagones de trenes; Francisco Albear y Lara mostró su proyecto de suministro de agua potable; un modelo de máquina de vapor para moler caña llevaba el Sr. Plasencia; el Colegio de Belén llevó una muestra de las observaciones meteorológicas de su observatorio; Jules Lachaume se presentó con una estructura de 12 x 25 pies diseñada para mostrar semillas y plantas tropicales; José Fábregas Brú contribuyó con un pupitre que había diseñado; y Esteban Chartrand asombró con su óleo del valle del Yumurí.

Un número importante de jueces examinarían, comerían, fumarían y catarían todos estos envíos de 35 países. En el ramo agrícola, que es el que he estudiado, nuestra Isla se llevó 24 medallas de bronce, las primeras en nuestra historia.

Catorce galardones recibió nuestro tabaco: Julian Álvarez, Ramón Allones, Fernando Arrigunaga, Celestino Asay, Bock y Cia, Camino Cuesta y Cia, la Comisión Cubana (¿de Tabaco?), Díaz Bances y Cía, José Gener, Miguel Jané, José Partagás, Juan Vernabé Romero, Enrique Tolosa y Hno. y Valle, Suárez y Cía.

Con sus chocolates ganaron medallas los habaneros José María Iriarte, Monroe Prieto y Cía y Plana y Cía. José Fernández, de Matanzas, también llevaría premio.

Nuestro dulce de guayaba debe haber cautivado a los golosos jueces puers recibimos cuatro premios: Juan Boschi, Costa & Co., Tranquilino García y J. Gómez y Cia.

Desde Santiago de Cuba José Bueno y Compañía ofreció un ron que los jueces encontraron «de muy buena calidad, muy buen aroma, bien hecho y fuerte». También le dieron su medalla.

La última medalla (número 2005 de la lista) se la dieron a «Bocardi & Co». Pero no por ron, contrariamemte a toda la información que, viniendo de muchos libros y del internet, nos haría pensar. Don Facundo la ganó... ¡por su vino de naranja! El juez que le dio el premio, Jaime Batalha Reis (1847-1934), distinguido agrónomo y diplomático portugués, dijo que era «un vino de naranja bueno, fino y muy bien preparado».

Por todo ello, la próxima vez que escuchen decir que el extraordinario Ron Superior Extra Seco de 1873 de Bacardí ganó medalla de oro en Filadelfia pueden decirle de mi parte que la cosa no fue tan así. Primero, nadie se llevó medalla de oro. Segundo, su medalla de bronce fue por vino de naranja. Y tercero fue una medalla entre 13 mil. Digo, tampoco es para tanto. Aunque sin duda fuera mucho.

Claro, Bacardí sigue siendo, junto con nuestro tabaco, nuestro buque insignia en calidad y aceptación. Nos ha dado millones de clientes satisfechos, que nunca más olvidarán el nombre de aquel inmigrante catalán que con gran esfuerzo, y rodeado de muchos talentos, hizo volar al murciélago criollo por todos los rincones del mundo. Y eso vale más que cualquier trofeo —aunque muchos y muy merecidos ha recbido.

La historia de Bacardí (y las de Ramón Allones, Gustavo Bock, José Gener, Miguel Jané y Jaime Partagás, también galardonados en Filadelfia) me hzo recordar una reflexión de La Avellaneda escrita en 1841 *(Sab,* Capítulo III):

> Sabido es que las riquezas de Cuba atraen en todo tiempo innumerables extranjeros, que con mediana industria y actividad no tardan en enriquecerse de una manera asombrosa para los indolentes isleños, que satisfechos con la fertilidad de su suelo, y con la facilidad con que se vive en un país de abundancia, se adormecen, por decirlo así, bajo un sol de fuego, y abandonan a la codicia y actividad de los europeos todos los ramos de agricultura, comercio e industria, con los cuales se levantan en corto número de años innumerables familias.

En barco vino Don Facundo desde Cataluña a Cuba. En barcos trajeron los soldados americanos la *Coca Cola* a las costas de orientales. En algún momento se encontraron *(«¡Es Santiago de Cuba! ¡No os asombréis de nada!»).* Había nacido el Cuba Libre. Libre, como el ideal que festejaron los americanos —y el mundo— en la Exposición Centenaria de Filadelfia.

49. *FLEET WING*

Nassau - Cayo Hueso (Key West)
Fines de abril de 1881 - 7 de mayo de 1881

Cuando aquel joven de 22 años se encontró en Bayamo con Carlos Manuel de Céspedes el 18 de octubre de 1868 pudo escucharse este diálogo:

—«Bienvenido, Ud. me hace falta. Tenga la bondad de incorporarse a mi Estado Mayor.

—Pero es que mi padre me ha aconsejado que no acepte grado alguno, que sirva a mi Patria en la clase de soldado.

—Bueno, tu papá, mi amigo, manda allí en su casa; yo mando aquí.

—A sus órdenes General».

Poco después, Céspedes le ordenó al capitán Eduardo Suástegui que incoporara al joven en su sección de ingenieros. De ahora en adelante Fernando Figueredo Socarrás (1846-1929) formaría parte del ejército mambí.

Fernando Figueredo se encontraba en Estados Unidos cuando en enero de 1868 recibió una carta de su padre diciéndole que la revolución tocaba a la puerta, que Bayamo era un volcán y que su tío Perucho había compuesto un himno. No lo pensó demasiado. El 2 de febrero, a bordo del *Morning Star* zarparía de Nueva York hacia Santiago de Cuba.

Figueredo nos dejó un valiosísimo recuento de la guerra y de su participación en ella, *La Revolución de Yara* (1902). Fue jefe del Estado Mayor de una división del Ejército de Oriente con Manuel de Jesús Calvar (1837-95). Fue secretario de la Cámara de Representantes por Oriente. Estuvo en la Protesta de Baraguá. En un emocionante momento Céspedes le entregó a Figueredo su escarapela, que había sido confeccionada por jóvenes bayamesas. A su vez, Figueredo la entregaría a Martí, y éste la llevaba consigo el

19 de mayo en Dos Ríos. Hoy se encuentra en el Museo Casa Natal de José Martí.

Conoció Figueredo el exilio en Santo Domingo entre 1878 y 1881 y ahora lo encontramos, a fines de abril de 1881 a bordo del *Fleet Wing* haciendo la travesía entre Bahamas y Cayo Hueso.

Al legar al Cayo descubriría una vibrante comunidad de emigrados. Según el profesor Antonio de la Cova, ya en 1876 el bayamés Carlos Manuel de Céspedes y Céspedes (1840-1915), hijo del Padre de la Patria, había salido electo a la alcaldía de Cayo Hueso. Figueredo seguiría sus pasos. Fue representante en la legislatura de la Florida (1885) y alcalde de West Tampa (1895).

Ellos abirírían el camino a muchos otros cubanos que, especialmente después de 1959, ocuparían escaños en legislaturas locales, estatales y federales. Algunos de nuestros compatriotas han servido en las alcaldías de muchas ciudades, en el poder judicial local, estatal y federal, o servido los gabinetes ministeriales de varios gobernadores y presidentes norteamericanos. Dos descendientes de cubanos han aspirado a la presidencia de Estados Unidos. Todo eso empezó en el Cayo en el siglo XIX. Céspedes y Figueredo fueron los pioneros.

Su amigo José Martí le dedicaría a Figueredo estas líneas

> ...no tiene hora el día que Figueredo no emplee, ni el Cayo un cubano que trabaje más que él. Él de maestro de pobres; él de corresponsal de esta casa, él de tenedor de libros en aquella; él, en todas partes, de secretario o presidente; el sol le sale en la faena y se pone siempre antes que su trabajo; los ojos le chispean, como en los grandes días; ni abandona el bastón de camino, ni el sombrero de veterano: ¡No lo podíamos ver nunca, yendo de un trabajo a otro, sin pensar en aquellas otras marchas, que anduvo él tantas veces, - que andaremos...!" (*Patria,* En casa, 31 de enero de 1893).

Aunque no fue poeta, nos dejó unos versos compuestos al morir un coronel en el *Combate de Báguanos,* que así concluyen:

> Si algún día me cupiere
> la misma suerte que a él
> y por ceñirme un laurel
> en la lucha pereciere,

> medita en cuánto te quiere
> al que lo grande coadyuva,
> alza una oración que suba
> y se remonte hasta el cielo
> por quien murió en este suelo
> por la libertad de Cuba...!

Regresó a Cuba en 1898. Fue miembro de la Asamblea Constituyente, Director General de Comunicaciones, Intendente General de la República y Tesorero General de la República.

Poco antes de fallecer en La Habana el 13 de abril de 1929, Don Fernando dictó su autobiografía a su sobrina Evangelina. Una nieta de ésta regresó a Cuba en 1998 y sacó el mecanuscrito para compartirlo con su familia exilada en los Estados Unidos. Emocionados con su lectura y comprendiendo su valor para las nuevas generaciones, la familia costeó una impresión privada del valioso documento. Tuve la suerte que uno de sus descendientes, mi buen amigo Angel Clarens, me obsequiara un ejemplar. Para su mayor difusión, hemos entregado su texto al Instituto de Historia de Cuba.

Nuestros próceres, así como personas sin más méritos que el de haber presenciado hechos trascendentales, hicieron Patria no solo sirviéndola en la guerra y en la paz, en el exilio o en la isla, sino también escribiendo sus memorias. Sin testimonios nunca podremos entender la microhistoria. Y, sin esos preciosos y reveldores detalles, no podremos nunca armar, con los necesarios matices, nuestro complejo rompecabezas.

50. *BARACOA*

Boston -Santa Cruz del Sur
7 de enero de 1895 - 13 de enero de 1895

La idea era desembarcar el *Baracoa* en Santa Cruz del Sur y desde allí sumarse a los otros grupos que, tratarían, una vez más, de separar a Cuba de España. Se había intentado en 1850. Otra vez en 1868. A la tercera sería la vencida. El tema ha sido estudiado por varios investigadores, incluyendo Antonio Rafael de la Cova, y el lector que desee mayor información debe acudir a ellos.

El plan lo había concebido José Martí (y para ello aparentaría ser un rico inglés llamado D. E. Mantell). Por supuesto, en silencio tendría que ser. A principios de enero de 1895 tres barcos saldrían del puerto de Fernandina en la Florida y, luego de varias escalas, desembarcarían en tres provincias distintas, provocando alzamientos simultáneos dentro de la Isla. En Oriente estaban listos Guillermón Moncada (1841-95) y Bartolomé Masó (1830-1907); en Camagüey, Salvador Cisneros Betancourt (1828-1914); y en Las Villas, Francisco Carrillo (1851-1926).

El *Lagonda* (que vendría de Brooklyn, Nueva York) saldría con Patricio Corona y Manuel Mantilla (el hermano de María), recogería en Costa Rica a los generales Antonio Maceo y Flor Crombet con unos 200 hombres y desembarcarían en Oriente. El *Amadís* (que vendría de Rockland, Maine) pasaría por Cayo Hueso a recoger a Carlos Roloff y Serafín Sánchez con unos 200 hombres y desembarcaría en Las Villas. Finalmente, en el *Baracoa* (que vendría de Boston) zarparían Martí, el coronel José «Mayía» Rodríguez y el comandante Enrique Collazo, viajarían a Santo Domingo a recoger a Máximo Gómez y 300 hombres y desembarcarían en Santa Cruz del Sur. Todos los barcos llevarían cargamento de armas. Tres barcos, tres provincias, tres frentes insurrectos.

Pero el plan fracasó y ninguna de las embarcaciones logró salir de territorio norteamericano.

Cuando aún estaban el *Lagonda* y el *Amadís* en Nueva York un informante llamado James Batewell le escribió el 10 de enero a John G. Carlisle, Secretario del Tesoro americano, comunicándole que las dos embarcaciones eran parte de una conspiración «filibustera» hacia el Caribe (violando así las leyes de neutralidad en los confictos bélicos de terceros). Al día siguiente, el periódico neoyorquino *The World* daba la noticia de que se sospechaba que los barcos tenían otra misión que la oficialmente declarada (irían a Haití, Honduras, Nicaragua o algún otro lugar). Otras fuentes hablan de una delación del comisionado Fernando López de Queralta. Todo esto provocó una investigación sobre los verdaderos propósitos de los barcos fletados clandestinamente por Martí.

El 11 de enero de 1895, ya en Fernandina, el *Lagonda* fue registrado. Las cajas de armas fueron trasladadas a tierra y, liberado el día 18, marchó a Nueva York. El 13 de enero, también en Fernandina, registraron el *Baracoa*, que fue puesto en libertad (y el capitán finalmente canceló el contrato y regresó a Nueva York). Por su parte, El *Amadís* fue detenido en Tybee (Savannah, Georgia) el día 15, siendo liberado al día siguiente. No continuó rumbo a Fernandina y regresó a Nueva York.

No deja de resultar curioso que el agente local en Fernandina que coordinó el flete de los barcos de los conspiradores cubanos era Nathaniel Barnett Borden quien, por demás, era ¡vice cónsul de España! En 1925 el Gobierno cubano le entregó un diploma en reconocimiento. No puedo imaginarme que el gobierno español hiciera lo mismo.

A pesar de este importante revés, la principal pérdida fue la del dinero del flete de los tres barcos, porque la mayoría de las armas, inicialmente decomisadas, fueron oportunamente devueltas a los patriotas cubanos y una gran parte se embarcó posteriormente hacia la Isla.

El 13 de enero Marti se había reunido en el Hotel Travellers de Jacksonville con Collazo, Mayía Rodríguez, Charles Hernández, Enrique Loynaz y otros para analizar la situación luego de los eventos de Fernandina y tomar decisiones. Marcha a Nueva York el 14 y ese día el *Florida Times Union* de Jacksonville implica a

Martí con el envío de armas a bordo del *Lagonda* a Cuba. La situación se volvía insostenible.

A su regreso a Nueva York, muchas cosas tendría que arreglar Martí, pues ya solo permanecería dos semanas más en suelo norteamericano. Finalmente, el día 29 redacta la Orden de Alzamiento, que firma con Collazo y Mayía Rodríguez. Juan de Dios Barrios llevaría los documentos desde Cayo Hueso a La Habana. El 30 de enero Martí zarpaba en el *Athos* hacia Cabo Haitiano y de ahí a Montecristi, a donde llegó el 24 de febrero. Justo cuando en Baire se lanzaba el luminoso Grito.

Dos días antes, el 22 de febrero, Juan Gualberto Gómez desde La Habana había enviado un cablegrama de la Western Union con destino a Martí, pero para burlar la vigilancia, iba dirigido a la suegra de Gonzalo de Quesada, Luciana Govín (por un error, salió dirigido a «Luciano Jovin») a su dirección de Nueva York, 349 West 46th st. Llevaba el el famoso texto en clave «Aceptados Giros. Arturo». Quería decir que ya la fecha de la insurrección estaba acordada. Martí se enteraría más tarde, pues cuando el cable llegó a Nueva York ya Martí estaba en Santo Domingo.

Maceo y Crombet, que originalmente viajarían a Cuba en el *Lagonda*, finalmente lo hicieron en la goleta *Honor*. Serafín Sánchez y Carlos Roloff que pensaban desembarcar en el *Amadís*, lo hicieron en el *James Woodall*. Y Martí y Gómez, inicialmente pasajeros del *Baracoa*, llegaron a la Isla en el *Nordstrand*.

Y a la tercera fue la vencida. Aunque fuera con otros barcos.

51. *HONOR*

Isla Fortuna, Bahamas - Playa de Duaba, Baracoa
31 de marzo de 1895 -1 de abril de 1895

Después de su protesta en Baraguá el 15 de marzo de 1878, y cargando sus 21 honrosas cicatrices, Antonio Maceo marchó para Jamaica siempre pensando regresar a Cuba. Pero su expedición del 2 de julio de 1880 desde Puerto Plata hacia playas cubanas bordo del *Santo Domingo* se frustró, y tuvo otros problemas personales. Entonces Maceo, por consejo del Máximo Gómez (que vivía en en Honduras desde 1879) llegaría a ese país el 20 de julio de 1881. Otros patriotas, entre ellos Carlos Roloff, Flor Crombet, Eusebio Hernández y Manuel de Jesús Calvar, seguirían sus huellas.

Según documentos encontrados por el investigador Raúl Rodríguez La O, el gobierno español había acordado con el presidente hondureño, Marco Aurelio Soto, para que éste ofreciera condiciones de vida y trabajo favorables a los patriotas cubanos y con eso asegurar la paz dentro de la Isla. Los cubanos, por su parte, pensaban que todo aquello era un gesto de solidaridad de la República hermana. ¡Cuántos secretos guardan los archivos!

Maceo, sin embargo, tenía otros planes. Fundaría una colonia agrícola cubana en la Costa Atlántica de Costa Rica para de ahí lanzar expediciones hacia Cuba. Pero el gobierno español también presionó al gobierno costarricense, todo a espaldas del Titán, y finalmente el 13 de mayo de 1891 Maceo firma en el Palacio Nacional de San José de Costa Rica el contrato de fundación... pero en la costa del Pacífico (y ya no estaría tan cerca de la Isla).

Martí nos lo retrataría con su magistral prosa el 6 de octubre de 1893:

> En Nicoya vive ahora, sitio real antes de que la conquista helase la vida ingenua de América, el cubano que no tuvo rival en defender, con el brazo y el respeto, la ley de su república. Calla el hombre útil,

como el cañón sobre los muros, mientras la idea incendiada no lo carga de justicia y muerte. Va al paso por los caseríos de su colonia con el jinete astuto, el caballo que un día, de los dos cascos de atrás, se echó de un salto, revoleando el acero, en medio de las bayonetas enemigas.

Escudriñan hoy pecadillos de colonos y quejas de vecindad, los ojos límpidos que de una paseada se bebían un campamento. De vez en cuando sonríe, y es que ve venir la guerra.

...

En el marco formidable cabe un gran corazón. Jamás parece que aquel hombre pueda, con su serena pujanza, afligir u ofender, por sobra de hecho o parcialidad de juicio, la patria a quien ama de modo que cuando habla, a solas con el juramento, de la realidad de ella, del fuego que arde en ella, la alegría le ilumina los ojos, y se le anuda en la garganta el regocijo: está delante el campamento, y los caballos galopando, y se ven claros los caminos.

En Costa Rica Maceo fue victima de un atentado y dos veces trataron de envenenarlo. Pero el Titán estaría atento al nuevo clarín. Todo estaba preparado para partir en enero de 1895 en el *Lagonda* que saldría de Fernandina a reogerlos, pero la expedición, como ya vimos, se frustró. Ese honor le tocaría, valga la redundancia, a la goleta *Honor*.

Los 23 expedicionarios basados en Costa Rica, entre ellos Antonio y José Maceo (que viajaba con su esposa), Flor Crombet, Agustín Cebreco, Patricio Corona, Juan Fustiel, el colombiano Adolfo Peña y el dominicano José M. Arseno, partirían el 25 de marzo de 1895 en el buque inglés *Adirondack* desde Puerto Limón. Primero hicieron una escala en Kingston (donde desembarcaría la esposa de José Maceo) y luego desembarcaron el día 29 en Fortune Island, en las Bahamas.

Quien les facilitó el transporte para llegar a Cuba —la goleta *Honor*— fue Howard H. Farrington, Agente Consular de Estados Unidos, importante hombre de negocios en Bahamas y amigo del capitán Stewart (otras fuentes dan su nombre como Samson). No deja de resultar curioso que Maceo pudiera desembarcar en Cuba en una goleta cuyo dueño era un diplomático al servicio de los Estados Unidos.

La goleta partió de Isla Fortuna hacia Gran Inagua. La tripulación la integraban el Capitán James McKinney y los marineros John McKenzie y Robert Ramsley, los tres ciudadanos británicos. El 1 de abril había urgencia en desembarcar para evitar la captura por barcos españoles cercanos y hubo que encallar la goleta para poder bajar a tierra.

Conocemos el resto de la historia. El 5 de mayo se encontraría en La Mejorana con Martí y Máximo Gómez. El 19 fallecería el Apóstol. El 22 de octubre, comenzaría Maceo la epopeya invasora de Oriente a Occidente, burlando trochas y tropas españolas. Un mes después, en un artículo aparecido en *Patria* el 20 de noviembre, Manuel Sanguily (1848-1925) lo llamaría «El Titán de Bronce». La Columna Invasora terminaría en Mangos de Roque, Mantua el 22 enero de 1896. Desde 1933 una hermosa escultura de Juan José Sicre (1898-1974) representando al soldado invasor saluda al visitante a la entrada de esa localidad.

A fines de 1896 caería el Titán en San Pedro, cerca de Punta Brava, un fatídico 7 de diciembre. Llevaron sus restos escondidos al Cacahual y estos no fueron exhumados hasta el el 17 de septiembre de 1899. Luego de honrarlo con dos monumentos (1899, 1905), finalmente se erigió el actual entre 1944 y 1951. Es obra del ingeniero Eduardo Montoulieu (1883-1977) y el escultor Teodoro Ramos Blanco (1902-72).

San Pedro, donde cayera, es también terreno sagrado. Desde 1986 el Complejo Monumentario Antonio Maceo, obra de un equipo bajo la dirección del arquitecto Fernando Salinas y el escultor José Delarra, honra la valentía y patriotismo del Jefe de la Columna Invasora.

En Costa Rica tampoco lo han olvidado. En 1996 en el parque de La Mansión, en Nicoya, la escultora cubana Thelvia Marín creó un conjunto arquitectónico con los restos del ingenio azucarero que fundara el colono Antonio Maceo. Por otra parte, el nombre del Titán suena en las melodías de Jesús Bonilla Chavarría, que compuso *Águilas de libertad,* Himno de la Escuela Antonio Maceo y Grajales, y de José Ramírez Salazar, quien nos dejó el *Himno al Colegio Técnico Profesional Industrial La Mansión.*

Mi amigo Rafael Hernández, que antes de ser politólogo es poeta, nos ha dejado esta semblanza para la partida:

> Surca el viento a cuerpo entero
> de cicatrices cuajado,
> nocturno cielo estrellado
> por refilones de acero;
> hacia Occidente el guerrero
> va con el fuego de Oriente,
> máximo lugarteniente
> de la Invasión y el Asombro,
> por cada estrella en el hombro
> mil estrellas en la frente.

52. *LAFAYETTE*

Veracruz - La Habana
12 de enero de 1897 - 15 de enero de 1897

No deja de ser curioso que un arte cuya propia existencia requiere de luz haya sido inventado por dos hermanos con ese apellido. En efecto, los hermanos Auguste Marie y Louis Jean Lumière, nacidos en Besançon, Francia, patentaron el cinematógrafo el 13 de febrero de 1895 (11 días más tarde lanzaríamos nuestro grito en Baire). El 28 de diciembre de 1895 presentaron su primera función comercial en un sótano parisino y estrenaron, entre otros, un corto mostrando un jardinero que se moja con su propia manguera. Los asistentes estaban presenciando un verdadero milagro: el parto del Séptimo Arte.

No tardaron tiempo en dar a conocer su invento y pocos meses después enviaron al farmacéutico y camarógrafo Gabriel Veyre (1871-1936) y a Claude F. Von Bernard a México con la misión de presentar allí sus cortos franceses y filmar la vida cotidiana local. Habían salido de Le Havre en el vapor *La Gascogne* el 11 de julio de 1896 y, al llegar a Nueva York una semana después, emprendieron el viaje a Ciudad México en tren. Seis meses más tarde se enrumbaron desde Veracruz hacia La Habana en el *Lafayette*. Y Cuba, una vez más, cambió para siempre gracias a otro barco.

Debemos mantener en perspectiva que en el transcurso de los primeros 58 años del siglo XX se hicieron en Cuba, por iniciativa privada, alrededor de 80 películas. A partir de 1959, con el apoyo del gobierno y la presencia decisoria de Alfredo Guevara (1925-2013), han sido decenas de películas, cortos, noticieros y animados producidos en la Isla y un impresionante número de películas cubanas han tenido gran aceptación por la crítica y el público.

De los muy bien documentados textos de Arturo Agramonte, Luciano Castillo, María Eulalia Douglas, Juan Antonio García Borrero, Reynaldo González, Eduardo Noguer, Paulo Antonio Paranaguá y otras fuentes he escogido 50 momentos significativos de la aventura del cine en y sobre Cuba. Aclaro que se trata de una selección muy personal y subjetiva la cual, amateur que soy, no pretende establecer canon alguno. Cuando me refiero a una película menciono año, título, director y, a veces, un breve comentario.

1897. 23 de enero. Primera función de cine en Cuba. Tuvo lugar en la calle Prado número 126 (entonces al lado del Teatro Tacón, hoy Alicia Alonso). Se proyectaron los cortos franceses, *El tren (Arrivée d'un train en gare à La Ciotat,* filmada en Marsella en 1895), *Partida de cartas (Partie de cartes), El regador y el muchacho (L'Arroseur arrosé)* y *El sombrero cómico (Chapeaux à transformation).* Se ofrecieron diez tandas y mil curiosos entraron en la sala.

1897. 9 de febrero. Gabriel Veyre filma *Simulacro de incendio,* la primera película hecha en nuestro suelo teniendo como protagonistas a los bomberos de la estación en Prado y San José. En 1990 Sergio Núñez dirigió *Un filme poco inocente* argumentando que esta película se realizó por intereses políticos.

1898. La intervención norteamericana en la guerra de Cuba animó a Edison Manufacturing Company y la American Mutoscope & Biograph Company a producir varias películas sobre el conflicto bélico *in situ* o en estudios improvisados. La Biblioteca del Congreso atesora varias de ellas, incluyendo: mulas de carga en Santiago de Cuba; escenas a bordo los buques *Indiana* y *Raleigh*; escaramuza y Roosevelt con los *Rough Riders*; tropas americanas en La Habana; voluntarios americanos embarcando hacia Cuba; infantería americana en El Caney; fusilamiento de insurgentes; emboscada en Cuba; repatriación de soldados heridos después de Las Guásimas; el General Lee en La Habana; El *Vizcaya* y el *Maine* en ruinas; Shafter en Cuba; tropas americanas en Daiquirí y en Santiago; iza de la bandera americana en el Morro; refugiados cubanos esperando raciones; desembarco de tropas de color; y entierro de las víctimas del Maine. He entregado un DVD con copias de estos filmes al Instituto de Historia de Cuba.

1906. *El Parque Palatino* (un minuto). Enrique Díaz Quesada. Patrocinado por una fábrica de cerveza local.
1930. *La Virgen de la Caridad*. Enrique Díaz Quesada. Basada en la novela de Enrique Agüero Hidalgo. Película silente con textos bilingües. Resulta interesante que en Cuba se contemplaba en temprana fecha la exportación de una película criolla de tema tan nuestro al mundo angloparlante.
1932. *Maracas y bongó* (15 minutos). Max Tosquella. Primer cortometraje sonoro producido en Cuba.
1937. *La Serpiente roja*. Ernesto Caparrós (1907-92). Contaba la historia del detective chino Chan Li Po, un personaje popular de radio creado por Félix B. Caignet (ver capítulo 35).
1938. *El Romance del Palmar*. Ramón Peón. Un elenco estelar que reunió a Rita Montaner (que cantó *El manisero*), Garrido y Piñero, música de Ernesto Lecuona y Gonzalo Roig.
1938. *Sucedió en La Habana*. Ramón Peón. Coproducción mexicana.
1938. Películas Cubanas S.A (PECUSA), fundada por Ramón Peón, se une a los estudios que se encontraban en Bauta, en la Curva de Cantarranas. Se contratan técnicos nacionales y extranjeros, pero por desavenencias internas Peón se separa en 1939.
1938. *Tam Tam o el origen de la rumba*. Ernesto Caparrós. En 2013, el cineasta cubano residente en Nueva York, Iván Acosta, filmaría *Cómo se forma una rumba*.
1938. El primer Partido Comunista Cubano funda Cuba Sono Film, que produce dos películas *El Desahucio* (1940, Luis Álvarez Tabío, musicalizada por Alejo Carpentier) y *Un desalojo campesino* (1940, José Tabío, filmada cerca de Bauta).
1950. *Siete muertes a plazo fijo*. Manuel Alonso. Los mejores actores y actrices del momento formaron parte del elenco: Raquel Revuelta, Alejandro Lugo, Eduardo Casado, Julito Díaz y Maritza Rosales.
1951. Se crea la Cinemateca de Cuba (antes Cineclub de la Habana, fundado por Germán Puig y Ricardo Vigón en 1948).
1953. *Casta de roble*. Manolo Alonso. Celebrada como la mejor incursión del cine criollo en la problemática del campo cubano.

Me sentí muy orgulloso al ver a mi tío Álvaro Suárez en el papel del campesino Venancio.

1954. *La Rosa Blanca.* Emilio «Indio» Fernández. Coproducción mexicana. Vida del Apóstol Jose Martí. La protagonizó César Romero (1907-94), hijo de María Mantilla, que se reconocía como nieto de Martí.

1955. *El Mégano.* Cortometraje. Julio García Espinosa (1926-2016). Denuncia las condiciones de vida de los carboneros en la Ciénaga de Zapata, Censurada por el gobierno de Batista.

1959. Se funda el ICAIC (Instituto Cubano del Arte y la Industria Cinematográficos) y se nombra director a Alfredo Guevara.

1960. *Cuba baila.* Julio García Espinosa. Primera película del ICAIC. Evoca las frustraciones de organizar una fiesta de quince.

1961. *PM.* Cortometraje de 14 minutos. Orlando Jiménez Leal y Alberto («Sabá») Cabrera Infante. Se proyectó en el mes de mayo en el Programa Lunes en Televisión. Primera película censurada por razones políticas después de 1959.

1962. *Historia de un ballet (Suite Yoruba).* José Massip.

1965. *Now.* Santiago Álvarez (1919-1998). Documental sobre el racismo en los Estados Unidos. Hubiera sido también interesante apreciar el indiscutible talento de su director enfocado en el racismo dentro de Cuba, tema que, lamentablemente, nunca abordó.

1966. *La muerte de un burócrata.* Tomás Gutiérrez Alea (1928-96). Obra maestra de Tomás. No estoy muy seguro que los burócratas se dieron por aludidos y, por décadas, la burocracia cubana ha frustrado muchos empeños de reforma.

1967. *Las aventuras de Juan Quinquín.* Julio García Espinosa. Tres excelentes actores, Erdwin Fernández, Enrique Santiesteban y Agustín Campos interpretan a un magistral escritor, Samuel Feijóo (1914-92).

1968. *Por primera vez.* Octavio Cortázar, que nos revela el descubrimiento del cine por habitantes de las montañas de Baracoa, en el extremo oriental de la Isla. La película fue premiada en el Festival de Leipzig en 1968.

1968. *Coffea Arábiga.* Nicolás Guillén Landrián. «Yo quería ironizar con las cosas que sucedían alrededor del Cordón de La Habana, todo lo que se movía alrededor del Cordón de La Habana».

1968. *Memorias del subdesarrollo.* Tomás Gutiérrez Alea. Basada en la novela de Edmundo Desnoes.

1969. *Lucía.* Humberto Solás. Tres mujeres, tres momentos de la lucha insurrreccional cubana. Con música del gran compositor Leo Brouwer, y excelentes actuaciones de Raquel Revuelta, Eslinda Núñez y Adela Legrá.

1969. Julio García Espinosa da a conocer su *Por un cine imperfecto.*

1971. *Muerte y vida en el Morrillo.* Oscar Valdés, sobre Antonio Guiteras (1906-35).

1974. *De cierta manera.* Sara Gómez. Primer largometraje dirigido por una cubana.

1974. *Una Aventura de Elpidio Valdés.* Juan Padrón. De lo mejorcito en dibujos animados.

1978. *55 Hermanos.* Jesús Díaz (1941-2002). Un grupo importante, pero muy atípico del exilio cubano (la Brigada Antonio Maceo), hace su debut en las pantallas cubanas. Algún tiempo después, muchos hermanos ya no serían tan simpatizantes de la Revolución y Jesús Díaz terminó en exilio.

1979. *El Super.* León Ichaso y Orlando Jiménez Leal. Basada en la obra teatral del santiaguero Iván Acosta. Otra visión del exilio, hecha por exilados. Señal de nuevos tiempos: su libreto se publicó en la revista *Tablas* (2011). Y se presentó en Camagüey en 2014. La crítica Colunga Olivera publicó una hermosa crónica en *Adelante* («eso es Cuba aunque sea afuera, esa es la Cuba "comunidad imaginada", eso –sin lugar a dudas– es también nuestro.»).

1981. *Cecilia.* Humberto Solás. Otro intento de retomar la inmortal novela de Villaverde. Demasiado costosa y poco exitosa, según los críticos.

1982. Tomás Gutiérrez Alea escribe su ensayo *Dialéctica del espectador.*

1984. *Conducta impropia.* Néstor Almendros, Orlando Jiménez Leal. Triste documental sobre la intolerancia oficial en la isla, especialmente hacia los homosexuales. A juzgar por los cambios ocurridos desde entonces, y aunque aún falta mucho por recorrer, hay que agradecerle a Néstor y a sus entrevistados el grito de alarma.

1985. *Lejanía.* Jesús Díaz. Exilada que regresa a buscar a su hijo, que quedó en la Isla. Años después, en *La piel y la máscara* (1996), regresaría al tema con otra perspectiva.

1989. *La bella del Alhambra.* Enrique Pineda Barnet. Muy bien logrado y popularísimo musical. Por cierto, la melodía de la cubanísima canción «Ay galleguíbiris, Ay mancuntíbiris», está tomada de la pieza «Mister Gallagher and Mister Shean», compuesta en Nueva York en 1922 por Ed Gallagher y Al Shean. Puede verse en Youtube.

1990. *Alicia en el pueblo de Maravillas.* Daniel Díaz Torres. Muy críptica y muy censurada.

1993. *Fresa y Chocolate.* Tomás Gutiérrez Alea y Juan Carlos Tabío. Estuvo nominada al Oscar en Hollywood. Primera nominación desde que la pieza de Lecuona fuera propuesta para la mejor canción en la película *Always in my heart (Siempre en mi corazón,* 1942). El apartamento donde se filmó fue convertido en el restaurant *La Guarida*, muy popular entre turistas con recur$o$.

1995. *Guantanamera.* Tomás Gutiérrez Alea. En febrero de 1998, Fidel Castro lanzó críticas a películas que consideraba inapropiadas y muchos interpretaron que, entre otras, se refería a este filme. Alfredo Guevara respondió que tenía «desgarrada el alma» pero «optó a partir de este instante por el silencio».

1998. Alfredo Guevara publica *Revolución es lucidez.*

2003. *Suite Habana.* Fernando Pérez. 24 horas en la vida de la capital. Pura poesía.

2003. *Nada más.* Juan Carlos Cremata. Obtuvo 19 premios, entre ellos Coral de Opera prima, y Caracol de la UNEAC por mejor dirección.

2003. Se inaugura en Gibara, Holguín, la primera edición del Festival del cine pobre.
2006. *Páginas del diario de Mauricio*. Manuel Pérez. El impacto del derrumbe del campo socialista en un revolucionario serio y de convicción.
2010? *Cecilia Valdés*. Dibujo animado con la salida de Cecilia de la zarzuela homónima de Gonzalo Roig, en la voz de Alina Sánchez. Una verdadera joya. Cuando la vi, pensé que era puro Disney.
2011. *José Martí: el ojo del canario*. Fernando Pérez. Como todo lo que toca Fernando con su varita, es magia.
2014. *Conducta*. Ernesto Daranas. La franqueza y talento con que esta película aborda el tema de la marginalidad habanera es digna de elogio. Los teatros de la Isla se abarrotaron.

El cine cubano ha tocado muchísimas temáticas, como es de suponer. Entre ellas hay una que me toca muy de cerca, y deseo compartir mi inquietud sobre el enfoque del cine insular hacia la emigración cubana. Aunque me falta mucho por ver, es en general mi impresión que el el cine cubano nunca ha presentado una visión balanceada de los exilados: *Rey y Reina, Lejanía* y otras de ese estilo dejaron a la emigración muy mal vista: los de afuera venían a reclamar algo, nunca a aportar nada positivo.

Por su parte, *55 hermanos* muestra solamente a personas simpatizantes con el proceso revolucionario, y el filme de Estela Bravo sobre los niños de la Operación Pedro Pan comparte solamente las entrevistas hechas a personas muy traumatizadas por los eventos y, en general, críticas de la operación. A mi me entrevistó Estela, pero como mi testimono positivo no calzaba con su agenda, jamás salí en pantalla. No conozco lo suficiente para determinar si ya esa etapa de extrema parcialidad concluyó y ahora hay más balance. Dejo esta inquietud en manos de otros más preparados para responder.

Ningún trabajo sobre cine cubano puede olvidarse de los artistas gráficos que realizaron los carteles, que irrumpieron en la vida artística cubana con una nueva estética y un nuevo camino. Algunos nombres serán suficientes: René Azcuy, Servando Cabera Moreno, Nestor Coll, Jorge Dimas, Antonio Fernández Reboiro, Flora Fong, Damián González, Alicia Leal, Holbein López, Eduardo Marín, Raúl Martínez, César Mazola, Julio Eloy Mesa, Rafael Morante, Eduardo Muñoz Bachs, Raúl Oliva, Umberto Peña, Antonio Pérez «Ñiko», René Portocarrero, Zaida del Río, Alfredo Rostgaard, Reinerio Tamayo y Héctor Villaverde.

No se puede subestimar la importancia de estos afiches. En julio de 2017 la colección de de aproximadamente de 3, 000 carteles del ICAIC quedó inscrita en el Registro Nacional del Programa Memoria del Mundo de la UNESCO.

Deseo concluir con una anécdota personal sobre *Fresa y Chocolate*. Me encontraba de paso en La Habana cuando se estrenó y la vi en el Teatro Payret (que entonces funcionaba). Confieso que me sorprendió un pasaje por encontrarlo en extremo racista, pero más me sorprendió que el cine entero (y había muchos negros y mestizos en el público) reaccionó con tremenda carcajada. Pensé que un teatro norteamericano la reacción, especialmente por parte de los negros, hubiese sido mucho más negativa, por no decir inaceptable.

El diálogo en cuestión, que he tomado del de la versión teatral del relato de Senel Paz *El Lobo, El Bosque y El Hombre Nuevo* que sirvió de inspiración a la película, puede no ser literalmente igual al de la versión fílmica, pero ciertamente guarda su espíritu. Escuchemos la conversación:

> DAVID (comunista): Gracias a la Revolución el racismo se acabó en este país. Todos valemos lo mismo, por si no lo sabías: negros y blancos.
> DIEGO: Claro. Yo sé muy bien lo que vale un negro. No son para tomar té. Es una lástima. Apartas la vista un instante, y ¡zas!, desapareció el negro y la porcelana de Sèvres.

Algún tiempo después, volví a ver la película, esta vez en Nueva York en un evento al que asistió la actriz Mirta Ibarra. Allí pude confirmar que, al presentar el filme para su nominación en Hollywood, le habían suprimido ese chocante diálogo. Presente también en esa reunión estaba mi amiga Sandra Levinson, directora del Center for Cuban Studies de Nueva York, quien nos dijo, al yo cuestionar la ausencia de ese diálogo, que esa sección se había eliminado a sugerencia de ella porque la película «era muy larga».

Por supuesto, no creí en su respuesta. De haberse mantenido ese ofensivo intercambio creo que las audiencias norteamericanas, mucho más sensibles al racismo que las cubanas, se hubieran escandalizado. Y los liberales de Hollywood hubieran puesto el grito en el cielo. Muy apropiado para quienes todos los días trabajan con estrellas.

53. *ISLA DE PANAY*

Habana - La Coruña
3? de septiembre de 1897 - 16 de septiembre de 1897

Pocos meses depués de la capitulación de Santiago de Cuba se estrenaba en el madrileño Teatro de la Zarzuela el 29 de noviembre de 1898 la obra *Gigantes y Cabezudos* con música de Manuel Fernández Caballero y letra de Miguel Echegaray. Yo llegué a escucharla en Miami bajo la dirección musical del antiguo director del coro del Colegio de Belén, el amigo Manuel Ochoa (Holguín, 1925-Miami, 2006).

Nuestra guerra de independencia está muy presente en esa zarzuela. Hay una hermosa romanza de Pilar, bella aragonesa que ha recibido una carta de su novio desde trincheras cubanas, pero no sabe leer. Y entonces se imagina lo que le cuenta:

> Me dirá que está hambriento y sediento,
> y enfermo, y cansado,
> y que va por maniguas y charcas
> sin pan ni calzado.
> Me dirá que ni Cuba es hermosa,
> ni dulce la caña
> y que piensa en su pobre baturra
> que llora en España.

Pero lo que más me impresionó fue la salida en escena de un numeroso grupo los soldados españoles en traje de rayadillo, enfermos, cojeando, mutilados, y su alegría al ver el río de la infancia y el santuario de la Pilarica. Cantaban el «Coro de los repatriados»:

> Por fin te miro, Ebro famoso
> ...
> Tras larga ausencia,
> con qué placer te miro;
> en tus orillas
> tan solo yo respiro.

Estás más lleno,
aun más que te he dejado.
¡Ay, pobres madres,
cuánto han llorado!
Ya Zaragoza vuelvo a pisar,
allí La Seo, y allí el Pilar.

La repatriación de soldados enfermos a España comenzó desde el principio de la guerra en 1895. Entre las balas, la fiebre amarilla y otros desajustes físicos y mentales habría que asegurarles el regreso a la Península. Gracias al investigador Enrique de Miguel Fernández puedo compartir con ustedes algunos datos sobre estos penosísimos viajes de regreso entre 1895 y el 3 de mayo de 1898, cuando llegó a España el último barco antes de que comenzaran las hostilidades con los norteamericanos.

Durante ese trienio fueron repatriados más de de 40,000 personas. Y entre el 10 y el 30 de agosto de 1898 salieron de Cuba 48,295 repatriados (aunque ya estos no estarían en su mayoría enfermos). Otro estudio de J. L. Asúnsolo García calcula que durante las travesías a España fueron arrojados al mar más de 4,000 fallecidos. Estamos hablando de cifras verdaderamente sorprendentes.

Fueron muchísimos los buques involucrados en esta «repatriación intermedia». Entre ellos, *Alfonso XIII, Cataluña, Antonio López, Montevideo, San Fernando,* etc. Uno de los barcos que el profesor Fernández ha estudiado en detalle es el *Isla de Panay*. Este buque construido en los astilleros Scotts & Co. del puerto escocés de Greenock y botado el 19 de junio de 1882 había sido adquirido por la Compañía General de Tabacos de Filipinas. De ahí pasó a la Compañía Trasatlántica del Marqués de Comillas, fundada por el primer marqués, Antonio López (1817-83). El marqués se enriqueció con el transporte entre la Península y nuestra Isla, y su hijo, el segundo marqués, Claudio López Brú (1853-1925), fue seguidor de sus pasos y de los lazos con Cuba (transportó a las Antillas un total 240,823 soldados).

Salió el *Isla de Panay* de La Habana con 771 repatriados en los primeros días de septiembre de 1897, hizo escala en Puerto Rico y 11 días más tarde, el 16 de septiembre llegaban a La Coruña. Al llegar a Galicia hubo gran indignación al enterarse el público por el *El Eco de Mieres* que durante la travesía habían fallecido 68 soldados (3 más morirían en el trayecto del buque al puerto, tan delicados estaban). La opinión pública reaccionó con dolor y violencia, fue una de las causas del relevo de Valeriano Weyler (1838-1930) y la imagen del Señor Marqués quedó algo disminuida.

Ante este escándalo, tres días después el general Marcelo de Azcárraga escribe a Weyler:

> Cuando esta carta llegue ya habrá V. providenciado seguramente pªqe no se repita el tristísimo espectáculo del vapor Isla de Panay. Le hé telegrafiado á V. prqe era grande la impresión causada en el espíritu público y prqe eso no puede seguir así, como V. mismo reconocerá en su claro juicio.

Con los años, el *Isla de Panay* pasó a prestar servicio en la isla de Fernando Poo, pero el 7 de diciembre de 1929, entre Santa Isabel y San Carlos, chocó posiblemente contra un arrecife y se hundió. Concluye así el historiador Ernesto Burgos: «Allí debe de estar aún junto a la conciencia del señor marqués».

El 2 de mayo de 2017 *La Vanguardia* de Barcelona anunciaba

> El Ayuntamiento de Barcelona retirará este año el nombre y el monumento en memoria de Antonio López de la plaza de Ciutat Vella que lleva el nombre del empresario, vinculado al comercio negrero con Cuba.

No solo en el Sur de Estados Unidos nuestros contemporáneos están reexaminando sus historias y sus monumentos. Y recomiendo al lector que escuche *Calle G* del grupo Obsesión, que duramente critica la presencia en el Vedado del monumento del presidente José Miguel Gómez, responsable en última instancia de la masacre de los negros en 1912

> y no me digan que es por patrimonio
> que no se pue' tumbar porque es de Eusebio
> esta no es una solicitud para escritorio
> es una exigencia del pueblo
> no entiendo qué es lo que hace ese tipo ahí

después de una revolución que se hizo aquí
qué fue lo que pasó con la memoria de este país
no sé a ti
pero a nosotros no nos representa
túmbenlo urgente
por Los Independientes...

54. *MAINE*

Cayo Hueso -La Habana
24 de enero de 1898 - 25 de enero de 1898

Cuando en 1883 el Imperio de Brasil adquirió de los Hermanos Samuda en Londres el acorazado *Riachuelo*, las autoridades navales norteamericanas comenzaron a preocuparse seriamente. Se estaban quedando atrás y algo habría que hacer para alcanzar y sostener el liderazgo naval en el continente.

A solicitud del secretario de Marina William Collins Whitney, el Congreso americano aprobó en 1886 la construcción de dos barcos de 6 mil toneladas. El diseño de los mismos se abrió a concurso. El del *Texas* lo ganaría el inglés William John, y para el *Maine* seleccionaron el proyecto de Theodore D. Wilson.

La construcción del *Maine* se demoró nueve años y su viaje inaugural comenzó el 17 de septiembre 1895. Formaría parte del escuadrón del Atlántico del Norte. El 10 de abril de 1897 tomaría un nuevo capitán, Charles Dwight Sigsbee (1845-1923).

En la medida en que la guerra de Cuba creaba tensiones no solo dentro de la Isla sino también entre España y Estados Unidos (que amparaba refugiados, donde operaba una prensa anti española y de donde salían expediciones de mambises) las autoridades americanas decidieron en diciembre de 1897 fondear al *Maine* en Cayo Hueso, por si los eventos requerían alguna acción cerca de las costas de Cuba.

Con el fin de desintoxicar el nivel de relaciones, Estados Unidos y España acordaron intercambiar barcos en visitas de buena voluntad. Con 484 hombres a bordo, el *Vizcaya* llegó a Nueva York el 16 de enero de 1898. En reciprocidad, el *Maine* anclaría en La Habana el día 24 a las diez de la mañana con 350 hombres. Las autoridades españolas enviaron al capitán una caja de vino de jerez y los invitaron a una corrida de toros.

Pero la visita amistosa del barco pronto se convirtió en una incomprensible y angustiosa tragedia: una explosión a las 9:40 pm del 15 de febrero hundió al *Maine*, lamentándose la pérdida de 266 marinos. El Capitán, que estaba a bordo, pensó que la explosión había sido externa. La administración del presidente McKinley formó una comisión para investigar el suceso y el 21 de marzo concluyó unánimemente que la destrucción del barco fue causada «solo por la explosión de una mina situada bajo el bote en la sección 18 y hacia el lado de babor», aunque fue incapaz de asignar responsabilidad a alguien en particular.

Por su parte, al día siguiente, la comisión española encargada de investigar la explosión reportó que la causa debió haber sido interna, alegando, entre otras razones, que ni los peces ni los barcos españoles anclados cerca del Maine habían sufrido daño alguno, resultado inconcebible de haber habido un proyectil externo. Eran indicios serios y razonables, pero otras voces exaltadas opacaron su voz.

No es difícil entender que el presidente americano aceptara las conclusiones de sus investigadores y que los españoles, a su vez, confiaran en los suyos. De incomprensión en incomprensión, de intransigencia en instransigencia, presionados ambos gobiernos por sus ciudadanos, se llegó a la guerra, que, con la decisiva ayuda cubana, ganaron las fuerzas de mar y tierra americanas.

No me extenderé en controversias sensibles y complicadas y es altamente probable que sin *Maine* ni *marines* los mambises hubieran ganado la guerra. Pero la historia es lo que pasó y no lo que hubiera podido pasar o hubiera pasado (quizás) de todas maneras.

Por ello discrepo respetuosamente de ese gran intelectual que fue Emilio Roig de Leuchsenring (1889-1964). Cuba *sí* le debe su independencia a los Estados Unidos. No será políticamente correcto en algunos círculos, y sé que muchos objetarían, pero no le veo otra vuelta. Como no podría hablar de la independencia de Perú sin el venezolano Bolívar o la de Chile sin el argentino San Martín.

Después vendrían otros contextos, enmiendas onerosas, controles limitantes de nuestra soberanía, injerencias deplorables. Y nuestra independencia estuvo muy comprometida. Pero a partir de 1898 nunca más fuimos españoles. *Esa* independencia se ganó en Santiago de Cuba por barcos americanos.

Pero hay más ¿Por qué al final de la guera no quedamos bajo protectorado interminable como Puerto Rico? En gran parte por un personaje olvidado, el senador por Colorado Henry Moore Teller (1830-1914).

Mientras el congreso americano trabajaba en su Resolución Conjunta que lidiaba con la situación de Cuba y su futuro, Teller, antianexionista, propuso el 18 de abril de 1898 una enmienda a la misma (mucho menos conocida que la que Orville Platt introduciría años después):

The United States hereby disclaims any disposition of intention to exercise sovereignty, jurisdiction, or control over said island except for pacification thereof, and asserts its determination, when that is accomplished, to leave the government and control of the island to its people.	Los Estados Unidos por la presente rechazan cualquier disposición o intención de ejercer soberanía, jurisdicción o control sobre dicha Isla, excepto para la pacificación de la misma, y afirma su determinación de que cuando haya alcanzado estos objetivos dejará el gobierno de la Isla a su pueblo.

La enmienda Teller pasó ambas cámaras el 19 de abril de 1898: el senado 42 a 35, los representantes 311 a 6. Cifra esta última nada despreciable. Se convirtió en el punto cuarto de la Resolución Conjunta. Ni Puerto Rico ni Filipinas tuvieron un Teller a su lado.

Pero regresemos al *Maine*. La explosión en tiempos de paz de un barco en visita amistosa a otro país y la pérdida tan elevada de inocentes creó una situación inmanejable en Estados Unidos. Y «Remember the Maine» (Recuerden al Maine) se transformó en una consigna abrumadoramente popular.

El evento dejó amplio y profundo eco en los editoriales, sermones, arengas, poesía, teatro, novela, gráfica, caricatura, cerámica y, muy especialmente, en la música de la época. Porque este último aspecto es menos conocido, deseo compartir con los lectores el fruto de una extensa investigación sobre la música de nuestra guerra de independencia a través de partituras impresas en Estados Unidos. He inventariado más de 800 piezas que aludieron ese evento. Gracias al Centro de Investigaciones Cubanas (CRI) de FIU pude organizar un concierto con algunas de estas partituras en diciembre de 2008.

U.S.S. Maine. Cromolitografía de Fetherton (copyright M. F. Tobin), 1898

Quiso el azar que la palabra «Maine» rimara con el nombre de España en inglés («Spain»), permitiendo así a los versificadores, aún a los más elementales, escribir rápidas cuartetas populares y pegajosas. He encontrado 158 piezas que llevan al *Maine* en el título o subtítulo. Si fuéramos a incorporar las canciones con referencias cubanas en sus textos serían muchísimas más. El listado, en orden alfabético por título (y por compositor si tienen el mismo título), sigue.

Avenged is The Maine/ A. C. REMIÉ
Avengers of the Maine/ ALEXANDER DIXIE
The Battle over the Maine/ MRS. E. C. GRAY
Battleship Maine/ ANÓNIMO

The Battleship Maine/ J. A. BARTLETT
The Battleship Maine/ STANLEY E. DONOVAN
Battleship Maine/ WILL HUFF
The Battleship Maine/ EUGENE KAEUFFER
Battle-ship «Maine»/ G. W. W. LITTLE
Battleship Maine/ RALPH O. NEWELL
The Battleship Maine/ ROLAND F. SEITZ
The Battle ship Maine/ C. D. SNOW
The Battle ship Maine or A Nations call/ O.C. KEENEY
Battle Ship of Maine/ ANÓNIMO
Before the Maine went down/ CHARLES COLEMAN
The Blue and gray together will remember the Maine/ C. H. ADDISON
Boys! remember the Maine/ MICHAEL J. NOLAN
Boys, Remember the Maine/ E. A. WARREN
The Burial of the Maine/ M. HANFORD
Captain of the Maine/ WILLIAM BRODERICK
Cuba and the Maine/ W. L. NUNN
The destruction of the Maine/ CHARLES A WARE
Destruction of the Maine/ CHARLES D. WELLS
Dewey's victory/ B. D. FREEMAN
Dirigo. A ballad of The Maine/ ANÓNIMO
Disaster of the goodship Maine/ RICHARD BLANKLEY
Down in Manila Bay/ A. C. REMIÉ
The dying sailor of the Maine/ WILL S. ASHBROOK
The fate of the Maine/ ISABELLE SHELTON
For Cuba Libre and the Maine/ PHIL P. KEIL
The gallant Maine/ ROBERT LOWE FLETCHER
The gallant Maine/ CHARLES LANGE
The girl who avenged the Maine/ ARTHUR LAMB
The girl who avenged the Maine/ GEORGE SCHLEIFFARTH
The good ship Maine/ NETTIE KEIL
He sailed on the battleship Maine/ J. WENCESLAS WOLLER
He was a sailor on board the Maine/ NATE JACKSON
He was my only son lost on the Maine/ GILBERT ASHTON
Her lover who sailed on the Maine/ HELEN G. SPARHAWK
Her son went down with the Maine/ R. WILLIAMS
The heroes of the Maine/ ALBERT CUNNINGHAM

The heroes of the Maine/ WALTER LEWIS
The heroes of the Maine/ LILLIAN LOUCKS
Heroes who sank with the Maine/ PAUL COHN
How brave Dewey remembered the Maine/ F. ANDES
I'll never forget the Maine/ A. C. WOODYATT
I'll remember the Maine/ M. B. LAWRY
Ill fated Maine/ MAYNE McCONKEY
The ill-fated Maine/ THOS J. QUIGLEY
In memory of the Maine/ CLARA B. TURTON
Just as the Maine went down/ ALBERT HABEKOTTE
Lieutenant Jenkins' funeral march/ HORACE R. BASLER
The loss of our battleship Maine/ T. DIXON ROBINSON
The lost Maine/ M. P. GARBER
Lost on the Maine/ GILBERT ASHTON
Lost on the Maine/ WM. B. FAIRCHILD
Lost on the Maine/ CAROLYN W. HEA
Maine/ ORIN W. JOSLIN
The Maine and her crew sailed away/ JOS. T. KEAN
The Maine disaster/ JOHN GILHEENEY
Maine, gallant Maine/ ED PETZSCH
The Gem of the Ocean/ DAVID T. SHAW
The Maine remembered/ GEORGE BREWSTER
The Maine remembered/ H.W.R. STRONG
The Maine's avenger/ E. A. COUTURIER
Manila. Remembering the Maine/ JOHN WOOLLETT
The martyrs of the Maine/ FRANK S. COLBURN
Martyrs of the Maine/ CHARLES J. GEBEST
The martyrs of the Maine/ THOMAS J. PURCELL
The martyrs of the Maine/ DAN J. SULLIVAN
My boy went down with the Maine/ ROBERT HUTTON
My father was a sailor on the Maine/ HATTIE NEVADA
My papa was a sailor on the Maine/ W. O. CARROLL
My son went down with the Maine/ FREDERICK T. STRACHMAN
The nation's battle cry/ CHARLES R. FLICK
A nation's call/ O.C. KEENEY
Never forget the Maine/ LEROY MOORE
Off to remember the Maine/ DE BYFORD McCANNON

Oh! men of the Maine/ WM. W. ATKINSON
Our gallant warship Maine/ THE GALLERY GOD
Our Maine/ JACOB DAY
Our Naval Heroes/ HENRY RUSSELL
Our navy signal-Remember the Maine/ ALBERT H. GROVE
Our shipwrecked Maine/ F. N. DODD
Our tars of the Maine/ FRED DOWNING
Our unforgotten heroes of the Maine / SEYMOUR FURTH
Our unforgotten heroes of the Maine/ THE BROWNINGS
Raising the Maine/ E. L. DUNKS
Remember boys the Maine/ E. P. CRERIE
Remember boys The Maine/ EDWARD C. LAWREY
Remember boys the Maine/ ELLA ROOD
Remember the Maine / JAMES OLIVER ARNOLD
Remember the Maine/ HIRAM L. BADGER
Remember the Maine/ J. P. BARON
Remember the Maine/ HORACE R. BASLER
Remember the Maine/ ESTELLE BECK-WAGNER
Remember the Maine/ R. H. BRENNEN
Remember the Maine/ A. L. BURTIS
Remember the Maine/ FRANK A. BUSH
Remember the Maine/ BERTA BYRD
Remember the Maine/ ARTHUR A. CLAPPÉ
Remember the Maine/ ANITA COMFORT
Remember the Maine/ C. CROZAT CONVERSE
Remember the Maine/ GEORGE THORNTON EDWARDS
Remember the Maine/ S. A. ELLERBEE
Remember the Maine/ A. W. FINNELL
Remember the Maine/ J. P. FRAZER
Remember the Maine/ BEATUS FULLER
Remember the Maine/ W. T. GIFFE
Remember the Maine/ E. GRACE GRIFFIN
Remember the Maine/ F. O. GUTMAN
Remember the Maine/ OSCAR LOWELL
Remember the Maine/ WILMER K. MARRIOTT
Remember the Maine/ MATTIE L. MORTON
Remember the Maine/ ED PETZSCH

Remember the Maine/ WALTER A. PHILLIPS
Remember the Maine/ F. M. REINHART
Remember the Maine/ TONY STANFORD
Remember the Maine/ VIOLA TURNER-COON
Remember the Maine/ IVY WANDESFORDE- KERSEY
Remember the Maine! Boys/ CLARENCE W. KRAMER
Remember the Maine is our battle cry/ PAUL COHN
Remember the Maine will be our war cry/ DAVID SHAW
Remember the Virginius and the Maine/ CHARLES GILBERT
Remembered is the Maine/ JOHN BRAHAM
The sailor boy on the Maine/ EDWARD DREIER
The sailors of the Maine/ JOHN STAFFORD SMITH
The sailors who died on the Maine/ W. R. WILLIAMS
Santiago for the Maine/ L. ELLIS BRÜNINGER
Satisfaction for the Maine/ MICHAEL CARR
Sigsbee-Maine March/ MATTIE McLEARY HUTCHINSON
The silent crew/ H. O. WHEELER
The sinking of the Maine/ W. J. BARR
The sinking of the Maine/ OLE BREIBY
The sinking of the Maine/ AUBREY STAUFFER
Soldiers of the Maine/ OLIVER REVILO
The song of the Maine/ WILL D. COBB
Sweetheart went down with the Maine/ BERT MORGAN
That sailor boy of mine who went down on the Maine/ MAY L. BROWN
Think of the Maine while marching to Cuba/ C. WILHELM
To avenge The Maine/ PAUL O'CONNOR
To the red white and blue they proved ever true/ W. L. BRATTON
The U.S. battleship Maine/ ELLA L. ROBERTS
Watching the Maine/ JOHN FULLER SR.
We can't forget the Maine/ W. R. WILLIAMS
We have remembered the Maine/ CHARLES ROBINSON
We'll not forget the Maine/ ORPHA IDE KENDALL
We'll not forget the Maine/ J. H. WARNER
When the Maine went down/ ALEXANDER MAIR
The wreck of the battleship Maine/ W. H. PETRIE
The Wreck of the Maine/ HORACE R BASLER
The wreck of the Maine/ J. MURRAY BURRISS

Wreck of the Maine/ NINA COZINE
Wreck of the Maine/ J. F. KINSEY
Wreck of the Maine/ REGINALD M. TEWKSBURY
The wreck of the noble Maine/ JOHN J. GREENWOOD
Wreck of the warship Maine/ PEARL & CASSIDY
Wrecking of the Maine/ W. W. DORSA

Durante nuestros 525 de historia escrita decenas de miles han sido los barcos que han pasado por Cuba. Ninguno ha capturado la imaginación de músicos y letristas como el *Maine*.

Es cierto que hoy casi nadie recuerda estas piezas musicales. Pero por un breve momento en nuestra común historia —pues este fue también un importante evento en los anales del pueblo norteamericano— todos recordaron a través de la música a las víctimas de esa embarcación que cambió los derroteros de ambas naciones.

En 1976 el almirante americano Hyman Rickover hizo una nueva investigación sobre la explosión del *Maine*. Concluyó que no hubo tal proyectil externo ni conspiración oculta, sino que la causa había que atribuirla a la combustión espontánea dentro los almacenes de carbón del barco (problema que afectó también a otros barcos de la época). Más o menos lo que había sugerido la investigación de la comisión española en 1898.

¡Ah!, si Rickover hubiera vivido entonces nos hubiéramos ahorrado la guerra. ¿O no? No lo sabremos nunca. Si Jorge III no hubiera sido primo del rey de España; si la *Santísima Trinidad* gana la batalla de Trafalgar; si Narciso López llega a encontrar apoyo popular; si Martí se hubiera quedado en la emigración; si no asesinan en Remedios a Alejandro García Caturla; si la Makarova no se indispone para bailar *Giselle* en Nueva York; si el tiro de Chibás no lo hubiera perforado; si Batista hubiera estado en su oficina el 13 de marzo; si el ex soldado gallego Ángel Castro decide no regresar a Cuba; si Nikita no quita los cohetes; si no se llega a aprobar la Ley de Ajuste Cubano...

55. *CRISTÓBAL COLÓN*

San Vicente, Cabo Verde (África) - Santiago de Cuba
29 de abril de 1898 - 19 de mayo de 1898

Me encontraba hace años en Barcelona un once de septiembre y Cataluña estaba de fiesta celebrando su día nacional, la Diada. Un cartel convidaba a un concierto de habaneras en la vecina San Cugat del Vallés y hacia allí me dirigí esa noche.

Era una especie de verbena popular. Habían improvisado un escenario fente al monasterio y orquesta y público pronto empezaron a cantar. Todo muy informal, acogedor y nostálgico. Tratándose de habaneras, las referencias a nuestra Isla no faltarían. Que si la Bella Lola. Que si la mulata. Que si el plátano y la caña. En fin, que cuatro siglos de idas y vueltas habían dejado su huella.

Como suele suceder, dejaron para el final la *pièce de resistence*. Yo no la conocía, y al escuchar a toda esa audiencia conmovida cantarla se me salieron las lágrimas. La había compuesto José Ortega Monasterio (1918-2004) en 1968, setenta años después del *desastre*. En ella, Ortega recordaba a su abuelo, Manuel Deschamps Martínez, que a bordo del *Monserrat* había surcado las aguas de nuestra Isla. Ciertamente, más se había perdido en Cuba. Desde entonces, *El meu avi* (mi abuelo) es como un himno nacional para los catalanes.

El meu avi va anar a Cuba	Mi abuelo se va para Cuba
a bordo del «Català»	A bordo del *Català*
el millor vaixell de guerra	El mejor barco de guerra
de la flota d'ultramar.	de la flota de Ultramar.
El timoner i el nostramo	El timonel y el patrón
i catorze mariners,	y catorce marineros
eren nascuts a Calella	habían nacido en Calella
de Palafrugell.	de Palafrugell.

Quan el «Català» sortia a la mar	Cuando el *Catalá* salió a la mar
els nois de Calella	los nuestros de Calella
feien un cremat	hicieron la bebida tradicional.
mans a la guitarra	manos a la guitarra
solien cantar:	solían cantar
¡Visca Catalunya, Visca el «Català!	¡Viva Cataluña Viva el *Català*!
Arribaren temps de guerra	Llegaron tiempos de guerra
de perfídies i traïcions	de perfidias y traiciones
i en el mar de les Antilles	y en el mar de las Antillas
retronaren els canons	resonaron los cañones
i els mariners de Calella	y los marineros de Calella
i el meu avi en mig de tots	y mi abuelo en medio de todos
varen a morir a coberta,	van a morir a cubierta,
al peu del canó.	al pie del cañón.
Quan el «Català» sortia a la mar	Cuando el *Català* salió a la mar
cridava el meu avi:	mi abuelo gritaba
«¡apa nois que és tard!»	«¡a nosotros, que es tarde!»
Però els valents de bordo	Pero los valientes a bordo
no varen tornar,	ya no van a regresar,
tingueren la culpa	tuvieron la culpa
els americans.	los americanos.

Esta habanera, conocidísima en Cataluña, nos lleva a las aguas de la bahía de Santiago en 1898. Después de la explosión del *Maine* (15 de febrero) los eventos se habían sucedido con gran rapidez: el envío por parte del gobierno norteamericano de un Ultimátum a España para que abandonara la Isla de Cuba (29 de marzo), la firma por el presidente McKinley de la Resolución Conjunta autorizando la guera con España (20 de abril) y la declaración de guerra (25 de abril). Pronto el escenario de la disputa se desplazó de los salones de legisladores, diplomáticos y oradores a los cuarteles generales y buques de los jefes militares y navales que entablarían otro tipo de diálogo más efectivo, violento y decisivo.

Al almirante Pascual Cervera y Topete (1839-1909) se le asignó la tarea de conduicir una escuadra hacia las aguas del Caribe para la defensa de las islas. Desde el puerto de Cádiz había zarpado en el *Infanta María Teresa* junto con el *Cristóbal Colón* el 8 de abril con rumbo a San Vicente, Cabo Verde, llegando una semana más tarde. Allí se les unirían varios barcos mas: tres destructores y tres torpederos al mando de Fernando Villaamil (1845-98), y el el *Vizcaya* y el *Oquendo*, que llegarían desde La Habana. Allí estaban cuando supieron que la guerra había estallado entre España y los Estados Unidos

La escuadra zarpa el 29 de abril, llega a Curaçao el 14 de mayo, y el 19 de mayo (3 años después de la muerte de Martí) anclan en Santiago de Cuba.

Conocemos como terminó la historia. La Escuadra americana capitaneada por el almirante William Sampson (1840-1902) y el comodoro Winfield Scott Schley (1839-1911) rodeó la bahía de Santiago el 27 de mayo. Para el 20 de junio los americanos habían concentrado 153 barcos y 16,200 soldados en las afueras de Santiago.

En esas circunstancias, el 2 de julio el capitán general de la Isla, Ramón Blanco, en contra de la opinión de Cervera, lo ordena salir de Santiago con su flota. El 3 de julio, a bordo del *Infanta María Teresa*, Cervera sería el primero en aventurarse al Mar Caribe. Antes de marchar se dirigió a sus marinos

> ¡Hijos míos! El enemigo nos aventaja en fuerzas, pero no nos iguala en valor. ¡Clavad las banderas y ni un solo navío prisionero! Dotación de mi escuadra: ¡Viva siempre España! ¡Zafarrancho de combate, y que el Señor acoja nuestras almas!

Uno a uno, los buques españoles serían destruidos a medida que salían de la bahía. Cervera se rendiría ese 3 de julio a bordo del crucero americano *Iowa*. El 15 de julio las fuerzas españolas al mando del capitán José Toral (1832-1904) capitularían en Santiago de Cuba. No lo pudo ver Hatuey. Ni Aponte. Ni Joaquín de Agüero. Ni Narciso López. Ni Agramonte. Ni Céspedes. Ni Martí. Ni Maceo. Le tocó al holguinero Calixto García presenciar (aunque solo de lejos) el final.

El *Cristóbal Colón* fue construido en los astilleros Ansaldo de Sestri Ponente en Génova y entró en servicio en la bahía genovesa en 1896. Dos años más tarde descansaba, juntos otros compañeros de infortunio en la bahía de Santiago. Para preservar estos restos y no olvidar sus historias se ha creado el Parque Arqueológico del Patrimonio Cultural y Natural Subacuático Batalla Naval de Santiago de Cuba de 1898. Sus principales yacimientos son: playa Mar Verde (cazatorpedero *Furor*); Rancho Cruz (el *Plutón*); playa Juan González (*Almirante Oquendo*); playa Aserradero (crucero *Vizcaya*); y playa La Mula (el *Cristóbal Colón*).

No deja de ser una extraordinaria coincidencia que la presencia de España en Cuba quedaría para siempre enmarcada entre el Cristóbal Colón de 1492 y el de 1898... ¡y ambos habrían partido alguna vez de Génova!

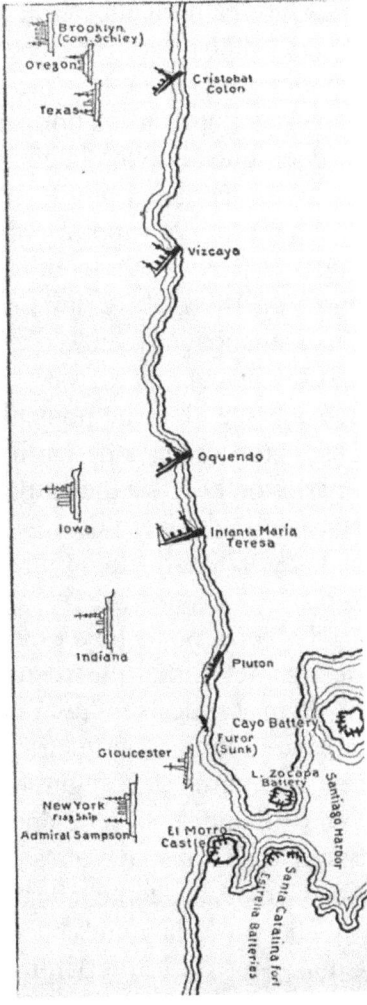

Mapa de las operaciones navales en Santiago de Cuba (1898). En Henry B. Russell, *An illustrated history of our war with Spain,* Hartford, Conn., A.D. Worthington, 1898, p. 736.

56. *MANITOBA*

Charleston, Carolina del Sur – Matanzas
30 de diciembre de 1898 - 1 de enero de 1899

Se ha documentado la presencia, durante el siglo XIX, de clases de boxeo en Santiago de Cuba (1843), de un instructor norteamericano en el Club Gimnástico de la habanera calle Prado (1886) y de un juego amateur entre dos peloteros norteamericanos (1892). Pero no fue hasta que terminó la guerra contra España y llegaron los norteamericanos a ocupar la isla que se puede decir que el boxeo llegó propiamente a la isla. *Made in USA.*

El 30 de diciembre de 1898 zarpaba desde el puerto americano de Charleston el vapor *Manitoba*, trayendo al Regimiento 12 de Infantería. Reorganizado en Camp Townsend, Nueva York, el 13 de mayo de 1898, el Regimiento había llegado una semana después a Chickamauga Park en Tennessee. Allí permanecieron hasta el 24 de agosto, cuando partieron hacia Lexington, Kentucky, para partir nuevamente el 13 de noviembre en dirección a Americus, Georgia. Les dieron órdenes de partir hacia Cuba desde el vecino puerto de Charleston el 30 de diciembre, y desembarcaron en el puerto de Matanzas el 1 de enero de 1899. A bordo del *Manitoba* venían 43 oficiales y 978 soldados. Entre ellos, algunos eran aficionados al boxeo.

La pelea no se hizo esperar. No muy lejos del Palmar de Junco (testigo del primer juego «oficial» de pelota algunos años antes), el 18 de marzo de 1899 tuvo lugar el primer juego de boxeo en tierra cubana protagonizado, en tres peleas de 10 minutos cada una, por seis miembros del Regimiento 12. Esto ocurrió en el mismísimo Teatro Sauto, que doce años atrás había ovacionado a *La Divina* Sara Bernhardt y que años después recibiría a Anna Pavlova y Enrico Caruso, así como a destacadísimas personalidades nacionales.

Hay muchos y muy buenos libros sobre la historia del boxeo en Cuba —los de Jorge Alfonso, Rolando Crespo, Enrique Encinosa,

Julio Ferreiro, Antero Pelayo, Willy del Pino, Bernardino San Martín —y a ellos remito al lector.

Aquí me contento con destacar los nombres, en orden alfabético, de quince boxeadores que no deben faltar en ninguna lista (aunque son tantos, que otros excelentes pugilistas seguramente aparecerían en otras listas):

1. Lázaro Álvarez (Pinar del Río, 1991). Campeón Mundial (Bakú, 2011), Cinturón de Oro (Constanza, 2013), medalla de oro (Tegucigalpa, 2017).
2. Rancés Barthelemy (Arroyo Naranjo, 1986). Debut profesional en Columbia, Carolina del Sur (2009). Campeón mundial (Miami, 2014). Victoria contra Antonio DeMarco (Las Vegas, 2015).
3. Yuriorkis Gamboa (Guantánamo, 1981). Medalla de oro olímpica en la división mosca en Atenas (2004). Debut en el boxeo profesional en Hamburgo, Alemania (2007).
4. Adolfo Horta (Santiago de Cuba, 1957-Camagüey, 2016). El Hombre del Boxeo Total. Campeón mundial (Belgrado, 1978; Munich, 1982; Reno, Nevada, 1986). Segundo premio en los Juegos Olímpicos (Moscú, 1980).
5. Kid Chocolate (Eligio Sardiñas. La Habana, 1910-La Habana,1988). Entre 1929-1939 obtuvo 136 victorias (51 veces por nocaut), solo perdió 10, entabló 6. Incorporado al International Boxing Hall of Fame en 1994. Una estatua suya (1942) obra del escultor afroamericano Richmond Barthé (1901-1989) se exhibe en el prestigioso Art Institute of Chicago.
6. Kid Gavilán (Gerardo González. Berrocal, Camagüey, 1926-Miami, 2003). Incluido en el Boxing Hall of Fame en 1966, luego de una carrera con 106 victorias (27 por nocaut). Conquistó el campeonato del mundo welter-weight en 1951 contra Johnny Saxton en el Madison Square Garden.
7. Roniel Iglesias (Pinar del Río, 1988). Oro panamericano (Guadalajara, 2011), oro amateur mundial (Milán 2009), y dos títulos olímpicos: bronce (Beijing, 2008) y oro (Londres, 2012).
8. Mario Kindelán (Holguín, 1971). Nueve medallas de oro. Dos Centroamericanos (Ponce, 1993; Maracaibo, 1998); dos Panamericanos (Winnipeg, 1999; Santo Domingo, 2003); tres mun-

diales (Houston, 1999; Belfast, 2001; Bangkok, 2003); y tres olímpicos (Sydney, 2000; Atenas, 2004).
9. Jose Legrá (Baracoa, 1943). Se mudó a España en 1963. Ganó 134 de sus 150 juegos. Dos veces campéon mundial peso pluma de la WBC. En el Museo Matachín de Baracoa se conserva su bata de boxeo, con un bordado de la Caridad del Cobre.
10. José «Mantequilla» Nápoles (Santiago de Cuba, 1940). Después de 1959 hizo su carrera en México. Ganó 80 de sus 88 juegos. Una nota de Univisón en febrero de 2013 consignaba que vivía en la pobreza en Ciudad Juárez. «Aunque perdió títulos y dinero, su única y más preciada posesión siguen siendo sus dos cinturones de Campeón mundial welter».
11. Benny Paret (Santa Clara, 1937-Nueva York, 1962). Su primer título welter lo obtuvo al ganarle a Don Jordan en 1960. Su muerte el 24 de marzo de 1962, diez días después de que Emile Griffith lo tumbara en Madison Square Garden causó consternación en en todo el mundo. Se ha comentado que Paret «cuqueó» a Griffith diciéndole *faggot* (homosexual) y que esto enfureció al americano. El impacto de esta pelea ha transcendido el mundo deportivo. Ese mismo año el cantatuor Gil Turner compuso *Benny 'Kid' Paret*; el poeta peruano Nicomedes Santa Cruz escribió «Muerte en el ring»; en 2005 apareció el documental *Ring of Fire: The Emile Griffith Story.* Y en 2013 se estrenó en el teatro de la Universidad Webster, en Missouri, la «ópera en jazz» *Champion* (Campeón) con música de Terence Blanchard y libreto de Michael Cristofer.
12. Ultiminio «Azúcar» Ramos (Matanzas, 1941-México 2017). Se marchó de Cuba hacia México en 1962. En entrevista que le hiciera Karla Torrijos en su casa de la colonia Santa María La Ribera, en la ciudad de México (*La Jornada,* 3 de diciembre de 2012) dijo: «Estoy muy satisfecho con lo que he logrado. Desde muy pequeño sentí, viví y sufrí el boxeo. Fui seleccionado olímpico y monarca del mundo e ingresé al Salón de la Fama, ¿Qué más puedo pedir?». Regresó a Cuba 50 años después de marchar, en 2012. No pudo volver cuando la muerte de su padre «pero gracias a Dios mi papá supo que yo fui campeón mundial, que era lo que él más quería».

13. Guillermo «El Chacal'' Rigondeaux (Santiago de Cuba, 1980). Se anotó 400 victorias y fue campeón nacional de Cuba siete veces. Nueve medallas de oro internacionales: una Centroamericana (Cartagena, 2006); una Panamericana (Santo Domingo, 2003); tres copas mundiales (Astana, 2002; Moscú, 2005; Bakú 2006); dos campeonatos mundiales (Belfast, 2001; Mianyang, 2005); y dos victorias olímpicas (Sidney, 2000; Atenas, 2004).
14. Félix Savón (Guantánamo, 1967). Tres oros Panamericanos (Indianapolis, 1987; La Habana, 1991; Mar del Plata, 1995). Cuatro premios de la Copa del Mundo (Belgrado, 1987; Dublín, 1990; Bangkok, 1994; Chongqing 1998). Seis veces campeón mundial (Reno, 1986; Moscú, 1989; Sidney, 1991; Tampere, Finlandia, 1993; Berlín 1995, Budapest, 1997). Tres veces campeón olímpico (Barcelona, 1992; Atlanta 1996; Sídney 2000).
15. Teófilo Stevenson Lawrence (Las Tunas, 1952-La Habana, 2012). Tres títulos mundiales (La Habana, 1974; Belgrado, 1978; Reno, Nevada, 1986). Tres oros olímpicos (Munich, 1972; Montreal 1976; Moscú 1980).

***

No podría terminar estas pequeñas instantáneas de nuestro boxeo sin compartir una viñeta costumbrista, regalo de dos grandes entre los nuestros: Arturo Liendo (1913-70), dramaturgo de origen bilbaíno establecido en La Habana y el inimitable declamador santiaguero Luis Carbonell (1923-2014). Mejor que el mejor mago de Las Vegas, el acuarelista de la poesía antillana hacía desfilar ante nosotros su colección de pintorescos personales con solo su amplio registro de voz y su talento descollante. Oigámoslo:

> ¿Que si se engrasa?, muchacha, ahora come igual que tré
> y me tiene medio loca con la comida hace un mé.
> Desde que está en el borseo, a la hora de comer,
> nada de arroz con frijoles, harina o tentempié...
> ¡Filete!, ¡mucho filete!, eso es lo que quiere él.
> Y no creas que uno solo, ¡se come al día hasta sei!
> Dice que eso le da fuerza para fajarse y vencer
> y que él quiere enfiletarse igual que el Niño Valdés.
> …

A las 11 de la noche, tocan la puerta… son tre,
su marido desmayado con intensa palidez
y dos que lo traen cargado por la cabeza y los pies;
tiene estropeado el fémur, la tibia y el peroné,
han disfrazado de bobo a su fuerte Bernabé,
que quería ser famoso, igual que el niño Valdés.

Blancanieves se enfurece, no sabe ni lo que hacer,
las pasas se le alborotan, se agita todo su ser
y cuando él abre los ojos y comienza en sí a volver,
la negra lo zarandea y le dice: —Bernabé,
aquí se acabó el borseo y los filetes también,
si tú que te enfiletabas perdiste y así te vé,
¿qué comió el contrario tuyo? ¿se mandó entera una ré?
Desde mañana frijoles, harina y tentempié,
y no te hagas ilusiones, cuelga los guantes, nené,
porque de ahora en lo adelante… ¡yo soy el Niño Valdés!

57. *ADMIRAL FARRAGUT*

Old Point Comfort, Hampton, Virginia - Gibara
17 de abril de 1902 - 20 de abril de 1902

El 19 de octubre de 1876 el coronel español Agustín Mozo-Viejo se encontraba en la zona de la finca Tasajeras, cerca del río Cauto, cuando sorpresivamente cayó sobre un grupo de insurrectos, haciéndolos prisioneros. Grande sería su sorpresa cuando interrogó al jefe del grupo quién era. «Tomás Estrada Palma, presidente de la República de Cuba», fue la respuesta. Me imagino la cara del gachupín.

Tomás había nacido en Bayamo, el 9 de julio de 1835. Marchó a la manigua en el 68. Fue presidente tanto de la Cámara de representantes (1873) como de la República en Armas (21 de marzo hasta el 19 de octubre de 1877).

Seguidamente después de apresarlo llevaron al insurrecto a Gibara para transportarlo en el cañonero *Dardo* hacia La Habana a donde llegó el día 31. Luego de un corto encierro en el Castillo del Morro, el 5 de noviembre lo embarcaron con otros 27 prisioneros en el vapor correo *Comillas* hasta Cádiz, viaje que duró 17 días. Fue luego internado en el Castillo de Figueras (Cataluña) y solo fue liberado al concluirse la Paz del Zanjón el 10 de febrero de 1878.

Durante las próximas dos décadas, Don Tomás (una de las pocas personas que, entre cubanos tan profundamente informales y tuteadores, ha merecido el apelativo de Don) vivió en Honduras (donde fue el primer Director de su Servicio Postal y contrajo matrimonio) y Estados Unidos. En este último fue director por muchos años de una escuela en Central Valley, en el estado de Nueva York (y no hay evidencia que se convirtiera en cuáquero, como apuntan muchas de sus biografías).

En la reunión del Partido Revoucionario Cubano (PRC) el 17 de abril de 1892, donde los emigrados neoyorquinos ratifican su proclamación y eligen a Martí su Delegado, Estrada Palma pronuncia sus palabras de clausura. Por su prestigio, a la muerte del Apóstol es elegido Delegado del Partido y luego nombrado agente en el exterior de la República en Armas.

Dedicó muchas energías, al igual que otros que lo habían intentado sin éxito durante la Guerra Grande, a lograr que los norteamericanos (y otros gobiernos) reconocieran la beligerancia de los mambises. Tampoco él lo alcanzaría. Considerando que con la ocupación de Cuba por los americanos la misión del Partido ya se había cumplido, en diciembre de 1898 lo disolvió, decisión que le ha sido muy criticada.

Su prestigio, sin embargo, debe haber continuado muy alto para que Máximo Gómez lo respetara y respaldara. La prensa norteamericana había reportado que Gómez se reunió el primero de julio de 1901 con Estrada Palma en el Waldorf Astoria de Nueva York. Por ejemplo, el *Katonah Times* del 5 de julio así reportó las palabras de Máximo Gómez hospedado en el Waldorf:

> El único objeto de mi visita a esta ciudad ha sido mi gran deseo de abrazar a mi viejo, verdadero y leal amigo Sr. Tomás Estrada Palma, a quien no veo desde que se restableció la paz, y por supuesto, al presidente McKinley, a quien los cubanos debemos tanto, y también a presentar mis respetos al Secretario Root.

Muchos otros periódicos se hicieron eco de esta entrevista (*The Kearney Daily Hub,* Nebraska; *Leavenworth Times,* Kansas; *Indianapolis News,* Indianapolis; *The Norfolk Weekly News,* Nebraska; *Boston Daily Globe*; etc.).

Luego supimos que, al no ser Gómez ciudadano cubano de nacimiento, el estimó que el mejor candidato presidencial sería Estrada Palma y fue a conferenciar con él en el Waldorf Astoria. Que nuestra primera elección presidencial se haya concertado en un hotel neoyorquino dice mucho de la importancia que diferentes espacios norteamericanos han tenido en nuestra historia.

Desde mi actual perspectiva en Estados Unidos, donde recientemente la campaña de un simple representante en el estado de Georgia costó 51 millones de dólares, incontables horas de anuncios por los medios y toneladas de propaganda, el caso de Estrada Palma que, sin vivir en la Isla ni hacer campaña electoral alguna, salió electo presidente de la República de Cuba en 1902, es sin duda bastante insólito.

Fue en Gibara que a Estrada Palma lo habían metido en un barco en 1876 para deportarlo. Fue a Gibara donde él quiso regresar como flamante presidente de la Isla un cuarto de siglo más tarde.

Embarcó el 17 de abril de 1902 (precisamente diez años después de la ratificación del PRC en Nueva York) de Hampton, Virginia, a bordo del *Admiral Farragut*, llegando a Gibara tres días después.

El júbilo en Gibara fue memorable. Miles de personas de todos los rincones de la isla llegaron a ese pequeño pueblo holgiunero de 8 mil ciudadanos a saludar al nuevo presidente electo. Las banderas cubanas y americanas ondeaban en calles y casas. Un destacamento del regimiento 10 de la caballería americana al mando del teniente Hart lo acompañaba. En su discurso en el ayuntamiento Palma habló de unidad y de trabajar por el bien del pueblo. Tres días mas tarde saldría hacia Holguín.

Su marcha de una punta de la Isla a la otra duró tres semanas (20 de abril-11 de mayo). Después de 20 años de ausencia necesitaba y quería reconectarse con su pueblo (Fidel haría lo mismo en 1959). Mi gran amiga Marifeli Pérez-Stable ha escrito un valiosísimo análisis de esa marcha cívica (*Cuban Studies/Estudios Cubanos* 30 (1999)) y a él remito a los lectores.

El primer mandato de Estrada Palma duró 4 años. Le tocó presenciar en primera fila el cambio de banderas, algo que ningún testigo presencial jamás olvidó. Ya Bonifacio Byrne no tendría jamás que buscar afanoso la suya. Sin duda tuvo que asumir el más difícil de los retos: ser el máximo representante de un pueblo que por primera vez se autogobernaba. Mucho se ha hablado de su probidad administrativa y la hazaña, nada despreciable, de dejar la administración pública con un superávit. Para su gabinete escogió personas de perstigio, entre ellas Leopoldo Cancio Luna (1851-1927), Fernando Freyre de Andrade (1863-1929), José Emilio Terry Dorticós (1853-1911) y Eduardo Yero Beduén (1852-1905).

Las cosas se complicaron gravemente en su segundo mandato. Primero, porque nació ilegítimo de unas elecciones fraudulentas y sin oposición. Segundo, porque fue incapaz de resolver políticamente la crisis que, apenas tres meses después de ser instalado como presidente, presentó el alzamiento del Partido Liberal el 19 de agosto de 1906.

No es mi interés restarle ningún mérito a un hombre que tanto, y por tantas décadas, hizo por la Patria. Pero le mentiría a mis lectores si no confesara que lamento profundamente que hubiera pedido al gobierno norteamericano en 1906 la intervención en nuestros asuntos internos. Que los americanos hubieran tomado la inciativa de aplicar la odiosa Enmienda Platt lo hubiera al menos entendido. Pero que esto lo hiciera un cubano me parece difícil de pasar por alto. Entre otras cosas porque creó una mentalidad dentro de la Isla de que los americanos arreglarían el pastel cada vez que nosotros falláramos en la cocina. Nos costaría demasiada cara esa receta.

Estrada Palma murió pobre (algo que no se repitiría en ningún otro primer mandatario) en Santiago de Cuba el 4 de noviembre de 1908 y sus restos reposan en el cementerio de Santa Ifigenia, en Santiago de Cuba. Cuando se diseñó en el Vedado la Calle G y pasó a llamarse La Avenida de los Presidentes, la idea era llenar los espacios entre la calle quinta, cerca del Malecón, y la calle 29 con estatuas de los que ocuparan más tarde ese honroso puesto. La de Estrada Palma, obra de Giovanni Nicolini (1872-1956), se inauguró el 26 de junio de 1921 por suscripción popular (contribución máxima de 20 centavos). En 1959 (otras fuentes dicen 1960 o 1961) otros vientos soplaban en Cuba, nuevas generaciones se replanteaban la historia y su estatua fue derribada, quedando solo sus zapatos. Hasta Eduardo Galeano se ha hecho eco de esta historia («Contrasímbolos», *El libro de los abrazos*).

Quizás, como la tan incomprendida Cenicienta, en un futuro alguien se dará cuenta de que esos zapatos solo los puede calzar un presidente. Y quizás veamos de nuevo en su pedestal —esta vez esculpida por un cubano— a aquel que era

> ... el patriota que a la voz de su pueblo dejó el señorío de su hacienda y el calor de una madre adorada, por la batalla y el peligro de la revolución; es el presidente prisionero que rehusa entrar en sus bienes porque los amos del país le exigen que compre lo suyo con el dolor de pasar bajo la bandera de la capitulación; es criollo fundador que hace pocos años salió de un castillo de España, al garete del destierro, sin

más riqueza que la salud de su mente y el poder de su corazón, y hoy compra, para su familia feliz, y la familia de sus educandos, un noble edificio, con lago y con bosque, que en el corazón del monte yankee ostenta un nombre cubano: es Tomás Estada Palma. (José Martí, *Patria,* 2 de julio de 1892).

58. BARCOS *EN* PAPEL

1598, 1606, 1881, 1903, 1947

En el libro *Arpas cubanas* (Poetas contemporáneos), editado en 1904 en La Habana, el poeta René López (1822-1909) nos regaló la siguiente composición fechada en febrero de 1903:

¡Oh barcos que pasáis en la alta noche
por la azul epidermis de los mares,
con vuestras rojas luces que palpitan
al ósculo levísimo del aire,
rubís ensangrentados sobre el lomo
de gigantescos monstruos de azabache!,
¿adónde vais por la extensión sombría,
guerreros de la noche, infatigables
paladines que sueñan la tormenta,
como aquellos cantores medievales,
la lanza en ristre, la mirada torva,
morir cantando en sin igual combate?
¿Adónde vais, ¡oh barcos misteriosos!,
 por la azul epidermis de los mares?

¿Lleváis en vuestros senos a la novia,
la blanca novia del rendido amante,
 que sentado en la playa, tristemente,
en las azules noches tropicales,
con sus grandes pupilas verdinegras
mirando al horizonte, palpitante,
espera ver marcarse entre las sombras
la proa gigantesca de la nave;
y a la amarilla luz del Sol que asoma
ver un cuerpo, una mano saludarle
con el blanco pañuelo entre los dedos,
como un ensueño serpenteando el aire?
¿Adónde vais, ¡oh barcos misteriosos!,
por la azul epidermis de los mares?

Dejáis, como el placer que nos conmueve,
a vuestras marchas rastros estelares
que al instante disipan, juguetonas,
esmeraldinas olas encrespadas.
Duermen en vuestros vientres, que trepidan,
aquellos que dejaron sus hogares
y buscan en las playas extranjeras
tristes remedios para tristes males.
Lleváis en las entrañas encendidas
la noticia fatal para una madre
del hijo que murió pensando en ella,
de la miseria envuelto en el ropaje.
¿Adónde vais, ¡oh barcos misteriosos!,
por la azul epidermis de los mares?

Cuando lleguéis al puerto en que os esperan
envueltos en las nieblas matinales,
¡para cuántos tendréis lluvias de flores!,
¡para cuántos tormenta de pesares!
Del libro de mi vida sois las páginas,
escritas con suspiros y con sangre;
la pluma del Dolor trazó sus letras,
la Desesperación grabó sus frases.
¡Y al miraros pasar como ilusiones,
entre brillantes flores y cantares,
pienso en la nave que albergó en su seno
el cuerpo inerte de mi pobre madre!
¡Oh barcos que pasáis en la alta noche
por la azul epidermis de los mares!

No fue López, por supuesto, el primero a cantarle a los barcos, aunque sí el mas extenso. Ya en su *Florida* (1598-1600?) Fray Alonso de Escovedo nos cuenta que «A Manasi, una punta así nombrada/ nuestro veloz navío fue llegando»; «De las palmas que dejo atrás citadas/...dellas son canoillas fabricadas»; «Ponen en la canoa su vestido/ atándole a un cordel en el un lado»; «Tal viento el piloto quiere y pide/ para seguir la costa de Bayamo/ a do el navío fue cual presto gamo»; «Que el hondo mar es cama del navío/ como lo es de la muerte algún bajío». Estas parecen ser las primeras referencias de la Literatura a barcos en aguas cubanas, pues los versos anteriores de Domenico Dati (1493) y Girolamo Agosti (1548) mencionan a Cuba, pero no sus barcos.

Después vendría el *Espejo de Paciencia* que en 1606 escribiera el canario Silvestre de Balboa (no entramos aquí en la controversia de su autenticidad) y que narra el secuestro del Obispo Altamirano por el pirata huguenote Gilberto Girón. El poema comienza mencionando los barcos que se dedican al comercio «A tomar bienen puesto en su marina/ muchos navíos a trocar por cueros».

Continúa el poeta mencionando diferentes embarcaciones a medida que se va desarrollando la trama de la historia:

«Surgen aquellas naos a una playa/ que tiene al Sur, llamada Manzanilla»;

«De esta manera caminando fueron/ hasta poner el pie en el Oceano/ que se embarcaron todos en la orilla/ que forma en sus arenas Manzanilla».

«Las focas y nereidas en concierto/ llegaron a la nave de Gilberto»;

«Entre las naos que allí tomaron puerto/ Fue una de Pompilio el italiano»;

«Viendo ya de la nao la batería/ y de su gente el daño manifiesto/ dieron por disparar la artillería»;

«Parten en un batel por el mar largo/ cuatro franceses con ligera priesa.../ pero Miguel Baptista como un pargo/ a nado se tiró tras de la presa/ y detuvo el batel en la bahía»;

«Y cada cual soberbio y animoso/ tirando muchos tajos y reveses/ rindieron el batel con los franceses»;

«En esto un español que por su suerte/ viene por tango-mango del navío/ se echa a nado huyendo de su suerte»; «Escapáronse cuatro renegados/ que mal heridos que por la mar huyeron/ los cuales a su nao ya llegados/ las tristes nuevas de su suerte dieron».

En una «gruesa nao» llegó a Manzanillo Gilberto Girón, Señor de la Ponfiera; en el barco mantuvieron preso al Obispo Altamirano; en barcos se escapan los vencidos. Sin barcos no hay *Espejo*.

Dejo a otros mucho más calificados la tarea de hacer un serio estudio sobre la presencia de naves en la poesía cubana o, si es más ambicioso, a lo largo de toda la literatura cubana. Por lo pronto me conformo con completar esta sección de nuestra lírica con dos ejemplos adicionales.

Entre los apuntes de Martí se han encontrado éstos, de 1881:

> Vela abajo, mozo arriba,
> Acá el roto, allá el peñasco,
> Ido el sol, recio el chubasco,
> Y el barco, no barco, criba:
>
> Gigante el viento derriba
> Los hombres de las escalas;
> Desatadas van las balas
> Rodando por la cubierta,
> ¡Y yo, en medio a la obra muerta
> Vivo, mi hijo en las alas!

Nicolás Guillén (1902-89) se une a esta trilogía con su «Un son para niños antillanos» (*El son entero,* 1947):

> Por el Mar de las Antillas
> anda un barco de papel:
> Anda y anda el barco barco,
> sin timonel.
>
> De La Habana a Portobelo,
> de Jamaica a Trinidad,
> anda y anda el barco barco
> sin capitán.
>
> Una negra va en la popa,
> va en la proa un español:
> Anda y anda el barco barco,
> con ellos dos.

59. EMBARCACIÓN DESCONOCIDA

St Louis, Missouri - Nueva Orleans
? Diciembre de 1904

El maestro Leopoldo Romañach (1862-1951) estaba muy orgulloso de su cuadro *La Convaleciente* (había ganado medalla de bronce en la Exposición Universal de París de 1900) y no dudó en enviarlo a la Exposición Panamericana de Buffalo, N.Y. en 1901. Sería la primera vez que un importante contingente de pintores cubanos expondría en los Estados Unidos.

La presencia cubana en Buffalo no fue nada despreciable. Romañach exhibió nueve obras en total; Armando Menocal (1863-1942) y Antonio Roca Agusti (¿-1921), tres cada uno; Aurelio Melero (1870-1929), Francisco Tabernilla y José Joaquín Tejada (1867-1934), dos cada uno; y con una pieza se presentaron Jesús Chicoy, Eduardo Gallego, Teódulo Jiménez (1879-1940), Manuel D. Lluch Beato (1865-1912), J. Mataró, Emilia Melero, Concepción Mercier García (1866-1934), R. S. Piqué, y Ángel Porro Primelles (1864-1918). Romañach obtuvo medalla de plata, Menocal de bronce y Mercier y Tejada menciones honoríficas.

Tres años después, el 30 de abril de 1904, abriría sus puertas *The Louisiana Purchase Exposition,* también conocida como la Feria Mundial de San Luis, para celebrar el centenario de la compra por parte de los americanos del territorio de la Louisiana, vendido por Napoleón. Participaron más de 60 países y 43 de los 45 estados que formaban entonces la Unión Americana. Asistieron 19.7 millones de visitantes.

La flamante República de Cuba fue invitada y respondimos con el Pabellón Cubano, un palacete típico del Vedado (con su torre de 47 pies) que costó a nuestros contribuyentes $31,364. El interior estaba dividido en 3 secciones, dos de oficina para los comisionados cubanos (Esteban Duque Estrada y Antonio Carillo) y un salón de exposiciones. Un patio interior con flores tropicales daría a los visitantes una mejor idea de nuestra flora. La señorita Laura Rayneri deleitaría a los presentes con un concierto.

Nos situaron entre Inglaterra y Bélgica lo cual era sin duda una deferencia para un pueblo pequeño y recién independizado.

En el pabellón cubano había una exposición de minerales y otra de educación. Además, en el Palacio de la Agricultura expondríamos lo mejor de nuestros tabacos y cigarros, sin faltar muestras de azúcar, café, cacao, etc.

En el campo de las artes visuales estuvimos representados por 81 óleos, dos tintas, cinco retratos al pastel y dos esculturas. Entre los artistas se encontraban:

Luis de Arrarte y Peláez, *Flores y frutas*.
Adriana Billini (dominicana, por cierto, 1863-1946), *El cocinero* y *Los borrachos*.
Paulo Campo Castellano, dos tintas, una de Washington y otra de Bolívar.
Cortaeta y Rodríguez, 2 óleos de la *Batalla de Cavite* y dos de la *Batalla de Santiago*.
Daniel Díaz Gil, dos esculturas: un busto de Pio IX y un Bajorrelieve.
Juana Guerrero de Aldabó, *Frutas cubanas, Capricho, Cabeza de estudio*.
A. Guridi, *Punto difícil*.
M. Guridi, *Nocturno*.
Federico Martínez Matos (1828-1916, entonces residente de Richfield Springs, New York), expuso 45 retratos de patriotas, entre ellos Ignacio Agramonte, Joaquín Agüero, Francisco Vicente Aguilera, Miguel Aldama, Néstor Aranguren, Quintín Bandera, Gaspar Betancourt Cisneros, Carlos Manuel de Céspedes, Tomás Estrada Palma, Calixto García, Vicente García, Domingo Goicuría, Máximo Gómez, José Lacret Morlot, Narciso López, Antonio Maceo, Donato del Mármol, Jose Martí, Ramón Pintó, Juan Rius Rivera y Carlos Roloff.
Aurelio Melero, *Paisaje de una cantera, Retrato del Sr. T. R. F., Retrato del Sr. J. T., Retrato de un niño, Paisaje del río Almendares, Flores, Calandracas, Paisaje*, dos *Cabeza de estudio* y

cinco retratos al pastel, un niño, una niña, niños, *Sátiro* y *Pilluelo*.
Elvira Martínez de Melero, *Frutas cubanas*.
Concepción Mercier, *Paisaje cubano*.
Manuel B. Posada, *Estudio, Paisaje* y *Paisaje*.
Leopoldo Romañach, *La convaleciente, La abandonada, Cabeza de estudio, Estudio, Cabeza de niña, Cabeza de vieja,* y *Retrato al óleo*.
José Joaquín Tejada, *La loma de San Juan* y *Fort Viso*.

En la exposición, Romañach obtuvo medalla de oro por su cuadro *La Convaleciente*, mientras que Aurelio Melero, Mercier y Tejada ganaron medallas de bronce. Al terminar la Feria en diciembre 1 de 1904 se recogieron las piezas y se enviaron a casa. Los nueve óleos de Romañach se embarcaron en un buque que salió de St. Louis en algún momento de diciembre, con tan mala suerte que se hundió en el río Mississippi —el mismo que se tragara a Hernando de Soto en 1542— cerca de Nueva Orleans.

El 25 de julio de 1924 Jorge Mañach impartía una Conferencia en el Club Cubano de Bellas Artes («La pintura en Cuba desde 1900 hasta el presente», *Cuba Contemporánea,* octubre de 1924), y así se expresaba del cuadro perdido:

> La manera pictórica de aquel cuadro, representativo del Romañach fundamental, era algo muy novedoso entre nosotros. Había más ambiente allí, más sugestiva veracidad, un tino más literal — por decirlo así — en la línea, y un colorido que nos liberaba completamente, sin resabios, de los rojos y negros académicos a que nos tenían acostumbrados los pintores del siglo pasado.
>
> He dicho que ese cuadro era representativo del Romañach fundamental, porque en la evolución del artista, obsedido por constantes ansias de novedad y mejoramiento, algunos estudios y viajes posteriores habían de determinar ciertas efímeras modalidades, tan criticables como reñidas con su verdadero temperamento.

Para el pintor y para nuestra pintura fue una terrible pérdida. Afortunadamente se conservaban las fotografías de dos de las piezas naufragadas, una *cabeza de estudio* y *La convaleciente*, que se habían publicado en la *History of the Louisiana Purchase* editado por Mark Bennitt (1905) y en *The Studio. An Illustrated Magazine of Fine & Applied Art* (1913). Se conserva también un estudio de la joven enferma (acompañó un artículo de Loló de la Torriente en *Bohemia*).

Navegando por internet encontré un óleo de Sir Frank Dicksee (1853-1928) titulado *The Crisis,* exhibido en la Royal Academy de Londres en 1891, que me recordó mucho al de Romañach (aunque solo estoy sugiriendo que se trata de dos enfoques parecidos a una misma situación). De hecho, no es un tema impopular, al contrario. He visto convalescientes de Charles Baugniet, George Biddle, Ford Madox Brown, Rupert Bunny, John Collier, Gustave-Leonard de Jonghe, Edgar Degas, Carolus-Duran, John Faed, Ferdinand Fagerlin, Phillips Fox, Ivan Gorokhov Lavrentevich, Willard Leroy Metcalf, Jenny Nyström, George Bernard O'Neill, Howard Pyle, Chaim Soutine, James Tissot, Raphael Tuck y Johannes Weiland.

En 1957 se emitió en un sello postal de 14 centavos reproduciendo el premiado óleo de Romañach. Posiblemente lo han llegado a ver más personas que si lo hubieran colgado en un museo habanero. Afortunadamente, no todo se lo llevaron las aguas.

60. *DAHOMEY*

Montreal - La Habana
27 de agosto de 1905 - 10 de septiembre de 1905

Entre los pasajeros de Montreal que desembarcaron del *Dahomey* esa mañana en el puerto de La Habana venía Quadrat León, de 33 años. Había nacido en el pueblito de Mesnay, Les Arbois, en la zona de francesa del Jura, cadena montañosa al norte de los Alpes. No muy lejos se encuentra Fort de Joux donde, prisionero por órdenes de Napoleón, murió el líder haitiano Toussaint L'Ouverture en 1803.

Eso de Quadrat León era un alias: su verdadero nombre era Joseph Sylvestre Sauget. No, no venía escapándose de la policía ni a esconderse por crimen, fraude o enredos románticos. Luego de graduarse de maestro en 1889 había decidido entrar en la orden religiosa de los Hermanos de las Escuelas Cristianas, fundada por San Juan Bautista de La Salle en 1684. Y como es costumbre en esos contextos que transforman vidas (Jesús de Nazaret le había cambiado al pescador Simón su nombre por el de Cefas, versión aramea de Pedro; siglos después Ulianov se convirtió en Lenin y Francisco Calderío en Blas Roca), nuestro Sauget asumió el nombre de Quadrat León, aunque él lo abreviaba y se quedaba solo con el León. Muy apropiado.

El hermano León venía acompañado. Con él desembarcaron otros nueve compañeros que habían respondido al llamado que el Hermano Reticius había hecho en febrero de ese año solicitando voluntarios para fundar una casa en Cuba. Para no olvidarlos consigno sus nombres. Seis, como el propio León, habían venido de Francia: René Gustavo, Reginald Cesáreo, Sulpicio, René Edmundo, Hioram Juan y Nimphas Victorino. Los otros tres eran francocanadienses, Melian Sergio, Martín Adrias y Marutas Arsenio.

En el muelle los esperaban los hermanos Adolphe-Alfred y Rogatian, que se habían adelantado para preparar las condiciones. No había tiempo que perder pues al día siguiente ya comenzaban las clases. Como era de esperar, el lunes 11 de septiembre no estaban listos todavía (¡acababan de desembarcar!) pero el Hno. Adolfo Alfredo ya había convenido con los jesuitas que fueran éstos los que abrieran el colegio. Y así fue cómo los padres Morán, Bueno, Camarero, y un hermano coadjutor de Belén dieron las primeras clases... ¡en La Salle! (información que he tomado del lasallista Manuel R. de Bustamante, que conste).

Ya el día 14 los buenos Hermanos tomaron las riendas del colegio, que mantuvieron por 56 años, hasta que les fue confiscado por el Gobierno revolucionario. Mucho se benefició nuestra República de la labor educativa de estos hermanos y miles de sus exalumnos aún recuerdan con cariño los años escolares y las lecciones aprendidas.

Pero ahora deseo concentrarme en el Hermano León, gloria de la Botánica cubana y antillana. Recientemente, el profesor Isidro E. Méndez Santos, de la Universidad de Camagüey, ha escrito un documentado y juicioso artículo en la *Revista del Jardín Botánico Nacional,* del cual he tomado prestado los párrafos que siguen.

> Fue la figura más sobresaliente entre los Hermanos de La Salle que adquirieron relevancia para la Botánica cubana durante la primera mitad del siglo XX, entre los cuales aparecen nombres tan significativos como Henri Eugene Liogier de Sereys Allut (Hno. Alain), Conrad Kirouac (Hno. Marie Victorin) ... Agustin Clement Tetau Monet (Hno. Clemente) y Jean France Lagorce (Hno. Hioram Juan). El Hno. León une a su condición de pionero el haber emprendido las empresas más ambiciosas, a las cuales se sumaron los demás.
>
> Su obra cumbre sobre este tema es la reseña histórica que aparece en el Tomo I de la *Flora de Cuba* (León 1946) y que tuvo una primera versión en el trabajo titulado «Las exploraciones botánicas de Cuba», publicado en las *Memorias de la Sociedad Cubana de Historia Natural «Felipe Poey»,* en 1918. Es sin dudas el compendio más pormenorizado que se haya escrito jamás, de los colectores que habían trabajado en el país hasta aquel momento, de los herbarios que custodiaban hoy esas colecciones y de las obras bibliográficas en que se divulgaron los resultados de dichos trabajos. El Hno. León re-

sulta un autor imprescindible para el conocimiento de la historia de la Botánica en Cuba.

[Citando a Ponce de León, agrega] En nuestra patria, la Sociedad Geográfica de Cuba, de la que forma parte, lo hace presidente de la sección de fauna y flora. La Sociedad de Historia Natural «Felipe Poey», de la que ha sido Vicepresidente, lo hace Presidente de Honor. La Academia de Ciencias Médicas, Físicas y Naturales de la Habana, lo lleva a su seno y luego lo hace Socio de Mérito.

En 1980, Onaney Muñiz afirmó que hasta aquel momento, el Hno. León había sido el más citado de los botánicos cubanos.... Es probable que todavía lo sea y que lo siga siendo por mucho tiempo.

La Botánica contemporánea lo tendrá que citar constantemente al reconocer sus abundantes contribuciones, al referirse a los más de 23 000 especímenes de herbario que recolectó, al referenciar su extensa bibliografía activa y pasiva (que con frecuencia resulta de obligada consulta), al sintetizar la terminología científica alguna vez utilizada y, ante cada mirada a la historia de la ciencia nacional. No se trabajará la Botánica en Cuba sin mencionar su nombre.

Ante su memoria, Inclínese la frente con respeto y agradézcase su esfuerzo.

Gracias, profesor Méndez, por dejarle saber a la juventud cubana de hoy lo que lograron hacer la enseñanza privada y las órdenes religiosas en Cuba. Honrar honra.

61. *DENVER*

Oyster Bay, Nueva York - La Habana
? de septiembre de 1906 - 13 de septiembre de 1906

L a República de Cuba, triste es reconocerlo, había nacido víctima de un chantaje. Los interventores no nos darían la independencia si no aceptábamos en nuestra propia Constitución un texto redactado en parlamento extranjero que imponía ocho condiciones imprescindibles. Lleva el nombre del senador por el estado de Connecticut Orville Platt (1827-1905) quien lo propuso.

Primero se debatió en el Senado americano. Pasó, 43 votos contra 20, el 27 de febrero de 1901. Casi un tercio de los senadores estaban en contra de poner limitaciones a la nueva República de Cuba, y eso también es importante recordar.

Como en todo cuerpo legislativo bicameral (que no es el caso de Cuba después de 1959) la disposición del Senado pasó luego a ser debatida en la Cámara de Representantes el primero de marzo. De los 349 miembros que la integraban entonces, 51 no votaron, 137 se opusieron y 161 dieron su consentimiento. O sea, fue aprobada por el 54% de los que votaron o, visto de otra manera, solo con el 46% del total de miembros de ese cuerpo legislativo. Lo que indica que, si bien una clara mayoría la apoyaba, no representaba un sentimiento abrumador en la Cámara americana. Inútil especular sobre qué hubiera pasado si los 51 representantes que faltaron hubieran votado. Pero recordemos que, apenas 3 años antes 311 representantes habían apoyado la posición anti-anexionista de Teller.

Luego le tocó al Senado cubano pronunciarse. Siempre he pensando en el terrible dilema que enfrentaron nuestros patricios ante semejante encrucijada. Enfrentados a la intransigencia de los americanos que no modificarían sus cláusulas, con 16 votos a favor y 11 en contra se dió por aprobado aquel lamentable texto. Izamos la bandera en el Morro, pero a un costo muy alto.

Quisiera poder decir que, de haber estado allí, yo hubiera secundado la elocuencia de Salvador Cisneros Betancourt (1828-

1914) y Juan Gualberto Gómez (1854-1933) oponiéndose al texto injerencista. Pero si no se marchaban los americanos, ¿qué Cuba legaríamos a los nietos? Ciertamente, no nos merecíamos tan cruel disyuntiva. Fue nuestra *Decisión de Sophie/ Sophie's choice*.

El texto de Platt formó parte del Apéndice a nuestra Constitución de 1901, aprobado en el Salón de Sesiones de la Convención Constituyente (que se reunió en lo que es hoy el Teatro Martí) el 12 de junio de 1901. Deseo rescatar dos de sus cláusulas más trascendentales.

> 3º. Que el Gobierno de Cuba consiente que los Estados Unidos puedan ejercitar el derecho de intervenir para la preservación de la independencia cubana, y el sostenimiento de un Gobierno adecuado a la protección de la vida, la propiedad y la libertad individual, y al cumplimiento de las obligaciones con respecto a Cuba, impuestas a los Estados Unidos por el Tratado de París y que deben ahora ser asumidas y cumplidas por el Gobierno de Cuba.
>
> 7º. Para poner en condiciones a los Estados Unidos de mantener la independencia de Cuba y proteger al pueblo de la misma, así como para su propia defensa, el Gobierno de Cuba venderá o arrendará a los EE.UU. las tierras necesarias para carboneras o estaciones navales en ciertos puntos determinados que se convendrán con el Presidente de los EE.UU.

Además de aparecer en nuestra Carta Magna, ese texto formó parte de un Tratado entre Cuba y Estados Unidos (así lo exigía la propia enmienda) firmado en 1903. Aunque fue oficialmente derogado el 29 de mayo de 1934, la secuela de este infeliz texto, especialmente su artículo séptimo, dura hasta nuestros días.

Justificando su solicitud en el Artículo 3 de la Enmienda, Tomás Estrada Palma pidió al gobierno americano la intervención militar cuando, en agosto de 1906, tuvo que enfrentarse a un alzamiento por parte del partido de oposición. Triste día (otro más) para la nación.

El presidente Teodoro Roosevelt no parecía muy entusiasmado con la idea de enviar tropas a Cuba, pero ante la insistencia de Don Tomás mandó a nuestras costas al USS *Denver*, capitaneado por James Colwell. Llegó el buque a La Habana el 12 de septiembre de 1906, desembarcando con 124 marineros y 3 piezas de artillería.

William F. Fullam llegaría a Cienfuegos en el USS *Marietta* poco después.

El día 19, a bordo del USS *Des Moines,* llegaba a La Habana William Taft (1857-1930), secretario norteamericano de Guerra, al frente de una Comisión de Paz. Es irónico cómo la guerra y la paz son siempre dos caras de una misma moneda. Pero eso ya lo supimos por Lev Tosltoy, si no mucho antes. Diez días después asumió Taft la presidencia provisional de Cuba (en 1909 asumiría la de Estados Unidos, siendo la única persona en la historia que ha sido presidente de ambas naciones).

El 6 de octubre, procedente de Nueva York a bordo del *Sumner*, llegaron 500 soldados del quinto regimiento de infantería. También llegarían 350 miembros del segundo batallón de ingenieros. Al día siguiente llegaba el *Brooklyn* con 400 hombres.

Nombrado por Roosevelt el 6 de octubre par sustituir a Taft, el 9 de octubre, procedente de Tampa a bordo del *Mascotte* —el mismo que había tomado Martí doce años atrás— desembarcaría en La Habana Charles Magoon (1861-1920), quien asumiría la presidencia de Cuba 4 días después, el 13 de octubre. Ese mismo día llegaba el *Texas*, transportando 300 marines de Norfolk, Virginia. Ya para el 29 de octubre —solo 47 días después del primer desembarco— los seis mil soldados de las Fuerzas de Pacificación Cubana (*Army of Cuban Pacification*), transportados en no pocos barcos de guerra, se encontraban diseminados por todo el territorio nacional.

No es este el lugar para entrar en detalles sobre lo que significó la segunda ocupación americana ni cuánta verdad hay en la participación de Magoon en la introducción de la «botella» en Cuba, inflando las nóminas de los puestos públicos a cambio de apoyo político. Lo más importante ahora es saber que, afortunadamente, esta vez se marcharon los americanos sin imponer más condiciones. El 28 de enero de 1909 —aniversario de Martí— asumía la presidencia José Miguel Gómez, a quien regresaremos en otro capítulo.

El último día de su presidencia Mr Magoon había concedido una pensión vitalicia a Carmen Zayas Bazán, viuda de Martí.

62. *PATRICIO DE SATRÚSTEGUI*

Cádiz - Buenos Aires
? - 25 de mayo de 1911

San Petersburgo, Buenos Aires, Florencia, Turín, Milán, París, Berlín, Londres, Nueva York, La Habana, Barcelona y las islas Baleares, Montevideo y Veracruz, Santo Domingo, San Juan, Trinidad y Tobago, La Coruña, Santiago de Compostela, Ribadeo, Almería, Córdoba, Mahón, Palma de Mallorca, Tenerife, Jerez de la Frontera, Orihuela, Valencia, Alicante, Cádiz, Ronda. Caballero de las Órdenes de Isabel La Católica, Carlos III de España y de Cristo de Portugal. Francia lo hizo miembro de la Legión de Honor. Cruz del Águila Negra. Director del Conservatorio de Haití. Lo acompañan un Stradivarius y un Guarnieri.

Esta lista, compilada por el periodista Jorge Basilago, nos llena de profundo orgullo. Se trata de los triunfos del nuestro Claudio José Brindis de Salas Garrido (1852-1911). Envidiable e irrepetible resumé. Más aún si tenemos en cuenta que era negro. Hay que tener mucho talento para derribar barreras raciales. Armando Toledo nos ha dejado su *Presencia y vigencia de Brindis de Salas* y el lector interesado debe aprovechar ese texto para mayores aclaraciones.

¡Cuántos barcos en su vida! Conocemos los buques *Lessing* (1877), *Cacique* (1878), *Prince Joachim* (1894), *Julia* (1895) y *Júpiter* (1895), pero deben haber sido decenas para desplazarse entre tantos puertos.

A los 8 años compuso su primera obra, *La simpatizadora*; a los 11 años había debutado en el Liceo de la Habana; y en 1871 era primer expediente del Conservatorio de París. Le siguieron grandes éxitos.

En San Petersburgo el crítico Iuri Yampolski comentó su debut el primero de enero de 1880:

El público se identificó sentidamente con el ejecutante y lo hizo salir a escena unas cuantas veces. La técnica de Brindis de Salas es muy desarrollada, en esta interpretación se caracterizó por un buen tono, una gran elaboración en la interpretación, y musicalidad en el fraseo. Además, de forma especial se le daban al señor Brindis de Salas los pasajes de armónicos, los lugares de carácter cantánbile y sonoro. También tuvieron bien terminados los pizzicatos.

Según reportó el *Fremdenblatt* (1884), después de una función privada organizada por la Emperatriz, el Kaiser Guillermo II se le acercó a Brindis y le dijo

> Lamento no haberlo escuchado en el Teatro de la Ópera ... y por esto estoy encantado de haberlo hecho hoy. He oído muchas cosas sobre Ud., especialmente del príncipe heredero, que me habló de su estilo y los aplausos cosechados.

El diario *La Nación* de Buenos Aires, en su edición del 21 de agosto de 1889, reportaba la crítica de Enrique Frexas, que había escuchado a Brindis en un concierto privado en casa del ex presidente Bartolomé Mitre:

> La soberbia Cavatina de Raff, después de sus compases iniciales, empezaba a crecer con todo su vigor... ¡Raro efecto! No se oía más que la música; nadie pensaba en que se estaba oyendo a un artista. Es que este había desaparecido, aniquilado en su presencia por la vivificación que de aquel trazo hacía. Tal comprensión había en la música, tal dominio del instrumento poseía, de tal manera parecía fundirse en él, de tal manera todo su fluido vital era absorbido por aquella ejecución, que todo era como una cosa sola la música que se escuchaba.

No solo se destacó por su magistral ejecución del violín, Brindis también nos dejó algunas piezas para ese instrumento: *A Lilas, Ave Maria* (dedicada al Rey Umberto I de Italia), *Consolation, Neurosis* y *Variaciones sobre un tema del maestro Rodolfo*.

Luego de tantísimos éxitos llegaba a Buenos Aires el 25 de mayo de 1911 a bordo del *Patricio de Satrústegui*. Pero esta vez llegaba vencido. Según Javier de Castromori, habría vendido su Stradivarius por 10 pesos a una casa de baratijas en calle Rivadavia numero 3289. Encontró alojamiento en un pobre albergue de la calle Sarmiento, luego en la posada Re dei vini. De allí, moribundo, salió el 31 de mayo, falleciendo el 2 de junio de 1911 en un hospital de Asistencia Pública. Enterada la colonia cubana en Buenos Aires del triste acontecimiento, con el apoyo de la revista infantil ilustrada *PBT* (nombre tomado de pebete, que significa niño) y su director Eustaquio Pellicer, se le honró en funerales solemnes y lo enterraron en el cementerio La Chacarita.

Habia marchado de Cuba en un barco. Sus restos regresarían en otro. Luego de permanecer en su tumba bonaerense durante 18 años, el 24 de mayo de 1930, a raíz de una comisión que formó el presidente Machado a tales efectos, el vapor *Sub-Cubano* nos devolvería sus restos. Colocados en una urna de bronce, obra del escultor Luis Perlotti, éstos fueron depositados en la iglesia habanera de Paula, hoy sala de conciertos. Muy acertado que Brindis descanse en un lugar donde se hace música.

A nuestro violinista le llamaron el «Paganini negro». Quizás tengamos la dicha algún día de escuchar a un caucásico virtuoso del violín a quien llamen con orgullo «El Brindis de Salas blanco».

63. *ANTONIO LÓPEZ*
Cádiz - La Habana
? - 6 de octubre de 1919

Al fin de la dominación española, según el censo de 1899, la población de Cuba era de 1,572,797 personas. De ellas, 129,240 habían nacido en España y representaban el 8.28% del total de la nación. Su distribución geográfica era como sigue:

PROVINCIAS	TOTAL	%
Pinar del Río	10 254	7.9
Habana	61 487	47.0
Matanzas	14 127	10.9
Santa Clara	28 398	22.0
Puerto Príncipe	3 595	2.8
Santiago de Cuba	11 379	8.8
TOTAL	129 240	100.0

Durante los próximos treinta años una verdadera avalancha de peninsulares llegaría a nuestras costas, como lo indica el cuadro siguiente que contabiliza los españoles residentes en Cuba en 1933 (Fuente: J.M. Alvarez de Acevedo, «La Colonia española en la economía cubana», en *Revista de la Cámara Oficial Española de Comercio,* Editora Ucar, García y Cía., Habana, 1936, p.30), citada por Coralia Alonso.

PROVINCIA DE ORIGEN	TOTAL	%
Galicia	79 056	36.74
Asturias	67 972	31.16
Castilla y Santander	22 710	10.23

PROVINCIA DE ORIGEN	TOTAL	%
Islas Canarias	18 168	8.37
Cataluña y Baleares	11 385	5.11
País Vasco y Navarra	9 084	4.18
Andalucía y Extremadura	5 677	2.32
Valencia, Aragón y Murcia	1 135	0.46
TOTAL	215 187	100.00

Entre las tantísimas familias que emigraron de Galicia encontramos al joven matrimonio formado por el ingeniero Antonio Quevedo Sánchez y María Muñoz Portal, que había estudiado piano en su Coruña natal. Recién casados, a él se le presentó una oportunidad de trabajo en la Habana y ella tenía a su prima Dolores en La Víbora. Desde Cádiz tomaron el *Antonio López* (¡cuántos otros habían hecho —y harían— esa misma travesía marítima!) llegando a La Habana el 6 de octubre de 1919.

El barco llevaba el nombre del fundador de la Compañía Trasatlántica, el primer Marqués de Comillas. El primer vapor en llevar ese nombre fue un buque correo comprado en Escocia en 1865, y que cambió de nombre diecisiete años después por el de *Patricio de Satrústegui*, que ya hemos visto desfilar por estas páginas. El segundo se había construrdo también en los astilleros de Denny and Bross, Dumbarton, Escocia, en 1881 y hacía la ruta Cádiz a Puerto Rico y Cuba. Transportó miles de soldados durante la guerra del 95 y en ella sucumbió: en junio y julio de 1898 los buques americanos *Yosemite* y *New Orleans* lo hundieron en aguas puertorriqueñas. Este tercer buque se había construido en el mismo lugar (y hubo un cuarto que hizo su viaje inaugural en Barcelona en 1926 que también vendría del Mediterráneo a Cuba). Muchos deben haber sido los españoles que llegaron a nuestras costas a bordo de algún *Antonio López*.

Tres años después de llegar la pareja Quevedo-Muñoz, el 23 junio 1922 María ofrece un concierto para el Centro Gallego en el Teatro Nacional y poco después, junto al músico de origen vasco Pedro Sanjuán, abre su Escuela Filarmónica Nacional en Refugio y

Prado. Para 1925, en su domicilio de Concordia 65 esquina a Lealtad ya ha inaugurado el Conservatorio Bach.

Mucho le debe la música cubana a María. Los que la han estudiado —Inés del Río, Miguel Iturria, Cira Romero— subrayan sobre todo su proyecto editorial con la revista *Musicalia* y sus esfuerzos en el campo coral.

Musicalia comenzó en 1927 asociada a la casa editorial de Salvador Iglesias, pero en mayo de 1928 se independizó. El gran músico cubano Alejandro García Caturla (1906-40) así saludó su llegada:

> Adelante. Las vanguardias. Los estetas nuevos: tenemos en ustedes [María y Antonio] una antorcha viva de confianza e idealismo y una gran fe. Musicalia es nuestro termómetro. Por ella medimos la temperatura ambiente y a ella nos confiamos, seguros del triunfo de nuestro ideal.

Musicalia, que continuó hasta 1948, ofrecio al público habanero artículos de gran variedad y calidad. Contó entre sus colaboradores figuras como Alejo Carpentier, Carlos Chávez, Aaron Copland, Ángel Gaztelu, Hilario González, Francisco Ichaso, Fernando Ortiz y César Pérez Sentenat. Fue allí donde se publicó por primera vez el *Son de negros* de Lorca (cuyo manuscrito regaló a María). En 1930 María había inaugurado, con la presencia de Lorca, la Sociedad Cubana de Música Contemporánea, de la que fue directora.

También se ocupó María de dar a conocer en nuestro país —en los Conciertos Musicalia— música de varios compositores modernos relevantes como Manuel de Falla, Serguei Prokofiev, Maurice Ravel, Nicolai Rimsky-Kórsakov, Igor Stravinsky y Eric Satie, sin olvidar a dos joyas del patio: Alejandro García Caturla y Amadeo Roldán.

Su segundo gran aporte comenzó en 1931 con la fundación de la Sociedad Coral de La Habana y, a través de ella, no solo divulgó la literatura coral europea, sino que instó a los compositores cubanos a componer música para coros. Cooperó también con la fundación de la Coral Universitaria y la Cantoría de la Casa de Beneficencia (150 voces, 1935).

La primera presentación de la Sociedad Coral fue un concierto auspiciado por la Hispanocubana de Cultura el 25 noviembre de

1931. Siguieron muchos otros y entre los más memorables se encuentran la *première* de la Novena sinfonía de Beethoven, en el Anfiteatro Nacional, dirigida por Amadeo Roldán el 17 de febrero de 1937 y la «Fiesta de los villancicos», en la Plaza de la Catedral el 6 de enero de 1943.

María también sirvió de puente entre Caturla y Roldán de un lado y el músico norteamericano Henry Cowell, que había fundado el Pan American Association of composers (PAAC) y que nos visitó en diciembre de 1930.

El gran movimiento coral en la Cuba en los siglos XX y XXI tiene en María sus raíces. Yo recuerdo con alegría el coro de nuestro Colegio de Belén, dirigido por el holguinero Manuel Ochoa, también director del Coro de Madrigalistas, y que luego cosechó extraordinarios triunfos en los Estados Unidos.

Nos contaba el Dr. Jesús Gómez Cairo en 2011 que en Cuba hay 21 coros profesionales de altísima calidad, entre ellos, el Coro Nacional de Cuba, Inter Voices, Orfeón Santiago, Ex Audi, Schola Cantorum Coralina y Sine Nomine. He tenido el gusto de escuchar al grupo que dirige Alina Orraca en varias ocasiones, y la recuedo muy en especial en una función en la iglesia episcopal de la Epifanía en Washington D.C., en 2012. La música ablanda rencores y embargos.

Víctima de leucemia, María nos dejó en 1947. Antonio partiría treinta años después. Son legítimo fruto de los eternos lazos entre Cuba y Galicia, cuyo símbolo más elocuente es el majesuoso edificio frente al Parque Central, hoy hermosamente iluminado por las noches.

***

En el *Antonio López* llegaba a Cuba ese mismo día de 1919 un joven de 19 años, también músico. Es representativo, ya no de la emigración peninsular, sino de tantos hijos de cubanos nacidos fuera que, llegado el momento, desean venir a la patria materna. Ese era el caso de Amadeo Roldán, nacido en París en 1900 de madre cubana y pianista, Albertina Gardes, y padre español. Llegaba a Cuba por primera vez. Su vida se entrecruzaría más de una vez con las de María y Antonio.

Contar la historia de Roldán —cuyo nombre ha prestigiado un conservatorio y una sala de conciertos en La Habana— es tarea de titanes y de mucha tinta (ver los trabajos de Charles Byron Asche, Zoila Gómez García, José A Gutiérrez Pérez, John Richard Hall, María Antonieta Henríquez, José Manuel Lezcano, Vicky Oveson y Antonio Sanchis Quevedo). Aquí me conformo con pedirle al lector que no olvide que, aunque se nos fue de 38 años, dejó una huella imperecedera en nuestra música.

De él nos ha dicho Radamés Giro en su imprescindible *Diccionario enciclopédico de la música en Cuba* que fue

> iniciador del moderno arte sinfónico en Cuba, el primer músico cubano que incorporó los instrumentos afrocubanos, no como simple acompañamiento, sino como elemento protagónico y constructivo de la obra musical; el primero en representar gráficamente los ritmos propios de esos instrumentos de percusión con todas sus posibilidades técnicas.

Radamés le dedica 8 páginas de su obra a inventariar y comentar la obra de Roldán. Aquí recogemos solo algunos hitos de su feliz producción: *Tres pequeños poemas: Oriente, Pregón, Fiesta negra* (1926); *La Rebambaramba* (1928), ballet inspirado en el grabado *Día de Reyes* de Frédéric Mialhe y compuesto con la colaboración de Alejo Carpentier; *El Milagro de Anaquillé* (1929), *Rítmicas* (1930) y *Motivos de son* (1934), con versos de Nicolás Guillén.

El lector puede escuchar en Youtube, enre otras, su *Preludio cubano* interpretado por el pianista ruso Alexandre Moutouzkine, la *Suite Rebambaramba* por la New World Symphony dirigida por Michael Tilson Thomas y varias de sus *Rítmicas*.

***

Dicen los que conocen de musas que ese 6 de octubre de 1919, esperando al *Antonio López* que nos traía a María y a Amadeo, en el muelle habanero estaba —sonriente— Euterpe. Y un bolitero le gritaba: «¡Ligaste el parlé!».

64. *PATRIA*

Filadelfia - La Habana
Octubre de 1920

Cuando en 1902 Tomás Estrada Palma tomó las riendas de la naciente República encontró que había mucho —demasiado— por hacer. Después de una larga lucha contra España (3 años desde el 1895, 30 si se quiere uno remontar a La Demajagua) y cuatro años de intervención extranjera había que cerrar heridas, cubanizar la Isla y echarla a andar. Como era de esperar, en cuatro años no logró terminar de construir el andamiaje del nuevo Estado.

Una de las tareas que había quedado pendiente era la creación de una marina de guerra, proyecto que le tocó asumir a su sucesor José Miguel Gómez (1858-1921). Bueno, en realidad el espirituano «Tiburón» (así apodado por sus negocios turbios, con los que «salpicaría» a sus asociados) no empezaba totalmente de cero, pues Cuba ya contaba con una cierta tradición mambisa.

Recordemos que el 23 de marzo de 1869 veintisiete insurrectos bajo las órdenes de Angel Loña secuestraron el vapor *Comanditario* de la Compañía General Cubana de Navegación que viajaba entre La Habana y Cárdenas llevando carga y pasaje. Contaban con el apoyo del piloto, cuatro maquinistas y el camagüeyano Juan Bautista Osorio, que trabajaba como sobrecargo. Encerraron en sus camarotes al capitán, tripulación y 78 pasajeros, a los que desembarcaron al día siguiente en Cayo Palanqueta, Cay Sal, en las Bahamas.

Intentaban convertir al vapor español en un buque mambí, le pusieron *Yara* por nombre e izaron la bandera cubana. Carlos Manuel de Céspedes, nuestro primer presidente en armas, nombró a Osorio «capitán de fragata», primer cubano en ostentar ese grado. Pero el 31 de marzo el *Comanditario* fue capturado en un cayo bahamiense por tres buques españoles, el *San Quintín*, la *Luisa* y el

Marsella. Nuestra incipiente marina de guerra había durado exactamente ocho días. Otro barco marcaría la vida de Osorio: fue fusilado en la cubierta del vapor español *Neptuno* el 6 de julio de 1871 en la bahía de Nuevitas.

Tampoco podemos olvidar en nuestra historia marítima al peruano Leoncio Prado (1853-83). Siendo estudiante en Estados Unidos había contactado a los revolucionarios cubanos emigrados en Nueva York y, entusiasmado por la causa de Cuba Libre, intentó infiltrarse en la Isla con la expedición de Pío Rosado que salió de Jamaica en el vapor *Octavia* el 23 de septiembre de 1875, aunque sin lograr desembarcar.

Y entonces, con 23 años, se le ocurrió una idea descabellada: secuestrar barcos españoles y convertirlos en mambises. Con once patriotas más, diez cubanos y un dominicano (Leoncio Álvarez, Manuel Blanco, Casimiro Bread, E. Cardotto, Pedro Cesteros, Eduardo Deetjen Miguel Gutiérrez Pití, Carlos Loinaz, Manuel Morey, José Domingo Vélez e Ignacio J. Zaldívar) marcharon a Puerto Plata, Santo Domingo para ejecutar su plan.

Aparentando ser pasajeros regulares que ni siquiera se conocían, la docena de valientes embarcó el 7 de noviembre de 1876 en el vapor *Moctezuma*, de la empresa Correo de las Antillas y Transportes Militares. A las 6 de la tarde, con el campanazo que anunciaba la comida, Prado saca su revólver y se lo encañona al capitán Leonardo José Cacho: «¡Entréguese preso! en nombre de Cuba tomo posición de este buque». Acto seguido arrió la bandera roja y gualda e izó la estrella solitaria, rebautizando el buque *Céspedes*, en honor a nuestro primer presidente en armas, caído en San Lorenzo.

Los planes de Prado incluían la venta del cargamento del *Moctezuma* (café, cacao), en Centro América para entonces adquirir medicinas y armas para Cuba. Fue primero a Port de Paix (Haití), donde dejó libres a los pasajeros y a la tripulación (seis decidieron unirse a los mambises). El 13 de noviembre de 1876 ya estaban en Puerto Limón (Costa Rica) y más tarde a Gracias a Dios (Honduras) cargando carbón. Alarmados, los españoles trataron de capturarlo enviando toda una flota: el *Bazán, Isabel la Católica, Jorge Juan, Las Navas, Pizarro* y el *Tornado*, pero Prado dio la orden de incendiar su buque. Él y los suyos llegaron nadando a Honduras.

A los 140 años del nacimiento de Prado, el 23 de agosto de 1993, se colocó su busto donado por el Ejército de Perú en el habanero Parque de la Fraternidad (En Lima un colegio militar lleva su nombre y le sirvió al escritor Mario Vargas Llosa para ambientar *La ciudad y los perros*).

Pero todo eso había ocurrido durante la guerra de los Diez años y en 1911 no eran más que memorias heroicas de una heroica guerra. Ahora le tocaba a José Miguel conseguir barcos para nuestra flamante Marina de Guerra. Se acercó a la prestigiosa empresa Cramp de Filadelfia (fundada en 1830 por William Cramp) y mandó construir el crucero de tercera clase *Cuba* y el crucero-buque escuela *Patria*. Este último tenía 1,200 tons de desplazamiento, con dimensiones de 200 x 36 x 13 pies. Por armamento llevaba 10 cañones y 2 ametralladoras y alcanzaba una velocidad de 16 nudos.

Para la botadura de los buques en Filadelfia se escogió la patriótica fecha del 10 de octubre. El *Cuba* lo bautizó Mariana Gómez, la más joven de las hijas del presidente y el *Patria* su otra hija Narcisa.

Desde La Habana el presidente enviaba un cablegrama al comandante Julio Morales Coello, Jefe de la Marina cubana: «Cuando brindéis por la properidad de Cuba y Estados Unidos, estoy con vosotros en espíritu». Para subrayar la importancia del momento, la lista de invitados al evento, y al espléndido almuerzo, es larga y prestigiosa. Asistirían el Comandante Vassilieff de la Marina Imperial Rusa, Gonzalo Pérez, presidente de nuestro Senado, diplomáticos cubanos en Estados Unidos y Leo S. Rowe, entonces profesor de la Universidad de Pennsylvania y durante 26 años director de la Unión Panamericana, precursora de la OEA.

Habría que preguntarse, ¿qué hacían regularmente los buques de guerra en una nación que no tuvo en verdad ninguna guerra naval? Intrigado por la pregunta traté de seguirle la pista a nuestro buque escuela. Reporto aquí algunos de los hitos que encontré.

1912. El 22 de mayo a bordo del buque zarpan Los «Voluntarios de Occidente», alrededor de quinientos hombres armados a las órdenes del coronel Piedra Martell para reprimir a los alzados independientes de color.

1913. El primero de marzo de 1913 el Sr. Edwin V. Morgan, embajador americano en Brasil obsequia a los oficiales del buque un banquete en el Club Central de Río de Janeiro.
1913. Primer viaje de instrucción (25 al 30 de abril) de los alumnos de la Escuela de Náutica. Ese año le instalaron estaciones radiotelegráficas.
1914. Los alumnos de la Escuela Náutica al pasar al buque *Patria* ya no se llamarían «Cadetes» sino «Guardiamarinas».
1914. Segundo viaje de instrucción (7 de junio-9 de septiembre). Nueva York, Hamilton (Bermudas), Fayal (Azores), Cádiz (España, donde recibieron una placa de la Real Academia Hispano Americana), Dakar (Senegal), San Vicente (Cabo Verde), Creyton (Barbados) y Colón (Panamá).
1916. Viaja a Nueva York para repatriar los restos del doctor Enrique Núñez de Villavicencio y Palomino, profesor y coronel iniciador de la docencia médico militar cubana, allí fallecido el 15 de septiembre de 1916, con 44 años de edad. Seis días después era enterrado en el cementerio de Colón.
1917. Al entrar Cuba en la primera guerra mundial, el *Patria* llevó a 33 cubanos al mando del Capitán Francisco Terry Sánchez hasta Galveston, Texas. Allí continuarían, unos hasta Austin para entrenarse como pilotos en la prestigiosa universidad tejana de esa ciudad, otros a San Antonio para estudiar mecánica en Kelly Field. Todo con el fin de formar una escuadrilla de aviación nacional y combatir en Europa.
1921. Viaja a Cayo Hueso para repatriar los restos del ex presidente José Miguel Gómez (el mismo que lo había mandado construir diez años atrás), que había fallecido en Nueva York el 13 de junio. El *Patria* regresa a La Habana el 18 de junio.
1921. A fines del año el *Patria* viaja de La Habana a Cienfuegos acompañado de dos Caza-submarinos a remolque (C.S. No. 1 V y el C.S. No. 3) con el fin de fundar en Cayo Loco el Distrito Naval Sur.
1920. Por cuarta vez llega el buque a Panamá.
1929. El director Max Tosquella filma un documental sobre el bojeo del *Patria* por las costas de Cuba (se conserva en los archivos de la Cinemateca cubana). Formaba parte de la serie Co-

nozca a Cuba de la BBP Pictures fundada por Arturo del Barrio, Antonio Perdices y Ramón Peón.

1930. Faltos de recursos para competir en los II Juegos Deportivos Centroamericanos y del Caribe (La Habana, marzo-abril 1930), el *Patria* viaja a Costa Rica a recoger a los deportistas de Costa Rica, Panamá y Jamaica y llevarlos a Cuba.

1938. Al estrellarse, en diciembre de 1937 y en territorio colombiano, los aviones cubanos *La Pinta, La Niña* y *La Santa María* que realizaban un Vuelo Panamericano para honrar la memoria de Cristóbal Colón, el *Patria* viajó a recoger los restos de la tripulación y los del periodista Ruy de Lugo Viña, llegando a La Habana el 18 de enero de 1938.

1941. Previendo que sus servicios serían necesarios durante la Segunda Guerra Mundial (como escolta y patrulla) el *Patria* y el *Cuba* fueron enviados para ser modernizados a los astilleros navales de Galveston, Texas (tarea que duró casi un año).

1945. Según el historiador Gustavo Placer, durante el período de la guerra el *Patria* navegó 21,178 millas y escoltó 70 buques mercantes que desplazaban 450 000 toneladas.

1956. Juan L. Cosculluela ha señalado que, cuando en septiembre de 1956 ingresó en la Academia Naval (Marina Mercante), el *Patria* estaba varado en el embarcadero de la Academia. De Coscuelluela son las ultimas noticias que tengo del buque.

No estoy seguro si el *Patria* llegó a disparar un tiro (descontando los de saludo, claro).

65. *AQUITANIA*

¿Génova? - La Habana
Noviembre de 1920

Tiene que haber sido la propuesta de matrimonio menos romántica en la Historia del Noviazgo. Y eso que eran italianos. Nada que ver con Sofia Loren y Marcello Mastroiani.

Luego de abandonar su trabajo de nueve años en México por la situación política que entonces atravesaba ese país, en 1917 el agrónomo italiano Mario Calvino había llegado a Cuba para dirigir la Estación Agronómica Experimental de Santiago de las Vegas (hoy Instituto de Investigaciones Fundamentales en Agricultura Tropical).

En 1920 Mario cumplía 45 años y entendió que era hora de formar un hogar. Quizás, también extrañaría los macarrones y los salamis, pues, contrariamente a los italianos del siglo XXI que vienen a Cuba a buscar compañeras, Mario regresó a Italia a buscar esposa.

Eran otros tiempos.

Según cuenta la semi-leyenda, Mario le escribió al Ministerio de Agricultura de Roma y les pidió información sobre una botánica soltera lista para casarse. Mario pensaría que ese Ministerio funcionaba como una *Craig's List* o *Revolico.com* para encontrar pareja.

El caso es que llegó a Italia, le dieron el nombre de la inteligente señorita Eva Mameli y corriendo se fue a su casa en Pavía. No podríamos imaginarnos la sorpresa de Eva y sus padres cuando Mario le ofreció matrimonio. Especialmente al explicarle que se la llevaría a Cuba, el barco salía en una semana y no había tiempo que perder. Mas sorprendente aún sería cuando Eva le dijo que sí. (Otras fuentes dicen que Mario la había conocido en tiempos universitarios, o tal vez por correspondencia de temas científicos, pero la versión de Domenico Aicardi, que conozco gracias a M. Cristina Secci, es mucho más divertida).

Eva había nacido en Sassari, Cerdeña, el 12 de febrero de 1886. Fue una de las primeras italianas en licenciarse en Ciencias Naturales, escribió varios trabajos en publicaciones científicas (llegaría a escrbir 200) y fue habilitada para ejercer la docencia cuando tenía 29 años.

Eva y Mario se casaron por lo civil en Pavía, pasaron unos días en San Remo (ciudad natal de Mario) y enseguida marcharon a Cuba. He leído que viajaron en el *Aquitania* y tiene sentido que lo hicieran desde Génova, puerto cercano. Llegaron a Cuba en noviembre de 1920, ella por primera vez. Lo cierto es que el volvió, volvió casado...

A sus 34 años, Eva llega a la Isla con una formación científica sólida y el primero diciembre de 1920 le encargan la jefatura del departamento de Botánica de la Estación Experimental. En marzo de 1921, junto con su esposo, visitan el jardín botánico del Central Soledad en Cienfuegos donado por por la familia Atkins para que lo operara la Universidad de Harvard. Hablando del patriarca Sr. Edwin F. Atkins (1850-1926), Mario escribiría: «solo las personas civiles y de noble espíritu pueden cumplir actos semejantes y deberían ser ejemplo para muchos criollos ricos».

Eva, por su parte, resaltaría la noble labor de Katherine, esposa de Edwin, que había fundado en Cienfuegos una escuela de costura para jovencitas que se combinaba con un sistema de ahorro y venta de los productos en el Central.

En junio de 1922 Eva regresa a su universidad en Pavía a identificar nuevas plantas y luego se uniría a su esposo en Brasil (llegan a Río el el 20 de agosto) en búsqueda de variedades de yuca y otros productos que transplantarían en Cuba. De regreso vía Nueva York visitaron el Jardín Botánico del Bronx. Siempre buscando lo mejor que el mundo podría ofrecer para mejorar lo nuestro.

Entre los importantes trabajos que Mario nos dejó se encuentran *El Abono verde y la Rotación Moderna de los Cultivos* (1918), *La lechuga, su cultivo y aprovechamiento* (1918), *Los desperdicios de los ingenios la cachaza y la ceniza* (1918), *Una leguminosa gigantesca como yerba forrajera para Cuba* (1919), *La yerba elefante de Rhodesia... quinientas toneladas anuales de forraje fresco* (1922), *La harina de yuca para hacer pan* (1922), y *La selección del tabaco en la estación experimental agronómica de Cuba*, en colaboración con Eva (1923).

El 4 de febrero de 1924 les nace su hijo Italo, que con el tiempo llegaría a ser uno de los más mportantes escritores en lengua italiana del siglo XX. Pero los tres se marcharon de Cuba en 1925 (Mario regresaba a su San Remo a dirigir una estación experimental) y, para Italo, Cuba fue solo un momento exótico de su primera infancia («De mi nacimiento al otro lado del océano no conservo más que un dato del registro civil difícil de transcribir, una maleta de memorias familiares, y el nombre de bautizo…»).

Italo regresaría a nuestra Isla en enero de 1964 invitado como jurado del premio Casa de las Américas. Allí leyó su cuento «Strada di San Giovanni», que se pubicaría más tarde en el número 24 de la revista *Casa*, y ofreció una conferencia. También tuvo ocasión de visitar el bungaloo donde nació y la biblioteca de Santiago de las Vegas.

Eva y Mario son solamente una muestra de la larga, importante, multifacética y fructífera presencia italiana en nuestras costas. Mi querido amigo Domenico Capolongo ha dedicado muchos años de su vida a descubrirnos esa huella. Sus nueve volúmenes *Emigrazione e presenza italiana in Cuba* (Roccarainola, Circolo Culturale B.G. Duns Scoto, 2002-2010) son una enciclopedia viva, pues se sigue aumentando con los trabajos de temas ítalo-cubanos que se publican en los *Cuadernos de italianística cubana* y los de los *Seminarios* anuales posteriores.

Cristóbal Colón. Giovanni Gemelli Carreri. Giuseppe Perovani. José Triscornia. Paolo Veglia. Giuseppe Gaggini. Antonio Meucci. Antonio Gallenga. Adolfo Dollero. Dino Pogolotti. Orestes Ferrara. Giuseppe Pennino. Gustavo Pittaluga. Sergio Baroni. Roberto Gottardi. Todos ellos han desfilado por las conferencias organizadas por Domenico. ¡Grazie, caro amico!

¡Ah, se me olvidaba la pizza cubana! A los cubanos no se nos escapa una. Transitando un día en Miami por la calle ocho tuve que detener el carro a la altura de la calle 52 cuando vi el letrero: «Montes de Oca. Original Pizza cubana» (guardo una caja en mi colección). Como no entendía, pregunté. Me explicaron en el restaurant que, con la escasez de queso en Cuba, las pizzas se fueron poco a poco convirtiendo en grandes masas de pan, tomate y algún suspiro lácteo. Pero sabían bien y llenaban. La gente se acostumbró.

Y cuando los refugiados por el Mariel se encontraron con las pizzas americanas, que aunque pletóricas del *formaggio* al que no estaban acostumbrados eran mucho más delgaditas, añoraron sus más voluminosos modelos isleños. Montes de Oca vio la posibilidad de un negocio para esa nueva clientela y ahí nació el producto en USA.

Si solamente dejaran más espacio a los cuentapropistas cubanos para explorar oportunidades y volar con sus sueños...

66. *GOVERNOR COBB*

Cayo Hueso - La Habana
28 de febrero de 1921 - 28 de febrero de 1921

Para celebrar el tercer centenario de la fundación de Jamestown en Virginia, el 26 de abril de 1907 se inauguró en Sewells Point, en las afueras del puerto de Norfolk, la Exposición de Jamestown. Estuvieron representadas 21 naciones con sus delegaciones diplomáticas, así como senadores, congresistas, gobernadores y más de 40,000 espectadores. Llegaron también el presidente Roosevelt y una flota de 16 barcos de guerra. Todo un acontecimiento.

Entre los distinguidos visitantes estaba el magnate petrolero y constructor del ferrocarril de Virginia, Henry Huttleston Rogers. Viajaba en su yate *Kanawha*, uno de los más lujosos y rápidos yates privados del momento, adquirido en 1901. Acompañando a Rogers venía Samuel Clemens, más conocido por su *nom de plume*, Mark Twain (1835-1910).

Tras la muerte de Rogers en 1909 el *Kanawha* sirvió en la Primera Guerra Mundial, y ya en 1919 se podía decir que había visto tiempos mejores. Entonces lo adquirió la firma Black Star Line (Línea de la Estrella Negra), una empresa incorporada en Delaware el 27 de junio de 1919, y lo rebautizó *Antonio Maceo*.

¿Un barco americano llamado Antonio Maceo?

Al terminar la guerra contra España, el gobierno interventor norteamericano había creado un servicio de guardacostas dependiente del Administrador de Aduanas tomando para ellos varios barcos españoles que habían quedado en la isla. Uno de ellos, adquirido hacia 1895 con el nombre de *Intrépida*, se había rebautizado *Antonio Maceo*. Pero eso era en Cuba y el cambio de nombre era fácil de entender. Pero, ¿quién le puso Maceo a este otro barco fuera de la Isla? Para conocer la respuesta tenemos que trasladarnos a Kingston, Jamaica.

Allí nos encontramos el 20 de julio de 1914 con Marcus Garvey (1887-1940) que acababa de fundar la Asociación Universal para el Adelanto de la Raza Negra/ Universal Negro Improvement Association (UNIA). Su propósito era, primero, unificar a todos los pueblos negros del mundo y luego formar entre todos ellos su propio país. ¡En África!

Una de las actividades económicas en la que se vio involucrado Garvey fue en la creación de una compañía naviera, la Black Star Line. Conocedor de la historia caribeña y de la fama que justamente había ganado nuestro Titán, bautizó con su nombre a uno de sus barcos.

Jamaica, así como otras islas caribeñas anglófonas y francófonas, eran sociedades mayoritariamente negras, y, por tanto, objeto de particular interés por la UNIA. Pero nuestra isla también tenía una población «de color» considerable, en primer lugar, los criollos descendientes de esclavos.

En 1919 la composición racial de Cuba era como sigue

		%
TOTAL	2,889,004	100.0
BLANCOS	2,085,860	72.2
NEGROS	323,568	11.2
MULATOS	479,574	16.6

A esto habría que añadirle la población negra que aportaron las migraciones de antillanos traídos —en barcos, claro— para realizar tareas agrícolas.

Cinco días antes de izar nuestra bandera, el 15 de mayo de 1902, el gobierno interventor americano había emitido una Ley de Inmigración para Cuba (Orden Militar número 155, básicamente calcada de la americana) que limitaba la entrada de haitianos, jamaiquinos y chinos. Pero la falta de brazos hizo que esta prohibición fuera poco a poco cediendo ante la solicitud de los dueños de haciendas con caña que cortar, plantas que sembrar y fruta que recoger (semejante al tema de los trabajadores agrícolas de México y Centroamérica que migran a Estados Unidos en nuestros días). Por eso, a partir de 1913, comenzaron a llegar muchos más antillanos, principalmente de color, como podemos ver en esta tabla (Fuente: República de Cuba. Secretaría de Hacienda: *Inmigración y movimiento de pasajeros* (Informes de los años 1902 a 1934).

PERIODO	INMIGRANTES	JAMAICA, HAITI Y PUERTO RICO	%
1909-1913	188,906	9.445	5,0
1914-1918	108,245	28.901	26,7
1919-1923	415,111	137.401	33,1
TOTAL	712,262	175.747	

Con la llegada de estos inmigrantes, y con la propaganda que venía haciendo la asociación de Garvey, se comenzaron a fundar en Cuba capítulos de UNIA. En Santiago de Cuba UNIA se había creado el 20 de febrero de 1920 y muchos otros grupos se habían organizado en las zonas aldeañas a los centrales de la United Fruit Company en la región de Banes. En 1927, 50 capítulos cubanos de UNIA se habían inscrito en la sede principal de Nueva York.

Es en este contexto que Garvey decide venir a Cuba a bordo del *Governor Cobb,* procedente de Cayo Hueso, llegando a La Habana ese mismo día 28 de febrero de 1921. En el muelle lo esperaba Primitivo Ramírez Ros, representante por Matanzas y miembro prominente del Club Atenas, sociedad literaria, recreativa e instructiva, fundada por negros y mulatos, en su mayoría profesionales y de un nivel superior de instrucción, en una Isla flagelada por la discriminación racial.

Su misión era triple. Primero, visitar los diferentes capítulos de UNIA, tomar el pulso de sus compatriotas jamaiquinos, y alentar a sus seguidores; segundo, reclutar nuevos miembros entre la comunidad negra cubana, escéptica de un proyecto que buscaba la solución de sus problemas en el continente africano; y tercero, conseguir inversiones para su compañía marítima, que tenía dificultades económicas. Mi impresión es que tuvo cierto éxito en la primera y muy poca aceptación en todo lo demás.

Interesado en visitar a los antillanos residentes en la Isla, de La Habana Garvey viajó a Morón, Nuevitas, Camagüey y Banes, donde había más concentración de braceros. Frances Peace Sullivan nos ha dejado un interesantísmo trabajo del periplo de Garvey por la zona de Banes, de la acogida que tuvo allí y cómo UNIA (Division #52) prosperó a la sombra de la United Fruit, que tomó una actitud pragmática hacia sus miembros. Solo un mes antes de la visita de Garvey el capellán general de UNIA, el Reverendo George Alexander McGuire había «electrificado» a las audiencias que habían colmado el salón de la sociedad en ese pueblo e incluso había recaudado 4 mil dólares vendiendo acciones de la compañía marítima.

El 10 de marzo llegó Garvey a Santiago de Cuba y el 11 dio una charla en el Club Aponte. Al Himno Nacional le siguieron las notas de «Etiopía, Tu tierra de nuestros padres», adoptado por UNIA en 1920 como el «himno de la raza negra». Como se cantó en inglés no creo que muchas personas en la audiencia pudieron hacerlo—o entenderlo.

Añadió Garvey en esa ocasión que como el hombre blanco pintaba a Dios, Jesús y los ángeles blancos, el hombre negro también los debía pintar de su propio color. El reporte que de esa sesión nos brinda la revista *Negro World,* comenta que, ante esa reflexión, la audiencia santiaguera se echó a aplaudir y a reir durante varios minutos. Garvey se le adelantaría por varias décadas con esa profunda observación al venezolano Andrés Eloy Blanco («Píntame angelitos negros») y a los artistas de la Capilla Nuestra Señora de África en la Basílica de la Inmaculada Concepción, en Washington, D.C.

Sobre esa charla nos ha dicho Sandra Estévez que el «acontecimiento fue importante, pero entre los negros cubanos se observaba discretamente más una inclinación a la singularidad de tan distinguido visitante que a los objetivos e ideales que se trazaban».

Además, Garvey no aceptaba la hibridez y una Cuba cada día más mulata no solo no mantenía la pureza de la raza negra, sino que respondería con menos entusiasmo a la idea de instalarse en un continente totalmente alejado de su realidad, memoria e imaginación. Marc C. McLeod también nos ha dejado un trabajo explicando los desafíos del garveyismo en Cuba.

Estévez concluye con esta aguda observación:

> El éxodo a África se basaba en que los garveyistas no tenían conformado un concepto de nacionalidad como los cubanos. En Jamaica no se dio el fenómeno de mezcla entre negros y blancos, como sucedió en Cuba, con lo cual no se sentían identificados con su tierra natal. Eran discriminados y no tenían empleo. Emigraron hacia otros países, donde también fueron discriminados; doblemente, por negros y por inmigrantes. El proceso histórico jamaicano —a diferencia del haitiano, dominicano o cubano— no estimuló la temprana aparición de un criollo.

El 22 de marzo Garvey partiría de Santiago hacia Jamaica. Tenía intenciones de hacerlo a bordo del *Antonio Maceo*, pero, como Garvey explicó al llegar a su país, este barco llegó a Santiago demasiado tarde (parece que había mal tiempo) y Garvey tuvo que zarpar en *La Belle Sauvage*, propiedad de una compañía rival, Lindsay, Swan, Hunter. Nadie había ido a recogerlo al muelle precisamente porque lo esperaban en el *Antonio Maceo*.

La compañía marítima Black Star Line, ya sin fondos, cesó operaciones en febrero de 1922. A la hora de analizar los registros contables encontraron que el *Antonio Maceo* no estaba inscrito en los libros de la compañía, sino en los de la North and East River Steamboat Company. Algunos analistas sugirieron que quizás Garvey lo había comprado a plazos y aún no había terminado de pagarlo.

Varias fuentes consultadas indican que el bote quedó abandonado en el puerto de Antilla en 1922 y que se desconoce su paradero. Aunque lamento un final tan poco heroico para quien llevó el nombre de nuestro héroe, ciertamente me consuela saber que terminó sus días en el Oriente de Cuba. Alfa y Omega.

***

En el año 1943 la Marina de Guerra cubana aquirió el buque *Peoria*, construido por Leatham D. Smith en Sturgeon Bay Wisconsin. Rebautizado *Antonio Maceo* estuvo en servicio hasta 1973.

He visto también una postal del guarda costa *Maceo* anclado en el puerto de Cienfuegos, quizás hacia los años 50 (que parece ser distinto al *Antonio Maceo* de 1895).

En marzo de 1981 la Marina Mercante cubana adquirió de la fábrica Georgi Dimitrov en Varna, Bulgaria, el buque mercante *Antonio Maceo*. Una foto tomada por Wolfgang Kramer en 1985 puede verse en internet. En 1990 cambió su nombre por el de *Sibanimar* hasta 1991 y luego otros nombres hasta que tomó el *Salerna S*. Al parecer tampoco permanece en sevicio.

Entre los cinco buques llamados Maceo que conozco son miles las personas que lo deben haber utilizado como transporte y miles más quienes lo habrán visto anclado en diferentes puertos. Por mar, a bordo de la goleta, *Honor* había llegado a Cuba por última vez el Titán. No está mal que su nombre haya seguido viajando por otros mares.

67. *BAIRE*

Santiago de Cuba – Kingston - Santiago de Cuba
18 de abril de 1923 - 23 de abril de 1923

A solo 165 kilómetros de distancia de la costa sur de nuestra isla (el 15 de septiembre de 1999 la australiana Susie Maroney haría la travesía a nado), no es de extrañar que siempre haya existido una relación cercana entre Jamaica y Cuba.

Desde que Colón la visitara el 5 de mayo de 1494, Jamaica, como las demás Antillas, formó parte del imperio español. Poco después, en 1509 se fundó Sevilla la Nueva y al año entrante se incorpora la isla al Virreinato colombino. Como no encontraron oro, los pocos colonos españoles que decidieron allí quedarse se desplazaron hacia la costa.

Durante sus 160 años de vida española (en 1655 la conquistarían los ingleses) tuvo, como era de esperar, muchos contactos con la mayor de las Antillas. Nuestro cuarto Obispo (1530-1534), el dominico burgalés Fray Miguel Ramírez de Salamanca había sido abad en Jamaica y de ahí pasó a Cuba. Recordemos también que, al pasar Jamaica a control inglés, muchos de sus residentes fueron a vivir a Santiago de Cuba, entre ellos el primer capellán que tuvo en su Santuario la Caridad del Cobre, el presbítero D. Onofre de Fonseca.

Un recorrido por la imprescindible *Historia de las Familias Cubanas* del Conde de Jaruco nos da una idea del cruce de familias entre ambas islas. Melchor Armenteros y Guzmán se casó en la Habana en 1648 con Angela Veloso y del Castillo, natural de Jamaica; Juan Manuel Barreto y de las Casas se casó en la Habana en 1672 con Mariana Hurtado del Castillo y Leyva, también natural de Jamaica. Y Juan Justiniani Osorio y Naveda, nacido en La Vega, fue párroco en Sancti Spíritus en 1676. Sus tres hermanos, Francisco, Bartolomé y Luis se casaron en La Habana.

Tampoco podemos olvidar que Juan Ramírez de Arellano y Martínez, el último gobernador de Jamaica, muerto en defensa de su plaza en 1655, había sido Gobernador de la fortaleza del Morro habanero. Su hijo José Ramón Ramírez de Arellano y Salvatierra había nacido en La Habana y se casó en Bayamo en 1677.

A partir del siglo XIX los lazos entre cubanos y jamaiquinos se fortalecieron con la llegada de exilados políticos cubanos a Jamaica. El trinitario Antonio de Iznaga y Borrell, falleció desterrado en Kingston en 1827. Pero fue la Guerra de los Diez Años la que creó un vínculo más intenso, que continuó hasta el fin de nuestra última gesta emancipadora. En 1872 ya vivían alrededor de 1,500 cubanos en Jamaica, que se convertiría en puerto seguro para el trasiego de armas y depósito de correspondencia clandestina. Fue durante esta emigración que nuestros tabaqueros llevaron su experiencia en ese ramo agroindustrial a tierras jamaiquinas. Recordemos ahora a algunos de nuestros patriotas en su paso por la vecina isla.

JOSÉ MARTÍ. Visitó Jamaica en dos oportunidades. Primero pasó cuatro días en 1892 (llegó en el *Alvena* en 8 de octubre procedente de Puerto Príncipe, Haití y partió el 13 en el *Alisa* con destino a Nueva York). En esa visita se tomó siete fotos, posiblemente todas hechas por Juan Bautista Valdés. Entre ellas hay dos con los patriotas miembros del Cuerpo de Consejo de Kingston, varias en la hacienda tabacalera de Temple Hall, una muy reproducida de busto y la única que se tomó de pie. La segunda visita, de 2 días, fue en 1894 (llegó de Colón, Panamá en el *Star Buck* el 24 de junio y partió hacia Nueva York, nuevamente en el *Alisa* el día 26).

MÁXIMO GÓMEZ. «Adiós, Cuba, cuenta siempre conmigo mientras respire —tú guardas las cenizas de mi madre y de mis hijos y siempre te amaré y te serviré». Así escribiría el Generalisimo en su Diario de Campaña al marchar desde Santa Cruz del Sur a Montego Bay, Jamaica, a bordo del vapor *Vigía* el 3 de marzo de 1878. Su esposa Bernarda y sus hijos habían ya hecho ese trayecto.

Ese año, en la imprenta de Pedro A. Pomier en Kingston, publicaría *Convenio del Zanjón: relato de los últimos sucesos de Cuba*. Poco tiempo después pasaría a Honduras, a donde llegó el 5 de febrero de 1879, trasladándose a la isla de Ampala.

JULIO GRAVE DE PERALTA. Desde Boca de Caballo, cerca de Santiago de Cuba, en una canoa hecha del tronco de un cedro, saldría con ocho compañeros, entre ellos José María Izaguirre y su sobrino Perfecto Lacoste, el 6 de marzo de 1871. Después de 40 horas de una navegación bastante penosa llegarían a a Puerto Santa María en Jamaica.

JULIO SANGUILY. Acompañado del coronel Juan Luis Pacheco llegó a Jamaica el 23 de enero de 1877 en un bote que había salido cerca de Santa Cruz del Sur. De ahí se embarcó a Nueva York para organizar la expedición del *Stelle*.

EMILIO BACARDÍ. Luego de su detención el 31 de mayo de 1896 en Santiago, salió deportado en el vapor *Buenos Aires* hacia Cádiz y de ahí, por segunda vez, a Chafarinas, frente a las costas de Marruecos. Al salir de prisión en 1897 se exilió en Jamaica junto con su esposa Elvira Cape. Allí escribiría y representaría *¡A las armas!*, «juguete cómico en un acto, con tono de arenga independentista». No regresarían a Santiago hasta el 6 de agosto de 1898.

ANTONIO MACEO. Después de la Protesta de Baraguá, Maceo partió para Jamaica el 10 de mayo de 1878 a bordo de un crucero español. El 5 de agosto de 1879 se reuniría con Calixto García para planear otra expedición a Cuba. Hasta septiembre de ese año Maceo vive con su familia en una pequeña finca cerca de Kingston. Luego viajaría por el Caribe para preparar expediciones hacia Cuba, pero regresa en 1880 y se instala con su esposa María Cabrales en Barrenquí. Allí se reuniría el 10 de diciembre de 1880 con Gómez, Roloff, Aguirre y Eusebio Hernández para analizar las condiciones de otro posible alzamiento.

Pero la situación económica de la familia se tornaba precaria, y el 8 de abril de 1881 tuvo que escribir a un amigo: «Con motivo de la enfermedad de María me veo obligado a empeñar algunas prendas para venir en auxilio de sus necesidades». Al mes siguiente le nacería su hijo Antonio de las relaciones que tuvo con Amelia Marryat. Supongo que este complejo panorama personal lo hizo aceptar la invitación de Máximo Gómez para tomar ventaja de favorables oportunidades comerciales que ofrecía Honduras, Nuestro héroe llegaría allí dos meses después, el 20 de julio de 1881.

Maceo volvería a Jamaica varias veces más. Primero entre agosto y septiembre de 1885, luego entre diciembre de 1885 y enero de 1886. Fue entonces que redactó su Proclama de Kingston:

> La libertad no se pide, se conquista. Juré levantaros libres o perecer con vosotros, conquistando vuestros derechos: vengo, pues, a cumplirlo ...Siete años ha califiqué de «deshonroso» el pacto del Zanjón... Desde aquella aciaga fecha, con el alma lacerada por la triste y despiadada suerte que habéis corrido, vengo trabajando por vosotros...Os traigo la guerra de la justicia y de la razón; venid conmigo, y seréis dignos hijos de Cuba.

Finalmente, Maceo regresa a Jamaica desde Nueva York el 12 de septiembre de 1890, hasta febrero de 1891 en que viaja a Costa Rica. No regresaría a Jamaica hasta que, de paso hacia las Bahamas y Cuba, el *Adirondack* hace escala en Kingston para que desembarcara su cuñada, la esposa de José.

MARIANA GRAJALES. La indómita santiaguera había nacido en 1815 (y no 1808). Se había casado dos veces y tuvo varios hijos que ofrendaron su vida por la Patria. Felipe fue fusilado; Fermín y Miguel murieron en la batalla de Cascorro; Manuel murió en el combate de Santa Isabel; Rafael fue encarcelado en Marruecos y allí murió; Julio murió en la acción del Nuevo Mundo. No vio morir a dos de ellos: el General José perdió la vida en Ceja del Indio en 1896 y más tarde ese mismo año perderíamos al Titán en San Pedro. Su esposo Marcos había participado en la batalla de San Agustín de Agarras y falleció poco después. ¡Cuánto dolor y cuánto sacrificio por Cuba el de esta mujer excepcional!

A la edad de 63 años en 1878 Mariana tomaba en Santiago un vapor francés e iniciaba su camino al destierro. Kingston, Jamaica sería su hogar postrero. Allí la visitó Martí en 1892, un año antes de su muerte el 27 de noviembre de 1893. Enterado de su fallecimiento escribiría en *Patria* el 12 de diciembre de 1893:

> ¿Qué, sino la unidad del alma cubana, hecha en la guerra, explica la ternura unánime y respetuosa, y los acentos de indudable emoción y gratitud, con que cuantos tienen pluma y corazón han dado cuenta de la muerte de Mariana Grajales, la madre de nuestros Maceo? ¿Qué había en esa mujer, qué epopeya y misterio había en esa humilde mujer, qué santidad y unción hubo en su seno de madre, qué decoro y grandeza hubo en su sencilla vida, que cuando se escribe de ella es como de la raíz del alma, con suavidad de hijo y como de entrañable afecto?

Así queda en la historia, sonriendo al acabar la vida, rodeada de los varones que pelearon por su país, criando a sus nietos para que pelearan.

Tres décadas más tarde, 18 de abril de 1923, zarpaba de Santiago el buque *Baire* a recoger sus restos, los cuales traería de vuelta a Santiago de Cuba el 23 de abril. Desde entonces reposan en el cementerio de Santa Ifigenia. Lejos de su hijo en muerte como en vida.

Por su relevancia en nuestra historia, varias escuelas y calles llevan su nombre y algunos parques orgullosamente exhiben sus bustos y estatuas. En 1958 Fidel bautizó en su honor al primer pelotón femenino del Ejército Rebelde. Ha sido honrada en la filatelia y se ha creado la Orden Mariana Grajales, concedida a ciudadanas cubanas por sus contribuciones relevantes y extraordinarias.

Movidos igualmente por una profunda admiración hacia Mariana, algunas personas en Cuba han promovido la idea de que, del mismo modo que Céspedes es conocido como «el Padre de la Patria», Mariana sea reconocida oficialmente como «la Madre de la Patria». Un libro de Aida Rodríguez Sarabia de 1957 llevaba esa frase en su título y es posible que, con anterioridad, otros hayan lanzado esta idea. Es, sin duda, comprensible.

Sin negarle, por supuesto, sus méritos a la madre de los Maceo, desde estas páginas yo deseo ofrecer algunas reflexiones al respecto. Para que sea verdaderamente popular y sostenible, una declaración de esa naturaleza debe ser el resultado de un amplísimo consenso y no de una disposición manejada «desde arriba».

Un recorrido por la historia, la geografía y la bibliografía de Cuba no creo que demuestra, al menos a mí, que Mariana ha conquistado a tal punto el corazón de los cubanos como para recibir ese apelativo (porque eso se conquista, no se impone). El lector puede fácilmente constatar que en casi ningún hogar cubano hay imágenes de Mariana; que son poquísimas sus estatuas en parques o edificios; y que, excepto en algunos aniversarios —cuya fecha muy pocos recuerdan— nadie acude a llevarle flores; y, cuando eso ocurre, es normalmente solo una corona de algún organismo oficial.

Contrastemos esta situación con la amplia y profunda presencia, a través de toda la isla durante cuatro siglos, de la Virgen de la Caridad del Cobre. En cientos de miles de hogares cubanos (aunque no todos, claro) hay un rinconcito para ella, y en todas las iglesias católicas cubanas, de San Antonio a Maisí, su altar está siempre cubierto de flores espontáneamente allí llevadas por todos los sectores de nuestro pueblo. No hablemos ya de la iglesia habanera de la calle Salud, del Santuario del Cobre o de la Ermita de Miami.

Por la petición de un grupo de mambises fue declarada Patrona de Cuba («Patrona» y «Patria» comparten la misma raíz) y dos veces ha recorrido el país desfilando ante millares de personas que acudieron voluntariamente a vitorearla y rezarle. Son cientos los óleos, versos y canciones que se le han dedicado. Ha engalanado decenas de portadas de revistas y calendarios. Nadie en Cuba ignora la fecha del 8 de septiembre. Miles la llevan colgando de sus cuellos o en sus carteras y billeteras. Su imagen ha presidido la Plaza de la Revolución. Ella es símbolo de cubanía y es la más universal de las cubanas. Como diría Reinaldo Taladrid, saque el lector sus propias conclusiones.

68. *VÁTSLAV VOROVSKY / ВАЦЛАВ ВОРОВСКИЙ*

Cárdenas, Matanzas – Londres
21 de agosto de 1925 - 15 de septiembre de 1925

«Cuando el sol casi se escondía en la línea del horizonte pudimos ver a un hombre nadando nada hacia el barco. Toda la tripulación se amotinó en la borda porque, hablando en plata, la aparición de un hombre a dos o tres millas de la costa no era algo ordinario. Era evidente que se trataba de un amigo y, además, un hombre extremadamente valiente». Así escribía en sus memorias el marino soviético Konstantin Alexandrovich Chekin (Константин Александрович Чекин) recordando aquel 6 de agosto de 1925. ¿Quién era Chekin, dónde estaba y quién nadaba hacia su barco?

Hagamos historia. Tras la muerte de Lenin el 21 de enero de 1924, las repúblicas de Rusia, Transcaucasia, Ucrania y Bielorrusia comienzan a tomar pasos para federarse y el 28 de diciembre de 1922 nace la Unión Soviética. Durante los próximos tres años establecieron relaciones diplomáticas con 17 países, la mayoría europeos, 2 en Asia (China y Afganistán) y solo México en el hemisferio occidental.

Según Galina Nikolaevna Boranova («El último viaje de Ivan Kulaguin»/ «Последний рейс Ивана Кулагина»), la flamante Unión Soviética quería que sus barcos mercantes recorrieran también los mares americanos. Para ello comisionó al capitán Iván Zajarovich Kulaguin (no Culaggi) para tomar las riendas del *Vátslav Vorovsky*, barco de 114 metros de largo y 15.8 de ancho adquirido en Inglaterra en 1912. Haría la histórica travesía con 47 hombres —jóvenes en su mayoría— incluyendo cinco navegantes graduados de las escuelas náuticas. Entre ellos estaba Konstantin Alexandrovich Chekin, el ruso que encabeza esta historia.

Luego de repararse en Kiel, Alemania, el *Vátslav Vorovsky* llegó a Amberes a fines de enero de 1925 y desde allí la compañía de transportes ruso-alemana Deruta le informó al capitán que, durante los próximos siete meses, transportarían carga desde varios puertos del continente americano: Estados Unidos (Norfolk, Savannah), Brasil, Uruguay (Montevideo), Barbados, Trinidad y Cuba. Desde Cuba regresarían a Europa.

Siempre según el relato de Boranova, a principios de agosto tendrían que recoger en el puerto de La Habana azúcar cubano (50 mil sacos leí en otra fuente) que iba destinada a Londres. Aunque en 1925 Cuba no tenía relaciones diplomáticas con los soviéticos (ésas no llegarían hasta 1942) las relaciones comerciales no se habían interrumpido del todo. Pero el tema del comunismo ruso era entonces bastante delicado en política externa e interna.

Y presionado y/o preocupado por las implicaciones de un barco soviético en territorio isleño, el 2 de agosto el gobierno de Machado (temiendo el «contagio ruso», según Boranova) prohibió su entrada en La Habana y el barco tuvo que desplazarse hacia Cárdenas. Ese mismo día Julio Antonio Mella (1903-29) enviaba a los delegados que se encontraban en Camagüey para asistir al Tercer Congreso Nacional Obrero un telegrama informándoles sobre la medida del gobierno de impedir que los tripulantes soviéticos desembarcaran en tierra cubana.

El *Vátslav Vorovsky* llegó a Cárdenas el 4 de agosto, y para mantenerlo alejado de la costa le ordenaron quedarse en la zona conocida por «La Poza», a algo más de dos millas de los muelles. «Si la loma no viene a Mahoma, Mahoma va a la loma» reza un refrán español. Eso mismo hizo Mella. Dado que la tripulación soviética no podía desembarcar, él iría hasta el barco a darles la bienvenida en nombre del proletariado cubano.

Por tren llegó Mella el 6 de agosto a Cárdenas, lo reciben algunos dirigentes obreros, entre ellos Ángel Armenteros, y se dirigen al muelle. De allí, con Nereo Peraza, dueño del bote motor *Don*, se trasladaron hacia el buque soviético, que estaba a tres millas de la costa (Maritza Tejera ha identificado al lanchero como Longino Perera (Leo), y la lancha como *Los 8 Hermanos*, pero estimo que sus fuentes no son correctas). De hecho, una nota de Lesmes la Rosa y Vicente Cubillas en *Granma* (6 de agosto de 1970) nos anunciaba que «Vive aún, en Cárdenas, el lanchero que condujo a

Mella a bordo del Vorobski». Se trataba de Nereo Peraza. Peraza, Perera... Vorovski, Vorobski... Poco rigor, pero una misma realidad.

En todo caso, Mella nunca lo ocultó. «Una lancha nos lleva al primer barco soviet que surca las aguas de Cuba» confirmaría días después en memorable crónica («Una tarde bajo la bandera roja»). Quizás Konstantin Alexandrovich Chekin había tomado más vodka de la cuenta cuando recordaba a Mella nadando hacia el barco. O querría mejorar la imagen de su héroe.

Ya dentro del buque (algunos hablaban inglés, otros francés o español) y tras haber mostrado su carnet de la Agrupación Comunista de La Habana, llevaron a Mella al «Rincón de Lenin» dentro del barco, que era escuela, biblioteca y centro de discusiones. Allí sostuvieron largas conversaciones de «alta política internacional, de materias económicas, de literatura. El caso de China, el Plan Dawes, la huelga de los mineros ingleses, la producción de azúcar y tabaco, el número de obreros agremiados en Cuba, salarios, riquezas, Gorky, Andreiev, del nuevo arte popular en Rusia, y de la Revolución Mundial».

La comida fue servida en «vajilla blanca de porcelana con la hoz y el martillo, y la eterna frase «Proletarios de todos los países uníos»». Con fino humor diría Mella, «Se puede decir que hasta en la sopa esos héroes encuentran su destino futuro marcado: la ayuda a la Revolución Mundial».

Luego de aclararle a Mella el capitán que los rumores de que él viajaba con su mujer y su amante eran totalmente infundados y que, en Rusia, a diferencia de otros países, el matrimonio «tiene por origen el amor, y no el interés económico» (!), reunieron a una orquesta de cuerdas donde cantaron el *Himno de la Revolución* y la *Marcha de Moscú*. También cantaron

> varios cantos populares que nos dejaron ensimismados comparando la enorme diferencia entre el obrero de la República Socialista Soviética y los de las repúblicas burguesas. Aquel es culto, fraternal, artista, héroe; este es ignorante, huraño, con la vanidad de su incultura, y cobarde en la lucha social.

Chekin, por su parte, recuerda otras conversaciones. Al preguntarle a Mella cómo se había atrevido a nadar, el joven cubano, «en buen inglés», le respondió que «el cinturón blanco que él llevaba puesto en la cintura ahuyentaba tiburones» (*что белый пояс, которым он был обвязан по талии, отпугивает акул*). Años más tarde, K. S. Karol convertiría ese recuerdo de Chekin en la siguiente anécdota: «Cuando el gobierno cubano prohibió al barco soviético Vorovski atracar en el puerto de La Habana, Mella se lanzó al agua y, despreciando a los tiburones, nadó mar adentro para llevar a los marinos de la patria del socialismo un mensaje de solidaridad». Ya sabemos que ni fue en La Habana ni fue nadando.

Ya de retirada, los compañeros Kunt y Vatker acompañaron a Mella a la escalerilla del buque, la orquesta tocó *La Internacional* y Mella tomó la lancha de regreso a Cárdenas. Era una noche lluviosa. Nuestro Chekin, reporta la partida: «Cuando Mella se disponía a regresar, le ofrecimos que cruzara en barco. Sin embargo, a pesar de nuestras súplicas, él se negó rotundamente a tomar ventaja de ello. Evidentemente, no quería someternos a una posible reunión con las autoridades. Y salió nadando bajo el manto de la noche».

No sé por qué se empeñó Chekin en perpetuar la imagen de un Mella nadando en ambas direcciones. Claramente, no sabía que Mella ya había escrito su testimonio. O que Nereo Peraza sobreviviría varias décadas. O quizás sea posible que sus inverosímiles «memorias» no sean sino la ficción de un bromista ruso —que «apretó» con la historia del cinturón anti-tiburones—, pues rusa es mi fuente (la cual también aprovechó, de modo algo diferente, Leticia Guerra («Una tarde bajo la bandera roja») en un blog cubano. Ver «*Вацлав Воровский*» —*торгпред страны советов*» / «Vátslav Vorovsky — representante comercial de los países de los soviets» (portal PhotoShip.ru).

El *Vátslav Vorovsky* comenzó a cargar el azúcar que estaba en los almacenes de Carlos Villa S.A. Pero según Maritza Tejera García el azúcar de Cárdenas no era suficiente y el 15 de agosto el barco tuvo que ir a Matanzas a recoger el resto. El *Imparcial* anunciaba entre sus titulares «Como un silencioso, aunque gallardo emisario del sovietismo, encuéntrese en la rada matancera el barco mercante ruso Vastlav Voroswky». Para los matanceros no era ni Vátslav ni Vorovsky!

Finalmente, cediendo a la presión popular, el gobierno permitió a un grupo de soviéticos bajar a tierra. Y el 20 de agosto en la sede de la Hermandad Ferroviaria (San Juan de Dios 51 entre San Vicente y San Carlos, en Pueblo Nuevo) ocurrió el primer encuentro en tierra cubana entre soviéticos y cubanos.

El dia 21 de agosto (Borona dice que el 22) el *Vátslav Vorovsky* se despedía de la Isla. Varias semanas después, el 15 de septiembre llegaba el buque al Támesis y el día 24 terminaron de descargar el azúcar crudo, comenzando entonces a embarcar máquinas y equipos industriales hacia la Unión Soviética. El 3 de octubre salieron de Londres, llegando a Leningrado el 10. Este viaje inaugural llenó de orgullo a la flamante flota mercante soviética pues mostraba que sus marinos podían viajar por océanos lejanos y participar el el transporte marítimo internacional.

***

Julio Antonio Mella ha dejado una profunda huella en Cuba y a su amplia blbliografía remito al lector (Olga Cabrera, Ana Cairo, Nelio Contrera, Mari Cruz García, Adys Cupull, Erasmo Dumpierre, Perla Haimovich, Christine Hatzky, Gilberto Lopes Teixeira, Juan Marinello, Ricardo Melgar, Jean Ortiz, Sarah Pascual, Pedro Luis Padrón, Iuri V. Pogosov, Blas Roca, Mercedes Santos Moray, Edmundo de Jesuìs de la Torre Blanco y Julio Antonio Vaquero).

Su imagen ha aparecido en sellos postales (1974, 1979, 2004, 2007) y en el nuevo billete de mil pesos cubanos. La encontramos también en óleos de Servando Cabrera Moreno, Nelson Domínguez, Ernesto García Peña, Carlos Guzmán y Tomás Sánchez, así como en una escultura de José Villa Soberón (en la Universidad de Ciencias Informáticas) y en el logotipo de la Unión de Jóvenes Comunistas (UJC). Frente a la escalinata universitaria hay un busto de Mella del escultor Juan Antonio López, y había otro en la Manzana de Gómez, aunque desconzoco su paradero después que inauguraron el Gran Hotel Manzana Kempinski.

En 1975 Enrique Pineda Barnet llevó su historia a la pantalla grande. El rostro de Mella también ha quedado plasmado en la obra de la destacada fotógrafa italiana Tina Modotti (1896-1942), con quien Mella compartió muchos momentos de su etapa mexicana.

Cuatro años después de su trágica muerte, el 28 de septiembre de 1933, sus cenizas llegaron desde Veracruz a La Habana por barco (no he logrado identificar su nombre). Según Ciro Bianchi, «Marinello entregó el cofre con las cenizas a una norteamericana de absoluta confianza que, sin contratiempos, lo pasó por la aduana en un bolso de mano, y ya en el muelle de la Ward Line lo entregó a su vez a los militantes comunistas Ramón Nicolau y Juan Blanco». Desde el 10 de enero de 1976 sus cenizas reposan en el Memorial Mella, a pocos pasos de la escalinata universitaria.

Durante algunos años se estableció en La Habana la costumbre de que las novias depositaran sus ramos de flores a los pies su estatua. En la Unión Soviética las novias ponían sus ramos bajo estatuas de Lenin para que les diera suerte (en mi juventud muchas novias dejaban los ramos sobre el altar de la virgen de la iglesia). El algún momento esa práctica importada de Moscú desapareció de nuestro paisaje urbano.

***

Cincuenta y dos años después de que Mella se convirtiera en el primer cubano en visitar un buque soviético el Poder Popular Municipal cardenense develaba el 6 de agosto de 1977 una placa conmemorativa con la siguiente inscripción:

«Esta Bahía fue escenario el 6 de agosto de 1925 del primer intercambio de banderas nacionales entre el proletariado revolucionario cubano y el de la URSS al visitar clandestinamente Julio Antonio Mella el carguero Vatslav Vorovski, primer buque soviético que arribó a Cuba». ¿Clandestinamente?

***

Una última aclaración. Mella escribió que el azúcar que habían hecho «los proletarios de las tierras de Cuba» era «para los hombres libres de Rusia». Proseguía: «Cada sovietista que endulce su café, suspirará con amargor por los que hicieron ese azúcar, y es que no pueden, como él, vivir en una república de obreros libres».

Se equivocaba Julio Antonio. Nuestro azúcar nunca estuvo destinado a ellos. Terminó en las pocelanas inglesas de los consumidores londineses durante el ritual del *five o'clock tea*.

69. *PINERO*

Batabanó - Nueva Gerona, Isla de Pinos
Noviembre de 1926

Fue en el año 2007 cuando volví a Nueva Gerona. Había viajado de muchacho acompañando a mis tíos Orlando e Isabel, que se habían comprometido a llevar un enorme y rosadísimo cake —recuerdo que se compró en la dulcería Chantilly, en el Vedado— para la boda de algún pariente. También recuerdo mi entusiasmo cuando, desde Batabanó a bordo del *Pinero* llegué trempanito en la mañana a la isla, entonces de Pinos. Era mi primer viaje en barco (si descontamos el que tenía fondo de cristal y había tomado de vacaciones en Varadero).

En este segundo viaje desde Batabanó tomé una embarcación mucho más rápida que la primera décadas atrás, pero no recuerdo su nombre. En internet se anuncia una hidroala kometa de fabricación rusa llamada *Iris* y quizás fue una parecida la que me llevó. El caso es que, para mi sorpresa, al llegar me encontré nuevamente con el *Pinero*, que ahora yacía desmayado sobre la costa. Después de 40 años de servicio, en 1966 lo habían retirado de circulación para ser sustituido por los ferris españoles *Jibacoa* y *Palma Soriano*. Leí que lo habían declarado Monumento Nacional, pero por su estado de abandono nadie lo hubiera sospechado.

Por supuesto, el *Pinero* no fue ni el primero ni el único en hacer la travesía interinsular. El 15 de septiembre de 1850 el *Cubano* inició el trayecto Batabanó-Nueva Gerona. Otros buques que continuaron la tradición fueron el *Águila, Almendares, James J. Cambell, Cristóbal Colón, Cuba, Fomento Pinero, Hannover* (que llamaban Génova), *Isla, Isla del Tesoro, Island of Cuba, Nuevo Cubano, Paquete de Isla de Pinos, Protector, Saratoga* (que transportó el mármol para la estatua de Martí en la Plaza Cívica/ de la Revolución), *Veguero* y *William J. Millis*. Pero ninguno tan famoso como el *Pinero* que, además, con su propio nombre se identificaba con los criollos del terruño.

El *Pinero* había nacido en Filadelfia en 1901 como nave de guerra de 51 m de eslora. Luego de un incendio se transforma en buque de pasajeros y carga y lo compra la compañía The Isle of Pines Steamship para comenzar a transportar pasajeros entre Batabanó, y Nueva Gerona. Como la travesía se hacía generalmente de noche le acomodaron 25 camarotes con literas dobles (en mi primer viaje, como el cake era tan grande ocupó él solo una de las literas (!)).

Desde que en un ya muy lejano 13 junio de 1494 Cristóbal Colón arribara a sus costas la isla formaba parte del archipiélago que llamamos Cuba. Aquel día se celebraba la festividad de San Juan y por ello se le bautizó como Evangelista (los aborígenes la llamaban Ahao, Camaraco y Siguanea). Más tarde tendría también otros nombres, entre ellos Colonia de la Reina Amalia, en honor a la entonces esposa de Fernando VII (1830). En algún momento volvió a ser simplemente Isla de Pinos, nombre que aparecía en la cartografía desde muchos siglos atrás. Desde el 2 de agosto de 1978 se llama Isla de la Juventud y es un Municipio Especial dentro de la estructura político-administrativa del Estado cubano.

Entre los tantos eventos ocurridos en la isla he escogido algunos que creo merecen ser recordados.

1. 1596. 11 de marzo. Luego de haber perdido sus vidas los piratas ingleses Francis Drake y John Hawkins (no extraños a la isla) la escuadra inglesa con Thomas Baskerville y *La Garlande* a la cabeza, se dirigió a Isla de Pinos a reparar sus buques y proveerse de agua y víveres. El 11 de marzo los sorprende el almirante Juan Gutiérrez Garibay, apresando varias naves inglesas mientras el resto de la flota se daba a la fuga. Aunque la Batalla de la Isla de Pinos había sido una sonada victoria española, no por eso dejaron otros piratas de frecuentar la isla posteriormente.

2. 1830. 17 de diciembre. Con menos de 500 personas se funda Nueva Gerona. Los solares se asignarían «gratuitamente y en propiedad a los colonos, a condición de que en el término de un año levanten fábricas». También se instalaron cuartel, presidio, hospital y cuatro tiendas. En 2012 tenía casi 60 mil habitantes.

3. 1838. Deportado desde España, llega a Isla de Pinos el catalán Antonio Ribot Fontseré (1813-71), primer cantor de la isla. En julio publicó en *El Album* su «Isla de Pinos» («Tus tiburones bravíos/ de tus mares centinelas/ y tus marismas y ríos/ el cocodrilo los vela»). Diez años más tarde, el poeta español Fernando Velarde (1823-81) escribiría «En la isla de Pinos» («¡Campos alegres! fértiles campiñas/ de ceibas, de cafetos y naranjas,/ de saludables y sabrosas piñas,/ de arroyos puros en corrientes franjas»).
4. 1839. 11 de febrero. Carta del ministro belga Barthélémy de Theux al diplomático Charles-Emmanuel Baron de Norman exponiendo que en enero de 1838 habían comenzado los tratos «para la compra por Bélgica de Isla de Pinos». Continuaba explicando que «Bélgica debe desear tener solamente la soberanía de la isla con la autoridad que dependa naturalmente de esa soberanía, sin perjuicio de adoptar un plan general de colonización al que tanto los individuos como las propiedades se hallarán necesariamente sometidos». (N. Laude, «Négociations relatives au rachat, à l'Espagne, de l'île de Pinos en 1838-1839», en *Bulletin de Séances* (Institut Royal Belge), Bruselas, Año X, No. 1, 1939).
5. 1870. 13 de octubre. A bordo del *Nuevo Cubano* llega José Martí a cumplir su condena en la finca El Abra de José María Sardá, amigo de Mariano Martí, a quien en noviembre de 1868 habían nombrado «celador de policía con destino al reconocimiento de buques en el puerto de Batabanó». Allí permanecería el joven Martí dos meses, regresando a La Habana el 18 de diciembre para salir deportado a España. Desde el 28 de enero de 1944 la casa donde vivió Martí en la isla es un Museo.
6. 1896. 30 de julio. Procedentes de la isla, llegan a Batabanó a bordo del *Protector* los prisioneros involucrados en el levantamiento contra España el día 26. Entre ellos venía Evangelina Cosío Cisneros (1877-1970), la cual, sustraída clandestinamente de la Cárcel de las Recogidas en Guanabacoa, se convirtió en una *cause celèbre* a su llegada a Estados Unidos. Con su testimonio logró que la opinión pública norteamericana se inclinara más favorablemente a la independencia de Cuba.

7. 1898. 10 de diciembre. Se firma el Tratado de París entre España y Estados Unidos. Por su Artículo II «España cede a los Estados Unidos la Isla de Puerto Rico y las demás que están ahora bajo su soberanía en las Indias Occidentales...». La imprecisión de ese texto alentó a muchos a postular la peregrina idea que España había entregado Isla de Pinos a los americanos. En ese contexto, el artículo VI de la Enmienda Platt (1901) expresaba «Que la Isla de Pinos será omitida de los límites de Cuba propuestos por la Constitución, dejándose para un futuro arreglo por Tratado la propiedad de la misma». Ese Tratado, Hay-Quesada, reconociendo que Isla de Pinos pertenece a Cuba, se había firmado el 2 de marzo de 1904 y Cuba lo había ratificado tres meses después, el 2 de marzo de 1904. El 8 de abril de 1907 la Corte Suprema americana en el caso de *Pearcy v. Stranahan* (205 U. S. 257) sostuvo unánimemente que Isla de Pinos era, para efectos de tarifas aduaneras, un territorio extranjero y parte integral de Cuba. Finalmente, el 13 de marzo de 1925, por voto de 63 contra 14, el Senado americano finalmente ratifica el Tratado Hay-Quesada. Nadie ahora dudaría que Isla de Pinos era cubana.

8. 1900. Julio. Henry Haener se convierte en el primer norteamericano en adquirir tierra en Isla de Pinos: 133 acres en Los Indios por $250 dólares. Alentados por su status especial de territorio americano, se estima que para 1925 10,000 norteños poseían 90% del territorio de la isla. Después del traspaso de la jurisdicción sobre la isla a Cuba en 1925 y el ciclón de 1926 muchos de ellos se marcharon. En 1959 los norteamericanos poseían propiedades por valor de 18.2 millones de dólares (Arthur Vining Davis era el más rico, con activos valorados en $4.2 millones). En mayo de 1961 solo quedaban 35 americanos residiendo en la isla. En 1987 la última americana, Edith Sundstrom, regresaba a los Estados Unidos y moriría en Miami en marzo de 2001.

9. 1926. 1 de febrero. El presidente Machado coloca la primera piedra del Presidio Modelo, conjunto de 34 edificaciones basado en la cárcel de Jolliet, Illinois. Su construcción (que quedó incompleta) duró hasta 1932. En 1938 se le llamó Reclusorio

Nacional para Hombres, aunque le seguirían llamando por su nombre anterior. Se cerró como cárcel en 1967. Uno de los edificios de más triste recordación en la historia de nuestra Patria.
10. 1926. Mayo. Llega a Isla de Pinos, donde su abuela tenía una hacienda, el poeta Hart Crane (Garrettsville, Ohio, 21 de julio de 1899-Golfo de México, 27 de abril de 1932). Como nos ha explicado el crítico Erik Camayd-Freixas, su libro más importante, *The Bridge* (El puente) (1930), incluía dos poemas escritos en tierra pinera, «The River» (El río) y «The Dance» (La danza). Otros poemas de Crane inspirados en la isla fueron, «O Carib Isle!» (Oh, Isla del Caribe), «The Mango Tree» (La mata de mango) y «Island Quarry» (La cantera).
Sacudido por el horror del ciclón del 26, Crane escribió su «Eternity» (Eternidad) («Negros en camillas, vendados, esperando el primer barco/ A La Habana. Gemían. Pero ¿habrá barco? Donde antes/ Había muelle, la carcasa y la cubierta destrozada a/ Veinte metros entre sí...»). A bordo del *Orizaba* —el mismo que lo había traído a Cuba en 1926— el poeta se lanzó al mar camino a Nueva York.
11. 1942. ¿Enero? Llegan al presidio en calidad de enemigos de guerra once italianos luego que Cuba declarara la guerra a Japón (9 de diciembre de 1941) y a Alemania e Italia (11 de diciembre). El Ministro de Gobernación Víctor Vega había firmado un Decreto el 23 de diciembre de 1941 declarando «extranjeros enemigos» a los 1,600 italianos entonces residentes en Cuba. Diez de ellos pasarían casi dos años en presidio en la isla (hasta noviembre de 1943). Según Maximino Gómez Álvarez, durante ese tiempo fueron recluidos en la isla 557 extranjeros, incluyendo 350 japoneses y 114 alemanes. Ya desde abril del 1941 estaban presos en la isla 33 italianos que se encontraban en el puerto de La Habana en el buque *Recca* cuando éste fue requisado por la marina de guerra (rebautizado *Libertad*, fue hundido el 4 de diciembre de 1943 por 2 torpedos del U-129 en las costas de Carolina del Norte).
12. 1950. Luego de viajar a la isla, donde escucharía el ritmo de sucu sucu (nombre que venía del sonido de arrastrar los pies al bailarlo), Eliseo Grenet (1893-1950) compone las populares

piezas *Domingo Pantoja* y *Felipe Blanco* («Ya los majases no tienen cueva/ Felipe Blanco se las tapó»). Lejos de tener connotaciones sexuales como se dijo en su momento, esta canción se refería a un personaje real de la isla de fines de siglo XIX que, simpatizando con los españoles, obstruía la entrada a las cuevas de su propiedad para que los mambises («majases») no pudieran esconderse.

13. 1956. Se estrena la película *El tesoro de Isla de Pinos* (¡filmada en Santiago de las Vegas!) dirigida por Vicente Orona y guión de Felix B. Caignet. Ese mismo año se había presentado en Estados Unidos *The Sharkfighters*, con paisajes de la isla y canciones del Cuarteto D' Aida. En el Rex Cinema se estrenaría el 12 de diciembre del año entrante *Isla del Tesoro* bajo la dirección de José A. García Cuenca. Se han hecho también los documentales *Becas y Toronja* (?), *En la otra isla* (Sara Gómez, 1968), *Una isla para Miguel* (Sara Gómez, 1968), *Isla del Tesoro* (Sara Gómez, 1969), *Vanguardia en la Isla* (Jorge Fraga, 1972), *Isla sin nombre* (Juan Carlos Tabío, 1976), *Bienvenidos* (Manuel Herrera, 1977), *Cerámica en la isla* (Miguel Fleitas, 1981), *Música piner*a (Miguel Fleitas, 1982), *La isla del tesoro azul* (Roger Montañés, 1985), *Un jardín en la Isla* (Santiago Villafuerte, 1989) y *L'île de la jeunesse eternelle* (La isla de la juventud eterna, Alain Burosse, 2010). Además, *El Bautizo* (Roberto Fandiño, 1968) se filmó en Nueva Gerona.

14. 1968. A partir de estos años la isla sufre profundas transformaciones. Empeñado el gobierno en la construcción paralela del socialismo y el comunismo, se experimenta en la isla con la supresión del dinero y de los controles contables. Se inaugura el campamento de "Las Guásimas", destinado a albergar a los participantes del "Plan de los 5000 Habaneros" que vendrían a apoyar en labores agrícolas. El 29 de junio se inaugura la primera secundaria («ESBEC») pinera. A partir de entonces los estudiantes comienzan a llenar todos los rincones de la isla. Y no solo cubanos. El 11 de septiembre de 1977 llegaron los primeros 551 de Mozambique y tres meses después los de Angola. Once años más tarde, en 1988 la isla (ahora «de la Juven-

tud») albergaba 18,600 estudiantes extranjeros procedentes de 37 países trabajando en los cultivos citrícolas.
15. 1981. 25 de enero. En la finca La Victoria, donde residía, la vaca Ubre Blanca produce 109.5 litros de leche, ganándose así el derecho de ingresar al libro Guinness de récords mundiales (lo volvió a hacer el 23 de junio del año siguiente). Cruce de zebú-Holstein, Ubre Blanca recibió especiales cuidados (aire acondicionado, comida a su antojo y hasta un radio portátil —aunque no creo que era ella la que escogía la estación). Falleció en 1985. Ha sido honrada con un sello postal (1984) y una estatua de Luis Ruz y Abelardo Echeverría en Nueva Gerona (1981-1987). El cineasta Enrique Molina nos ha legado su *documental La Vaca de Mármol*.

El padre de Ubre Blanca (y no solo de ella), el toro canadiense Rosafé Signet, también fue muy popular (en el restorán Gavana/Гавана de Moscú que visité en 1976, y cuyo menú conservo, el filete de res llevaba su nombre). Rita Longa había hecho su estatua (ver foto en *Noticias Artecubano* 9/012) pero se había perdido (!). El abogado canadiense de Columbia Británica Carey Linde tuvo la idea de hacerle otra estatua al toro. Comisionó la obra al escultor cubano Tomas Lara Franquis, filmó el proceso en la película *Rosafé siempre* (2014) dirigida por Rolando Almirante y el 20 mayo de 2015 develó la estatua de bronce fundido en tamaño natural (2 x 3 metros), que le costó más de $100,000. En julio del 2015 la obra se encontraba en «la Dirección del Consejo Asesor para el Desarrollo de la Escultura Monumentaria (CODEMA)». No sé dónde la habrán «ubricado».

Cuando visité la isla en 2007 ya no había tanta presencia extranjera ni habían clonado a Ubre Blanca, pero quedé con la impresión que aquello era otro mundo. He leído que muchos preguntaban a los viajeros que iban hacia Batabanó: «¿vas para Cuba?» Como si estuvieran en el aeropuerto de Miami.

Isla dentro de otra isla, supongo que uno tiene que haber vivido allí para realmente comprender la sensación de lejanía, aislamiento y angustia cuando alguna emergencia requería desplazarse a la isla madre (pues, por demás, no se podía salir hacia ninguna otra parte). El día de mi regreso a La Habana la terminal estaba repleta de personas que «necesitaban» (así afirmaban todos) viajar con urgencia y esperaban conseguir algún puesto en el barco, que era como sacarse el gordo de la lotería de Madrid. De lo contrario sabe Dios cuándo podrían trasladarse.

Esgrimían todo tipo de razones: que si la concuña se había muerto (¿dónde estaba el telegrama?) que si una cita médica (la receta, por favor), un viaje impostergable a terceros pueblos o países (billete de confirmación). Recuerdo una señora que se sujetaba el cuello con una «minerva» (aparato ortopédico) y suspiraba con cara de dolor. Pero un joven que aparentemente la conocía del barrio la denunció diciendo que la vieja estaba entera y que todo ese aguaje no era sino un paripé. ¡Cuántos más se hubieran quedado en tierra de haber tenido los pineros acceso a Facebook!

Fue allí, en la terminal marítima de Nueva Gerona, que caí en la cuenta de todo lo que había podido significar el *Pinero* para los pineros: cordón umbilical, encuentro —y separación— familiar, regreso a casa, esperanza de cura en un hospital especializado, nuevos horizontes, correspondencia, educación superior, novelita de Corín Tellado, la banda musical para la fiesta de quince, la llegada del visitante al cónyuge preso, un vestido despampanante, la película de estreno para el cine Rialto, una medicina, turistas, una regla de cálculo, un rosadísimo cake de bodas...

70. *NICOLÁS LENIN*

La Habana – Regla - La Habana
Noviembre de 1927

«Ya ese lugar llegamos, una noche, después de cruzar la bahía en la lancha «Nicolás Lenin», y de tomar un autobús en Regla, frente a una taberna mexicana pintada con colores de sarape, oliente a tequila y guacamole, cuya rocola patriotera y jingoísta alzaba voces de mariachis en jipíos de corridos a la gloria de Jalisco o de Pénjamo». Quien así habla es Alejo Carpentier por boca de uno de sus personajes de *La consagración de la primavera*.

La Habana es una ciudad a la vez dividida y unida por la bahía. La dividen las aguas y la unen las lanchas. Allende la avenida del puerto están las zonas ultramarinas de Regla y Casablanca. Desde siempre la cruzaron todo tipo de faluchas y en el siglo XIX llamaron guadaños a aquellas embarcaciones.

El siglo XX trajo modernidades. En 1912 comenzaron las lanchas de vapor a cruzar la bahía, partiendo de la terminal del Muelle de Luz. Supongo que cada lancha tendría un nombre, siguiendo una antigua costumbre marina (he visto la foto de una llamada «Don Juan» y el teléfono F-2784).

Sería para muchos una sorpresa cuando en noviembre de 1927, comenzó a surcar nuestra bahía la lancha *Nicolás Lenin*. Era el segundo tributo de los reglanos al líder soviético (el día de su muerte, el 1 de enero de 1924, plantaron un olivo en la zona más alta de la ciudad que desde entonces se llamó la Colina Lenin). Luego de muchos años de servicio fue sustituida por otra con el nombre recortado: *Lenin*, simplemente. Varias veces he hecho el recorrido a bordo de ella.

En 1979 Susana Tesoro escribía para *Bohemia* un reportaje sobre este medio de transporte. En esa fecha más de 24,000 personas hacían el trayecto todos los días.

Prosigue Susana su relato. En julio de 1963 nacionalizaron la Tránsito Marítimo S.A., la empresa pasó al Ministerio de Marina y el gobierno comenzaría a cobrar cinco centavos por viaje, siendo gratuito el regreso. Pero el tiempo lo desgasta todo y las lanchas se fueron deteriorando. Y la gente a quejarse.

Lancha *Lenin,* haciendo la travesía entre La Habana Vieja y Regla. En *Cuba Internacional,* marzo de 1980, p. 62.

En 1976 se hicieron nuevas inversiones, ahora bajo el control de Ministerio del Transporte. El 31 de agosto se convocó una Asamblea Provincial del Poder Popular y se abordaron varios de los problemas. Un delegado protestó de que la gente viajaba en los bordes de la embarcación mientras que otro alegó que

> Está aprobado que se cobre el pasaje de ida y vuelta con la condición de que mejore el servicio. Según tengo entendido existen 21 lanchas, entre ellas hay seis nuevas, pero en realidad hay seis lanchas funcionando, de las cuales 3 tenían problemas con los motores, dificultades, inadaptacones, roturas. Conclusión: solo están en servicio tres.

Los pasajeros también se quejaban a la periodista. Uno dijo que no había razón para que la lancha estuviera parada en el muelle sin salir 15 o 20 minutos: «Antes era llega y vira porque si no no cobraban» (¿cualquier tiempo pasado?). Caridad Pérez, por su parte, se quejaba de que las lanchas estaban muy sucias.

Conversando con Antonio Arias, motorista con 10 años de experiencia, nos enteramos por la periodista del «mal estado de las lanchas nuevas» y de que el salario de un patrón es tan bajo ($150) que el personal entrenado se va a otra empresa.

Por su parte, Tomás Cuza Sánchez que desde hacia 14 años administraba la unidad de lanchas «Gerardo Mijares» explicaba que, a las 16 lanchas de ferrocemento, trece de ellas construidas en el Dique de Cárdenas y 3 en el de Casablanca, les instalaron motores más idóneos para buques de pesca «pero las maniobras que debe hacer una lancha en esta trayectoria son muy continuadas».

Además, continúa Cuza, la bahía esta muy sucia «y todas esas impurezas se van acumulando en las máquinas de las lanchas pequeñas se tupen, se rompen. No tenemos un taller para reparaciones». También recuerda que «el 15 de octubre abrimos el servicio con 7 equipos…y a las 9 a.m. dos lanchas ya estaban rotas». Otro problema: ausentismo. «Traen certificados médicos, traen papeles de aquí y de allá. Y no existe un mecanismo efectivo para combatirlo».

***

En abril de 2003 ocurrió un trágico incidente a bordo de una de las lanchas. Un grupo de cubanos secuestró la nave *Baraguá* con el fin de llevarla a Estados Unidos, pero al quedarse sin combustible terminaron en el Mariel. Un juicio sumarísimo clebrado el 8 de abril de 2003 resultó en la pena de muerte para Enrique Copello Castillo, Bárbaro L. Sevilla García y Jorge Luis Martínez Isaac; cadena perpetua para Harold Alcalá Aramburo, Maykel Delgado Aramburo, Ramón Henry Grillo y Yoanny Thomas González; 30 años para Wilmer Ledea Pérez; y entre 5 y 2 años para las mujeres que viajaban con ellos.

Considerando que no hubo hecho de sangre alguno, las condenas eran a toda vista excesivas. La muerte es irreversible y cadena perpetua y 30 años son demasiado tiempo. Si recordamos que la flota de guerra mambisa tiene sus orígenes, precisamente, en el secuestro de varios barcos españoles; que en 1953 a los moncadistas se les condenó a penas mucho menos severas; y que los revolucionarios que secuestraron al corredor Juan Manuel Fangio o al actor Pepe Biondi durante la lucha contra Batista no sufrieron contratiempo alguno, todos debemos repensar muy seriamente en las repercusiones de este trágico desenlace.

Según Amnistía Internacional hoy en dia 141 países han abolido la pena de muerte. El gobierno cubano siempre está presto a citar estadísticas y otras fuentes para confirmar la coherencia de sus posiciones con las del resto del mundo. Ojalá ésta fuera una de ellas (y, claro, lo mismo digo de Estados Unidos).

71. EMBARCACIÓN DESCONOCIDA

Cherburgo, Francia - La Habana
? - 14 de enero de 1930

Su currículum era impresionante. Había nacido en Odessa, Rusia, el 23 de febrero de 1891 y formado parte de la Academia de Artillería zarista. Pero mientras se adiestraba en el manejo de las armas aprovechaba para tomar clases de ballet con el director del Teatro municipal de San Petersburgo. Luchó en el frente durante la Segunda Guerra Mundial. Ciertamente no era el típico soldado de nuestros trópicos.

La llegada del bolshevismo a Rusia fue marcada por cambios de toda naturaleza, incluyendo nuevas apreciaciones artísticas y estéticas. El gran impresario ruso Sergei Pavlovich Diághilev (1872-1929), fundador de los Ballets Ruses, no fue grato a los líderes rojos, como tampoco lo fue el influyente coreógrafo George Balanchine (1904-83). Ambos se exilaron.

El viejo fantasma que recorría Europa había decidido plantar bandera en Rusia y Nikolai Petróvcih Yavorski/ Николай Петроович Яворски, el soldado-bailarín también decidió exilarse. Belgrado, Barcelona y París lo vieron danzar y finalmente, procedente de Cherburgo, llega a La Habana el 14 de enero de 1930. Desde estas cuartillas le agradezco a Ernesto Triguero Tamayo su hermoso libro sobre el biografiado.

Año y medio más tarde, el 30 de junio de 1931, esa prestigiosa institución fundada por María Teresa García Montes de Giberga (1889-1930) que fue Pro-Arte Musical, por sugerencia de Natalia Aróstegui encargaba a Yavorski comenzar las clases de ballet en la institución.

Entre las primeras alumnas que tuvo Yaworski estaba una jovencita de once años llamada Alicia Martínez del Hoyo. La joven llegó tarde a la primera clase, lo que le valió un toallazo en la nalga por parte del exigente ruso («con un movimiento ágil de su picante toallita, me dio ahí donde duele»). Al regresar a su casa la niña le confesó a su mamá: «Esto es lo que más me gusta en el mundo». Casada más tarde con el también bailarín y coreógrafo Fernando Alonso (1914-2013) aquella jovencita ha dado la vuelta al mundo cosechando triunfos para nuestra Patria, ya conocida como Alicia Alonso.

A fines de noviembre Yaworski ya tenía montado su primer ballet y estrenaba *La bella durmiente en el bosque*. Todo un acontemiento para la isla. Claro, en Cuba se había visto mucho y muy buen ballet desde el siglo XIX (Fanny Elssler, Anna Pavlova), todo muy bien documentado en los trabajos del amigo Francisco Rey. Pero esta era la primera vez que jóvenes cubanos entrenados en la Isla se paraban en puntas delante de la audiencia. También ese día debutaba en el corps de ballet la joven Alicia.

En un documento encontrado en su papelería el maestro ruso tiene esto que decir de nuestras jóvenes:

> La cubana tiene una gracia natural, ya bien ponderada, un temperamento y carácter tan propio para el baile, que es difícil encontrar su igual en otros países y además un sentido del ritmo que es importantísimo […] El carácter de las niñas cubanas es muy franco, alegre, y ellas están atentas a toda indicación, con un refinamiento natural y su belleza y simpatía son ya proverbial en la mujer cubana. En resumen, todas las cualidades para una artista perfecta.

Aunque poco después advierte que

> La niña cubana tiene cierta antipatía a una disciplina estricta…

Pero reafirma su optimismo

> Quiero repetir que en ninguna parte las he encontrado con tantas aptitudes y con tanta habilidad para el baile y entre mis discípulas salta inmediatamente a la vista, que con una enseñanza sisemática y formal podrán figurar entre las mejores artistas coreográficas del mundo.

Pasemos repaso, a grandes rasgos, a los más significativos hitos de la vida y obra de Yavorski en nuestra Isla:

1931. El 29 de diciembre se presenta *La noche de Walpurgis,* de *Fausto* de Gounod (con Alicia en el papel de Astasia) y reponen *La bella durmiente*. También presentan la *Rapsodia No. 2* de Listz y los solistas fueron Alicia y Yavorski. Muchas biografías de Alicia señalan esta fecha como su debut, ignorando la función de noviembre, aunque quizás pensando en su debut como solista.

1934. El primero de junio Yavorski presenta su coreografía del *Danubio Azul*, con Alberto Alonso (1917-2007) como solista; en *El príncipe Igor* los solistas serían Alberto Alonso y Delfina Pérez Gurri. Alberto Alonso se destacaría a lo largo de su carrera como uno de los grandes de nuestro ballet. Era hermano de Fernando, también alumno de Yavorski y cuñado de Alicia.

1936. Puesta en escena del *Claro de Luna* con música de la *Sonata 27* de Beethoven, nuevamente con Alicia.

1937. Yavorsky hace una coreografía especial de *El lago de los cisnes*, que estrenará Alicia el 10 de mayo de 1937 en el Teatro Auditorium (hoy Amadeo Roldán). La versión completa la haría Alicia en 1948.

1940. El distinguido intelectual Luis de Soto Sagarra (1893-1955) le propone escribir el libreto del ballet *Linda criolla* y que Yavorski coreografiaría. La música estaría a cargo de Gonzalo Roig (1890-1970). Nunca se compuso y es una verdadera lástima pues la impronta de un ruso en un ballet de tema criollo hubiera sido algo bien novedoso.

1940. El militar que aún vibra dentro de Yavorski le hace ofrecerse al Cónsul de Finlandia en la Habana para que lo acepten de voluntario en la Segunda Guerra Mundial. Le responden que le agradecen la disposición, pero no pueden aceptarlo debido a que «su edad ya es bastante avanzada» y que «Ud. ya está acostumbrado al clima tropical». Evidentemente, la diplomática finesa no había oído hablar de las guerras que se han librado en las zonas del Trópico durante siglos.

1941. Yavorski firma un contrato para presentar un espectáculo bailable con cuatro números nuevos en el Casino de la Playa durante un mes, a partir del 31 de mayo.

1942. Presenta *Las bodas de Pinocho*, para novatas.

1943. Presenta en el Teatro Oriente de Santiago secciones de *El príncipe Igor*, y el *Baile de las flores* de *Cascanueces*, entre otras.

1945. Con decorados del pintor Oliva Robain, presenta en el Auditórium *Snegorotchka* de Rimsky-Korsakov.

1946. Yavorski se compromete a dar clases de ballet dos veces por semana a los socios de la Sociedad Universitaria de Bellas Artes. Por esas fechas da clases en el estudio de la bailarina Martha Andrews Maury (1911-73), madre de mi gran amigo Gustavo Godoy. Desde temprano Yaworski había abogado porque

> Se formase una escuela de instrucción física incluyendo todos los ramos de la cultura física y de gimnasia corriente hasta el baile clásico, porque sin duda la perfección física es la que produce una mentalidad clara y sana...

Martha Andrews también había sido pionera en estos empeños. Y produjo un juego de discos con el título de *Señora: ¡cuide su figura! Martha Andrews curso de ejercicios rítmicos* que cimentó las bases para este tipo de actividad dentro de la Isla.

1946. La presidenta de la sociedad Pro-Arte Musical de Oriente le escribe el 9 de julio de 1946 una carta proponiéndole un contrato para que se traslade a esa provincia. Porque su contenido es muy revelador del espacio que ocupaba el ballet en la vida de algunas ciudades de provincia a fines de la década de los 40, estimo útil reproducir algunos párrafos de esa comunicación:

> Como Ud. verá nosotros le ofrecemos una garantía de $150, pues nuestra Sociedad, por el momento... no puede ofrecer más; pero en cambio tendrá nuestra cooperación para facilitarle otras formas de ganar dinero, las cuales siempre se encuentran en un lugar como este en el cual Ud. sería el único profesor de ballet.
>
> Aparte de esto y para que su garantía mensual sea mayor, hemos tratado con Manzanillo y Bayamo ... y ambas Sociedades están dispuestas a pagarle a Ud. por una clase semanal a un grupo de 20 a 25 alumnas $75 mensuales, como garantía, aparte del recital anual y otras fuentes de ingreso que Ud. podría buscarse. Ud. tendría que pagarse su pasaje de ida y vuelta y su hotel, que todo es muy barato...

1947. Yavorski se trasladó a Santiago posiblemente en enero, pero enfermó y alli fallece a los 55 años el 9 de octubre de 1947.

Nos dicen los evangelios que Jesús subió a la montaña y dijo a sus discípulos «Por sus frutos los reconocerán». Si nos atenemos a esta sabia observación de aquel maestro, podremos bien aquilatar la obra de éste. Formó a tres de los principales gestores de nuestro ballet nacional. Nos entregó dieciséis años de su vida. Al morir pudo ver, con los tantos éxitos logrados por nuestros bailarines en el campo de la danza, el fruto cosechado. Descansa en paz en el cementerio de Santa Ifigenia junto a muchos grandes de nuestra historia y nuestra cultura.

72. *CUBA*

Tampa - La Habana
6 de marzo de 1930 - 7 de marzo de 1930

Son [de negros en Cuba]
Federico García Lorca

Cuando llegue la luna llena
iré a Santiago de Cuba,
iré a Santiago,
en un coche de agua negra.
Iré a Santiago.
Cantarán los techos de palmera.
Iré a Santiago.
Cuando la palma quiere ser cigüeña,
iré a Santiago.
Y cuando quiere ser medusa el plátano,
iré a Santiago.
Iré a Santiago
con la rubia cabeza de Fonseca.
Iré a Santiago.
Y con la rosa de Romeo y Julieta
iré a Santiago.
¡Oh Cuba! ¡Oh ritmo de semillas secas!
Iré a Santiago.
¡Oh cintura caliente y gota de madera!
Iré a Santiago.
¡Arpa de troncos vivos, caimán, flor de tabaco!
Iré a Santiago.
Siempre he dicho que yo iría a Santiago
en un coche de agua negra.
Iré a Santiago.
Brisa y alcohol en las ruedas,
iré a Santiago.
Mi coral en la tiniebla,
iré a Santiago.

El mar ahogado en la arena,
iré a Santiago,
calor blanco, fruta muerta,
iré a Santiago.
¡Oh bovino frescor de calaveras!
¡Oh Cuba! ¡Oh curva de suspiro y barro!
Iré a Santiago.

La visita que entre el 7 de marzo y el 12 de junio de 1930 nos hiciera Federico García Lorca (Fuentevaqueros, 5 de junio de 1898 Víznar, 19 de agosto de 1930) ha sido abordada desde distintos aspectos y existe amplia bibliografía sobre el tema. Aquí deseo compartir con el lector el impacto que en la música tuvo su «Son», publicado por primera vez en abril de 1930 en la revista habanera *Musicalia*. El manuscrito original se lo regaló Lorca a María Muñoz (1886-1947), editora junto con su esposo Antonio Quevedo de dicha revista. Quevedo lo donaría a la Sociedad Económica de Amigos del País, hoy Instituto de Literatura y Lingüística. Más tarde se completaría el título del poema como «Son de negros en Cuba».

El poema ha sido musicalizado en al menos 21 ocasiones: ocho por autores españoles (Nilda Fernández, Eduardo Gutiérrez Ortiz, Luis F. de Onís, Antonio Portanet, M. Ríos, Jesús Rodríguez Picó, Manolo Sanlúcar y Antonio Santos); cinco por cubanos (Leo Cabezas, Edgardo Martín Cantero, Francisco Repilado, Enrique Ubieta y Roberto Valera); dos por franceses (Louis Durey, Pedro Soler); por un dominicano (Michel Camilo); por un brasilero (Armando Lôbo) en portugués; por un inglés (Malcolm McLaren); por un griego ("Mikis" Theodorakis) en versión griega; por un israelita (Amit Poznansky) en versión al hebreo, y una pieza anónima en lengua rusa.

La partitura de la obra coral de Roberto Valera, compuesta en 1969, fue publicada por Empresa Musical Cubana en 1988 y grabada en Semblanza musical de Santiago (Siboney LD 214-1). Un recorrido por Youtube nos dejará asombrados al comprobar la popularidad de esta versión de Valera: Winter Garden, Sheffield, Inglaterra (Camerata Vocal Música Aúrea); Iglesia de San Vicente Ferrer en Nueva York (Philippine Madrigal Singers); Venado

Tuerto, Santa Fé, Argentina (grupo no identificado); Auditorio Virgilio Barco del Archivo General de la Nación, Bogotá (Voci Del Mare); Iglesia María Auxiliadora, Vigo (Schola Cantorum Coralina), Torre Vieja, España (Habanera entrevoces); Philam Life Auditorium, Manila (UPLB Choral Ensemble); American River College, Sacramento, California (ARC Chamber Singers); Empresa de diseño Flacon, Moscú, Rusia (grupo Okso y Espantsi/ Okso и Эспанцы); Mönchengladbach, Alemania (Piece of Peace). Hay muchos otros en Youtube, pero no deseo abrumarlos (a lo mejor ya lo hice).

Por su parte, la pieza de Compay Segundo se estrenó 13 de junio de 1997 en el auditorio del Generalife de Granada; la de Mikis Theodorakis se grabó en su disco *Romancero Gitano,* mientras su partitura para guitarra fue publicada por el editor Costas Cotsiolis; y Ana Belén ha cantado para la televisión española —¡imaginar la audiencia!— el *Iré a Santiago* de Michel Camilo.

Y es así cómo, también a través de la música (y vía internet las veinticuatro horas todos los días del año), nuestra heroica, rebelde y hospitalaria Santiago de Cuba le da la vuelta al mundo.

POST DATA. Aunque no en coche de agua negra, Lorca sí llegó a Santiago.

POST DATA 2ª. Para conmemorar el 70 aniversario de la visita a Santiago (1 al 3 de junio de 1930) se hizo en esa ciudad el 30 de abril de 2000 una cancelación postal especial representando la firma del poeta y la inmortal frase «Iré a Santiago».

73. *HALIGONIAN*

San Petersburgo, Florida - La Habana
11 de marzo de 1930 - 13 de marzo de 1930

George S. «Gidge» Gandy administraba el teatro La Plaza que su padre había construido en San Petersburgo, Florida (también había construido el puente que unía San Petersburgo con Tampa en 1924) cuando la Gran Depresión amenazó con arruinar a su familia, sus amigos y su ciudad. Tenía que buscar una solución o no saldrían ilesos de esa precaria situación.

Recordó entonces su viaje a Cuba en 1929 en su velero *Cynosure* de 36 pies (su amigo Paul Reese había viajado el año anterior en su *Pieces of Eight* y lo había embullado). Y pensó que una forma de revitalizar San Petersburgo era organizando un evento deportivo que atrajera participantes y turistas, pero sobre todo nuevos inversionistas.

Y así fue que 11 barcos participaron en la regata inaugural de 284 millas náuticas desde San Petersburgo a La Habana. Partieron el 11 de marzo de 1930 del St. Petersburg Yacht Club (fundado en 1909) y llegaron al Morro habanero casi dos días después. El velero ganador fue el *Haligonian*, propiedad de Houston Wall de Tampa, que terminó en 41 horas y 42 minutos, récord que se mantuvo hasta 1935.

Excepto por el cuatrienio de la Guerra Mundial (1942-1946) la Regata funcionó anualmente, usualmente con más de 30 embarcaciones, hasta 1959. 21 yates compitieron en 1951, entre ellos el *Ben Bow* (de Detroit) y el *Maralen III* (de San Petersburgo). En el año 1952 los deportistas habían llegado a La Habana en medio del golpe de estado de Batista y un proyectil alcanzó una de las embarcaciones. Los yates *Celia, Marbara* y *Larr* que compitieron hacia 1955 pueden verse en el sitio *floridamemory.com*.

Cuando el 20 de julio de 2015 los gobiernos de Cuba y Estados Unidos reanudaron relaciones diplomáticas después de 54 años, los empresarios del St. Petersburg Yacht Club pensaron que sería una excelente idea desempolvar las regatas.

Ese sueño se hizo realidad el 28 de febrero de 2017, cuando setenta y tres embarcaciones con más de 650 personas partieron desde San Petersburgo. Venían de África del Sur, Alemania, Canadá, España, Francia, Gran Bretaña y Holanda. Al grupo inicial se les sumó en Cayo Hueso el barco *Mícara* y su tripulación cubana, representando el Club Náutico Internacional Hemingway de Cuba. El velero ganador fue el *Graycious*, capitaneado por John Noble de St. Petersburg, que llegó a La Habana en un día y 17 horas.

La Habana y Saint Pete. Tan cerca… tan lejos… tan cerca.

74. EMBARCACIÓN DESCONOCIDA

España - La Habana
¿Gijón? – 3 de marzo de 1931

Ciertamente los cubanos de la década de 1950 podían sentirse orgullosos de cuánto se había avanzado en medio siglo. El nuevo censo nos ponía a la cabeza de muchos países del continente (especialmente si eras blanco, de clase (al menos) media y vivías en ciertos barrios de La Habana o de las grandes capitales provinciales), y todo ello era causa de celebración. Y, por supuesto, en los seis años entre el 53 y el 59 habiamos progresado aún mas. Éramos una tacita de oro.

En una nota divulgada en internet «Cuba Antes de Fidel Castro. Según la ONU, la OMS y la OIT» nos enteramos que Cuba ocupaba el lugar número 33 entre 112 naciones del mundo en cuanto a nivel de lectura diaria y teníamos un radio por cada cinco habitantes, un televisor por cada 28, un teléfono por cada 38 y un automóvil por cada 40 habitantes. Además, un promedio de una cama de hospital por cada 190 habitantes (Estados Unidos tendría en 1960 una por cada 109), y un médico por cada 980 habitantes, superada en América Latina sólo por Argentina (uno por 760) y Uruguay (uno por 860). Nadie puede dudar del esfuerzo de tantos para alcanzar estos apreciables logros.

Por las fechas en que nos tomaron esa foto nos sacarían otra, algo distinta. Mientras la primera era en technicolor ésta era en blanco y negro. No mostraba las plumas de Tropicana, ni los rascacielos del Vedado, ni las ruletas del Capri, ni los grandes colegios privados, ni la Clínica Miramar, ni los colepatos rodando por la Quinta Avenida, ni los elegantes templos capitalinos, ni las fiestas del Cienfuegos Yahct Club, ni la Avenida Manduley, ni los piscina parties, ni las regatas de Varadero, ni el corsage de orquídeas sobre el abriguito de mink para escuchar a la Tebaldi en Pro-Arte Musical. Todo ello muy legítimo e inobjetable, por supuesto. A quien Dios —y su trabajo— se lo dio...

Pero no, ellos no saldrían en la segunda foto: esta foto retrataba al campo cubano. Sí, nos rodeaban las palmas, siempre gallardas; y las deliciosas frutas que nada envidiarían las de los países más fríos. Pero algo ensombrecía aquel bucólico paisaje: la situación de una parte importante de nuestros campesinos.

Veinticinco años antes de que nos sacaran esta foto menos halagadora, un 3 de marzo de 1931, llegaba a La Habana procedente de Gijón en algún barco cuyo nombre no ha quedado consignado en los libros consultados, el sacerdote jesuita Felipe Rey de Castro (Birón, Galicia, 1889-La Habana, 1952).

No era la primera visita del padre Rey a La Habana. Había estudiado en Oña, Burgos y Falkenburg, Holanda y lo habían destinado en 1925 a trabajar en el flamante Colegio de Belén que los jesuitas habían recientemente inaugurado en Marianao. Y allí tuvo una visión y concibió un proyecto: acompañar a los jóvenes formados en la secundaria católica cuando atravesaran la laica escalinata del Alma Mater en la colina.

No podría hacer mucho entonces el padre Rey pues, jesuita al fin, tuvo que aceptar que lo mandaran de regreso a España en 1927. Había sin embargo sembrado la semilla en Cuba, y tras la insistencia de sus ex alumnos, los superiores lo enviaron desde Gijón a que reanudara su trabajo con los universitarios habaneros. No más llegar se pone a la tarea de fundar lo que se llamó la Agrupación Católica Universitaria. Era marzo de 1931. Curiosamente, fue en otro marzo —de 1854— que el Colegio jesuita que sería cantera de nuevos agrupados, había abierto sus puertas en La Habana vieja.

A la muerte del padre Rey en 1952 le sucedió otro jesuita español, Amando Llorente (Mansilla Mayor, León, 1918), que fungió como su director hasta su fallecimiento en Miami en 2010. Fue bajo el liderazgo del padre Llorente que un grupo de agrupados, imbuidos de una profunda conciencia social, conocedores de la doctrina social de la Iglesia (reflejadas principalmente en las encíclicas papales *Rerum Novarum* (1891) y *Quadragesimo Anno* (1931)) y preocupados por las patentes desigualdades de nuestra realidad insular, decidieron hacer una encuesta a un importante sector del campesinado cubano. Sin un diagnóstico no podría haber pronóstico… ni cura.

El resultado fue la foto en blanco y negro que complementaba la otra mucho más atractiva. Su ficha bibliográfica reza así: *¿Por qué reforma agraria.* Melchor W Gastón; Oscar A. Echevarría Salvat; René de la Huerta. La Habana: Buró de Información y Propaganda, Agrupación Católica Universitaria, 1957, Serie B. Apologética, folleto # 23. Se trataba de una encuesta a a 350,000 trabajadores agrícolas, (serían 2,100,000 personas si se incluye a sus familias, que en su momento representaban el 34% de la población de la isla).

La publicación original es difícil de obtener y sus cifras no se divulgan entre nosotros tanto como las de technicolor (es comprensible que, cuando llegan los amigos, compartamos la foto más agraciada y no la más desgraciada). Pero gracias al profesor José Álvarez los datos han sido recogidos en una publicación de la Universidad de la Florida en Gainsville, *Encuesta de Trabajadores Agrícolas Cubanos*, 1956-57. Puede consultarse en internet.

Nos dicen los encuestadores de la ACU:

> La ciudad de la Habana está viviendo una época de extraordinaria prosperidad, mientras que en el campo, y especialmente los trabajadores agrícolas, están viviendo en condiciones de estancamiento, miseria y desesperación difíciles de creer.

Por su parte, el Dr. José Ignacio Lasaga Travieso (1913-2004), deatacado laico comprometido, nada propenso a las exageraciones y uno de los participantes en la encuesta, dijo: «En todos mis recorridos por Europa, América y África, pocas veces encontré campesinos que vivieran más miserablemente que el trabajador agrícola cubano». Veamos algunos datos concretos.

Aspecto Médico-Higiénico: Talla y Peso. «El peso promedio de nuestro trabajador agrícola debiera ser de 153 libras. En nuestra Encuesta, sin embargo, éste aparece con un peso inferior, 16 lbs. por debajo del promedio teórico. Este dato concuerda con el índice de desnutrición que es de 91%».

Aporte Calórico Global. «Nuestro trabajador agrícola debiera recibir un aporte diario de no menos de 3,500 calorías. De los datos recogidos en nuestra Encuesta puede deducirse que el aporte calórico diario real no pasa de las 2,500 calorías».

Análisis Cualitativo de la Dieta. «Sólo un 4% de los entrevistados menciona la carne como un alimento integrante de su ración habitual. En cuando al pescado, es reportado por menos del 1%. Los huevos son consumidos por un 2.12% de los trabajadores agrícolas y sólo toma leche un 11.22%».

Tuberculosis Pulmonar. «Presuntamente, un 14% de los campesinos entrevistados padece o ha padecido la tuberculosis».

Enfermedades de Contaminación Hidro-Telúrica. «La tifoidea ha sido padecida por el 13% de los trabajadores agrícolas cubanos. Este dato es perfectamente comprensible si se recuerda que sólo un 6% de las viviendas tienen suministro de agua por cañería; que el 64% de los casos que posee letrina exterior, ésta casi nunca se encuentra a más de 30 metros del pozo, distancia mínima requerida para evitar la contaminación de las aguas».

«En lo que se refiere al parasitismo intestinal, los datos son más alarmantes aún. Un 36% declara sin lugar a dudas que se halla parasitado».

«El paludismo es referido como antecedente por un 31% de los campesinos. En el caso del paludismo, la vía del contagio es el mosquito».

Asistencia Médica. «Un 80.76% declaró que recibía auxilio únicamente del médico «pago»; es decir, del médico particular que cobra sus servicios. Sólo un 8% recibe atención gratuita del Estado».

Medicinas. «De estas medicinas patentes, un 74.77% eran provenientes de laboratorios éticos; es decir, de casas productoras que merecen crédito moral a los ojos del médico. El 25% restante pertenecía a laboratorios no éticos, comúnmente llamados en Cuba «laboratorios chiveros» o «de chivo» ... ¡Una cuarta parte de las medicinas indicadas al campesino por sus médicos está constituída por medicamentos «de chivo» inservibles!».

Aspecto Social. «Una inmensa mayoría (73.46%) cree que su solución descansa en que se le ofrezcan más fuentes de trabajo»; «Hay casi una quinta parte (18.86%) de los entrevistados que no pide trabajo sino escuelas»; «La Iglesia, cuna y primera fuente de las inquietudes legítimamente sociales; heredera y depositaria de las enseñanzas de Cristo, pasa casi inadvertida a los ojos del campesino».

Aspecto Educacional. «El 43% de los campesinos no saben leer ni escribir. ¡Casi la mitad de la población trabajadora agrícola! Necesariamente este dato ha de tener su concomitante en la cifra de la asistencia escolar. Y, efectivamente, nos encontramos con que un 44% de los trabajadores agrícolas no ha asistido nunca a la escuela».

Vivienda. «Sólo el 31.86%, menos de la tercera parte, de las viviendas alcanzaban en 1957 el mínimo de condiciones requeridas en cuanto a materiales para ser consideradas como de características aceptables».

Instalación Sanitaria. «Tipo y localización del servicio sanitario: inodoro interior, 2.08%; letrina interior, 1.28%; sin inodoro ni letrina, 63.96%; inodoro exterior, 7.60%; y letrina exterior, 25.08%».

Baño y Ducha. «Localización del baño o ducha: baño o ducha interior, 5.76%; sin baño o ducha, 82.62%; y baño o ducha exterior, 11.62%».

Suministro de Agua. «Tipo de suministro de agua: agua de acueducto con instalación interior, 3.24%; agua de acueducto con toma exterior a la casa, 2.54%; agua de aljibe con instalación interior, 5.42%; agua de río tomada directamente, 0.30%; y agua de pozo, 88.50%».

Alumbrado. «Forma de alumbrado: eléctrico, 7.26%; acetileno y carburo, 0.74%; luz brillante, 89.84%; y ninguno, 2.14%».

Densidad de Ocupación. «Número de piezas utilizadas para dormir: una, 41.64%; dos, 43.76%; tres, 12.96%; y cuatro, 1.64%. Como se puede apreciar, solamente el 1.64% de las viviendas campesinas está en disposición de albergar a una familia promedio que se compone de los padres, dos hijos varones y dos niñas y ocasionalmente algún familiar o amigo que se encuentra de paso».

Régimen de Trabajo. «49.54% de las ocupaciones se labora los 7 días de la semana y en el 35.09% 6 días, mientras que un 15.07% lo hace menos de 5 días a la semana».

Mecanización. «Sólo en el 4% de los casos mientras que el trabajo manual lo hace en el 86%».

Fuerza Laboral. «Un 15% [los jefes de familia] reporta tener más de 60 años. A la edad que debían estar disfrutando de la tranquilidad de un retiro tienen que seguir trabajando en las labores más duras».

Distribución de Ingresos. «Es conveniente destacar aquí que en Europa, Estados Unidos y Canadá el gasto dedicado a la alimentación es de un 30% a 45% mientras que en el Asia oscila del 55% al 75%. Así, cuando en Cuba el trabajador destina el 70% de sus ingresos a la alimentación, se está acercando al índice de los países más atrasados del continente asiático».

«¿Cómo puede sostenerse una familia que dispone sólo de $0.25 al día por persona de los cuales dedica $0.17 para su alimentación, con precios muy similares a los de las áreas urbanas? La respuesta a esta pregunta que nos ha inquietado a todos los que trabajamos en esta Encuesta la dejamos a nuestros lectores más conocedores que nosotros de lo que cuesta mantener una familia».

El estudio concluía con esta reflexión:

> Solamente queremos afirmar de una manera categórica y rotunda que no estamos cumpliendo con nuestro deber como cubanos, ni estamos cumpliendo nuestro deber como católicos, si no hacemos un esfuerzo sincero y efectivo por remediar la situación actual. La inmejorable tierra cubana y el trabajo de nuestro obrero agrícola han producido mucha riqueza a nuestra Patria; pero el obrero agrícola no participa del disfrute de esa riqueza.

¿Nos ayudan estos datos y estos análisis a entender mejor lo que vino después?

75. *MORRO CASTLE*

Habana - Nueva York
5 de septiembre de 1934 - 8 de septiembre de 1934

Para mejor servir a la exclusiva clientela que viajaba (turismo, compras, negocios, familia, escala hacia otros puertos) entre La Habana y Nueva York, en 1930 la compañía naviera Ward Line había añadido a su flota un nuevo buque de lujo, el *Morro Castle*, en honor la fortaleza habanera que saludaría y despediría al barco en cada uno de sus trayectos. Con 11,300 toneladas de desplazamiento y 503 pies de eslora se había construido, al costo de 5 millones de dólares, en Newport News, Virginia. Su viaje inaugural comenzó en Nueva York el 23 de agosto de 1930 y completó el trayecto en 59 horas.

El 5 de septiembre de 1934, con 549 personas a bordo (231 tripulantes y 318 pasajeros—notar la proporción), el barco zarpó de La Habana. Renée Méndez-Capote y Chaple (1901-89), la «cubanita que nació con el siglo», viajaba a París y decidió hacer la primera parte del viaje en el moderno buque. Cerca de la medianoche del día 8, y a la altura la costa de Nueva Jersey, se originó un fuego en la biblioteca (¿accidente?, ¿sabotaje?) que terminó con incendiar la nave, pereciendo en ella 137 personas entre pasajeros y tripulantes. Ya inservible, el *Morro Castle* fue poco después remolcado hasta Baltimore y vendido como chatarra. Desde septiembre de 2009 una tarja conmemora el desastre en el paseo tablado de Asbury Park, New Jersey.

El joven campeón de natación cubano, Frank De Beche, donó su salvavidas a la señorita Rosario Camacho, pero él no logró llegar a la costa. Un camarero estadounidense, Carl Pryor, trató de ayudar a Renée: «No tenga miedo, señora, no pierda el control. Trate de abrir la ventana que es lo importante por ahora». Nuestra cubanita finalmente llegó a la costa de New Jersey en un bote de salvamento con otras 35 personas. Puede el lector leer el resto de su relato en la edición de *Bohemia* del 23 de septiembre de 1934.

Le cedemos ahora la palabra a Leopoldo González (1890-1980) y Miguel Matamoros (1894-1971).

> Del puerto de La Habana, el Morro Castle se vio zarpar
> Una tarde Habanera, linda hechicera, como su mar
> En la extensa cubierta, gozaban todos con gran   primor
> En el barco lujoso que majestuoso iba a Nueva York
>
> Las madres cariñosas, llevaban hijos del corazón
> Novios recién casados, y enamorados de su ilusión
> Al tercer día de viaje y a veinte millas para llegar
> Un viento huracanado levanta airado al inmenso mar
>
> El Morro Castle corría, corría, navegando sin cesar
> Bajo lo inmenso del cielo y el inquieto suelo azul de la mar
> Y mientras todos dormían, llenos de un dulce sopor
> Les espiaba la muerte que andando silente iba en el vapor.
>
> Las tres de la mañana y todos duermen sin un temor
> cuando sale una llama que pronto inflama todo el vapor
> las mujeres y niños pedían auxilio con gran terror
> los ancianos lloraban otros, rezaban al gran creador
>
> La madre busca al hijo, otro a su esposa, todo es dolor
> entre el fuego chispeante, volcán bramante que causa horror
> se tiraban al agua mujeres y niños en confusión
> y quedaron ahogados, otros quemados como el carbón
>
> murieron, murieron, sembrando un cruel dolor
> en la capital cubana y en la americana ciudad de New York
> quién fue la mano incendiaria, sabe Dios quiénes serán.

76. *PILAR*

Nueva York - Cayo Hueso
Abril de 1934

Se llamaba Pilar, y, claro, era española (nunca he conocido a una americana llamada Pillar). Era fea, valiente, guerrillera, loca supersticiosa, leía la palma de las manos y había sido amante de tres de los toreros peor pagados del mundo. Así nos la dió a conocer Ernest Hemingway (1899-1961) en *Por quién doblan las campanas*. También hay que tener en cuenta que el nombre Pilar se emparentaba lejanamente con el de su esposa Pauline.

Por eso cuando en 1934 Hemingway compró el barco en los astilleros de Wheeler Yacht Company en Coney Island, Nueva York, por $7,495 y le mandó a hacer ciertas modificaciones (especialmente el tanque para peces), lo bautizó *Pilar*. En abril de 1934 lo llevaron hasta Miami y de allí un amigo lo remolcó hasta Cayo Hueso.

Cuando el escritor se mudó a Cuba allá fue también el *Pilar*. A bordo del yate pescó mucho por nuestras costas, así como en Cayo Hueso, las Marquesas, Bimini, y las aguas circundantes. Decenas de fotos dan fe de ello. En *Islas en el Golfo*, libro póstumo, narra sus viajes por la cayería de Camagüey y su patrullaje por la zona en busca de submarinos alemanes.

El último capitán del *Pilar* fue Gregorio Fuentes (1897-2002), el pescador de Cojímar a quien Hemingway le dejó el yate al morir. Gregorio, a su vez, lo donó al gobierno cubano y hoy se conserva, para agradable sorpresa de quienes la visitan, en la casa-museo en la Finca Vigía situada en San Francisco de Paula (San Miguel del Padrón), en las afueras de La Habana.

En su juventud, Fuentes hacía viajes entre Cuba y Estados Unidos. En una ocasión, regresando a Cuba, se encontró con un bote varado en las aguas de la Florida y fue a socorrerlo. Era el de Hemingway, que se había quedado sin gasolina y sin provisiones. Fuentes lo llevó hasta los arrecifes de Dry Tortugas y se despidieron. Se reencontrarían años después en Cuba y Gregorio comenzó a trabajar para el escritor. Siempre recordaba el viaje a Cabo Blanco, Perú, cuando capturaron una aguja negra de mil libras.

El *Pilar*, justamente, ha recibido atención y reconocimiento. Pero Hemingway nos regaló otro barco que ha viajado muchísimo más lejos. El lector sabe que me refiero a la embarcación —anónima— de Santiago, el pescador de Cojímar (como Gregorio), en la que, luego de 84 días sin pescar nada —estaba «salao»—, logra atrapar el pez más importante de su vida. Solo para verlo desaparecer, minuto a minuto, en el viaje de regreso a la costa. «Galanos», sería la respuesta.

Ernest Hemingway, *El viejo y el mar*. Buenos Aires, 4ª edición, Ediciones Kraft, 1965. Ilustración de F. Schömbach.

El viejo y el mar/ The Old man and the sea ha sido traducido a decenas de idiomas, con multiples versiones en una misma lengua. Ha sido el objeto de muchísimos libros y monografías de crítica literaria. Cuando escribí el título de la obra en el asombroso catálogo bibliográfico mundial digital *world.cat.*, salieron 3,051 asientos. La novela fue llevada al cine protagonizada por esos gigantes que fueron Spencer Tracy (1958) y Anthony Quinn (1990) y también en apareció en dibujos animados (1999). Igualmente importante, la novela le valió a Hemingway sus premios Pulitzer (1953) y Nobel (1954).

En medio de la corriente del golfo, temiendo perder al pez que había capturado, el viejo reflexiona de forma muy criolla:

—No soy religioso —dijo—. Pero rezaría diez padrenuestros y diez avemarías por pescar este pez y prometo hacer una peregrinación a la Virgen del Cobre si lo pesco. Lo prometo.

Al ganar el premio Nobel, Hemingway tuvo la mayor de las gentilezas con el pueblo cubano al ofrecernos la medalla ganadora. Estimó que el sitio más representativo donde se debería conservar entre nosotros era el santuario de nuestra Patrona, y la medalla se atesora desde entonces en El Cobre.

Quién le iba a decir a Santiago, que, de algún modo y a pesar de los pesares —que los tuvo— sí llegaría algún día a estar con Cachita...

77. *ORIZABA*

Veracruz - La Habana
? - 3 de enero de 1935

El Maestro tenía miedo a los aviones. Que yo sepa nunca se atrevió. Hasta el final. Tras su muerte en Tenerife, Islas Canarias, el 29 de noviembre de 1963, sus restos volaron de España para ser enterrados en el cementerio de Hawthorne en el estado de Nueva York.

Guanabacoa lo vio nacer (le pusieron Ernesto Sixto de la Asunción por la Virgen Tutelar) y pronto todos se dieron cuenta que era un prodigio. Su primera pieza, *Cuba y América*, la compuso a los 13 años. Se le llamó el Embajador de la Música Cubana y el Gershwin de Cuba. Una de sus canciones, *Always in my heart (Siempre en mi corazón)* fue nominada al premio Oscar en 1942. Mucha gloria le dio a la Patria. Recientemente Ramón Fajardo Estrada ha publicado las pocas cartas que del Maestro han quedado. Toda persona interesada debe consultarla.

Según Carmela de León, la Sociedad General de Autores y Editores calcula su producción en alrededor 800 obras. A esto habría que añadirle otras piezas no registradas, como el *Himno al Colegio de Belén* (que, por cierto, tiene un aire del rondo para cuatro manos en La de Schubert). Fue compuesto para el centenario del plantel en 1954, yo lo canté de estudiante, y para que no se olvidara, lo volvimos a cantar en un concierto en FIU el 8 de diciembre de 2013 (que puede escucharse en Youtube).

El extraordinario diccionario de mi amigo musicólogo Radamés Giro clasifica su música en tres categorías, Lieders (*Aquella tarde, Canto siboney, Como arrullo de palmas, Damisela encantadora, Noche azul, Para Vigo me voy, Se fue, Tus ojos azules*), Piano (*A la antigua, Ahí viene el chino, Andalucía, La comparsa, Danza lucumí, Malagueña, San Francisco el Grande, Vals azul*) y Teatro musical (*El cafetal, El calesero, Cuando La Habana era *inglesa, Domingo de piñata, Lola Cruz, María la O, Niña Rita, La Plaza de la catedral, Rosa la China, Sor Inés*).

Aunque para la mayoría de sus piezas el Maestro compuso las letras, también se asoció con otros colaboradores, como fueron Antonio Castells, Francisco Meluzá Otero, Roberto Ratti, Agustín Rodríguez, Gustavo Sánchez Galarraga, Álvaro Suárez, Federico Villoch y Mario Vitoria. Además, musicalizó obras de Serafín y Joaquín Álvarez Quintero, Rufino Blanco Fombona, Juana de Ibarborou, Miguel Ángel Macau, José Martí, Mery Morandeyra y Juan Clemente Zenea, entre otros.

Muchos y grandes artistas interpretaron su obra al piano (Adolovni Acosta, Ulises Aquino, Carmen Cavallaro, José Echániz, Frank Fernández, Frank Emilio Flynn, Huberal Herrera, Ernán López-Nussa, Everardo Ordaz, Jorge Luis Prats, Franco Rivero, Santiago Rodríguez, Thomas Tirino); en acordeón (Pietro Deiro); en la guitarra (Manuel Barrueco, Vincent Gomez); o para orquesta (Aragón, Stanley Black, Xavier Cugat, Jimmy Dorsey, André Kostelanetz, Enric Madriguera, Glenn Miller, Violines de Pego).

Muchísimos otros han cantado sus canciones (Fernando Albuerne, Manolo Álvarez Mera, Paulina Álvarez, Imperio Argentina, Desi Arnaz, Isabelle Aubret, Rosaura Biada, Bola de Nieve, Esther Borja, René Cabel, Dúo Cabrisas Farach, Ramón Calzadilla, Bobby Capó, John Constable, Vic Damone, Miguel De Grandy, Plácido Domingo, María Fantoli, Carole Farley, Rosita Fornés, Rosario García-Orellana, Tito Gómez, Maruja González, Septeto Habanero, Alfredo Kraus, Lecuona Cuban Boys, Guy Lombardo, Maño López, Mara y Orlando, Zoraida Marrero, Ñico Membiela, José Mojica, Rita Montaner, Luisa María Morales, Benny Moré, Tomasita Núñez, Rosario Orellana, Trío Los Panchos, Dolores Pérez, Armando Pico, Lucy Provedo, Panchito Riset, Bob Rusell, Lalita Salazar, María de los Ángeles Santana, Dinah Shore, Frank Sinatra, Miguelito Valdés, Caterina Valente y Pedro Vargas. En la colección discográfica de Cristóbal Díaz Ayala que se atesora en FIU, en la Florida, aparecen 1,065 asientos bajo su nombre.

Sus partituras fueron editadas no solo en La Habana (Cándido Galdo, Casa Giralt, Custín y Moreno, Ediciones del Patrimonio

Musical de Cuba, Excelsior, Lecuona Music Co., Anselmo López, Vda. de Carerras) sino también en Nueva York (Edward B. Marks, Remick, Robbins), México (Grever International), Santiago de Chile (Casa Amarilla), Buenos Aires (Julio Korn), Río de Janeiro (Fermata do Brasil, Irmãos Vitale), Londres (Campbell-Connelly, B. Feldman, Keith Prouse, Southern Music), Madrid (Música Moderna, Quiroga), Barcelona (Boileau, Canciones del Mundo), Estocolmo (Carl Germaans, Reuter & Reuter, A.B. Westin), París (Arpège, Pierre Baetz, Paul Beuscher, Eimef, Feldman, France Mélodie, Francis Day, Garzon, Salabert, Lawrence Wright), Amsterdam (Basart, Holland), Milán (Curzi, Film, Melodia, Southern), Munich (Jupiter, Meridian), Moscú (Музыка / Música) y Sidney, Australia (J. Albert & Son).

Atesoro en mi colección la partitura de *María La O,* con letra italiana de Nisa (Nicola Salerno) y versión rumana de Stefan Kiritescu, publicada en Bucuresti, Editura Muzicala Stefan Kiritescu en 1938. Esto antes de tener relaciones diplomáticas con el mundo socialista. Ciertamente, ningún otro compositor del patio alcanzaría esta amplísima divulgación.

Llevó nuestra música y nuestros artistas a muchas audiencias. El 20 de noviembre de 1948 prestigió con su talento al prestigioso Carnegie Hall de Nueva York y su foto engalana la portada del programa. Siempre viajaba en barco. En uno de ellos, regresando de Lisboa, lo encontró mi amiga Uva de Aragón. Aquí recordamos algunas de esas embarcaciones:

Aconcagua (Habana-Callao, 30 de marzo de 1940)
Florida (La Habana-Estados Unidos, el 6 de enero de 1960)
Habana (Nueva York-Habana, 7 de noviembre de 1946)
Imperial (Callao-La Habana, 27 febrero 1941)
Orduña (Habana-Valparaiso, 29 de marzo de 1936; Valparaiso, Callao, 27 noviembre, 1937)
Oriente (Habana-Buenos Aires, 20 de mayo de 1937)
Queen Frederica (Nueva York-Cadiz, abril de 1957-)
Reina del Pacífico (Callao-La Habana, 13 diciembre 1937)
Stella Polaris (La Habana-España El 10 de mayo de 1950)

Mi tío Lisardo Cueto era médico de Lecuona y guardaba entre sus papeles (y que su viuda generosamente me regaló) una carta del Maestro escrita en papel membretado del vapor correo de la Compañía Trasatlántica Barcelona y fechada 25 de abril de 1953 donde le comentaba que estuvieron «en Santo Domingo, Puerto Rico y Venezuela. Ya estamos a vísperas de llegar a Santa Cruz de Tenerife...»

Seis meses antes de fallecer, cuando residia en 5004 North Tampania, Tampa, Lecuona escribió su testamento. escrito en inglés y firmado el primero de junio de 1963 (una copia se encuentra disponible en internet). En su párrafo 2 disponía como sigue, que transcribiré primero en inglés y al lado en mi versión castellana:

«I direct that I be buried in an appropriate mausoleum with the judgment of my Executor hereinafter named and provided the cost thereof be practicable. I furher provide that my interment be in New York in the event that Fidel Castro or any other head of Government of Cuba be Communist or represent such faction, group or class, be it governed or dominated or inspired by alien doctrine from abroad. On the other hand in the event that Cuba be free at the time of my death, I direct that I be buried there with the same standard as herein set forth».

«Doy instrucciones de que me entierren en un mausoleo apropiado, según el juicio de mi Albacea, a quien nombro más adelante, y en el entendido que su costo sea viable. También dispongo que mi entierro sea en Nueva York en caso de que Fidel Castro o cualquier otro Jefe de Estado en Cuba sea Comunista o represente dicha facción, grupo o clase y sea gobernado, dominado o inspirado por una doctrina extranjera que venga del exterior. Por otra parte, si Cuba fuera libre al momento de mi muerte, doy instrucciones que se me entierre allí con el mismo criterio que el arriba expresado».

Cuando leí el testamento por primera vez pensé que Lecuona había estipulado que lo regresaran a Cuba si algún día cambiaban las circunstancias políticas en la Isla. Ahora que lo releo con más detenimiento, me doy cuenta que eso *no* es lo dice literalmente el texto. Moraleja: Buscar un buen abogado a la hora de redactar documentos de transcendencia.

78. MANUEL ARNÚS

Barcelona - La Habana
18 de septiembre de 1936 - 26 de octubre de 1936

«Silencio en la noche/ ya todo está en calma/ el músculo duerme/ la ambición descansa». Alfredo Le Pera le había puesto letra a la melodía de Carlos Gardel en 1934, la pieza había sido un éxito rotundo y estaba en boca de todos. Por eso a los pasajeros del *Manuel Arnús* mucho les agradó que la jovencita de 13 años que viajaba con su madre Guadalupe Bonavia hacia La Habana una noche de otoño en 1936 los deleitara en uno de los salones del vapor con esa canción tan de moda.

Sobre el barco debutaba Rosalía Palet, a la que el futuro le depararía mucha fama —y no pocos sinsabores— en la isla a donde viajaba por primera vez. De padres españoles, había nacido en Nueva York (aunque ella precisaría más tarde que fue en el Woman's Hospital, en New Jersey).

¿Fama? Tremenda, aunque no con su nombre de pila. Rosalía se convirtió en Rosita —y en verdad lo era— y un segundo matrimonio de su mamá con el empresario José Fornés le proporcionó el apellido.

¿Quién que ya peina canas no la recuerda con Armando Bianchi en los episodios de Mi esposo favorito? El título, por cierto, se me antoja copiado de la radio-comedia americana *My favorite husband* que protagonizó Lucille Ball entre 1948 y 1951.

Al llegar la televisión los productores de CBS quisieron llevar ese show al nuevo medio. Y Lucille aceptó, pero solo si trabajaba en pareja con su esposo en la vida real, el cubano Desi Arnaz (1917-86). El nuevo show, para sorpresa de todos, se convirtió en uno de los más significativos, perdurables y rentables de la TV americana: *I love Lucy*. En su versión cubana Rosita fue Lucille, Bianchi fue Desi, mientras que los inseparables vecinos Ethel y Fred se convirtieron en los criollos Isabel (Herminia de la Fuente) y Arturo (Rogelio Hernández).

Desde diciembre de 1937 la estación CMQ-Radio en sus estudios habaneros en Monte y Prado había comenzado a transmitir La Corte Suprema del Arte, que, bajo los impulsos de Ángel Cambó, Miguel Gabriel y José Antonio Alonso, llegó a convertirse en uno de los programas más escuchados e influyentes de la radio cubana. El programa permitía al joven talento competir en público y darse a conocer. Había que evitar, sobre todo, que te «sonaran la campana», pues con eso te eliminaban.

Muchos comenzaron como «estrellas nacientes». Y sí que brillaron: Alba Marina, Anoland Bellido de Luna (que, además, transmitió su talento a su hijo panameño Rubén Blades), Elena Burke, Obdulia Breijo, Olga Chorens, Celia Cruz, Emilita Dago, Estrellita Díaz, Carlos Embale, Frank Fernández, Manolo Fernández, Wilfredo Fernández, Xiomara Fernández, Tito Gómez, Olga Guillot, Natalia Herrera, Aurora Lincheta, Mario Limonta, Benny Moré, Las Hermanas Martí, Rita Montaner, Raquel Revuelta, Moraima Secada, Mario Travieso, Esther Valdés, Elsa Valladares, Ramón Veloz y Gladys Zurbano. ¡Una constelación mayor que la propia Osa!

Y fue en esa Corte Suprema que el 12 de septiembre de 1938, después de oírla cantar *La hija de Juan Simón* de Antonio Molina, los jueces fallaron a favor de Rosita. Cuenta ella que un noviecito que entonces tenía le exigió que escogiera o él o el escenario. Afortunadamente para todos dejó plantado al muchacho.

Al año siguiente cantaba *Intrusa* de Ramiro Bonachea en la película *Una aventura peligrosa* de Ramón Peón. También actuó en el cabaret Sans Souci. Y el 28 de junio de 1941, debutaba en el Teatro Principal de la Comedia interpretando a Zobeida en la zarzuela *El asombro de Damasco* de Manuel Luna. Allí conoció a Ernesto Lecuona y con él continuó haciendo zarzuelas. Fue la primera Duquesa Carolina que el público cubano escuchó en *Luisa Fernanda* del maestro Moreno Torroba (1942).

Igualmente deleitó a nuestro público en infinidad de presentaciones, incluyendo su incursión en el teatro dramático ese mismo año haciendo de Doña Inés junto a Otto Sirgo (1911-93) en el *Don Juan Tenorio* de José Zorrilla. Hasta cantó con Cantinflas (Mario Moreno, 1911-93). Ciertamente multifacética.

Por sus tantos talentos, su gracia y su belleza Rosita cosechó muchos triunfos, en Cuba y fuera de la Isla. México la adoró, no solo como primera vedette de la Compañía de Revistas Modernas (llegaron a nombrarla «primera vedette de México» y «de América») sino también en el cine: *Se acabaron las mujeres* (1946), *La carne manda* (1947), *Cara sucia* (1948), *El deseo* (1948), *Mujeres de teatro* (1951), *Del can can al mambo* (1951), *Me gustan todas/ Hotel Tropical* (1954), *No me olvides nunca* (1956).

De vuelta a Cuba reinó en la televisión (ella y su esposo fueron Miss y Mister Televisión en 1953). La vimos en el Cabaret Regalías, Jueves de Partagás, Viernes de Gala y tantas otras joyas de nuestra pantalla chica.

Llegaron momentos difíciles. Rosita le contó a Amaury Pérez (Con 2 que se quieran, 6 de abril 2010) el trabajo que le costó sobrevivir bajo el nuevo orden revolucionario. Una persona, cuyo nombre se reservó, le llegó a decir: «es que la imagen tuya no es la imagen que quiere la Revolución de una artista. Ya tu imagen pasó, eso es de otro sistema. Tú representas esa imagen y ahora queremos otra». También Rosita era muy devota de la Caridad (de hecho, en su cuarto tiene imágenes de Santa Bárbara, del Sagrado Corazón, de la Virgen de Fátima y del Niño de Praga) y todo esto era conflictivo.

Pero Rosita era Rosita. Y el público cubano la idolatraba. Volvió a la TV. Hizo mucho teatro. Por su rol en *Confesión en el barrio chino* de Nicolás Dorr recibió el Premio Nacional de Teatro (1980). Con el tiempo logró que el cine cubano la rescatara y nos dejó *Se permuta* (1984) y *Papeles secundarios* (1989).

En uno de mis regresos a la isla por los años 80 tuve el privilegio de verla en el Karl Marx, protagonista en *Hello Dolly*. La letra en castellano decía: «Qué tal Dolly/ cómo estás Dolly/cuánto tiempo/desde que te vi marchar». Pobre traducción que no le hacía total justicia. El original era muchísimo más apropiado: «It's so nice to see you back where you belong».

O sea, «¡Qué bueno verte de nuevo en el sitio que te corresponde!».

79. ST. LOUIS

Hamburgo - La Habana
13 de mayo de 1939 - 27 de mayo de 1939

Colgando de una de las paredes de la planta baja del Hotel Raquel, situado en Amargura y San Ignacio en La Habana Vieja, hay una copia del cuadro *Los olvidados/ Diáspora* de Víctor Manuel (1897-1969), que nos trasmite la inenarrable tristeza de sus personajes, especialmente madres e hijos, frente a la bahía de La Habana.

Para entender a Víctor Manuel tenemos que transportarnos al Hamburgo de 1939. Pero antes hagamos escala en los talleres de la *Gaceta Oficial* de Cuba para leer el Decreto 55 del 15 de enero de ese año. Se trataba de una regulación migratoria que hacía una distinción —comprensible, sin duda— entre turistas y refugiados. Pero el legislador no definió esos términos y ya sabemos que las imprecisiones legales (en nuestros tiempos el *Obamacare* tuvo que ser aclarado por una interpretación de la Corte Suprema) pueden ser fatales.

Aprovechando esta falta de claridad en la norma, el coronel Manuel Benítez, entonces director de Inmigración de la República, se dedicó a vender «certificados de descarga» (permisos de entrada a turistas) que no solo harían felices a los europeos que temían por sus vidas y buscaban refugio en el continente americano sino también a su propio bolsillo.

Los 937 pasajeros que embarcaron en Hamburgo hacia La Habana en el *St. Louis* el 13 de mayo de 1939 —todos menos 6 eran judíos que intentaban escapar de la Alemania nazi— ya tenían en su poder los «certificados de descarga» pagados a Benítez por adelantado ($150 por persona). Llegarían a La Habana y, cuando les tocara su turno según el sistema norteamericamericano de cuotas, emigrarían a Estados Unidos. Ese era el plan.

Lo que no sabían los pasajeros del *St. Louis* es que, una semana antes de zarpar, el presidente cubano Federico Laredo Brú (1875-

1946) había emitido el 5 de mayo otro decreto (el Número 937, que era el mismo número de los pasajeros del barco) invalidando los certificados de descarga ya emitidos y permitiendo la entrada en Cuba solo a quien tuviera una autorización por escrito de la Secretaría de Estado y de Trabajo y un pago de 500 dólares.

Ya desde el 8 de noviembre de 1933 (Decreto 2583, conocido como "Ley del cincuenta por ciento") en Cuba se habían venido tomando medidas anti-inmigratorias. Y, en 1938, según cita Margalit Bejarano, Juan M. Portuondo, Secretario de Trabajo, había declarado que durante ese año se expulsaría a la mitad de los trabajadores extranjeros que quedaban en Cuba: «Los chinos serán devueltos a China y los polacos a Polonia» (en Cuba se decía «polaco» al judío).

Ahora en 1939 soplaban, además, vientos de antisemitismo. No siempre había sido así. Los judíos norteamericanos residentes en la Isla habían fundado la United Hebrew Congregation (1906) y los sefarditas habían creado la sociedad Chevet Ajim (1916). Les siguió el Jewish Committe of Cuba (1921), sociedad de protección a inmigrantes, y en 1924 el Centro Hebreo en Egido No 2 y la Organización Sionista de Cuba. Según Eduardo Weinfeld, aproximadamente 15 mil judíos vivían en Cuba a fines de la década del 30. Pero ahora eran otros los tiempos.

He leído (aunque no he podido confirmarlo) que una semana antes de que el *St. Louis* abandonara Hamburgo, el 5 de mayo de 1939, hubo una multitudinaria manifestación en contra de los judíos en La Habana. Se dice que allí habló el entonces antisemita Primitivo Rodríguez, político aliado de Ramón Grau San Martín, arengando a la audiencia.

Todo lo anterior explica por qué, al llegar el *St. Louis* a la bahía de la Habana, se les prohibe desembarcar a los pasajeros. Solo 29 lo lograron: 28 que alcanzaron a poner sus papeles en regla y el Sr. Max Loewe, que intentó suicidarse y hubo que trasladarlo al hospital Calixto García. Los que hemos visto la película *Voyage of the Damned/ El viaje de los malditos* (1976) recordamos con horror las escenas en el muelle de La Habana.

El mismo día que llegaba a La Habana el *St. Louis* lo hacía el *Orduña* (desde Liverpool con 140 pasajeros) y al día siguiente (28) lo hacía el *Flandre* (desde Francia con 104 pasajeros). Del primero permitieron la entrada de solo 68; del segundo nada más que seis. La tensión en el puerto de La Habana esos días finales de mayo debió haber sido indescriptible.

No todos en Cuba, por supuesto, se oponían al desembarco. El *Diario de la Marina* del 2 de junio decía «Numerosas gestiones de toda índole se han realizado para lograr que desembarquen los hebreos en nuestra República». Pero todas fracasaron. ¿Avaricia?, ¿indiferencia?, ¿corrupción?, ¿presión social?, ¿miedo a un torrente de refugiados?, ¿fronteras porosas?, ¿desempleo?, ¿antisemitismo? Quizás un poco de todo.

El *St. Louis* estuvo en La Habana once días, desde el 27 de mayo hasta el 6 de junio, cuando emprendería finalmente el viaje hacia Europa. Mientras Loewe permanecía en el hospital, su madre, esposa Elise e hijos —Ruth y Fritz— zarpaban de regreso a Alemania. Imaginar la angustia. Afortunadamente, se reencontraron en Inglaterra (en 1942 Max murió del corazón y Elise y los muchachos finalmente llegaron a Estados Unidos).

El 5 de junio el presidente Laredo Brú haría las siguientes declaraciones a la prensa nacional y extranjera:

> Nadie puede negar la generosa hospitalidad que el pueblo de Cuba ha venido otorgando a los exiliados y perseguidos por razones de índole política y religiosa... No tengo palabras con que expresar la profunda pena, hondos sentimientos de dolor que me produce el triste espectáculo que presentan centenares de personas... alejados de su patria y obligados a peregrinar... pero la función que ejerzo tiene penosos deberes que obligan a ahogar los impulsos del corazón ante los crudos dictados del deber que prohíben realizar cosas imposibles, y es absolutamente imposible el ingreso en nuestra nación de esos refugiados... por razones.... que no pueden ser negadas por nadie que conozca los antecedentes de este hecho y la situación de este país. (*Diario de la Marina*, 6 de junio de 1939, cita de Adriana Hernández).

Leyendo este texto desde la perspectiva de la segunda década del siglo XXI me parece escuchar las voces de muchos de mis contemporáneos ante las oleadas de refugiados de Afganistán, Centro América, Cuba, Eritrea, Haití, Iraq, Kosovo, Libia, Siria o tantísimas otras zonas cruelmente azotadas por la maldad, la violencia y la pobreza. «Hay que cuidar la casa propia. No es xenofobia, es prudencia», decía un editorial del *Diario de La Marina* el 14 de mayo de 1939. ¿Por qué me suenan familiares estas palabras?

Escena a bordo del *St. Louis* (1939).
Cubierta del VHS de la película *Voyage of the Damned* (1977)

A su paso por las costas norteamericanas el gobierno de Estados Unidos tampoco aceptó que los viajeros desembarcaran. El 17 de junio el *St. Louis* finalmente atracaba en Amberes, Bélgica. Cuatro naciones europeas dieron refugio a la mayoría de los pasajeros: Inglaterra (288), Francia (224), Bélgica (214) y Holanda (181). Nadie sabe a ciencia cierta cuántos sobrevivieron el exterminio nazi, aunque todos coinciden que los que escaparon a Inglaterra sí se salvaron. Algunas fuentes dicen que, del total, dos tercios sobrevivieron. Otros dicen que no llegaron a 450. En cualquier caso, una tragedia que pudo haberse evitado. En 1941 ochenta de ellos ya estaban en tierras americanas. He leído que en 1952 el *St. Louis* se vendió como chatarra.

Los eventos del *St. Louis* han tenido gran repercusión. Se han escrito muchos libros de testimonio, análisis y ficción, entre ellos la reciente novela *La niña alemana* del escritor cubano Armando Lucas Correa. En mayo de 2014 varios institutos dentro de Florida International University (FIU) organizaron una conferencia sobre el tema en el Museo Judío de Miami.

El 21 de junio de 2016, durante el Festival Internacional de Teatro Hispano en Miami, los dramaturgos cubanos Mario Ernesto Sánchez y Patricia Suárez estrenaron *El puerto de los cristales rotos*. Con música de Mike Porcel, arte de Baruj Salinas y escenografía y vestuario de Jorge Noa y Pedro Balmaseda, el drama de siete personajes está basado en los eventos del *St. Louis*. En la audiencia se encontraban Eva Wiener de New Jersey y Judith Steel de New York, dos sobrevivientes de aquella malograda travesía.

***

En el Museo del Holocausto en Washington D.C. hay una sección dedicada al episodio del *St. Louis*. Pocas veces en mi vida he sentido vergüenza de ser cubano. Ésta fue una de ellas.

80. *MAGALLANES*

Cádiz - La Habana
11 de abril de 1946 - 17 de abril de 1946

A pesar de que esta historia comienza mucho antes del Tercer Concilio de Letrán en 1179, he tomado esta fecha porque ese año, y para evitar futuras incomprensiones en las elecciones papales, se emite en Roma la Constitución *Licet de evitanda discordia* que atribuye de modo exclusivo al llamado sacro colegio de cardenales (asesores cercanos de los papas) el derecho de elección del Romano Pontífice de la Iglesia Católica.

Por siglos se había venido decidiendo en Roma quién sería el jefe de la iglesia y los cubanos nos enterábamos por los correos que venían de España, luego por la prensa y finalmente la radio. Eso era un asunto de extranjeros, protagonizado por cardenales que eran mayoritariamente obispos de ciudades europeas, y nosotros, para decirlo coloquialmente, no teníamos vela en ese entierro.

Hasta 1946. Pío XII, el papa entonces «reinante», escogió ese año a un cubano a ser parte de ese club exclusivo que son los cardenales de la Iglesia. Tan exclusivo que desde los tiempos de Sixto V y mediante la bula *Postquam verus ille* de 3 de diciembre de 1598, el número no podía sobrepasar 70, recordando el Consejo de los Setenta Ancianos que asesoraban a Moisés mencionado en la Biblia (*Números* 11:24-25). No fue hasta 1973 que se amplió hasta el 120 el número de cardenales que pueden elegir al Papa (y el Papa Francisco está considerando llevarlo a 140).

Pues bien, ese altísimo honor (ser uno de solo 70 en el mundo) le correspondió a Manuel Arteaga Betancourt, nacido en Camagüey en 1879, formado durante 20 años en Caracas y desde 1941 Arzobispo de La Habana. Hasta su elección solamente dos prelados latinoamericanos habían sido así nombrados, Monseñor Arcoverde de Albuquerque de Brasil (1905) y Santiago Luis Copello de Argentina (1935). Junto con Arteaga, Obispos de Chile y Perú se harían también cardenales. Mucho después vendrían los demás: Colombia

(1953), México (1958), Uruguay (1958), Venezuela (1961), Guatemala (1969), Puerto Rico (1973), Santo Domingo (1976), Bolivia (1978), Nicaragua (1985), Honduras (2001), Haití (2014), Panamá (2015) y El Salvador (2017). Costa Rica y Paraguay aún esperan.

Llegada del Cardenal Arteaga a La Habana a bordo del *Magallanes* (1946). En *Memoria de los Escolapios de Guanabacoa, 1945-46*

Volviendo a 1946. Del Vaticano, el flamante Cardenal pasó a España y, a bordo del *Magallanes*, partió de Cádiz hacia La Habana donde una multitud de fieles y autoridades orgullosamente lo vitoreaban el 17 de abril de 1946.

Durante las cinco décadas transcurridas entre su regreso de Venezuela a Camagüey en 1911 y su fallecimiento en La Habana en 1963, Arteaga vio a su querida Iglesia crecer, cubanizarse, fortalecerse... y desplomarse.

En ese período se crearon dos nuevas diócesis (1912), se proclamó a la Caridad como Patrona de Cuba (1917), se fundaron la Juventud Antoniana de La Habana (1915), la Asociación de Católicas Cubanas (1919), la Academia Católica de Ciencias Sociales, en el nuevo Convento de los padres dominicos en San Juan de Letrán (1919), la Asociación de Jóvenes Católicos (1920), la Federación de la Juventud Católica Cubana (1928) y la Agrupación Católica Universitaria (1931).

En 1941 abría sus puertas en La Habana el Museo Arquidiocesano, en 1943 el noviciado de los jesuitas en el Calvario, en 1945 el Seminario El Buen Pastor y en 1946 la Universidad Católica Santo Tomás de Villanueva, iniciativa de los Padres Agustinos. En el año 1951 su natal Camagüey bautizaría con su nombre una de sus plazas.

Por esas fechas, en su programa dominical por CMQ Televisión el entonces sacerdote capuchino Jaime Benito de Aldeaseca (1931?-2004) llevaba a los hogares su mensaje de fe con el programa *Mientras el mundo gira*, mientras que desde las páginas de *La Quincena* el franciscano Ignacio Biaín analizaba diferentes temas y problemas desde un prisma católico. Por su parte, los seglares de la Agrupación Católica Universitaria, dirigidos por el jesuita Amando Llorente, desplegaron intensa labor con los folletos de su Buró de Información y Propaganda. Los Hermanos de San Juan de Dios se ocupaban de niños lisiados. Y las monjitas, como han hecho desde siempre, enseñaban y cuidaban enfermos.

En el año 1953 teníamos en Cuba 57 colegios con 15, 429 alumnos regenteados por órdenes religiosas masculinas y 17 colegios con 10, 375 alumnas a cargo de religiosas. En el año 1959 la iglesia cubana contaba para su labor pastoral y social con 723 sacerdotes y 2,225 monjas, todos dispuestos a servir a algo más de 6 millones de habitantes. Arteaga tendría que sentirse muy orgulloso.

Con la llegada del nuevo gobierno revolucionario al poder en 1959 bien pronto las cosas tomaron un rumbo muy diferente. Monseñor Carlos Manuel de Céspedes García Menocal (1936-2014) ha hablado con toda razón de «incomprensiones mutuas». No es este, por supuesto, el lugar para tratar con detenimiento un proceso tan complejo. Otros lo vivieron con más intensidad que yo (algunos hasta en la cárcel o el paredón) y han dado o podrán dar mejor testimonio. Otros lo han estudiado mejor que yo y podrán hablar con mayor autoridad. Sí sé que el costo para la isla y para los creyentes fue enorme y aún se siente. Entre otras limitaciones, todavía a la

Iglesia no se le permite tener escuelas; ni acceso regular a la radio o la televisión para predicar su doctrina o para analizar, a la luz de ella, los temas que afectan a los cubanos y a la sociedad.

Tratemos de imaginar al anciano Cardenal que tuvo que presenciar el cierre de los colegios, la confiscación de muchas propiedades eclesiásticas, incluyendo los cementerios, la expulsión de sacerdotes y religiosos y la pérdida de acceso a los medios de difusión. Durante los días de Girón un pariente temeroso lo llevó a la embajada argentina para protegerlo de lo que pudiera ocurrir (meses después expulsarían a otro obispo habanero). Bien lejos estaba Monseñor, al fallecer en el Asilo San Juan de Dios un 20 de marzo de 1963 —la prensa cubana ni siquiera comunicó la noticia— de aquel triunfal regreso a su Habana a bordo del *Magallanes*.

El Magallanes original de carne y hueso, el Adelantado Fernando, no terminó su viaje de circunnavegación comenzado a bordo de la nave capitana *Trinidad* en agosto de 1519: lo asesinaron dos años más tarde en la playa de Mactan, Filipinas. Quien llevó la expedición a feliz término fue Sebastián Elcano, que llegó a España el 6 de septiembre de 1522 a bordo de la nao apropiadamente llamada *Victoria*.

Y es que, cuando uno comienza un proyecto no siempre sabe cómo, ni cuándo, ni quién lo va a terminar.

81. *BAKIR*

Habana - Génova
20 de marzo de 1947 - 11 de abril de 1947

«Jaimito, debemos recorrer los casinos y recoger el dinero antes de que las turbas se echen a la calle al amanecer». Ese diálogo lo sostenían aquel primero de enero Meier Suchowlanski, que había nacido en 1902 en Grodno, Belarus y el habanero de 26 años Armando Jaime Casielles, que había estudiado Relaciones Públicas en Northwestern University en Evanston, Ilinois. En pocas horas pasarían en el Chevrolet Impala convertible del 57 con placas de la Florida por varios centros de juego habaneros a llevarse lo que podían (menos de un millón la noche era un día flojo, nos dice Jaimito).

Siete días después, Meyer Lansky salía, maleta y billetaje, para los Estados Unidos. Regresó clandestinamente dos veces más (supongo que a rescatar lo que tendría escondido) y finalmente, con un pasaporte falso se marchó definitivamente en abril de 1959. Cuando murió en 1983 en Miami Beach dicen que solo guardaba $35,000 en su cuenta bancaria (el FBI no quedó muy convencido de que eso era todo). Había tenido tres hijos, una hembra y dos varones.

Jaimito, su chofer, nunca se fue del país. Terminó siendo el director de Relaciones Públicas del Conjunto Folklórico Nacional (evidentemente, el mundo del ocio era el suyo). Falleció en La Habana el 12 de febrero de 2007. También tuvo tres hijos, 2 hembras y un varón. No sé cuánto dejó en su cuenta de banco, pero seguro menos que Lansky. Enrique Cirules, Jack Colhoun, T. J. English, Willliam Gálvez, Robert Lacy y Matthew Reiss conocen muy bien estas historias.

Al igual que las obras clásicas de teatro, creo que podemos dividir este drama (tragedia sería mas apropiado) en tres actos, un prólogo y un epílogo.

PRÓLOGO.

La acción comienza en Nueva York en 1911 con la llegada de la familia Lansky huyendo los pogroms de su Rusia natal. Meyer, que al parecer prefería las peleas callejeras a los pupitres de la escuela, empezó a juntarse con maleantes. Joven aún cultvó la amistad de otras perlas negras: Benjamin «Bugsy» Siegel y Salvatore Lucania («Lucky» Luciano) y, llegado el momento, junto con otras de iguales quilates, formaron el reluciente collar conocido como el «Sindicato».

Otro dato importante. El 27 de enero de 1920 se ratificaba en Estados Unidos la Enmienda 18 de la Constitución, más conocida como la Ley Seca. Durante los próximos 13 años no se podría consumir (legalmente) alcohol en Estados Unidos. Afortunadamente, a solo 90 millas estaba Cuba. Y además del acogedor clima, playas cristalinas y hospitalarias damiselas (y damiselos), el excelente Ron Bacardí también contribuyó a atraer muchos norteños, que llegarían a hacer de la isla su destino preferido.

ACTO I. 1937-1945.

En 1915 había abierto en la playa de Marianao el Oriental Park. Durante la estación turística invernal lo operaba el Havana-American Jockey Club of Cuba y allí los de pura sangre corrían a su antojo. Venían muchos americanos. Todo eso daba plata y, como siempre sucede, el poderoso caballero también atrajo mucha corrupción. Y este binomio atrajo un tercero para formar una no tan santa trinidad: la mafia.

Divide et impera, habían dicho los astutos romanos. El Sindicato también dividió el territorio a conquistar y a Lasnky se le asignó el Caribe. Nuestro hombre fuerte de turno en La Habana --el coronel Batista-- olfateó la oportunidad y logró que Meyer controlara las carreras y las operaciones del Casino Nacional. Suponemos que Meyer no fue malagradecido. Ciertamente las propiedades que llegó a acumular el coronel no se consiguen, generalmente, con un sueldo de taquígrafo.

ACTO II. 1946-1947.

Lansky y Siegel habian finalmente realizado su sueño en 1945: abrían en Las Vegas su Flamingo Hotel & Casino. Pero había que coordinar operaciones con los otros mafiosos. Y qué mejor lugar para esas aventurillas que nuestro Hotel Nacional, lejos del periscopio de J. Edgar Hoover (1895-1972), capo del FBI.

Como si fuera una Convencion de Rotarios, Hijas de María o Managers de pelota, el 22 de diciembre de 1946 abría en La Habana la Cumbre de la Mafia con delegaciones de Buffalo, Chicago, Nueva Orleans, Nueva York-New Jersey y Tampa. Entre los asistentes (*by invitation only*), se encontraba la *crème de la crème*: Albert Anastasia, Tony Accardo, Amadeo Barletta, Amleto Batisti, Joe Bonano, Charlie y Ronco Fischetti, Vito Genovese, Lucky Luciano, Meyer Lansky, Tommy Lucchese, Carlos Macello, Giuseppe Magliocco, Steve Magaddino, Mike Miranda, Willie Moretti, Augie Pisano, Dandy Phil' Pastel, Joe Profaci y Santos Trafficante, padre. Casualmente, Frank Sinatra también voló de Chicago a La Habana por esos días. Y no, no es cierto el rumor que se acabaron los espaguetis en la capital y partes de Artemisa y Mayabeque durante mes y medio.

En la Cumbre se organizó la distribución de drogas. Llegarían a nuestra isla desde el norte de África y de ahí a los puertos americanos donde los mafiosos tenían influencia: Trafficante en Tampa, Marcello en Nueva Orleans y Luciano y Mangano (¿dejaron fuera a Fulano?) en Nueva York.

En esa visita a nuestra capital, después de un periplo tortuoso con pasaporte falso y aterrizando en Camagüey para evadir a los chismosos, Luciano recordaría con nostalgia su bahía napolitana cuando vió la habanera y decidió alquilar una mansión en la quinta avenida por $800 al mes. En nuestra capital, nos informa T. J. English, se volvió a encontrar con el senador Eduardo Suárez Rivas, que lo había ido a despedir al muelle de Nueva York cuando, luego de varios años de prisión, fue deportado en el *Laura Keene* hacia Nápoles. Para qué, si no, son los amigos.

Todo parecía marchar bien. Pero en eso llegó Grau y mandó a parar. Lo que pasó fue que Joe «Bananas» Bonanno chivateó que Luciano se había fugado de Italia y estaba en Cuba. También he leído que un grupo de turistas americanos, incluyendo el entonces alcalde de Miami, habían sido expulsados de un casino por los matones de Luciano al quejarse de que no les habían pagado lo que les correspondía (*Tiempo en Cuba*, 9 de febrero de 1947). El caso es que la noticia del paradero de Luciano se filtró. Entonces Harry Anslinger, del Buró de Narcóticos americano convenció al presidente Truman de presionar al gobierno cubano con un bloqueo de medicamentos (los americanos y sus bloqueos) hasta que Cuba deportara a Luciano.

Grau tuvo que ceder. Y así fue cómo, el 19 de marzo de 1947, acompañado por el jefe de la Policía Secreta, Benito Herrera y el subinspector Erundino Vilela, Lucky Luciano subía a bordo del barco turco *Bakir*. Partiría deportado a Italia tres días después, llegando a Génova el 11 de abril. Nunca más regresaría a la isla. Murió de un ataque cardíaco el 26 de enero de 1962 en el aeropuerto de Nápoles, lugar de encuentro con el productor americano Martin Gosch que estaba interesado en filmar su vida (estos americanos y sus películas de mafiosos). Por cierto, no recuerdo haber leído en la prensa cubana de la época ni en los historiadores que vinieron después criticar *este* bloqueo del Norte.

ACTO III. 1955-1960.

Meyer Lansky estaba instalado en su casino de Las Vegas cuando entabló amistad con un cubano que era groupier en su casino. Era Jaime Casiellas, que después de sus estudios universitarios fue a parar al Flamingo. En 1957 Lansky le propuso que regresara a Cuba como su asistente, pues tenía planes de expandir sus negocios en la Isla.

Los años 50 nos habían transformado en una Cuba muy desigual y disfuncional. Oscar Pino Santos, *La paloma de vuelo popular*, la Agrupación Católica Universitaria, y *Qué República era aquella* han pintado su sombría cara. Del lado rutilante brillaban el glamour habanero, La Rampa, *Haga su agosto en El Encanto, Orígenes, Los quince de Florita,* el filin, la pintura abstracta, *Danza Característica, Un paraíso bajo las estrellas,* Villa Jabón Candado, el Palo ensebado, el Gran Premio de Cuba, *El lago de los cines,* el colepato convertible, *la engañadora,* canasta party, *¡Mingoyo, la soga!,* TV en colores, hoteles de lujo y ruletas.

Una ley de 1955 favorecía los clubs nocturnos y los casinos. En estos últimos Meyer Lansky sería el rey de la noche. Ahí estaba su propio Hotel Riviera, joya que le había costado sus (¿sus?) millones y que había inaugurado el 10 de diciembre de 1957. Por cierto, he leído que su posición oficial en el hotel era de Director de Cocina con un sueldo de $36,500. Así cualquiera estudia para chef. Sus lazos con las autoridades del momento han sido detallados en muchas publicaciones y el lector puede imaginárselos.

Con el triunfo de la Revolución los días del juego en Cuba estaban contados. Desde el mismo primero de enero la población se lanzó contra las maquinitas de los casinos. Apenas un mes después, el 6 de febrero de 1959, Fidel expresó: «¿quién no quisiera acabar incluso con el juego en los casinos, ¿verdad? Quisiéramos, ese es un ideal, y yo espero que algún día lo logremos». El *ancien régime* donde reinaba Su Majestad el póker se había topado con su Bastilla.

La Ley No. 86 del 17 de febrero de 1959, que eliminaba la lotería, decía en sus «Por Cuantos»: «El juego constituye un vicio»; «en el orden moral y económico el juego perjudica al ciudadano»; «uno de los objetivos esenciales de la Revolución consiste en reducir el juego y combatir las causas que lo fomentan hasta suprimirlo totalmente». A buen entendedor… Finalmente, en octubre de 1960, junto con muchas otras, el gobierno cubano confiscó las propiedades de Lansky. Jaimito tuvo que buscar otro trabajo. Meyer también, aunque no creo que lo tomarían de cocinero en ninguna parte.

El artículo 219 del Código penal cubano de 1987 dice «El banquero, colector, apuntador o promotor de juegos ilícitos es sancionado con privación de libertad de uno a tres años o multa de trescientas a mil cuotas o ambas.» Aunque no explicita cuáles son los juegos «ilícitos», no dudo que los casinos están incluidos (de vez en cuando, sin embargo, surgen rumores de cierta flexibilidad, quizás en los Cayos….).

EPÍLOGO. 2015.

En diciembre de 2015 apareció un reportaje de Daniel Trotta para la agencia Reuters donde se nos informaba que Gary Rapoport, nieto de Lansky, pensaba que, como legítimo heredero de abuelito (junto con mami Sandi y tío Paul) le debían compensar por las pérdidas de hoteles y casinos en 1960. Por cierto, nunca se molestaron en reclamarlas mediante el mecanismo establecido para ello en Estados Unidos en 1964. Y no lo entiendo, porque esa familia seguramente tenía todos sus papeles legalizados, impuestos pagados y registros contables en orden.

Eso sí, continuó explicando Rapoport, una cosa era que le dieran el dinero y otra tener que trabajar. Porque dejó saber bien claro (*trust me*) que «no tenía intenciones de mudarse a Cuba y manejar el negocio». ¡Qué alivio!

82. *EUSKERA*

Mariel - Cartagena, Colombia
28 de agosto de 1948 - 1ro. de septiembre de 1948

Nuestra historia comienza en Brasil. Para ser más exactos en Dom Pedrito, Rio Grande do Sul. Nieto del dueño del circo donde también trabajaban sus padres, Emilio Razzore nace el 13 de agosto de 1899. Emilio siguió la tradición familiar y reportaba con orgullo que, además de las cicatrices en su brazo izquierdo, un tigre le había arrebatado un dedo gordo. Viajó a Sarasota, Florida, en 1946 para ver a su rival, *Ringling Brothers*.

El Razzore comenzó a hacer giras por otros países y el destino los llevó a Cuba en varias ocasiones (he leído que la primera visita fue en 1946). Allí tendría que enfrentar seria competencia, pues en nuestra isla hay circo desde el siglo XIX, cuando el catalán Eustaquio de la Puente abrió su «tinglado» en la Habana para lo que se llamó luego el Circo cubano (Miguel Menéndez Mariño, *El arte circense en Cuba*; Hilda Venero, *El círculo mágico*).

Mas cerca de nuestros tiempos, muchos aún recordamos el Circo Montalvo (1908, propiedad de Lalo Montalvo), el Pubillones (procedente de Panamá en 1915), el Santos y Artigas (que debuta en el Teatro Payret en 1916) y, por supuesto, el *Ringling* («El más grande espectáculo sobre la tierra» reza un cartel de 1950 en mi colección), recientemente desaparecido.

En 1948 Razzore estaba nuevamente en Cuba, deleitando a niños y adultos. Terminada la última función Emilio viajó en avión a Cartagena, Colombia, para hacer los preparativos necesarios para el siguiente espectáculo mientras 47 pasajeros, incluyendo 11 niños, 10 mujeres y una tripulación de 10 hombres, con animales, carpas y equipos, salían del Mariel el 28 de agosto hacia su próximo destino.

El *Euskera* nunca llegaría a Cartagena: un ciclón los enfrentaría en el mar. Casi todos murieron, incluyendo la familia de Emilio, aunque el barco noruego *Caribe* salvó a 12 náufragos. El cubano Santiago Bravo, domador de leones, fue uno de los que escapó la muerte.

Fue tal el impacto en Cuba del hundimiento del buque que dos grandes compositores cubanos, Bobby Collazo (1916-89) y Julio Gutiérrez (1918-90) compusieron *La tragedia del circo* (que se puede escuchar por Youtube):

> Del Mariel hacia otras tierras se marchaba
> en su viaje final el yate *Euskera*
> la alegría del circo reinaba
> sin saber que la muerte iba en espera.
>
> Las horas pasaban lentamente
> con las penas se ahogaba la alegría
> porque a cada momento la muerte
> la marcha del buque detenía...
>
> En una noche cuando todos descansaban
> el Mar Caribe hizo pedazos al *Euskera*
> y entre los gritos de las madres y las fieras
> hacia el fondo de los mares descendió...
>
> Solo unos pocos escaparon de la muerte
> y siete con sus noches navegaron...
> Mil plegarias a los cielos elevaron
> y la Virgen Caridad los escuchó
>
> el día 8 de septiembre se salvaron
> bendiciéndolos al fin los devolvió...
> elevemos al cielo una oración
> por aquellos que por siempre se marcharon
>
> y que Dios allá en la gloria los reciba
> y castigue a los culpables del dolor.

Por esas fechas se encontraba trabajando para *El Universal* de Cartagena un joven periodista que publicó el 14 de septiembre de 1948 su crónica «El domador de la muerte». Compartimos con los lectores su interesante relato

> Un día —mucho antes de que se conociera el naufragio del *Euskera*— Emilio Razzore nos había mostrado en su cuarto del Hotel Colonial las tremendas cicatrices que le relumbraban en la espalda. «Rasguños de los leones»..., comentaba, en forma tan natural, que en nues-

tra imaginación la bestia poderosa comenzó a retorcerse y a maullar como un gato. Pero de aquella experiencia, aprendimos los presentes por qué es apasionante el oficio de los vagabundos, y alcanzamos a olfatear el tóxico que hace de la farándula una manera de habitar la leyenda.

Frente a nosotros estaba un hombre en cuyas espaldas los tigres y los osos habían escrito a zarpazos cuarenta años de circo, de días buenos y días de catástrofe. Medio mundo viajado, con la selva como único equipaje, era ya una historia apasionante para sospechar los aceros que le templaban los nervios a ese domador a quien una mañana el oso gigante, en un repentino brote de ternura, le dio un abrazo que terminó en el hospital.

Después, cuando el vaho de la tragedia empezó a subir por los ánimos sobrecogidos, tuvimos la más amarga oportunidad de conocer al domador, mordido por dentro, tratando de dominar a la bestia del dolor que había crecido de pronto con las garras más aceradas que las de los leones. Debo decir que Emilio Razzore es el hombre más tremendamente humano que he conocido. Cuando ya no pudo dudar del naufragio, cuando comprendió la pavorosa realidad de que nada le quedaba sobre el mundo, de que en el fondo del mar, cubiertos por las algas verdes de la muerte, reposaban cien años de batalla, se aferró a su último deseo. Quería que uno —siquiera uno de los suyos— sobreviviera al espanto de la tragedia para empezar nuevamente a domesticar cachorros, para rehacer el circo.

Sin embargo, ni siquiera en ese último deseo lo satisfizo la catástrofe, y el domador se ha ido —sabe Dios dónde— a iniciar una tournée solitaria, con las espaldas del alma mordidas por irremediables cicatrices.

Con el tiempo – ¡quién lo hubiera dicho! —aquel joven y novel periodista llegó a tener una mucha mayor presencia en nuestra isla y entre los cubanos. Cultivó una profunda amistad con Fidel Castro, dio a conocer un ensayo sobre la presencia de tropas cubanas en África, escribió una novela donde uno de los personajes es una esclava cubana llamada Caridad y fue cofundador de la Escuela Internacional de Cine y Televisión de San Antonio de los Baños. Más importante, le otorgaron un premio Nobel. Se llamaba Gabriel García Márquez (1928-2014). En su crónica sobre Razzore, se habrán fijado, habla de «cien años de batalla». De ahí a «cien años de soledad» hay solo un paso.

Y hablando de premios Nobel, es bueno recordar que, aunque ningún cubano ha recibido *aún* esa prestigiosa medalla, sí hemos recibido la visita —muchas de ellas por barco— de no pocos premios Nobel, además de Don Gabriel, quien llegó por primera vez en 1959.

Intentemos una lista, sin duda incompleta: Siglos XIX y XX: 1874, Santiago Ramón y Cajal (Medicina, 1906); 1895, Winston Churchill (Literatura, 1953); 1898, Theodore Roosevelt (Paz, 1906); 1922, Jacinto Benavente (Literatura, 1922); 1928, Ernest Hemingway (Literatura, 1961. Su medalla se encuentra en el santuario de El Cobre); 1928, Frank B. Kellogg (Paz, 1929); 1930, Albert Einstein, Física, 1921); 1936, Juan Ramón Jiménez (Literatura, 1956); 1937, Octavio Paz (Literatura, 1990); 1940, Cordell Hull (Paz, 1945); 1942, Pablo Neruda (Literatura, 1971); 1950, Menachem Begin (Paz, 1978); 1953, Gabriela Mistral (Literatura, 1945); 1959, Miguel Ángel Asturias (Literatura, 1967); 1960. Jean-Paul Sartre (Literatura, 1964); 1962, Mario Vargas Llosa (Literatura, 2010); 1965, Camilo José Cela (Literatura, 1989); 1974, Yasser Arafat (Paz, 1994); 1984, Dario Fo (Literatura, 1997); 1985, Madre Teresa de Calcuta (Paz, 1979); 1987, Wole Soyinka (Literatura, 1986); 1989, Mijail Gorbachov (Paz, 1990); 1991, Nelson Mandela (Paz, 1993); 2000, Luc Montagnier (Medicina, 2008).

En lo que va del siglo XXI: 2002, Adolfo Pérez Esquivel (Paz, 1987); 2002, Joseph Stiglitz (Economía, 2001); 2010, Nadine Gordimer (Literatura, 1991); 2011, Jimmy Carter (Paz, 2002); 2005, José Saramago (Literatura, 1998); 2006 Zhore Alfiorov (Física, 2000); 2008, José Ramos-Horta (Paz, 1996); 2009, Robert F. Curl (Química, 1996); 2009, Mohamed El Baradei (Paz, 2005), 2011, Rigoberta Menchú (Paz, 1992); 2012, Peter Agre, (Química, 2003); 2015, Kofi Annan (Paz, 2001); 2015, Martin Karplu (Química, 2013); 2016, Barack Obama (Paz, 2009). 2017, May Britt Moser (Fisiología Médica, 2014); 2017, Kailash Satyarthi (Paz, 2014); 2017, Juan Manuel Santos (Paz, 2016).

Esperemos que el próximo que viaje a la isla luego de recibir la codiciada medalla sea un compatriota. Los que admiramos la obra del siete veces nominado Carlos J. Finlay (1833-1915) quedaremos extremadamente complacidos.

83. *GRANMA*

Tuxpan, Veracruz, México - Los Cayuelos, playa Las Coloradas
25 de noviembre de 1956 - 2 de diciembre de 1956

Junto con las tres carabelas y el *Maine*, el *Granma* es el otro trascendental —y más reciente— parteaguas en nuestra historia, cambiando sustancialmente la trayectoria previsible del país y desencadenando una secuela de eventos que ha afectado la vida de millones de cubanos como pocos otros. Nuestro quehacer como pueblo es, claro, el resultado fuerzas muy disímiles y complejas y ningún simple reduccionismo podría ser válido para explicarnos nuestra historia con seriedad y balance. Pero, si yo tuviera la temeridad de hacer una generalización sin los imprescindibles matices, pudiera afirmar que una gran parte de lo que somos, lo que hemos alcanzado y lo que nos ha hecho reir y llorar, logra encontrar sus raíces en las semillas que estos cinco barcos trajeron.

El joven abogado Fidel Castro, candidato a representante a la Cámara por el Partido Ortodoxo en las elecciones de 1952, se había opuesto enérgicamente al golpe de estado de Fulgencio Batista ese 10 de marzo. Fracasado su intento de lograr una solución constitucional a ese nuevo atropello a los ideales democráticos cubanos, organizó un ataque al Cuartel Moncada de Santiago de Cuba, tratando de aprovechar la confusión que previsiblemente reinaría durante los carnavales santiagueros el 26 de julio de 1953.

Simultáneamente, otro grupo armado ataca el cuartel Carlos Manuel de Céspedes en Bayamo con el fin principal de evitar el envío de refuerzos hacia Santiago. El saldo de muertos de ambas acciones fue desgarrador: 76 de la parte rebelde (66 en el Moncada, 10 en el Céspedes) y 19 soldados y policías de la parte del gobierno, más varios civiles (entre 2 y 9 según las fuentes).

El 21 de septiembre las autoridades comenzaron el juicio (Causa No. 37) contra 122 acusados (tomo la cifra de Marta Rojas, otras fuentes mencionan números algo diferentes) defendidos por 26 abogados.

Fidel —prisionero con toga— pronunció el 16 de octubre de 1953 su impactante discurso, «La historia me absolverá». Se trataba de una doble defensa, primero de sus propias acciones en el Moncada, pero también de la República, que había sido ultrajada por el golpe de estado de 1952:

> Había una vez una República. Tenía su Constitución, sus leyes, sus libertades, Presidente, Congreso, tribunales; todo el mundo podría reunirse, asociarse, hablar y escribir con entera libertad. ... Existía una opinión pública respetada y acatada y todos los problemas de interés colectivo eran discutidos libremente. Había partidos políticos, horas doctrinales de radio, programas polémicos de televisión, actos públicos, y en el pueblo palpitaba el entusiasmo... Este pueblo... Deseaba un cambio, una mejora, un avance, y lo veía cerca. Toda su esperanza estaba en el futuro.»

Tras el juicio fueron condenados 38 jóvenes. Fidel, para quien el fiscal pedía 25 años, fue condenado a 15 años de prisión y el 17 de octubre ingresaba en la prisión de Isla de Pinos.

En los meses siguientes se ejercieron muchas presiones dentro de la sociedad cubana para que se indultaran a los presos (además, Batista quería proyectar una mejor imagen y dejar atrás la de presidente *de facto*) y entre abril y mayo de 1955 el Congreso cubano discutió y votó la Ley de Amnistía de delitos políticos (incluyendo los presos del Moncada).

Mucho se ha comentado sobre el discurso que supuestamente dijera el entonces líder juvenil del Partido Acción Progresista, representante Rafael Díaz Balart (y cuñado de Fidel) en el hemiciclo de la Cámara al votar en contra de la amnistía («contra la cual me he manifestado tan reiterada y enérgicamente») y ampliamente difundido en internet.

Luego de leer varios documentos relevantes, me inclino a pensar, al igual que otras personas que así lo estiman, que ese discurso jamás se pronunció en el lugar y fecha que se le atribuyen. Tengo tres razones para ello.

En primer lugar, he consultado el propio *Diario de Sesiones. Cámara de Representantes, Vigésimo Cuarto Período Congresional, Primera Legislatura Ordinaria y Extraordinaria*, 1955, documento de 74 páginas, y allí no aparece. De hecho, en la Sesión del 18 de abril el Dr. Díaz Balart emitió su voto *a favor* de la Ley, como claramente consta en la lista de los Representantes que votaron. Seguidamente, el presidente de la Cámara, Gastón Godoy Loret de Mola anuncia «Han votado 114 señores Representantes. Todos que sí. Queda aprobada la totalidad del Proyecto y todo su articulado...» (p. 10).

Pero hay más. En el transcurso de la discusión de varias Enmiendas al proyecto de ley (que no llegaron a aprobarse) el Dr. Díaz Balart explica su voto afirmativo en varias ocasiones:

> Estimo que el criterio del Partido Accion Progresista debe ser diáfano y que se entienda que hemos querido viabilizar con nuestros votos y nuestra actitud a la aprobación de esta Ley de Amnistía política (p. 18).
>
> Pero cuando se me dijo que este proyecto era el producto de la voluntad mayoritaria de la Comisión Interparlamentaria...que había llegado a la conclusión que lo más adecuado...para que este proyecto saliera lo más rápidamente posible con la votación unánime de esta Cámara era aceptar que salieran sin mayores enmiendas, yo... acepté para que no hubiera mayor problema y pudiéramos votar con rapi[d]ez esta amnistía amplia y generosa que quiere el General Batista y que quiere la Mayoría (p. 19).
>
> Yo quiero que quede constancia aquí de nuestro criterio. Nosotros vamos a votar el proyecto de amnistía amplio y generoso, con el deseo de que así sea para satisfacer los anhelos de la opinión pública y los anhelos de nuestros corazones (p. 19).
>
> ...para viabilizar la votación rápida y adecuada de este Proyecto de Ley, estimamos que era nuestro deber, como hombres de gobierno, imprimirle nuestro voto (p. 26).
>
> ...Nosotros, cuando el Primer Ministro discutió con nosotros en forma responsable, y se nos dijo que esta es una línea de Gobierno, y que quería satisfacer a la opinión pública, y demostrar a la prensa cubana que no veníamos aquí a obstaculizar la amnistía política, entonces supimos sacrificar nuestro criterio en relación con el Art 5º y veníamos a producirnos como resposables hombres de gobierno (p. 27).

Luego de constatar que ninguna enmienda había sido aprobada, el Presidente de la Cámara anunció: «Queda aprobado el proyecto de ley» y la Cámara dio «señales afirmativas» para que se remita directamente al Senado (p. 32).

Al día siguiente, en la sesión del 19 de abril se discutió una ley paralela, de amnistía de delitos no ya «políticos» sino «comunes». Díaz Balart solicitó se aplazara la discusión (p. 51) y su propuesta ganó 63 votos contra 34 (p. 72). En el curso de una de sus intervenciones reiteró:

> Después de la aprobación de la Amnistía de carácter político, después que el Gobierno, y fundamentalmente los votos del Partido Acción Progresista y los votos de la Mayoría, en lo cual coincidó la Minoría, después que nuestro Partido y que el Presidente Batista ha amnistiado a los presos del Cuartel Moncada, el que se afirme que nosotros queremos sabotear una amnistía de carácter común, está realizando funciones demagógicas (p. 63).

El documento oficial del debate parlamentario muestra claramente que Díaz Balart votó *a favor* de la Amnistía y, además, explicó abundantemente por qué lo hacía. No es posible que haya un error de esa magnitud en el *Diario de Sesiones*.

En segundo lugar, tenemos el testimonio periodístico. Como era de esperar, la prensa del momento se hizo eco del debate y los resultados. Ella tampoco reporta ese supuesto discurso ni la referencia al aludido voto negativo, sino que anuncia que la Cámara votó el Proyecto de Ley sin objeciones.

Por ejemplo, el *Diario de la Marina*, en su edición del 19 de abril de 1955 daba la noticia en primera página: «La Cámara de Representantes votó ayer, *por unanimidad* y con nutrido quórum que se sostuvo y aún fue acentuándose la amnistía política con aquellos delitos comunes que le eran conexivos» (énfasis mío). Continuaba el rotativo explicando que a las nueve de la noche «fue aprobado en su totalidad el dictamen de la comisión especial *con los 114 votos presentes*» (énfasis mío). De haber pronunciado Diaz Balart ese discurso el *Diario* no hubiera reportado la votación «por unanimidad». Un discurso de esa naturaleza hubiera sido transcrito en su totalidad por los periódicos.

La Cámara ratificó la Ley el 3 de mayo. El *Diario de la Marina* del día 4 nos relata que «La Cámara tramitó ayer…la ratificación de la amnistía para delitos políticos y aprobada entre el 18 y el 19 de abril». No menciona la más mínima objeción de ningún miembro de la Cámara. Al día siguiente, según el *Diario* del día 5 de mayo, «la ratificación fue acordada unánimemente por los 45 senadores que asistían a la sesión».

En tercer lugar, todo parece indicar que el discurso de Díaz Balart fue publicado en Estados Unidos por primera vez en el libro de Francisco Lorié Bertot, *Rafael Díaz-Balart: pensamiento y acción* (Miami, Fla., Editorial Rex Press, 1978). No he encontrado ninguna referencia a una fecha anterior, ni en Cuba (tuvo 3 años para hacerlo) ni en Estados Unidos (tuvo más de 20 años para hacerlo).

Si esto es así, ¿por qué no se publicó antes? Resulta interesante notar que en el testimonio que Díaz Balart dio al Senado americano el 3 de mayo de 1960 (*Communist Threat to the United States Through the Caribbean U.S. Senate Subcommittee to Investigate the Administration of the Internal Security Act and Other Internal Security Laws, of the Committee on the Judiciary*) no menciona ese discurso ni entregó copia del mismo a los senadores. Ciertamente llama la atención que un documento de tal envergadura se mantuviera inédito por dos décadas.

En este contexto, considero que también es importante analizar cuidadosamente el siguiente párrafo del supuesto discurso:

> Fidel Castro y su grupo solamente quieren una cosa: el poder, pero el poder total, que les permita... instaurar... un régimen totalitario... que sería muy difícil de derrocar por lo menos en veinte años».

Curiosa la referencia a veinte años. Si Díaz Balart pronunció este discurso en 1955, 20 años se hubieran cumplido en 1975, todo muy coherente con un discurso que se publica por primera vez en 1978. ¿Por qué habría Díaz Balart pensado en 1955 que tomaría al menos 20 años derrocar a Fidel?

Comparto con mis lectores mi profundo escepticismo sobre la autenticidad de este discurso, aunque, por supuesto, con evidencia adicional probatoria no tendría reparos en cambiar de opinión.

Luego de la amnistía, los moncadistas fueron liberados el 15 de mayo y Fidel regresó a Batabanó —en barco, claro— desde Isla de Pinos, donde había estado recluido. Un tren lo llevaría a La Habana el 16 de mayo. No estaría mucho tiempo. Mes y medio más tarde, el 7 de julio de 1955, partió hacia el exilio en México. Ya en tierras aztecas planeó y dirigió una operación que combinaría una invasión marítima hacia las costas de Cuba —seguía una centenaria tradición en nuestra historia— con un levantamiento en Santiago de Cuba.

El 10 de octubre de 1956 Antonio del Conde («El Cuate») pagaba 50 mil pesos mexicanos a la Schuylkill Products Company Inc, por el yate *Granma*, que, luego de reparar, pensaba utilizar en viajes de recreo. Con capacidad prevista para entre 12 y 25 personas, fue construido en madera en 1943, con una sola cubierta, sin mástil y motor de aceite. Su nombre es una abreviatura de *grandmother* (abuela). Según Conde, «Cuando Fidel lo vio en Tuxpan me dijo:

«si usted lo arregla yo me voy con él a Cuba».

Ya desde 1823, cuando los hermanos Iznaga Borrell intentaron hablar con Bolívar en Venezuela, los cubanos habíamos iniciado la costumbre de solicitar ayuda extranjera para nuestra causa. Años después, Narciso López continuaría la tradición y en sus embarcaciones trajo no pocos americanos, húngaros, alemanes y polacos a nuestras costas.

Otros extranjeros seguirían el ejemplo de aquéllos a todo lo largo del siglo XIX. Los americanos Thomas Jordan y Henry Reeve, el isleño Manuel Suárez Delgado y el mexicano Gabriel González Galbán vinieron en el *Perrit* (1869); el corso Aquiles Savalle en *El Salvador* (1869); José Rogelio Castillo con cincuenta y nueve colombianos en el *Hornet* (1871); el canadiense William Ryan en el *Virginius* (1873); el polaco Carlos Roloff en el *James Woodall* (1895); el venezolano Fernando Pedro Álvarez Saavedra en el *Horsa* (1895); el dominicano Marcos del Rosario Mendoza en el *Nordstrand* (1895); el puertorriqueño Juan Rius Rivera y tres mambises rusos en el *Three Friends* (1896); los italianos Orestes Ferrara y Guillermo Petriccione en el *Dauntless* (1897); el francés Alfonso Migaux en el *Laurada* (1897); el chileno Carlos Dublé, a las órdenes de Emilio Núñez en el *John Smith* (1897).

El *Granma* no fue una excepción. Acompañando a 78 cubanos venían cuatro extranjeros: Gino Donné Paro, italiano; Ramón Mejías del Castillo, «Pichirilo», dominicano; Alfonso Guillén Zelaya Alger, mexicano; y el argentino Ché Guevara. Los expedicionarios partieron de Tuxpan el 25 de noviembre de 1956. Fidel terminaba casi un año y cinco meses de exilio en México.

Calculaban desembarcar cinco días después, pero el peso excesivo sobre el yate, las roturas del motor y el mal tiempo retrasaron el desembarco hasta el 2 de diciembre a las 6:50 de la mañana, cuando llegaron a dos kilómetros de la playa Las Coloradas en el oriente de Cuba, cerca de la Sierra Maestra. Por su parte, el levantamiento organizado por Frank País había comenzado en Santiago el 30 de noviembre, pero fue aplastado en cuatro días y no pudo aunar fuerzas con los expedicionarios.

Granma. Sello postal cubano, 1996.

Claramente, las cosas no habían salido como estaban previstas. La saga de estos expedicionarios y los eventos que transcurrieron en los 25 meses siguientes llenan decenas de estantes repletos de testimonios, análisis, diarios, discursos, transmisiones radiales, artículos periodísticos, fotografías, películas, obras de ficción, así como de importantes aportes de las artes plásticas y la música.

Prueba todo ello del profundo impacto en las vivencias y en el imaginario de la Nación de esa pequeña embarcación de apenas 63 pies de eslora y solo un puñado de valientes.

El desembarco del *Granma* fue el comienzo del fin de una era, aunque eso no lo podíamos sospechar aquel día de diciembre. Pronto supimos que tendría consecuencias militares (fueron frecuentes y desgastadores los encuentros entre los guerrilleros y las fuerzas de Batista) y políticas (la popularidad de Fidel y los barbudos y las brutales represiones de las fuerzas armadas del gobierno finalmente inclinaron la balanza de la opinión pública nacional e internacional hacia la Sierra Maestra). Tuvo también una consecuencia jurídica de profunda magnitud.

Luego del desembarco y el levantamiento en Santiago, el 22 de abril de 1957 las autoridades cubanas comenzaron un juicio (Causa 67 de 1956) ante el Tribunal de Urgencia de Santiago contra los 222 (¿226?) implicados. Dieciocho días después, el 10 de mayo, se declaraba sentencia. Aunque de ellos 109 salieron absueltos, los restantes fueron condenados a penas de prisión de uno a ocho años.

No fue una decisión unánime de la corte. El Magistrado Manuel Urrutia emitió su "voto particular absolutorio" distanciándose de sus colegas Eduardo Cutié Álvarez y Alberto Segrera. Basaba su decisión en el Artículo 40 de la Constitución de 1940 y el inciso A del Artículo 36 del Código de Defensa Social. Decía nuestra Magna Carta

> Las disposiciones legales, gubernativas o de cualquier otro orden que regulen el ejercicio de los derechos que esta Constitución garantiza, serán nulas si los disminuyen, restringen o adulteran.
>
> Es legítima la resistencia adecuada para la protección de los derechos individuales garantizados anteriormente.

Por su parte, el artículo 36 del Código de Defensa Social (tomado esencialmente del Artículo 8 del Código penal español de 1870 y vigente en Cuba por casi 7 décadas) estipulaba que está «exento de responsabilidad por causa de justificación…el que obra en defensa de su persona o derechos» siempre que concurran agresión injusta y necesidad racional.

Urrutia concluyó que en la Cuba de 1956 la agresión armada era protegida por la Constitución y las leyes y que todos los acusados deberían haber quedado absueltos. Escribió el Ché Guevara que, estando en Pino del Agua, oyó la noticia por radio y consideró que fue un «gesto honrado» y «digno».

Con su voto, Urrutia legitimaba la violencia desatada por el *Granma* y los eventos de Santiago como «resistencia adecuada» contra a los que restringen los derechos constitucionales. Cualquiera que tuviera dudas sobre la legalidad de empuñar armas contra Batista podía ahora contar con la autorizada opinión de un prestigioso y respetado Magistrado santiaguero.

El voto de Urrutia era de tal trascendencia que su base jurídica sería eliminada por la Constitución de 1976. El derecho a la «resistencia» se emplea solo una vez en el nuevo texto... pero no para los cubanos. En su Artículo 12, «La República de Cuba... reconoce la legitimidad de... la resistencia armada a la agresión» pero únicamente al hacer «suyos los principios del internacionalismo proletario y de la solidaridad combativa de los pueblos».

No se permitirían más Urrutias dentro de Cuba. Y los restos del Magistrado reposan desde 1981 en un cementerio de Nueva York.

84. *CORINTHIA*

Miami, Florida - Cabonico, Mayarí
19 de mayo de 1957 - 23 de mayo de 1957

Cinco meses y medio después del desembarco del *Granma*, un grupo de jóvenes asociados al Partido Auténtico que dirigía el ex-presidente de Cuba, Carlos Prío Socarras (1903-77) decidieron abrir un nuevo frente guerrillero, esta vez en la Sierra Cristal, cerca de Mayarí, actual provincia de Holguín.

Esta nueva expedición debemos enmarcarla en el contexto de la multiplicidad de actores que intervinieron en la lucha contra la tiranía de Batista. Al convocar a elecciones en 1954, Fulgencio Batista pretendía pasar la página al golpe de estado aquel fatídico 10 de marzo dos años antes y maquillarse como un líder demócrata ungido por las urnas. Su plan fracasó. En la medida en que la sociedad civil rechazaba su presencia y cuestionaba su legitimidad y los jóvenes —en la sierra y en el llano— persistían en su lucha, más reprimía el ejército y la policía, generando una espiral de violencia y enlutando miles de hogares cubanos.

Entre los activistas y organizaciones que, además de Fidel y el 26 de julio se destacaron en la lucha contra el dictador, estaba el Directorio, fundado en 1955 con apoyo de los estudiantes universitarios por José Antonio Echeverría, Fructuoso Rodríguez, Faure Chomón y Julio García Olivera, entre otros. Una de sus más celebradas (y cruentas) gestas fue el ataque al Palacio Presidencial el 13 de marzo de 1957. Por su parte, Huber Matos llegó a la Sierra Maestra el 31 de marzo de 1958 desde Costa Rica con un cargamento de armas. En julio de ese año Carlos Rafael Rodríguez, distinguido intelectual que militaba en las filas del Partido Socialista Popular (comunista), también subió a la Sierra y ese mismo mes Eloy Gutiérrez Menoyo decidió formar su propio movimiento guerrillero, el Segundo Frente Nacional del Escambray.

Fue en este marco de resistencia contra Batista que, luego de entrenarse en Santo Domingo durante seis meses, un grupo de 26 jóvenes se embarcaron en Miami el 19 de mayo de 1957 —fecha simbólica— en dirección a Cuba. Lo hicieron a bordo del *Corinthia*. Para mi sorpresa, los nombres de los expedicionarios, así como el del propio barco (también deletrado *Corinthya* o *Corynthia*) han sufrido modificaciones ortográficas, a veces significantes. He tratado de aclararlas en este capítulo en la medida que me ha sido posible.

Las fuentes que he utilizado han sido, en primer lugar, el testimonio José Aguirre Espinosa, sobreviviente. Por ser testigo presencial y porque publicó su relato cuando aún su memoria estaba fresca y además podía ser refutada por cualquier otro testigo (*Bohemia*, 24 de mayo de 1959), concedo especial valor a su reseña. Además, he consultado, entre otros documentos, una nota en el *Diario de la Marina* de 28 de mayo de 1959 (cuando se volvieron a enterrar los restos de los mártires en el Cementerio de Colón), una esquela mortuoria aparecida el mismo día en el periódico, y un trabajo aparecido en el *Boletín de la Oficina de Asuntos Históricos del Consejo de Estado* del 13 de mayo de 2012.

El *Corinthia* finalmente llegó a Cuba, con tres días de retraso, el 23 de mayo, pero no por Baracoa como estaba previsto, sino en la zona llamada Carenerito en Cayo Saetía, frente a la bahía de Cabonico, cerca de la planta de níckel Lengua de Pájaro, en la costa norte de Holguín. Al frente de la expedición venía Calixto Sánchez, líder sindical nacido en Glasgow, Escocia, que había sido secretario de la Federación Aérea Nacional. Para dirigir las operaciones en el terreno se escogió al holguinero Juan Fornés Piña, que conocía la zona.

De los 26 expedicionarios (a veces se reportan 27, pero David Figueredo se había quedado en Santo Domingo), 8 fueron quedando por el camino. Tres de ellos, Fernando Virelles (a veces Mirelles), Carlos Rafull (a veces Raufull) y Antonio Casares, fueron rescatados por el holguinero Ángel Ramón Velázquez (*Bohemia*, mayo de 1967) y lograron escapar de la zona con vida. Virelles se unió al Ejército Rebelde y luego se exilió en Haití y Venezuela. En una nota aparecida en *Juventud Rebelde* el 22 de mayo del 2015 su compañero Luis Hernández Serrano lo evoca con mucho afecto.

Otros dos, Lázaro Guerra Calderón y Mario Rodríguez Arena cayeron prisioneros, En 1959 fueron acusados de «traidores y delatores», pero Prío y otros testigos aclararon el asunto y el juicio fue suspendido. Aníbal Celso Stackerman, Frank Pujol y Manolo Roque también quedaron atrás.

Deiciocho valientes llegaron hasta el final. Al atardecer del 27 de mayo solo les quedaban 3 latas de leche condensada. Luis Vázquez Roque, evangélico, abrió una Biblia que llevaba y empezó a leer el libro de los Salmos. A las 3 de la tarde del día siguiente se encontraron con dos guajiros, uno de ellos de apellido Estévez, que acordó llevarlos a su bohío al otro lado del río Brazo Grande, pero era una celada. Los dos de la retaguardia, Héctor Cornillot y el propio Aguirre «lograron ganar el abrigo de uno de los maniguales. Desde allí presenciaron cómo el ejército rodeó y capturó a sus compañeros».

«La vesania del chacal de Holguín» —continúa el relato de Aguirre— «se volcó en los prisioneros de Brazo Grande. [Fermín] Cowley, conforme a las instrucciones de Batista «no queremos ni heridos ni detenidos». En las cercanías de Cabonico se consumó la bárbara matanza».

Emotivo y doloroso relato de aquel 28 de mayo. Antes de ser fusilado, Calixto Sánchez escribió una conmovedora carta a su hijito («algún día te darás cuenta lo que significa luchar por ideales hasta el punto de ofrendar tu vida por una causa»).

Para nunca olvidarlos, acompañamos la lista de los 16 mártires:

Humberto de Blanck (Hubert, Martín, Ortega)
Ernesto Ceballos Baeza (Báez).
Cleto Collado del Cueto (Anacleto).
Saúl Delgado Duarte.
Gustavo Ferrer de Blanck.
Joaquín Ferrer de Blanck.
Juan Fornés Pina (Fornet).
Pedro Pablo González Mir.
Jesús Miguel Iglesias Canivell (Canivet).
Roberto Martínez Riverón (Reverón).

Jorge Prieto Ibarra.
Calixto Sánchez Whyte (White).
Sergio Sierra Cabrera.
José Suescun Gutiérrez (Suesgun, Suezcun, Suescon).
Humberto Vinat Agüero (Osvaldo, Vinent, Viña).
Luis Vázquez Roque (López).

El mismo día de la masacre del *Corinthia* (28 de mayo) ocurría la batalla del Uvero entre las fuerzas rebeldes de Fidel y las de Batista. El entonces Arzobispo de la zona oriental, Monseñor Enrique Pérez Serantes (1883-1968), sintió que no podía callar ante tantas muertes. Y el 30 de mayo «con el corazón acongojado» firma una Pastoral dirigida al Pueblo de Oriente:

> Primero. Que el presente estado de cosas debe ser liquidado lo más pronto posible, pero no a sangre y fuego, por no ser estos elementos que puedan propiciar la paz verdadera y estable que necesitamos urgentemente.
> ...
> Tercero. Puesto que... la paz, como suele ocurrir en estos casos se aleja cada día más de nuestra sociedad que se halla literalmente consternada y llena de espanto, brindamos un recurso del cual no se ha echado mano hasta ahora: nos falta invocar el auxilio de lo Alto, el favor de Dios...

***

En el consejo popular de Barredera, en el municipio holguinero Frank País se ha levantado el Monumento a los Mártires del Corinthia. Ese mismo nombre llevan el Policlínico Docente de L y Línea en el Vedado, varias escuelas (Centro Habana, La Lisa, Matanzas, Las Trozas (Majagua, Ciego) y Vertientes, Mayarí), una calle en Guaro (Mayarí), y un combinado de productos de equipos médicos Calera en Marianao.

Una escuela en San Miguel del Padrón lleva el nombre de Calixto Sánchez White, al igual que otro centro escolar en El Culebro (Consejo Popular El Quemado, en el municipio Frank País). Pusieron el nombre de Joaquín Ferrer de Blank a la Fábrica de Fósforos instalada en el reparto Dolores en San Miguel del Padrón. La antigua fábrica de jabón y perfumería de Sabatés tomó el nombre de Sergio Sierra Cabrera.

Saúl Delgado es muy recordado por millares de alumnos pues pusieron su nombre al Instituto Pre Universitario del Vedado, donde, de estudiante, había fungido como presidente de la Asociación de Alumnos. Un Laboratorio Farmacéutico y una empresa de cristalería (con el nombre comercial de VITEC) llevan su nombre, y su imagen aparece en un billete de lotería de 1964.

El 6 de junio de 2011 el padre Alfredo Rolón oficiaba en la iglesia católica *Little Flower* de Miami una Misa por el alma de los mártires. Descansen en paz.

85. *LA COUBRE*

Le Havre, Francia - La Habana
9 de febrero de 1960 - 4 de marzo de 1960

Allí estaba el Ché. Allí estaba Korda con su lente. Y el fotógrafo captó una de las imágenes más impactantes y difundidas del siglo XX. Allí estaba Fidel. Y al dia siguiente pronunció por primera vez la frase más repetida en las últimas cinco décadas en Cuba: «Patria o Muerte». Allí estaban la confusión y la ira, el asombro y la tristeza, y, sobre todo, los muertos y heridos. Era el 4 de marzo de 1960 en los muelles de La Habana. Había explotado el barco *La Coubre*. No andaba muy lejos el espectro del *Maine*.

Construido en 1948 en los astilleros de Canadian Vickers en Montreal, Canada, para la Compagnie Générale d'Armements Maritimes, *La Coubre* era un barco de bandera francesa y, al parecer, tomó su nombre de un cabo en la península de Arvert en el departamento de Charente-Maritime.

No era este el primer viaje de *La Coubre* a La Habana. Nos comenta el amigo José Luis Méndez Méndez que, en octubre de 1959, *La Coubre* había traído 400 toneladas de municiones belgas a Cuba y que, ese mismo mes, quince militares cubanos habían viajado a entrenarse en el manejo de armas a la fábrica nacional de armas de de ese país en Herstal, Lieja. Este primer desembarco llegó sin problemas.

Pero ahora estamos en el segundo viaje. Confieso que no he podido reconstruir el viaje de *La Coubre* con la precisión que hubiera querido, pues muchos textos ponen los puertos europeos por donde supuestamente transitó en un orden tal que no tiene sentido marítimo. La fuente que ha parecido mas confiable ha sido Tomás Gutiérrez González, que hace comenzar el recorrido del barco en Hamburgo (el punto europeo más alejado, pero para el que no he encontrado fecha) y seguir a Bremen (también sin fecha). Otras narraciones incluyen a Liverpool en este periplo.

Ahí el itinerario se me confunde. Examinando un mapa, Amberes sería el próximo puerto bajando desde Bremen por la costa, pero según Gutiérrez, el barco fue primero a Le Havre (Francia), saliendo el 9 de febrero hacia Amberes, a donde llega el 13 a recoger la carga de municiones para Cuba (32 toneladas de granadas y 43 de municiones de fabricación belga).

De Amberes sale el 16 de nuevo hacia Le Havre. ¿Por qué regresa? La explicación más lógica que he encontrado es que tenía que recoger pasajeros y no los haría esperar ociosamente dentro del barco mientras recogía las municiones en Bélgica. En todo caso, en Le Havre recoge a dos pasajeros: el fotógrafo norteamericano Donald Lee Chapman, que se dirigía a Nebraska y el sacerdote dominico Raoul Desobry.

En un artículo para el periódico *La Marsellaise* del 10 de mayo de 2015, Sébastien Madau, que entrevistó a dos sobrevivientes (Claude Reverdy y Maxime Ivol), nos informa que Chapman aún vivía en Nebraska para esa fecha y que le confirmó que el había comprado el pasaje para Miami pasando por Cuba (*«J'avais pris un billet pour Miami jusqu'à ce qu'on me dise que finalement nous devrions passer par Cuba»*). También he aprendido que el sacerdote, cuyo nombre religioso era Augustin Desorby, había nacido en 1911 y se dirigía a Veracruz, con escala en La Habana (moriría en México en 1988).

De Le Havre *La Coubre* sale finalmente el 19 de febrero con destino a América. Aquí vuelve a complicarse el preriplo. Muchas fuentes aseguran que hizo escala en Port Everglades, Florida, cerca de Miami, antes de llegar a La Habana (incluso que ahí abordó una familia americana –que nadie identifica— hacia Cuba). Otras fuentes indican que la escala en Port Everglades estaba programada para hacerse *después* de La Habana. La geografía pudiera explicar tanto la primera hipótesis como la segunda.

A mí me atrae más la segunda, porque explicaría por qué Donald Lee Chapman, que iba para Miami, y de ahí a Nebraska, no se bajó en la supuesta escala en Port Everglades. Una búsqueda para confirmar la presencia de *La Coubre* en Port Everglades ha resultado infructuosa. Solo eliminando la parada previa en la Florida logro entender por que Lee estaba a bordo del buque cuando llegó a La Habana. Mi hipótesis de trabajo es que el barco viajó directamente de Le Havre a La Habana. Y claro, jamás llegó a Port Everglades.

Finalmente, *La Coubre* llega a nuestra capital en la mañana del 4 de marzo de 1960 y, pocas horas después, se escuchan las dos explosiones. El saldo fueron 101 muertos, al menos 200 heridos y he leído que $17 millones en pérdidas.

Dentro del contexto de tensión que se vivía en Cuba por esas fechas, tanto interno (entre revolucionarios y contrarevolucionarios) como internacional (Cuba vs. Estados Unidos), muchas personas no dudaron en pensar —sin prueba ninguna— que se trataba de un ataque intencional. El entonces líder obrero David Salvador (que meses después sería condenado a 30 años de prisión) llamó a una huelga para el día siguiente para «protestar el sabotaje», según reportó el *Chicago Daily Tribune* el 5 de marzo. Muchísimos otros compartirían el criterio de Salvador.

La evidencia que el gobierno cubano ha ofrecido y otra he podido consultar en varias fuentes no me permite ni confirmar ni rechazar la hipótesis del sabotaje, mucho menos que fue obra de la CIA. No la descarto, pues la historia de los últimos 60 años cubanos está llena de sabotajes de todo tipo (de cubanos dispuestos a derrocar gobiernos —primero Batista, luego Fidel— o de extranjeros con idénticas intenciones).

Por otro lado, en mi profesión de abogado no se permite presentar evidencia al jurado sobre el pasado criminal de un acusado para concluir que «esas lluvias trajeron estos lodos». Porque en este tipo de proceso no se trata de determinar si el acusado *pudo* haber hecho el crimen en base a su patrón de conducta previo o su marcada inclinación a delinquir, sino si, en efecto, cometió *este* crimen más allá de toda duda razonable. Examinado desde este prisma, no logro asignar culpabilidad a nadie. Al menos todavía.

En todo este análisis tampoco yo puedo olvidar al *Maine*. Como sabemos, en 1898 la comisión investigadora norteamericana concluyó que se trató de un sabotaje (quizás causado por criollos querrían provocar un *casus belli* o por españoles que reprochaban a los americanos de interferir en asuntos internos). También se ha manejado la hipótesis de que, presionados por fuerzas anexionistas, los propios americanos causaron la detonación para con ello lograr una intervención armada en Cuba. La tarja que se colocó en febrero de 1961 en el monumento habanero al Maine reza: «A las víctimas de El Maine que fueron sacrificadas por la voracidad imperialista en su afán de apoderarse de la isla de Cuba».

Sin embargo, como ya vimos en otro capítulo, tras un análisis desapasionado de la evidencia en 1976, se llegó a la conclusión que al buque no lo voló deliberadamente nadie, sino que fue víctima de un estallido causado por la negligencia y el mal manejo de los explosivos. El paso del tiempo ofrece un marco de serenidad para el examen frío de la evidencia el cual, cuando se hace al calor de la inmediatez de dramáticos eventos, en vez de luz lo que arroja es fuego.

En todo caso, el desastre de *La Coubre* fue eso, una tragedia. Primero para las víctimas, y después para la Isla, entre otras cosas porque ayudó a endurecer posiciones creando cada vez más tensión dentro de la sociedad y entre países vecinos.

Medio siglo más tarde aún no sabemos a ciencia cierta qué sucedió. Por otra parte, no podemos dar la espalda al contexto ni a la cronología. Terce días después de la explosión, el gobierno americano aprobaría la puesta en marcha de un plan de invasión armada que nos llevaría a Bahía de Cochinos. Importantísimo dato que no podemos perder de vista pero que, con relación a *La Coubre*, no *prueba* nada necesariamente.

Dije necesariamente. Ahí tenemos el contexto y la pista. Ahora hay que encontrar la evidencia. De hecho, todavía no ha aparecido. Mi amigo José Luis Méndez, Titular del Centro de Investigaciones Históricas de la Seguridad del Estado, ha repetidamente solicitado la desclasificación de material relevante sobre *La Coubre* por parte de las autoridades norteamericanas. Si la evidencia convincente existiera, no sería necesario desclasificar nada.

El «profesor Carbell», conocidísimo astrólogo cubano, nos advertía siempre que «las estrellas inclinan, pero no obligan». No es un mal consejo para el investigador.

86. *GRUZIA/ GRUZIYA / ГРУЗИЯ*

Odessa - La Habana
? - 5 de junio de 1961

La foto de la UPI en mi colección capta el momento en que pasaba frente a La Cabaña el buque *Gruzia* (así se deletrea muchas veces en nuestro alfabeto, aunque no siempre) con 300 jóvenes campesinos venidos desde muy lejos. Ese 5 de junio de 1961 los komsomoles llegaban por primera vez a Cuba para compartir sus prácticas agrícolas con los guajiros cubanos. El texto que acompaña la foto dice que 25,000 cubanos se congregaron para recibirlos en el puerto. Eran días de luna de miel entre los gobiernos de Cuba y la Unión Soviética.

Este *Gruzia* (que es el nombre en ruso de la república de Georgia) es el antiguo barco *Sobieskii/ Собеский*, construido en 1939 y así rebautizado en honor a su antecesor, que fue hundido en Sebastopol en junio de 1942. En 1956 había transportado atletas socialistas a los Juegos Olímpicos de Melbourne, Australia y en abril de 1959 había llevado kurdos a Iraq. En los años 60 sus capitanes furon Vladimir Lang/ Владимир Ланг (1925) y Anatolii Garagulia/ Анатолий Гарагуля (1922-2004).

El *Gruzia* mantuvo vínculos marítimos con Cuba durante varios años y fue posiblemente el principal medio de tansporte de los becados cubanos que viajaron a los países socialistas en las primeras décadas del período revoucionario. Dejemos que el *Gruzia* nos haga algunos cuentos.

1961. 5 de junio de 1961. Odessa-Habana. Fue el primer viaje internacional del capitán Lang. Dice que al llegar a La Habana vio un enorme cartel que decía: «Nikita-Jruschov-Fidel Castro». Confiesa que «Cuba entonces me pareció una esquina del paraíso» (*Куба мне тогда предстала райским уголком*). Continúa diciendo que los atendieron en La Habana con mucho respeto, los invitaron a varios eventos, bailes, y los atendieron bellezas cubanas (*за нами ухаживали кубинки красавицы*). Mmmm. Concluye diciéndonos que después hizo algunos viajes más a Cuba. Con esos antecedentes, ¡quién no regresaría...! Entre los komsomoles a bordo de ese primer viaje, 45 venían de Ucrania, incluyendo el ingeniero mecánico Nikolai Cherkashin/ Николай Черкашин. En el 2010 Cherkashin conversó con el periodista Alexandr Razumny sobre sus recuerdos habaneros:

> Me enamoré literalmente de Cuba y su gente. Eran personas muy trabajadoras, heroicas y al mismo tiempo amistosas y alegres. Hoy en día todavía yo veo la televisión cubana. Vivimos en Cuba casi un año. Fue una época muy difícil porque los americanos ejercían una enorme presión contra la Isla de la Libertad hasta 1962, cuando la URSS fue a ayudar a Cuba. Varias veces nos reunimos con Fidel Castro y tuvimos conversaciones de más de 10 horas.

1961. Junio de 1961. Habana-Odessa. El *Gruzia* regresaría a Odessa el 30 de junio. Llevaba mil cubanos a estudiar agricultura. La revista soviética *Ogoniok/ Огонек* en su edición del 16 de julio de 1961 (No. 29/ 1778) hizo un reportaje e incluyó una foto de varios jóvenes. En Odessa se les recibió con una calurosa bienvenida, bailes, comidas, mítines (aunque no hablan de bellezas ucranianas). Cien criollos se fueron a la escuela agrícola Zolotonosha en la jurisdicción de Cherkasy. ¿Serían ellos los responsables de nuestros florecientes éxitos agrícolas?

1961. 6 de noviembre 1961. El Che habla en el acto de despedida de 925 jóvenes cubanos que salen en el barco *Gruzia* hacia Checoslovaquia y la Unión Soviética a estudiar.

1962. En junio de 1962 el *Gruzia* llevaría a Helsinki a la delegación cubana al VII Festival Mundial de la Juventud y los Estudiantes. En la noche del lunes 4 de junio de 1962 se inauguraba en el Parque Central la Semana pro Festival de la Juventud con la participación del Canciller Raúl Roa García (1907-82). Días más tarde llegaba a La Habana la delegación de jóvenes villaclareños que fueron despedidos por el Dirigente Nacional de las ORI compañero Blas Roca (1908-87). Antes del viaje, el 6 de julio, les habló Fidel. Primero «despide con emoción y gratitud» a los soviéticos que regresaban y les dice a los cubanos «Nosotros sabemos que allá, el sentimiento de amor a la Patria, al pueblo y a la Revolución, se acrecentará en ustedes».

Una nota de prensa cubana informó que «La nutrida delegación cubana al evento se conformó con 250 jóvenes electos en asambleas generales en los centros de trabajo y estudio, seleccionados por sus méritos docentes y productivos», acompañados por «una amplia delegación de 186 compañeros provenientes de los distintos sectores de la sociedad». Junto a los cubanos viajaba un grupo de latinoamericanos, incuyendo doce guatemaltecos, y otros jóvenes de Estados Unidos. Un periódico americano anotaba que en el *Gruzia* viajaban mil personas.

Entre ellos iba, de abanderado, Fernando Vecino Alegret. También iban Eliseo Reyes (Capitán San Luis); el profesor José Antonio Portuondo; Korda, que expuso sus fotografías; el caricaturista «Chago» Armada, a quien le otorgaron un Primer Premio; Cuca Rivero, que dirigió el coro 40 voces mixtas de la Escuela Nacional de Instructores de Arte. Al frente de la delegación del ICAIC iría Roberto Fandiño que, con aprobación de Alfredo Guevara, viajó a la URSS a rodar *Gente de Moscú*.

Según *Granma* (11 de marzo de 2014):

> En la casa cubana se desarrollaron importantes y emotivos encuentros con otras delegaciones; resaltó entre ellos el diálogo con los jóvenes norteamericanos, que motivó la expectativa entre todos los participantes en el festival, cuyo resultado fue un interesante y fructífero intercambio de experiencias, que culminó en un entusiasta y fraternal entendimiento.

1965. Cuando en 1965 el IX Festival de la Juventud trasladó su sede para Argelia, el *Gruzia* nuevamente ofrecería sus servicios. Pero poco antes del viaje, el 19 de junio, varios militares al mando de Houari Boumedienne encarcelan al presidente Ahmed Ben Bella. En estas circunstancias, el gobierno cubano decide suspender el viaje. En un discurso en el Hotel Comodoro de La Habana el 26 de junio Fidel explicó las razones ideológicas y políticas por las que continuar el viaje sería un mal ejemplo. Pero ¿qué hacer con los cientos de delegados ya preparados y entusiasmados para partir? Aprovechando la presencia del *Gruzia* en la bahía habanera, se organizó un viaje de recreo y solidaridad por países socialistas.

El escritor y caricaturista Francisco Pascasio Blanco Ávila había sido seleccionado por el sector periodísitico para viajar a Argelia y nos dejó un simpático testimonio de esta inesperada aventura en sus reportes y dibujos «De Pino Macho a Radio Mareo» (*Palante,* 2 y 30 de agosto de 1965). El *Gruzia* los llevó por el mar negro y los cubanos pudieron visitar Varna y Sofía (Bulgaria) así como Sujumi (Georgia) y Odessa (Ucrania).

1965. En su edición del 6 de octubre de 1965 *Granma* anuncia que regresaban desde Bulgaria, en la motonave *Gruzia* 753 becarios de Cuba a países socialistas.

El *Gruzia* llegando a La Habana (1961). Foto de UPI, 1961

***

No he podido confirmar cuánto tiempo más estuvo este buque en servicio, pero en 1975 se botó el nuevo *Gruzia* en Finlandia, que navegó con ese nombre hasta 1994. Hoy en dia hay otro *Gruzia* que hace cruceros.

Serían decenas de miles los cubanos que viajaron en el *Gruzia* en esas primeras décadas de los años 60. Ciertamente nos abrieron las puertas a un ancho y ajeno mundo, desconocido por nosotros hasta entonces, y viceversa.

De todo aquello quedan imborrables (y también borrosos) recuerdos, pero no estoy seguro que de nuestros lazos con los bolos ha quedado mucho más. Sin duda, algunos rusos aún cantan la canción *Cuba mi amor* (*Куба, любовь моя*) y el dulce húngaro «dobosch» no se ha exilado totalmente de la mesa cubana (aplatanado como «dobo»). En nuestra filatelia quedan rastros en los sellos a Lenin, Breshnev, los vuelos espaciales y a la amistad cubano-soviética, que no resultó ser tan indestructible (*нерушимая*) como pronosticaron.

Tampoco olvidemos que los turistas del ex mundo socialista tienen hoy excelentes intérpretes criollos en sus recorridos por la capital. Y hay muchos buenos investigadores en nuestra Isla que se especializaron en la zona socialista (y viceversa). Nos queda, también un alejado parque en Calabazar. Y los amigos libreros de La Habana Vieja ofrecen un extenso inventario de «pines» de la era soviética para el comprador de nostalgias. Para mi el hito más memorable —y de profundo orgullo— fue la participación de Arnaldo Tamayo en una expedición al cosmos, tan significativo que apareció hasta en un sello de Madagascar en 1985.

Pero tres décadas de idas y vueltas, de lazos de intimidad y solidaridad no resultaron perdurables. Ellos también se desmerengaron. Y, como yo lo veo, ese período hoy no es más que un corto capítulo de nuestra larga historia, un retrato de un momento, sin mayor continuidad.

Y los Vladimires, Natashas y Pávels dieron paso a otros nombres rebosantes de Kas y de Y griegas. Una importante excepción: los cubanos con primer o segundo apellido en cirílico (o polaco, checo, húngaro, rumano, serbio o alemán). Esos *sí* son la huella viva, y permanente, de varias décadas de intercambios. El lector interesado en estos temas puede consultar *Caviar with Rum: Cuba-USSR and the post-Soviet Experience*, editado por Jacqueline Loss y José Manuel Prieto.

Cuando en febrero de 2010 la Feria del Libro fue dedicada a Rusia —ocupando una superficie de 450 metros cuadrados que presentaban 3,500 libros de editoriales rusas— muchos compatriotas no resistieron la tentación de degustar pretéritos sabores a la sombra del Morro. El mismo Morro que saludó al *Gruzia* aquel 5 junio de 1961.

Do svidanya!/ До свидания!

87. *HOUSTON*

Puerto Cabezas, Nicaragua - Bahía de Cochinos
14 de abril de 1961 - 17 de abril de 1961

Luis Morse, su capitán, lo encayó a una milla de la costa. Los brigadistas a bordo del *Houston* habían tomado demasiado tiempo en desembarcar y los sorprendió la mañana del 17 aún sin concluir el proceso. La demora y la luz conspiraron en su contra y ahí fue que comenzaron los ataques. A las 8 de la mañana un Seafury le disparó inutilizándolo completamente. Un tanque soviético SAU 100, que se exhibe frente al Museo de la Revolución (antiguo Palacio Presidencial), le disparó desde tierra.

Junto con el *Houston* («Aguja»), otros tres barcos, todos de bandera liberiana, habían salido de Nicaragua el 14 de abril de 1961 transportando a los brigadistas: *Atlántico* («Tiburón»), *Caribe* («Sardina») y *Río Escondido* («Ballena»). Un cuarto buque, *Lake Charles* («Atún»), llevaba pertrechos adicionales. Los acompañaban otras dos embarcaciones tipo LCI (Landing Craft Infantry) de bandera nicaragüense, *Blagar* («Marsopa») y *Barbara J* («Barracuda»). Otras barcazas llevaban tanques y camiones. Según Martínez-Malo, de la tripulación del *Houston* murieron 12 brigadistas.

El plan original proyectaba el desembarco en las cercanías de Trinidad, no lejos del Escambray, pero el mismo día 14 el objetivo se cambió para las playas de la Bahía de Cochinos. La Brigada 2506 (así llamada porque ese era el número de identificación asignado a Carlos (Carlyle) Rafael Santana Estévez, muerto accidentalmente en septiembre de 1960 durante el entrenamiento) fracasó en 72 horas. Fueron muchas las causas, siendo la falta de cobertura aérea por parte del gobierno americano una de las más mencionadas. «Un desastre perfecto» («a perfect failure») lo llamó el historiador Theodore Draper. «Primera derrota del imperialismo en América» dicen en la Isla. «Traición del presidente americano», continúan pensando muchos exilados.

Defendiendo la Revolución fallecieron, según el sitio *Ecured*, 156 cubanos de las filas del Ejército Rebelde (18), Fuerza Aérea Rebelde (6), Policía Nacional Revolucionaria (20), Marina de Guerra Revolucionaria (2), Escuela de Responsables de Milicias (20), Sección Sanitaria de las Milicias Nacionales Revolucionarias (4), Base Granma (4), Batallón 111 (73), Batallón 113 (1), Batallón 114 (1), Batallón 120 (1), Batallón 116 (14), Batallón 117 (21), Batallón 144 (1), Batallón 148 (1), Batallón 180 (1), Batallón 211 (1), Batallón 225 (2), Batallón 219 (Colón) (6), Batallón 227 (Unión de Reyes) (2), Batallón 339 (Cienfuegos) (15), Milicias Territoriales (2). Catorce más morirían en los ataques a los aeropuertos de Ciudad Libertad y San Antonio de los Baños y en otras circunstancias.

Los brigadistas, siempre según Martínez-Malo, perdieron 104 vidas (53 durante la invasión misma y el resto en diferentes circunstancias) incluyendo las de cuatro norteamericanos. Casi 1,200 fueron tomados prisioneros. Cinco brigadistas fueron acusados de crímenes durante la dictadura de Batista y el 8 de septiembre de 1961 fueron condenados a muerte y fusilados; nueve fueron condenados a 30 años de prisión.

El 29 de marzo de 1962 1,179 brigadistas fueron llevados a juicio y, el 7 de abril, condenados a 30 años de prisión y a pagar 62 millones 300 mil dólares.

¡Ocho días entre el comienzo del juicio y la condena de más de mil acusados! La historia del juicio sumario, tristemente, se repetía. El sábado 25 de noviembre de 1871 eran arrestados en La Habana siete estudiantes de medicina. Dos días más tarde serían fusilados (el Consejo de guerra firmó la sentencia a la 1 de la tarde. A las 4 y 20 en los Barracones de Ingenieros, ubicados en la explanada de La Punta, el piquete de fusilamiento al mando del Capitán de voluntarios Ramón López de Ayala cumplía su misión).

Contrastemos estos episodios con el juicio a los atacantes del Cuartel Moncada en 1953: 122 acusados, 25 días de juicio (21 de septiembre-16 de octubre), 26 abogados, un largo discurso de autodefensa de Fidel, que recibió la mitad de años de condena de los brigadistas, y un buen número de absueltos.

Como resultado de arduas y complejas negociaciones, los presos de Girón llegaron a Estados Unidos tras de haber sido canjeados por equipos agrícolas, medicinas y comida por valor de 53 millones de dólares, esfuerzo privado que involucró en sus diferentes momentos a la ex primera dama americana Eleanor Roosevelt, la Cruz Roja Americana y al abogado James B. Donovan, todo con el apoyo del entonces Fiscal General Robert Kennedy, hermano del presidente (quien asumió completa responsabilidad por el fiasco). Frank de Varona escribe que el 23 y 24 de diciembre de 1962 1,113 prisioneros de guerra de la Brigada de Asalto 2506 fueron liberados.

Tengo en mi colección una foto del buque *African Pilot* llegando a Port Everglades, Florida el 27 de diciembre de 1962 con 923 refugiados a bordo. Junto con algunos invasores llegaban familiares cercanos de los brigadistas (la prensa reportó que el 70% eran mujeres y niños). La foto capta al niño Lorenzo Salas en la escalerilla, acompañado por un oficial. El Capitán Alfred Boerum se había negado a aceptar más pasajeros por considerarlo excesivo y peligroso. De Port Everglades los recién llegados se reunirían con sus seres queridos en Miami. Las salidas entre Cuba y Estados Unidos se cerrarían por varios años.

Para mejor entender la invasión de Playa Girón/Bahía de Cochinos estimo que hay que desdoblarla en sus dos caras. Fue, por un lado, un esfuerzo bélico en el marco de una guerra civil entre cubanos (¡otra más!), para reorientar el rumbo de la Revolución hacia los postulados que habían inspirado a la mayoría de sus líderes desde un principio: un regreso a la violentada Constitución de 1940.

Por el otro, un intento del gobierno norteamericano de aplastar al gobierno que había desafiado al «monstruo» en su propio traspatio y confiscado sus propiedades. Además, amenazaba la estabilidad del Caribe y ponía en tela de juicio la credibilidad de la Doctrine Monroe (1823) y los acuerdos adoptados durante la Décima Conferencia Interamericana de Caracas (1954), entre ellos la Resolución 93: «Se condenan las actividades del movimiento comunista internacional, por constituir una intervención en los asuntos americanos».

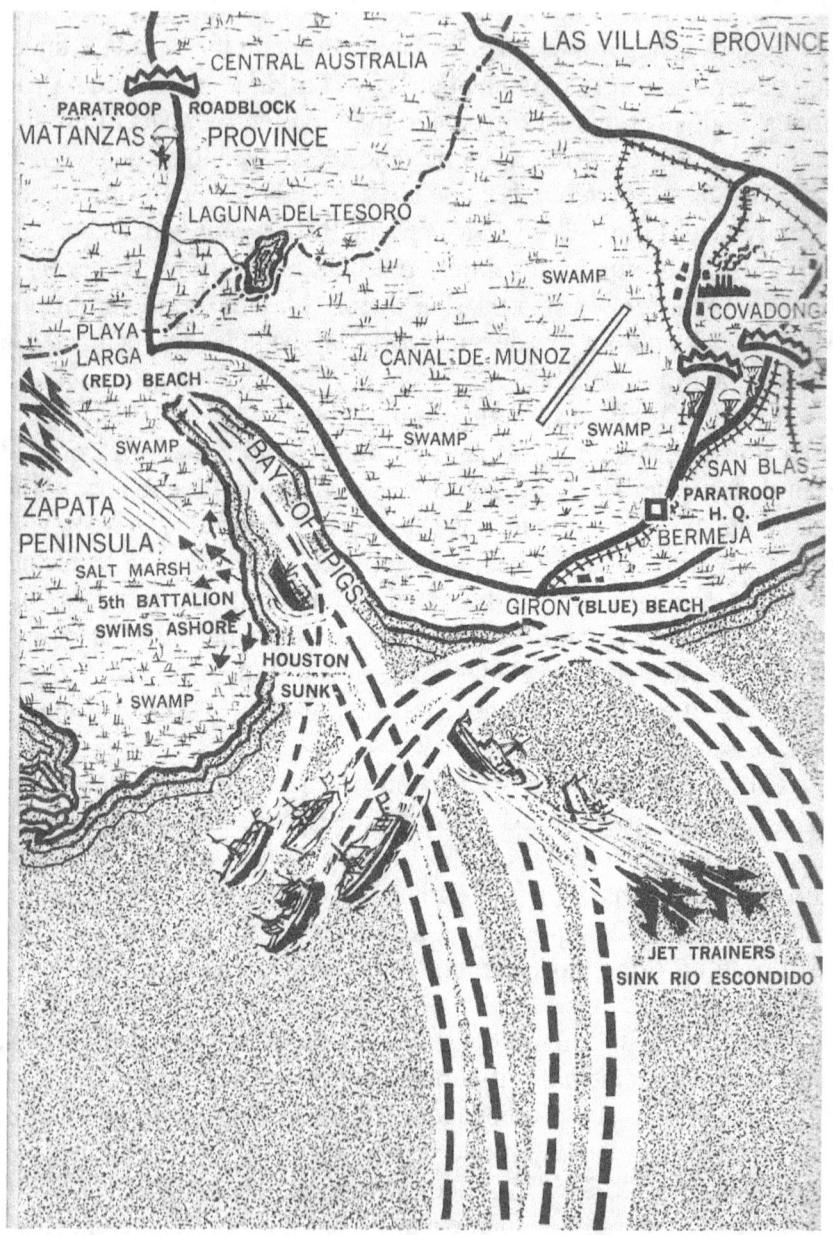

Mapa de las operaciones navales en Bahía de Cochinos/Playa Girón (1961). Guarda del libro de Haynes Johnson, *Bay of pigs: the leaders' story of brigade 2506,* New York, W. W. Norton, 1964

Ambas caras, ahora complementarias, se acuñaron en una misma moneda.

Como yo leo los textos y entiendo los contextos, ni el Martí de «Con todos y para el bien de todos», ni el Chibás del Aldabonazo, ni el René Guitart del Moncada, ni el propio Fidel de *La historia me absolverá,* ni el Manuel Urrutia del Voto Particular, ni el Rafael García Bárcena del *Redescubrimiento de Dios*, ni el Cosme de la Torriente del Diálogo Cívico, ni el Ramón Barquín de La Conspiración de los Puros, ni el Frank País de la iglesia bautista de Santiago, ni el Luis Arcos Bergnes del *Granma,* ni el José Antonio Echeverría de Radio Reloj, ni el Menelao Mora de Palacio, ni el Luis Vázquez Roque del *Corinthia*, ni «el Curita» de la Plaza del Vapor, ni el Eloy Gutiérrez Menoyo del II Frente del Escambray, ni el Felipe Pazos de la *Tesis económica del Movimiento 26 de Julio,* hubieran anclado nuestro barco en la playas de Marx, Lenin o Jruschov. Teniendo todo esto en cuenta, la presencia de cubanos en el *Houston* no es nada difícil de entender.

Entre los brigadistas venían muchos jóvenes de familias adineradas, es cierto, y las publicaciones de la Isla siempre subrayan este contexto para insinuar causalidades. Pero esa no era para nada la motivación principal de la inmensa mayoría de ellos, El gobierno español embargó los bienes de los patriotas de la Guerra de los Diez Años, pero no creo que sería razonable afirmar que los exilados afectados por la orden de Domingo Dulce del 15 de abril de 1869 (José Morales Lemus, Néstor Ponce de León, Manuel Casanova —padre de Emilia—. José Mestre, José María Bassora, José Fernandez Criado, Antonio Fernández Bramosio, Ramón Aguirre, José María Mora, Javier Cisneros, Tomás Mora, Federico Mora, Federico Gálvez, Francisco Izquierdo, Plutarco González y Joaquín Delgado), o el potentado Miguel Aldama, a quien le embargaron sus bienes tres meses más tarde el 16 de julio, persistieron en la lucha por la libertad de Cuba para recuperar sus propiedades confiscadas.

***

Al igual que los buques españoles de guerra en la Bahía de Santiago, el *Houston* permanece en aguas cubanas. Desde hace mucho los cubanos hicimos las paces con España. Hay una conmovedora tarja de mármol en el Museo de Guanabacoa pidiendo perdón para los españoles que enlutaron nuestros hogares. Nos revela nuestro mejor momento.

> Diciembre 26 de 1896
> Para las víctimas
> ¡La gloria!
> Para los victimarios
> ¡El perdón!

Y recibimos a la corbeta de guerra española *Nautilus* en la Bahía de La Habana solo 10 años después de la guerra, en 1908. Afortunadamente, hemos logrado cicatrizar aquellas heridas.

Pero cabría preguntarse: después de 57 años, ¿cuánto tiempo más habrá que esperar para que el Museo de Playa Girón nos presente una versión, con balance y empatía, de ambos lados de esta historia? Una visita reciente al museo de la Guerra Civil Americana en Gettysburg, Pennsylvania, me ha dado pie para esta reflexión.

88. BAHÍA DE NIPE

La Habana - Norfolk, Virginia
8 de agosto de 1961 - 17 de agosto de 1961

Aquellos doce cubanos estaban decididos a pedir asilo en los Estados Unidos. Se apellidaban Albella, Álvarez, Amarante, Barraza, Cardonne, Leyva, Mayordomo, Mazola, Merchán, Navarro, Parets y Tocoronte. Eran los tripulantes del *Bahía de Nipe,* que llevaba azúcar de Cuba hacia la URSS en virtud de los acuerdos celebrados en 1960 entre cubanos y soviéticos.

El *Bahía de Nipe* había sido un buque del gobierno norteamericano llamado inicialmente *Coastal Charger, nº 248730* y se utilizaba para navegar entre San Diego, San Francisco y puertos de Alaska. Junto con otros tres barcos *Bahía* (*Mariel, Matanzas* y *Nuevitas*) habían sido adquiridos para la incipiente Marina Mercante Nacional mediante Decreto Nº 2538 de 15 de octubre de 1946. El *Nipe* Llegó a La Habana el 16 de abril de 1948 y pasó a manos de Naviera VaCuba S.A. El Sr. Augusto Juarrero, ha colgado en internet todos estos detalles.

Desde esa fecha, *Bahía de Nipe* se destinó principalmente a llevar azúcar hacia Galveston, Nueva York, Pensacola, Savannah y Tampa. Pero ahora, en agosto de 1961, eliminada la cuota azucarera que regulaba la venta de azúcar cubano en Estados Unidos y rotas las relaciones entre los dos países, se le encomendaba llevar su dulce carga a la Unión Soviética. Los doce tripulantes, sin embargo, tenían otra idea. Aprovecharían el paso del buque por aguas cercanas a Estados Unidos para desviar la nave hacia sus costas y solicitar refugio.

Al acercarse a las aguas territoriales americanas la Guardia Costera los obligó a enrumbarse hacia Lynnhaven, Virginia y de ahí al puerto de Norfolk. Era el 17 de agosto de 1961. La tripulación pidió asilo y el gobierno cubano protestó pidiendo la devolución del barco y su carga. Por su parte, la administración americana (que, aunque enemiga jurada del gobierno revolucionario, ya se encontraba apoyando esfuerzos que culminarían en delicadas negociaciones sobre el canje de los brigadistas prisioneros de Bahía de Cochinos) le dió la razón al gobierno de la isla.

Y al día siguiente de este incidente, Dean Rusk, entonces Secretario de Estado, escribió a Robert Kennedy, que por esas fechas era Fiscal General: «se ha determinado que la liberación de este barco evitaría trastornos ulteriores en nuestras relaciones internacionales». Era a todas luces sorprendente que los americanos no aplicaran la ley del Talión.

No todos, claro, estuvieron de acuerdo con esa determinación. Y entonces llegaron los abogados. Abogados de la United Fruit, desde cuyos almacenes confiscados había salido el azúcar. Abogados de los tripulantes. Abogados de otros acreedores. Y abogados de la Naviera VaCuba, que había sido expropiada. Todos reclamaban compensación del gobierno cubano. Y la confiscación y venta de un barco con su cargamento representaría, aunque no lo suficiente, al menos algún dinero para comenzar a indemnizar las pérdidas.

Y así empenzó en las cortes federales del Distrito Este de Virginia el caso *Rich v. Naviera Vacuba, SA*. Pero los abogados de los reclamantes no lograron convencer al juez, porque la jurisprudencia indicaba que «los barcos y su carga expropiados y en posesión del soberano extranjero tienen inmunidad [y no pueden ser llevados a los tribunales]». Una corte americana fallaba favor del mismo gobierno cubano que había confiscado a sus ciudadanos y lanzaba improperios anti-yankis por todas partes (puede leerse la decisión bajo 197 F. Supp. 710 (1961). ¡Esto sí que era el colmo!

Los perdedores apelaron, como es natural, pero la Corte de Apelaciones del Cuarto Circuito, para sorpresa y decepción de los reclamantes, afirmó la decisión anterior (295 F.2d 24). Tres años después, nada menos que la Corte Suprema de Estados Unidos reafirmaría y aclararía en su importante caso *Banco Nacional De Cuba v. Sabbatino* (376 U.S. 398 (1964)) la doctrina conocida como «Acción Estatal» (*Act of State*). La corte aclaró allí dos cosas importantes. Primero, que la Doctrina de Acción Estatal (que concede a otro país inmunidad de jurisdicción en sus cortes) se aplica en casos de expropiaciones extranjeras, aún si se alega que viola la ley internacional; segundo, que es preferible que sea el Poder Ejecutivo, y no el Judicial, quien trate de resolver los temas de expropiación como este. Importante contribución cubana a la jurisprudencia americana (no sería la última).

Pero regresemos a la *Naviera VaCuba*, que es la que nos interesa en esta historia. Julio Lobo Olavarría (1898-1983) había adquirido 85% de sus acciones el 18 de noviembre de 1958 (el 15% restante pertenecía a Fulgencio Batista a través del bufete Pérez Benitoa, Lamar y Otero) pero la empresa había pasado a manos del estado por la Ley 841, de 30 de junio 1960. Y es por eso que Julio Lobo aparecía ahora ante las cortes americanas reclamando su *Bahía de Nipe,* aunque sin éxito. Éxito, sin embargo, es lo que siempre había acompañado a Lobo.

Algunos dicen que había nacido en Curaçao, Antillas Holandesas, otros, que en Caracas, de padres judíos. Lo cierto es que fue en barco que Julio Lobo llegó a Cuba, y llegó a ser el hombre más rico de la isla. John Paul Rathbone ha escrito una importante biografía suya, la cual el prestigioso intelectual y amigo Rafael Rojas recomienda a quienes «todavía dudan de que en Cuba hubo una burguesía nacionalista, que llegó a identificarse con muchos de los valores originarios de la Revolución» y a aquéllos que «todavía insisten en imaginar a toda aquella burguesía como batistiana y como opositora al gobierno revolucionario desde enero de 1959».

Lobo adquirió una fortuna colosal, entre 85 y 100 millones de dólares. En *Los Propietarios de Cuba, 1958,* Guillermo Jiménez enumera sus «16 centrales, 2 refinerías, 1 corredora de azúcar, 22 almacenes de azúcar, 1 agencia de radiocomunicaciones, 1 banco, 1 naviera, 1 aerolínea, 1 aseguradora, y 1 petrolera».

El historiador Manuel Moreno Fraginals (1920-2001) nos ha dejado esta viñeta de su persona y su obra

> Conocí a Don Julio y admiré su enorme capacidad empresarial, así como su integridad y su amor a la historia. A Don Julio le debemos el más grande museo Napoleónico fundado fuera de Francia. Gracias a Don Julio Cuba posee la mejor biblioteca azucarera del mundo. Gracias a él llegaron a Cuba documentos de todo el mundo azucarero y

nunca permitió que esta riqueza documental se sacara de Cuba (*Encuentro* 14, otoño de 1999).

No todos admiraron a Julio Lobo, claro. En la *Bohemia* del 20 de junio de 1969 una nota al pie de una caricatura del magnate nos dice: «Especulación sin fronteras. De origen judío. Las instituciones de caridad jamás recibieron un donativo de él». Cuando en nuestra Isla se lanzó la llamada «Ofensiva Revolucionaria» un tristemente memorable 13 de marzo de 1968, y se confiscaron los hasta los últimos timbiriches —55,636— de la red comercial cubana aún en manos privadas («especuladores, proxenetas, contrabandistas integraban la última ola del pasado culpable» escribiría *Bohemia* el 22 de marzo de 1968), una nota de prensa que recuerdo haber leído argumentaba que «detrás de cada fritero se agazapa un Julio Lobo». Quizás sea este miedo el que continúa paralizando a las autoridades cubanas del siglo XXI a seguir avanzando por los caminos del cuentapropismo.

Los restos de Julio Lobo reposan en la catedral de la Almudena en Madrid. Dicen que pidió ser enterrado con una bandera cubana. Aunque sus huesos no están en Cuba, su memoria ha quedado entre las piedras de la *Dolce Dimora* de Orestes Ferrara, que hoy alberga su preciada y preciosa colección de objetos napoleónicos frente a la Universidad de La Habana.

Los restos del *Bahía de Nipe* tampoco quedaron en la Isla. Fue desguazado en Cartagena de Indias, Colombia, el 16 de marzo de 1987. El santoral celebra ese día la festividad del Santo Patriarca Abrahám. Según un portal católico que consulté en internet, el Patriarca «Vivía en la ciudad de Ur, cerca de los ríos Tigris y Eúfrates, cuando Dios le pidió el sacrificio de alejarse de su tierra, que era muy fértil, y de su hermosa ciudad e irse a un país desconocido y desértico, lejos de familiares y amigos».

89. *COVADONGA*

La Habana - La Coruña
17 de septiembre de 1961 - 27 de septiembre de 1961

Al salir el *Covadonga* de Veracruz hacia España aquel día de septiembre de 1961 no se imaginaría su capitán lo que encontraría al hacer escala en el puerto de La Habana. Caos.

El gobierno cubano había dado la orden de expulsar a 131 sacerdotes y religiosos, incluyendo a Monseñor Eduardo Boza Masvidal, Obispo Auxiliar de La Habana, y a todos elllos se les encaramó involuntariamente en el *Covadonga* hacia España. Por aquella época la prensa y las caricaturas pro-gubenamentales tildaban a los curas de «falangistas». Con esta medida sin precedentes en nuestra historia, la Revolución se los despachaba al Falangista-en Jefe, Francisco Franco.

Para entender el contexto de esta medida hay que remontarse a las crecientes tensiones entre la flamante revolución dirigida por Fidel Castro y la progresiva desilusión de miembros de la Iglesia (jerarquía y laicado) hacia un régimen que, nacido del «humanismo» consagrado en la Constitución de 1940 y en la promesa de elecciones en 18 meses se enrumbaba hacia el comunismo.

La Iglesia Católica no había sido indiferente a la lucha fratricida del período batistiano. Su episcopado, en la declaración *En favor de la paz,* firmada el 25 de febrero de 1958, había dicho:

> ¿Qué pide la Iglesia? Pide, con el peso incontrastable de su tradición milenaria y de su autoridad espiritual en vastas zonas de la ciudadanía, lo que han venido pidiendo baldíamente hasta ahora, las instituciones cívicas, culturales, profesionales y fraternales: —soluciones eficaces que puedan traer de nuevo a nuestra patria la paz material y moral que tanto necesita. Pide a todos los que militan en campos antagónicos a que cesen en el uso de la violencia. Y, a ese objeto, fía en aquellos que de veras aman a Cuba sabrán acreditarse ante Dios y ante la historia, no negándose ningún sacrificio, a fin de lograr el establecimiento de un gobierno de unión nacional, que pu-

diera preparar el retorno a nuestra patria a una vida política y pacífica y normal.

[...] el episcopado cubano clama patéticamente por la paz. Se dirige a unos y a otros y se declara al margen de toda bandera política. Brinda a los llamados a decidir en este importante asunto, la ayuda de sus más ardientes oraciones y, si se acepta por las partes, su apoyo moral. Y, juntamente, ofrece una fórmula concreta: un gobierno de tregua que viabilice el retorno, ya apremiante, a la convivencia civilizada. A Dios rogando y con el mazo dando. Es una actitud transida de espíritu cristiano y, por ende, irreprochable.

Además, muchos habían sido los católicos implicados en la lucha armada y el clandestinaje contra el dictador. Un documentado artículo de Eduardo Vázquez Pérez en la edición de *El Caimán Barbudo* del 4 de diciembre de 2011 nos recuerda el secuestro del cómico argentino Pepe Biondi por los revolucionarios del 26 de julio para evitar que Biondi saliera esa noche por televisión (el Movimiento de Resistencia Cívica había declarado «Día de Resistencia Absoluta», sin espectáculos ni bares). Se necesitaba una persona de respeto y confianza para devolver a Biondi a su embajada después del secuestro y sería Monseñor Manuel Rodríguez Rosas, entonces párroco de Arroyo Arenas y luego Obispo de Pinar el Río, quien se prestaría para esa delicada misión.

También queremos recordar aquí a cuatro jóvenes de la Agrupación Católica Universitaria asesinados en el Pan de Guajaibón cuando intentaban alzarse (Javier Calvo Formoso, José Ignacio Martí Santa Cruz, Julián Martínez Inclán, Ramón Pérez Lima). Tampoco podemos olvidar a los varios sacerdotes que acompañaron espiritualmente a los guerrilleros, como los padres Guillermo Sardiñas, Francisco Guzmán y Donato Cavero.

Al triunfo de la Revolución la inmensa mayoría de los cubanos, incluyendo los católicos, apoyaron el liderazgo de Fidel. El Arzobispo de Santiago de Cuba, Monseñor Enrique Pérez Serantes, escribiría en su pastoral *Vida Nueva* de 3 de enero de 1959

> El empeño tesonero de un hombre de dotes excepcionales, secundado con entusiasmo por la casi totalidad de sus comprovincianos, y por una parte muy considerable del pueblo de Cuba ... han sido los caracteres con los cuales la Divina Providencia ha escrito en el cielo de

Cuba la palabra TRIUNFO, en virtud de la cual el Jefe máximo del Movimiento ha podido llevar de Oriente a Occidente el laurel de la victoria extraordinariamente resonante.

Tengo también en mi colección una estampita del Sagrado Corazón, seguramente impresa en los primeros meses de 1959, con una «Oración por Fidel». Por tratarse de una pieza poco conocida la reproduzco aquí para mejor entender aquellos tiempos:

> Tu que todo lo puedes Padre Santo
> te ruego en mi oración todas las noches
> que ampares a Fidel con tu sagrado manto
> y aunque soy pecador no me reproches.
>
> Gracias te doy porque a mi amado suelo
> le diste a Martí para guiarnos
> y al vernos naufragando desde el cielo
> acudiste a FIDEL a rescatarnos.
> ...
> Ampáralo Señor, no lo abandones
> en el momento crucial de su existencia.
> Cuba es feliz tan llena de ilusiones
> Porque refleja en FIDEL vuestra presencia.

Los católicos —como el resto del pueblo— comenzaron el 1959 llenos de ilusiones. Varios miembros del primer Consejo de Ministros del Presidente Urrutia inspiraban a muchos gran confianza (Primer ministro: José Miró Cardona; Bienestar Social: Elena Mederos; Estado: Roberto Agramonte Pichardo; Hacienda: Rufo López Fresquet; Justicia: Ángel Fernández; Obras Públicas: Manuel Ray Rivero). Pronto, sin embargo, comprendieron que el gobierno tomaba medidas cada vez más consonantes con las ideas de Marx, Lenin, Mella y Blas Roca que con las de Céspedes, Martí y Chibás. Y para una persona de fe ya eso era otra cosa, pues sus enfoques sobre el hombre y sus circunstancias partían desde puntos de vista diametralmente opuestos: teísta y ateo.

No era la iglesia quien se equivocaba en su diagnóstico. Es cierto que Fidel había negado de palabra que era comunista en varias ocasiones: el 17 de abril de 1959 *(«he dicho de manera clara y terminante que no somos comunistas»)*; el 8 de mayo *(«¿Por qué cuando decimos que nuestra revolucion no es comunista, por qué cuando probamos que nuestros ideales se apartan de la doctrina comunista... ¿por qué ese empeño en acusar a nuestra revolucion de lo que no es? Si nuestras ideas fuesen comunistas lo diríamos»*); y el 2 de julio (*«toda esa campaña [de] comunista es una campaña falsa, campaña canallesca»*).

Pero las acciones eran más elocuentes. Y en efecto, ya el 16 de abril de 1961 declararía el carácter socialista de la Revolución en 12 y 23 en el Vedado. Apenas dos meses y medio de la expulsión de los curas él mismo confesaría *«creo absolutamente en el marxismo»*... *«lo digo aquí con entera satisfacción y con entera confianza: soy marxista-leninista y seré marxista-leninista hasta el último día de mi vida»* (discurso del primero de diciembre de 1961). Fidel lo volvería a confirmar el 22 de diciembre de ese año (*«Y esa esperanza, esa gran esperanza de mañana, ¡eso es socialismo!, y por eso ¡somos socialistas!, y por eso, ¡seremos siempre socialistas!, ¡por eso somos marxista-leninistas!, ¡y por eso seremos siempre marxista-leninistas!»*).

Los curas habían estado claros. Y es que la coexistencia entre el comunismo y catolicismo no había sido exitosa en el pasado. Primero, recordaban la experiencia anti-clerical de la Guerra Civil española y las imágenes y testimonios de conventos e iglesias saqueados por los rojos (tengo en mi poder una estampita comprada en Cuba recordando a Sor Asunción Evangelista Valcárcel donde se menciona que el 4 de septiembre de 1936 «se presentaron los marxistas a quemar las Sagradas Imágenes en el Asilo de Avilés»).

Conocíamos, además, la experiencia de los los países de Europa Oriental donde los regímenes comunistas habían severamente limitado la libertad de culto de sus ciudadanos. No olvidaban tampoco que el Cardenal Josef Mindszenty (1892-1975) había sido conenado a cadena perpetua en Hungría y, liberado durante el efímero alzamiento húngaro de 1956, había tenido que refugiarse en la embajada americana en Budapest.

No era solamente la iglesia, por supuesto, la que se había horrorizado con la situación húngara. Recordemos la reacción de Raúl Roa, quien luego sería el Canciller de Cuba en los primeros años de la Revolución, a dichos eventos («El ejemplo de Hungría», *En pie,* Las Villas, 1959, pp. 217-219):

> ...los brutales métodos empleados por el ejército soviético para reprimir la patriótica sublevación del pueblo húngaro ha suscitado la más severa repulsa de la conciencia libre del mundo...
> Los crímenes, desmanes y ultrajes perpetuados por los invasores han promovido enérgicas censuras y numerosas deserciones entre las focas amaestradas y los lacayos parlantes de Moscú.
> Si al valor no siempre acompaña la fortuna, nunca se pierden, sin embargo, las batallas que se libran por la libertad y la cultura contra el despotismo y la barbarie. El ejemplo de Hungría corrobora, una vez más, la plena validez del aserto.

Al lector que desee leer documentos contemporáneos para escuchar el lenguaje y el tono de los protagonistas les recomiendo especialmente el discurso de Fidel del 10 de agosto de 1960 («traicionar al pobre es traicionar a Cristo») y las pastorales de Monseñor Pérez Serantes —el mismo que había saludado el triunfo de Fidel un año antes—, *Por Dios y por Cuba* (20 de mayo de 1960), *Ni traidores ni parias* (2 de octubre de 1960), *Roma o Moscú* (30 de octubre de 1960) y *Con Cristo o contra Cristo* (23 de diciembre de 1960). Es importante también leer la *Circular Colectiva del Episcopado Cubano* del 7 de agosto de 1960 (y en contra de la cual Fidel reaccionaría 3 dias después). También debe recordar el lector que en mayo y junio de 1961 se habían confiscado los colegios católicos. La expulsión de los sacerdotes no era sino otro paso más en ese ciclo de hostilidades e incomprensiones mutuas.

Para analizar las caricaturas anticlericales de la época remito al lector a la revista *Islas* (1-4, 1961), así como la compilación *Cuba sí/curas no* (Habana, Ediciones R, 1963) de René de la Nuez (1937-2015). Para encontrar su eco en la música es útil recordar, para poner todo esto en su contexto, la canción *Preparando la maleta,* del cantautor cubano Carlos Puebla (1917-89):

> Señores, vamos a hablar
> con la voz un poco dura
> este asunto de los curas
> ya no se puede aguantar

Solavaya...
Solavaya...
¡Que se vayan los falangistas
a conspirar a otras playas!
...

En sus colegios se encierra
una enseñanza insolente
envenando la mente
de los niños de esta tierra.

El *Diario Las Américas* en su edición del 7 de enero de 1982 ha consignado para la posteridad la lista de todos los 131 expulsados en el Covadonga y aquí lo resumo. Sacerdotes del clero secular (43), Jesuitas (26), Franciscanos (21), Sociedad Misiones Extranjeras de Quebec (7), Salesianos (6), Carmelitas (5), Paúles (5), Capuchinos (4), Escolapios (3), Dominicos (3), Pasionistas (2), Congregación del Santísimo Sacramento (2), Hermanos de la Caridad (2), Hermanos de San Juan de Dios (1) y Hermanos de La Salle (1) (Más de 100 hermanos de La Salle habían llegado a Miami por avión poco antes, el 25 de mayo). En otros barcos saldrían muchísimos más religiosos y sacerdotes.

No son pocas las personas que conocen de la expulsión de estos religiosos. Muchas menos saben que, durante la larga travesía a España, ellos aprovecharon para hacer «un retiro en el mar», en sabias palabras de Monseñor Agustín Román (1928-2012), testigo presencial. «La tarde la dedicábamos a orar y reflexionar en un salón en que se nos permitía reunirnos... Al revisar el pasado encontrábamos deficiencias voluntarias e involuntarias en el trabajo pastoral».

Esas reflexiones, que nos sitúan en la Cuba de esos tiempos, constituyen un monumento a la capacidad de nuestros pastores de acercarse a la más serena, completa, objetiva y aguda autocrítica que posiblemente se hiciera la Iglesia cubana hasta entonces. Y a planificar para un futuro mejor. Su texto, de obligada consulta a los interesados, puden encontrarlo en *Cor Unum et anima una* (Miami, Creced, 2014).

Subrayamos que fue en un barco que un sector importantísimo y altamente representativo de la Iglesia cubana trataría de comprender su trayectoria y formularía juiciosas directivas para enderezarla. Varios de los expulsados, incluyendo Francisco Oves (1928-90) que llegaría a ser Arzobispo de La Habana, lograrían con el tiempo regresar a la Isla. No olvidarían estas reflexiones a bordo del *Covadonga*.

Nos relata Monseñor Román que, llegados a La Coruña el 27 de septiembre de 1961

> al salir del barco la prensa esperaba a Mons. Boza. Un periodista, asombrado al ver entre tantos pasajeros a 131 sacerdotes expulsados, le dijo al Obispo: «Parece que Dios se ha olvidado de la Iglesia en Cuba» y el Obispo respondió: «No, parece que Dios quiere que la Iglesia en Cuba sea misionera».

Han propuesto a Boza para Santo. Después de esa respuesta, no es para menos.

90. EMBARCACIONES DESCONOCIDAS
Gdansk, Polonia-La Habana
¿?- Noviembre de 1961

Si hay una actividad en Cuba (y por doquier) que ocurre principalmente en barcos es la pesquería. Una lista con los nombres de todos los buques pesqueros que han surcado nuestras costas requeriría muchas resmas de papel o varios megabytes. No son pocos los documentos y anuarios estadísticos que me han guiado por estos rumbos y desde aquí agradezco a sus autores.

Siendo Isla, estamos rodeados de peces por todas partes: de hecho, son más de 600 especies agrupadas en 153 familias. De la pesca vivían nuestras comunidades aborígenes y no serían pocas las canoas que llevaron peces para alimentar a sus familias. También durante el período colonial la actividad pesquera tuvo cierta relevancia. Sin embargo, una tabla preparada por Orestes Gárciga Gárciga indicando el porcentaje de personas ocupadas en este sector durante seis décadas nos muestra un panorama bastante desolador:

1846	1862	1899	1907	1919
1.0%	0.1%	0.4%	0.2%	0.2%

Durante los primeros años del siglo XX, en 1911 se creó una Junta Nacional de Pesca; en 1923 se emite el Decreto 752, Reglamento General de Pesca; en 1936 la Ley General de Pesca; y en 1955 se crea el Instituto Nacional de Pesca. En 1933 se había establecido la primera planta para enlatar langosta en la Coloma, (Pinar del Río), llegando a ser 4 en 1942 y 9 en 1948.

Según Martha Martínez Samalea y Electo Pedrosa Pinto, hacia 1958 trabajaban en Cuba 13,500 pescadores (en su mayoría gente humilde), con 3 mil embarcaciones de madera «cuya eslora promedio oscilaba entre los 9 y 12 m., de las cuales un 70% navegaba al remo o a la vela y un 45% tenía de 10 a 25 años de antigüedad».

El promedio de producción ese año fue de 60 toneladas diarias, sin duda una cifra importante si tenemos en cuenta que en 1948 había sido solo de 22.7. Por regla general se pescaba en aguas cubanas. Según José Suárez Caabro, en 1958 Cuba consumía más de 60 millones de libras de pescado y mariscos. No he estudiado los patrones de consumo, pero recuerdo en mi niñez que en muchas casas solo se comía pescado los viernes, y eso por cumplir con una norma católica vigente en aquellos tiempos. Y menos del 1% de nuestros campesinos comían pescado, según una encuesta de la Agrupación Católica Universitaria en 1957. Insólito para una isla. Pero, claro, en nuestra Isla siempre han pasado muchas cosas insólitas. Y hemos vivido de espaldas al mar. Como la gente que se sienta en el Malecón habanero.

Después de 1959 el panorama cambió radicalmente. En enero de 1960 se unificaron todas las cooperativas pesqueras dentro del Instituto Nacional de Reforma Agraria (INRA) y 3 años más tarde el gobierno había entregado a las cooperativas 200 barcos tipo *Sigma* de 33 pies de eslora, y otras de tipo *Ómicron* y *Cárdenas*.

Las próximas décadas fueron testigo de un espectacular desarrollo en la industria pesquera cubana. En 1965 se fundó la revista *Mar y pesca* y hojeando sus páginas uno puede recorrer el camino andado por nuestros hombres (y mujeres) de mar. Creo entender que los principales pilares de esta nueva etapa fueron la creación de una poderosa flota pesquera estatal y la decisión de ir a conquistar los mares allende nuestro archipiélago.

Algunas fechas y datos:

1961. En noviembre de 1961 llegan a La Habana, procedentes de Gdansk, los dos primeros arrastreros de hierro adquiridos en Polonia. Venían acompañados de seis pescadores de esa nación para entrenar a los cubanos en el arte de pesca de red de arrastre a media agua y de fondo a 150 brazas de profundidad.
El 31 de marzo de 1960 Cuba había firmado un Convenio Comercial con Polonia para la compra de barcos, helicópteros, aviones comerciales y maquinarias que Cuba pagaría con azúcar, minerales y otras mercancías; el 24 de mayo partía hacia Varsovia (y otras capitales del mundo socialista) una misión

comercial encabezada por Antonio Núñez Jiménez (1923-98); y el 17 de junio llegaba a Cuba otra misión comercial polaca. El 2 de julio se firmaba el Convenio Cubano Polaco de Asistencia Técnica y Científica y ya el 30 de agosto los dos países habían establecido relaciones diplomáticas, siendo designado Salvador Massip (1891-1978) como nuestro primer embajador. Meses después, en enero de 1961, en los astilleros de Gdansk se había botado el barco mercante de 10 mil toneladas *Comandante Camilo Cienfuegos* y es posible que ese antecedente haya influenciado a las autoridades cubanas a pensar en barcos polacos a la hora de organizar la flota pesquera nacional. Con la llegada de estos barcos polacos se abre un nuevo e importante capítulo en la historia de la pesca en Cuba.

1962. El 26 de junio se funda la Flota Cubana de Pesca. En sus comienzos opera con el bacaladero *Guanahacabibes* (adquirido antes de 1959) y la draga *Siguanea*. El remolcador *Nicasio* se incorpora en julio.

1962. Compra de cinco buques atuneros japoneses, entre ellos *Aguja, Albacora, Delfín* y *Dorado*.

1963. Se fabrican en Cuba los barcos *Lambda* y *Ro*, que se alejan a zonas de pesca en Yucatán y la Florida, aumentándose las capturas de serrucho, pargo y cherna.

1965. Se emite una serie postal de seis valores con diferentes tipos de barco de la flota pesquera (*Goleta, Ómicron, Victoria, Cárdenas, Sigma* y *Lambda*).

1963. De Alemania Oriental llegan los barcos *Calamar, Caibarién,* y *Lenguado*.

1964. Se crea la Flota del Golfo.

1966. Dos buques congeladores (*Guasa* y *Biajaiba*) junto con 20 atuneros y cuatro bacaladeros son adquiridos en España. Se capturaron ese año casi 5 mil 400 toneladas de pescados.

1966. El 25 de septiembre se inauguró el puerto pesquero de La Habana, fruto de la colaboración entre el gobierno cubano y el Ministro soviético de pesca Aleksander Ishkhov, comenzada cuatro años atrás.

1967. Un reporte sobre la industria pesquera de Cuba aparecido enel *Commercial Fisheries*, editado por el Buró de Pesca Comercial del Departamento del Interior de Estados Unidos, comenta que en los útimos siete años Cuba ha duplicado su captura a 50 mil toneladas al año, incursionando en aguas el Atlántico e incluso el Pacífico. También reporta la construcción de astilleros en Manzanillo, Gibara y Puerto Padre. Entre 1961 y 1966 los astilleros cubanos fabricaron 680 nuevos barcos pesqueros. Además de la Flota Cubana de Pesca, se han creado la Flota del Golfo y la Flota de Cayo Largo.

1968. Se crea la Flota Camaronera del Caribe.

1969. Llegan dos buques de transporte frigorífico (*Océano Pacífico* y *Océano Índico*) comprados a Cantiere Navale de Breda, Venecia, Italia. También entra en servicio el *Mar Caribe*.

1960s. Arriban a La Habana los Atuneros españoles: Entre otros: *Alecrín, Arenque, Atún, Bajonao, Bonito, Jurel, Merluza, Mero, Pargo, Rascacio, Róbalo, Ronco* y *Sierra*.

El período entre 1970 y 1979 fue de gran expansión en la flota cubana. La siguiente tabla la he tomado de mi amigo Sergio Díaz Briquets, que, a su vez la toma del *Anuario Estadistico de Cuba para 1980* (FPC es Flota Pesquera de Cuba; FG, Flota del Golfo; FC, Flota Camaronera).

	1970	1972	1972	1973	1974	1975	1976	1977	1978
FPC	34	36	36	26	26	29	31	38	42
FG	89	87	60	58	52	53	118	116	110
FC	123	125	127	126	123	140	170	182	123

Por su parte, la Flota de Plataforma experimentó los cambios:

	<18"	18-24"	25-33"	34+
1979	173	178	388	946
1980	202	146	365	1,074

1970s. Desde Vigo llegan los buques *Biajaiba, Camarón, Cherna, Golfo de Méjico, Golfo de Tonkin, Guasa, Manjuarí, Mar Caribe, Mar del Plata, Mar Océano* y *Tiburón*.

1970s? Llegan seis buques pesqueros de la clase «Atlantik», construidos en Stralsund, Alemania Oriental: *Playa Colorada, Playa Duaba, Playa Girón, Playa Larga, Playa Varadero* y *Playitas*.

1975-1979. 26 unidades de la clase *Río Damují,* construidos en Astilleros y Construcciones (ASCON) en Vigo se incorporan a la flota. Dos de ellos, *Río Damují* y *Río Jatibonico* se transformaron en patrulleros oceánicos de la Marina de Guerra de Cuba.

1978. Cuba emite 5 sellos ilustrando algunos tipos de barcos de la flota: Cerquero-atunero (1¢); Escamero de ferrocemento (2¢); Camaronero de ferrocemento (5¢); Arrastrero por la popa (10¢); y Transportador refrigerado (30¢).

1985. Se publica en La Habana el libro ilustrado *La Industria Pesquera. Obra genuina de la Revolución.* Se informa que la nueva industria pesquera cubana «ha dado empleo digno a 42 mil personas». Es un año pico para la industria pesquera cubana: 213 mil toneladas de pescado.

1990. Discurso de Fidel el 28 de septiembre: «ante los problemas que se presentaron en Europa del Este y en la Unión Soviética, es la idea de un período especial en época de paz».

1999. Se introduce la claria o pez gato — de Tahilandia y Malasia— como solución parcial al problema de importaciones en el sector alimenticio. Lamentablemente, es una especie depredadora y representa un peligro para otras especies. Además de que puede aparecerse en cualquier momento en una alcantarilla en plena calle. En Cuba se cultiva especialmente en la Empresa de Preparación Acuícola Mampostón (La Habana) y en la Estación de Alevinaje de Paso Malo (Granma). Su producción ha evolucionado de la forma siguiente, en numero de toneladas de captura:

2000	2003	2007	2010
28	438	3,889	5

2001. Fin de la Flota Cubana de Pesca como se había conocido. Su captura ese año solo llegó a 16,354 toneladas. Entre el 2005 y el 2010 las cifras de captura bruta total (pescado, cobo, ostión, almeja, langosta, camarón de mar, camaronicultura) registradas son las siguientes

2005	2006	2007	2008	2009	2010
51,342	54,796	61,199	60 941	64 890	55 416

Del perfil que la Organización para la Agricultura y la Alimentación (FAO) preparó con relación a la pesca en Cuba en 2015 copiamos los párrafos pertinentes:

El sector pesquero y acuícola de Cuba es un contribuyente importante a la seguridad alimentaria, (suministrando 5.5 kg anual per cápita en 2011), a los beneficios económicos (con exportaciones e importaciones de productos pesqueros estimados en 71 y 25 millones de USD respectivamente en 2013), y a los beneficios sociales (7, 480 empleos directos en 2013) [Notar que en 1985 trabajaban en el sector 42 mil personas].

La producción pesquera de captura se ha reducido a 23,000 toneladas en 2010-2013, una décima parte de su máximo en 1986 cuando el país pescaba también en aguas distantes, y se compone principalmente de la langosta común del Caribe, peces marinos y tilapia azul. En el 2013 un total de 700 embarcaciones componían la flota pesquera; con más de la mitad motorizadas. La producción de la acuicultura ha mostrado una gran fluctuación y fue de 29 600 toneladas en 2013- siendo de mayor importancia las especies de agua dulce.

Es curioso como uno puede leer estas cifras, pero no enterarse realmente de lo que pasa en una casa típica cubana. Por muchísimos años, la captura y consumo privado de langosta y camarón estuvieron penalizados (se reservaban para exportación o venta a hoteles en divisa). Mas allá de de los problemas de transporte y refrigeración —y las malditas espinas— en mis andanzas por Cuba me he percatado que que el pescado nunca ha alcanzado la popularidad de las aves o la carne de puerco (pues la carne de res también ha estado prohibidísima, carísima o perdida).

Pero la dura realidad cotidiana es que, aún si quisieras adquirir algún espécimen de fauna marina, cuando llegas a la bodega y presentas la libreta de racionamiento lo más probable es que te den «pollo por pescado». En ninguna otra parte del planeta se usa esa frase. Es otro neologismo criollo que no se conocía en tiempos de los cubanísimos catauros de Pichardo, Zayas o Don Fernando. Ésos eruditos jamás escucharon esa expresión, harto oida por esas heroínas que son las amas de casa criollas.

Yo había escuchado a Eliseo Grenet decir *si me pides el pescao, te lo doy*. Pero si lo que te dan es pollo...

91. *BAHÍA DE NIPE*

La Habana – Casablanca, Marruecos
Diciembre de 1961 - Enero de 1962

Que los pueblos de África pudieran ocupar un lugar especial en el corazón del pueblo cubano, dada nuestra historia y composición racial, no debería sorprendernos. El conocido refrán «el que no tiene de congo tiene de carabalí» nos hace a los cubanos particularmente cercanos al continente desde donde la emblemática Lucy salió hace más de 3 millones de años a poblar el resto del mundo (al menos desde el punto de vista ancestral).

Mucho más sorprendente, sin embargo, resultó para muchos el escuchar a Nelson Mandela (1918-2013) un 26 de julio de 1991 decir:

> El pueblo cubano ocupa un lugar especial en el corazón de los pueblos de África. Los internacionalistas cubanos hicieron una contribución a la independencia, la libertad y la justicia en África que no tiene paralelo por los principios y el desinterés que la caracterizan.

Todo comenzó realmente con el *Bahía de Nipe*, el mismo buque que, algunos capítulos atrás, vimos en 1961 retenido en Estados Unidos y poco después devuelto al gobierno de Cuba por sugerencia del Departamento de Estado y decisión de las cortes federales. En aquel momento transportaba azúcar a la Unión Soviética. Ahora transportaba armamento a Marruecos.

El periodista argentino Jorge Ricardo Masetti, representando al gobierno cubano, había llegado a Túnez en octubre de 1961 para ofrecer ayuda al Frente de Liberación Nacional de Argelia. En diciembre de ese año partía de La Habana el *Bahía de Nipe* con más de mil qiuinientas armas para los argelinos del FLN. Los fusiles norteamericanos habían sido capturados al ejército de Batista y la artillería había sido aquirida en Europa (en reciprocidad, el general Charles DeGaulle prohibió a Cubana de Aviación sobrevolar territorio francés). El *Bahía de Nipe* tendría aún otra misión que cumplir: en su viaje de regreso a La Habana transportaría 78 guerrilleros heridos y veinte niños refugiados.

Con este viaje, Cuba comenzaría un capitulo inédito en su historia: apoyo militar a fuerzas anticolonialistas africanas. A esta solidaridad bélica, algunos años más tarde y también en Argelia, Cuba comenzaría otro capítulo también inédito: se iniciaba la colaboración médica internacional cubana con el envío, el 23 de mayo de 1963, de los primeros 55 cooperantes. Un tercer pilar de este espíritu internacionalista lo constituiría la colaboración docente.

La bibliografía sobre la presencia cubana en Africa es amplia y mucho debemos para su comprensión a los trabajos, entre otros, del profesor Piero Gleijeses. Un número creciente de militares ex combatientes de Angola y Etiopía han publicado sus memorias. Tambien hay reseñas sobre colaboración médica. Aquí solo quiero colocar unos pocos datos claves.

COOPERACIÓN MILITAR. Los hitos principales son:
1963. Octubre de 1963-abril de 1964. Apoyo de Cuba (686 efectivos, en composición de un batallón de Tanques y unidades de Artillería y de aseguramiento) al dirigente argelino Ahmed Ben Bella contra el ejército marroquí.
1965. El Ché Guevara y un grupo de cubanos trabajan secretamente en el Congo. El traductor del Ché, Freddy Ilanga, es llevado a Cuba después de la misión para evitar que las informaciones confidenciales se filtraran. En Cuba se convertiría en cirujano, pero no pudo contactar a su familia africana hasta mucho después. Katrin Hansing ha preparado un interesante documental sobre el tema.
1975. Agosto de 1975-mayo de 1991. Operación Carlota en Angola. Más de 337 mil militares y 50 mil colaboradores participaron en batallas como Quifangondo, Ebo, Morros de Medunda, Cangamba, Sumbe y Cuito Cuanavale.
1980s? En la región de Punta Negra, República del Congo, un contingente cubano sirvió de apoyo de las tropas que defendían Cabinda (Angola).

1978. Enero de 1978- septiembre de 1989. Operación Baraguá en Etiopía. 41 mil 730 militares cubanos se enfrentaron a las fuerzas de Somalia.

Según el sitio web oficial de Cubadefensa, en estas misiones internacionales participaron 385 mil 908 combatientes cubanos, sufriendo casi 2,400 perdidas humanas. Sin entrar a discutir cuán exactas son estas cifras (el presidente surafricano Jacob Zuma dijo en La Habana el 30 de noviembre de 2016 que «Cuba desplegó casi medio millón de soldados y oficiales en África para respaldar las luchas por la independencia nacional o en contra de la agresión extranjera durante 30 años»), 386 mil cubanos significa casi la población total de la provincia de Cienfuegos. Y eso son muchísimos cubanos.

COPERACIÓN MÉDICA. Entre 1963 y 2012, 45 488 colaboradores trabajaron en 38 países africanos.

COLABORACIÓN DOCENTE. Estrenada en Yemen del Sur en 1976, llegaría a Jimma, Etiopía (1984), Guinea Bissau (1986), Mbarara, Uganda (1988), Thamale, Ghana (1991), Huambo, Luanda (1992), Gambia (2000), Guinea Ecuatorial (2000) y Eritrea (2003).

Como hemos visto, no han sido pocos los cubanos que han servido, en diferentes campos, en tierras africanas. A pesar de ello, siempre me ha llamado la atención que, a distinción de los (más o menos) caucásicos que, al llegar a España, encuentran al llegar una «madre patria» bastante familiar y no son nada ajenos ajenos al entorno que descubren, exploran y hasta conquistan, rara vez he escuchado el testimonio de un cubano afrodescendiente expresarse de esa manera sobre su llegada al continente de sus (bis)abuelos. Y fueron bien pocos los negros y mestizos cubanos que se entusiasmaron con los proyectos panafricanos del garveyismo en las primeras décadas del siglo XX.

Desconocimiento profundo y la mayor de las indiferencias con relación a las geografías, historias, culturas y lenguas africanas caracterizan a la mayoría de nuestros negros y mestizos (por no hablar del resto de la población). Al menos esa ha sido mi experiencia. Y aunque he visto muchos criollos sirviendo de guías habaneros a turistas en inglés, francés, portugués, italiano, alemán, ruso, polaco y checo no he visto a ninguno hacerlo en swahili, kikongo o kanurikanembu.

Decía Cintio Vitier en *Lo cubano en la poesía* que «un negro cubano típico se parece mucho más a un blanco cubano típico que a un negro de África». Eso fue en 1958. Habría que preguntarse si 60 años después y medio millón de cubanos pasados por África más tarde algo ha cambiado.

¿Serán muchos los que en la Cuba de hoy lloran en Yoruba?

92. BUCAREST / БУХАРЕСТ

Odessa - La Habana
? - 25 de octubre de 1962

En la medida en que las relaciones entre Cuba y Estados Unidos se deterioraban, especialmente después de la invasión de Bahía de Cochinos, el gobierno soviético incrementó su ayuda militar a Cuba. El 26 de julio de 1962 Fidel declaraba que

> el único peligro que tiene nuestra patria es el peligro de la invasión directa de las fuerzas armadas yankis. Y frente a ese peligro tenemos que prepararnos, frente a ese peligro tenemos que organizar nuestras defensas, frente a ese peligro tenemos que tomar también las medidas necesarias.

El gobierno norteamericano seguía de cerca estos movimientos, pero no parecía demasiado preocupado. El presidente Kennedy en conferencia de prensa del 13 de septiembre dijo que las nuevas armas soviéticas enviadas a Cuba «no constituían una amenaza seria a ninguna otra parte de este hemisferio»; y el 19 de septiembre de 1962, un reporte oficial (*NIE 85-3-62, The Military Buildup in Cuba*) concluyó que era más probable que los soviéticos intentaran establecer una base de submarinos que cohetes intercontinentales. Pero incluso a esas alturas la inteligencia militar americana pensaba que ambas opciones eran tan arriesgadas que posiblemente los rusos no se atreverían a ninguna.

Y en eso se revelaron y analizaron cuidadosamente las fotos de los aviones U-2 que sobrevolaban la Isla. Esta información confirmó una formación trapezoide en la parte occidental de Cuba, consistente con un perímetro de defensa para plataformas de lanzamiento de cohetes ofensivos. Alarmados por estos y otros reportes, los americanos decidieron intensificar los vuelos sobre el Occidente cubano. Los historiadores atribuyen el éxito de esta operación a

Arthur Lundhal (1915-92), jefe del centro de interpretación fotográfica de la CIA.

Entre el 15 y el 22 de octubre sobrevolaron 22 misiones, descubrieron emplazamientos militares soviéticos en cuatro localidades: San Cristóbal, Sagua La Grande, Guanajay y Remedios, y concluyeron que los cohetes de mediano alcance podrían llegar a ser operacionales el día 28. Al mismo tiempo, varios barcos soviéticos con carga militar surcaban el Atlántico con destino a la isla. Los próximos 13 días serían los más peligrosos que ha vivido el mundo en toda su historia (esperemos que las tensiones entre Estados Unidos y Corea del Norte agudizadas en 2017 no nos desmientan).

La noche del 22 de octubre el presidente Kennedy se dirigió a la nación —y al mundo— por televisión anunciando un bloqueo naval («cuarentena») de Cuba. Al día siguiente tendría lugar una confrontación entre los delegados norteamericanos y soviéticos en Naciones Unidas los primeros acusando (con fotos) y los segundos negando (sabiendo que mentían).

La cuarentena comenzó a las 10 de la mañana del 24 de octubre y hacia Cuba enfilaban 19 buques soviéticos. La tensión no podía ser mayor. Diecisiete de los buques dieron marcha atrás; el *Gagarin/ Гагарин* escapó de algún modo la vigilancia y logró atracar en Cuba, pero el petrolero *Bucarest/ Бухарест* continuó su ruta como si nada estuviera sucediendo.

En respuesta, los americanos enviaron al *Essex* y al *Gearing* los cuales, a las 7:15 am del día 25 interceptaron al *Bucarest*. El *Gearing* envio una señal lumínica y recibió como respuesta «Mi nombre es *Bucarest*, barco ruso del Mar Negro con destino a Cuba».

Aunque en teoría el bloqueo aplicaba a todos los barcos, este era obviamente un petrolero sin carga ofensiva. Los americanos tomaron fotos de cubierta que no revelaron nada amenazante y los tripulantes soviéticos respondieron que solo llevaban petróleo. Los americanos decidieron dejarlo pasar aún si técnicamente violaba la orden ejecutiva, porque evidentemente concluyeron que el riesgo de una guerra nuclear era demasiado peligroso para confrontar a la Unión Soviética con el barco equivocado.

Si la historia del *Bucarest* nos dice algo es que los riesgos hay que analizarlos con sentido común y pragmatismo y no solamente en términos ideológicos o con tecnicismos inflexibles.

Conocemos el desenlace de estos eventos. Los americanos y soviéticos llegaron a un acuerdo: La URSS retiraría las armas de Cuba y los americanos se comprometerían a no invadir a Cuba. Al igual que sucedió con el Tratado de París de 1898, los cubanos no pintábamos para nada en las negociaciones.

Fidel respondió a Norteamerica con sus Cinco Puntos:

1- Cese del bloqueo económico y de todas las medidas de presiones comerciales y económicas que ejercen los Estados Unidos en todas las partes del mundo contra Cuba.
2- Cese de todas las actividades subversivas, lanzamientos y desembarcos de armas y explosivos por aire y mar, organización de invasiones mercenarias, infiltración de espías y sabotajes, acciones todas que se llevan a cabo desde el territorio de los Estados Unidos y de algunos países cómplices.
3- Cese de los ataques piratas que se llevan a cabo desde bases existentes en los Estados Unidos y en Puerto Rico.
4- Cese de todas las violaciones del espacio aéreo y naval por aviones y navíos de guerra norteamericanos.
5- Retirada de la base naval de Guantánamo y devolución del territorio cubano ocupado por los Estados Unidos.

Cincuenticinco años más tarde los puntos 1 y 5 siguen sin resolverse. Sabemos que el punto 4 no se había cumplido en 1970 cuando aviones norteamericanos fotografiaron las bases soviéticas en Cienfuegos. Mientras no se desclasifique toda la información relevante no podría asegurar nada con respecto al punto 2. Pero, al igual que Cuba ha tenido y debe tener actualmente espías en Estados Unidos, sospecho que los americanos también han infiltrado espías en Cuba a lo largo de estas décadas (de hecho, se intercambió uno en 2014 a la hora de anunciarse el restablecimiento de relaciones). El único punto que parece haberse efectivamente eliminado es el número 3. Sabremos más cuando ambos países hayan hecho pública toda la información relevante.

Supongo que Fidel respondería a Jruschov con otros puntos, muchos de ellos en florido lenguaje que la letra impresa no alcanzaría a reflejar.

El pueblo cubano respondió con la única arma a su alcance, el humor: «Nikita, Mariquita, lo que se da no se quita».

93. *MAGDEBURG*

Dagenham, Londres - La Habana
Octubre de 1964

Había mucha neblina aquella fría noche otoñal en Londres y en medio del Támesis los dos barcos chocaron el 27 de octubre de 1964. Uno de ellos era el buque japonés *Yamashiro Maru,* el otro el *Magdeburg,* con bandera de Alemania oriental. El capitán de este último, el británico Gordon Greenfield, diría años más tarde que a pesar de la neblina había buena visibilidad, pero el barco japonés había violado la ley internacional emitiendo señales engañosas y chocó contra su buque. El japonés llegaba a Londres vacío mientras que el *Magdeburg* había salido de las afueras de esa metrópolis con un cargamento de 42 (otras fuentes dicen 24) guaguas británicas Leyland para Cuba.

Las Leyland no necesitaban presentación en La Habana. El servicio de tranvías urbanos había comenzado el 3 de septiembre de 1901 pero, luego de cinco décadas de servicio rodante, expiró a las 12:08 de la madrugada del martes 29 de abril de 1952. Los últimos en conducir un tranvía fueron el motorista J. Amonedo y el conductor M. Rey. La modernidad remplazaría el viejo vagón eléctrico con «las enfermeras» de los Autobuses Modernos S.A., precisamente guaguas Leyland de la serie *Royal Tiger.*

Después de 1959, con la reorientación de nuestro comercio hacia latitudes más orientales, llegaron a Cuba autobuses soviéticos (Paz, ZIL Liaz 158), húngaros (Ikarus 620) y checos (Skodas RTO Karosa). Pero parece que estas guagas no dieron la talla en el trópico y, luego de concederle un crédito a Cuba por 10 millones de dólares pagaderos en 5 años, la compañía Leyland se preparaba para regresar a Cuba con un contrato por 400 autobuses de 45 pasajeros. El primer envío de 16 guaguas había llegado bien a La Habana el 15 de julio de 1964 y ahora en octubre se embarcaban 24/42 guaguas en el *Magdeburg* para disfrute de nuestros capitalinos.

Pero el *Magdeburg* jamás llegó al Malecón. Se volteó esa noche del 24 en el Támesis y, aunque no hubo pérdidas humanas (tripulación de 54 y 2 pasajeros), las guaguas se dañaron con el chapuzón y la compañía Leyland, luego de contabilizar sus pérdidas parciales (y supongo que las aseguradoras las compensó) las utilizó para uso doméstico. Los ingleses aceptaron la teoría del accidente y no hubo ninguna investigación formal.

Aunque estábamos nominalmente en tiempos de paz, no dejaban también ser tiempos de guerra fría, de espías y acciones encubiertas. Y una década mas tarde, en 1975, dos periodistas norteamericanos, Jack Anderson (1922-2005) y Les Whitten (1928) divulgaron que lo del *Magdeburg* no había sido accidente sino sabotaje de la CIA.

En su artículo, aparecido en *The Washington Post* del 14 de febrero de 1975, los periodistas citan fuentes, que no mencionan, dentro de la CIA y la Agencia de Seguridad Nacional (NSA). Según éstas, el choque fue «arreglado por la CIA para evitar que las guaguas llegaran a Cuba». Para los americanos esta venta era una brecha en el embargo que habría que cerrar.

En el 2008 John McGarry, historiador naval que examinó documentación recabada en la entonces RDA, concluyó que el buque japonés chocó deliberadamente contra el alemán de alguna manera bajo instrucciones de la CIA. Pero no todos los estudiosos del tema, ni el propio capitán del *Magdeburg*, concuerdan con esa conclusión que, por demás, implicaría algún tipo de colusión entre la CIA y el oficial a cargo de señales u otros del barco nipón.

Yo no he logrado examinar documentos originales y aunque no descarto *a priori* ninguna teoría, no puedo afirmar que la CIA estuvo (o no) involucrada. Y tampoco entiendo bien la lógica del supuesto sabotaje pues, al ocurrir fuera de Cuba y sin implicar ciudadanos cubanos, no acabo de entender cómo se pretendía dañar efectivamente a la Isla (que, en todo caso, no pagaría por material no entregado). Porque, además, el choque ocurrió no con el primer envío de guaguas sino el segundo.

Finalmente, para que un sabotaje funcione políticamente y la gente se amedrente o se cree un clima de desconfianza, todos tienen que enterarse de que se trata de una actividad subversiva y algún grupo debe reclamar la paternidad. Esto jamás ocurrió.

Sin reclamo de responsabilidad, en 1964 la Leyland creyó que se trataba de un accidente y no de una amenaza para que desistiera de sus actividades comerciales. En tales circunstancias, ciertamente no modificaría su decisión de seguir supliendo a Cuba de guaguas. En todo caso, Cuba no sufrió daño alguno excepto algún pequeño retraso en la llegada de los transportes. Porque la Leyland cumplió su parte del contrato y entregó nuevas guaguas.

A pesar de este contratiempo inicial, las Leyland conquistaron La Habana. He leído que las primeras que llegaron hacían el recorrido La Víbora-tunel de Línea (ruta 37) y después sirvieron los trayectos Víbora hasta Jacomino, Mantilla, Miramar y la Lisa, (rutas 2, 10, 15, 22, 32, 34, 64, 69, 79 y 100). Un sello postal de 3 centavos emitido en 1965 las ha hecho imperecederas.

En 1994 se creó la empresa estatal Metrobús. Fue la época de los camellos, «abultadas bestias de 18 ruedas, mutantes de hierro construidos con dos autobuses de la era soviética, soldados entre sí sobre una plataforma y jalados por otro vehículo» al decir de un articulista del periódico *Nación* de Costa Rica (24 de abril de 2008). Muchos cubanos prefieren olvidar los sinsabores de este largo período que exigía una proeza olímpica cotidiana a quien quisiera moverse dentro la ciudad.

A partir de 2007 llegaron guaguas chinas y los camellos desaparecieron. Como mucho antes habían desaparecido los mismísimos Reyes Magos.

94. *CERRO PELADO*

Santiago de Cuba - San Juan, Puerto Rico
10 de junio de 1966 - 11 de junio de 1966

«Con OEA o sin OEA ganaremos la pelea». Esa era una consigna que escuché de joven en las calles de la Habana en agosto de 1960. A solicitud del gobierno de Perú (sin duda influenciado por el gobierno de Ike Eisenhower), la Organización de Estados Americanos (OEA) había convocado la VII Reunión de Consulta de Ministros de Relaciones Exteriores para los días del 22 al 29 de agosto, en San José de Costa Rica.

Durante esa reunión se aprobó la Declaración de San José, que formulaba, entre otros, tres principios que son necesarios recordar para poder entender la convulsa década del 60 en nuestro hemisferio. «La Reunión»—decía el texto:

    1. Condena enérgicamente la intervención o amenaza deintervención, aún cuando sea condicionada, de una potencia extracontinental en asuntos de las repúblicas americanas, y declara que la aceptación de una amenaza de intervención extracontionental por parte de un Estado americano pone en peligro la solidaridad y la seguridad americana, lo que obliga a la Organización de los Estados Americanos a desaprobarla y rechazarla con igual energía.

    2. Rechaza asimismo la pretensión de las potencias sino soviéticas de utilizar la situación política, económica o social de cualquier Estado americano, por cuanto dicha pretensión es suceptible de quebrantar la unidad continetnal y de poner en peligro la paz y la seguridad del Hemisferio.

    4. Reafirma que el sistema interamericano es incompatible con toda forma de totalitarismo y que la democracia sólo logrará la plenitud de sus objetivos en el Continente cuando todas las repúblicas americanas ajusten su conducta a los principios enunciados en la Declaración de Santiago de Chile, aprobada en la Quinta Reunión de Consulta de Ministros de Relaciones Exteriores, cuya observancia recomienda a la brevedad posible.

El gobierno cubano respondió con su propia *Declaración de La Habana* el 2 de septiembre de 1960, pero ahora lo que deseo destacar es cómo aquella consigna desafiando a la OEA en 1960 sirvió de modelo para otra consigna de 1966: «¡Hacia Puerto Rico con permiso o sin permiso!».

Para celebrar los X Juegos Centroamericanos y del Caribe de 1966 —evento que desde 1926 se había venido celebrando cada cuatro años— se había seleccionado como sede a San Juan de Puerto Rico, y tendría lugar del 11 al 25 de junio de 1966. Se cursaron invitaciones a 18 países que competirían en 17 disciplinas deportivas con un total de 1,689 atletas.

Cuba, situada en el centro del Caribe, estaba por supuesto invitada. Pero el status legal de Puerto Rico no permitía a las autoridades locales emitir visas a extranjeros, pues esto le correspondía al servicio norteamericano de inmigración.

Una vez más la política interferiría con valiosos esfuerzos de intercambio cultural y deportivo entre las naciones (recordemos que al ruso Boris Pasternak no le permitieron viajar a Europa a recibir su premio Nobel de Literatura en 1958; que Cuba se retiró de las Olimpíadas de Los Ángeles en 1984 y de Seúl en 1988; y que muchos de nuestros compatriotas de Miami han objetado repetidamente a la presencia de delegaciones artísticas de la Isla en territorio americano).

Pero el gobierno cubano no aceptaría la demora en recibir las visas y «¡Hacia Puerto Rico con permiso o sin permiso!» sería la divisa. El 10 de junio de 1966 más de 315 atletas cubanos, entrenadores, personal médico y árbitros se trasladaban a bordo del mercante cubano *Cerro Pelado,* construido en España en 1964 y ahora capitaneado por Onelio Pino, desde Santiago de Cuba hasta las aguas de San Juan. Lo insólito de la situación, las imágenes en la prensa y las presiones que llegarían de todas partes al gobierno americano hicieron que, a última hora, le concedieran las visas a los deportistas criollos, que lograron, contra viento y marea –literalmente— competir en San Juan. Gracias al documental de Santiago Álvarez podemos 50 años después viajar a San Juan, también nosotros, en el *Cerro Pelado.*

Es importante señalar que, aunque los atletas sí llegaron a tierra el 11 de junio, al *Cerro Pelado* no lo dejaron: los deportistas tuvieron que ser transportados a la costa en el remolcador *Peacock* y en lanchones. No he analizado los detalles, pero pienso que, además del contexto político reinante, estaría presente el tema jurídico de una nave propiedad del gobierno cubano y muchas personas y entidades fuera de Cuba con reclamaciones económicas por las confiscaciones en 1960. Si, además de negarles las visas, los americanos hubieran intervenido el barco en territorio de Puerto Rico (y, por tanto, americano), el escándalo hubiera sido muchísimo más sonado.

Los deportistas cubanos, con su abanderado el velocista Enrique Figuerola, llegaron al estadio enarbolando banderas puertorriqueñas. Al final quedaron en segundo lugar, detrás de México, y conquistaron para su pueblo 35 medallas de oro, 19 de plata y 24 de bronce.

Viajarían a Santiago de Cuba de regreso en el *Cerro Pelado,* pero no se irían de Puerto Rico tan pelados después de todo.

95. *OCHÚN*

Miami - Mariel
20 de abril de 1980 – 21 de abril de 1980

Que Fidel Castro llegue a un acuerdo con un veterano invasor de Bahía de Cochinos no es algo que sucede con frecuencia. Pero así fue. En medio del caos que se avecinaba (más de 10,000 personas estaban hacinadas en la Embajada del Perú), Fidel se puso de acuerdo con Napoleón Vilaboa, participante en el «Diálogo» de 1978 que había logrado la liberación 3,900 presos políticos, para que se organizara una flotilla y los cubanos de Miami pudieran ir ordenadamente a Cuba y recoger a sus familiares que así lo quisieran.

En una entrevista con Juan O. Tamayo publicada en *El Nuevo Herald* el 16 de mayo de 2010, Vilaboa revela todos los detalles de cómo Fidel fue a verlo a su hotel en La Habana, escuchó su proposición y tres días más tarde, ya en Miami, el entonces coronel del Ministerio del Interior Tony de la Guardia (1939-89) le dijo «El Número Uno dijo sí, que todo sería a través del Mariel".

El día 20 de abril de 1980 saldría de Miami el *Ochún*, propiedad de Vilaboa, rumbo a la Isla. Cuarenta embarcaciones más lo acompañarían. Resulta verdaderamente providencial que el primer barco en zarpar llevara el nombre de Ochún, la orisha africana de las aguas dulces, y que, aunque es un personaje muy distinto a la Virgen María, en ese ajiaco cubano donde todo está mezclado, remite al nombre sincretizado de la Virgen de la Caridad, ella misma rescatada del agua por la embarcación de los Tres Juanes en 1612.

Nadie hubiera podido sospechar ese día 20 que cinco meses más tarde habrían salido de Cuba 125 mil compatriotas por el Mariel. Fue uno de los eventos más lacerantes de nuestra historia reciente, que desató la ira —apoyada por el oficialismo— de muchas personas dentro de la Isla, las cuales se ensañaron contra los que simplemente querían emigrar (derecho, por demás, consagrado por el Artículo 13.2 de la Declaración Universal de Derechos Humanos

«Toda persona tiene derecho a salir de cualquier país, incluso el propio, y a regresar a su país»).

Todo había comenzado en la Embajada del Perú, en la quinta avenida de Miramar. El 1 de abril de 1980 un grupo de cubanos encabezados por Héctor Sanyústiz, evidentemente desesperados por salir de la Isla, chocaron una guagua (en la que, por cierto, iban otros pasajeros ajenos al plan) contra la reja de la embajada y penetraron en su espacio diplomático para pedir asilo político. Y, en breve, entraron al limitado perímetro 10,800 personas. Nunca antes en nuestra historia había pasado algo remotamente parecido.

La válvula de escape de esa caldera a punto de explotar vino a proveerla el acuerdo entre el régimen cubano y Vilaboa de permitir que cada cubano que llegara con un bote a Cuba pudiera sacar dos parientes, aunque también tenía que llenar la embarcación de otros desconocidos, muchos de ellos criminales, o con enfermedades mentales, que fueron sacados de cárceles y asilos para crear una situación inmanejable en Estados Unidos.

El éxodo comenzó el 20 de abril, pero no fue hasta el 5 de mayo que, frente a un imparable *fait accompli*, el presidente Jimmy Carter dijo que dentro de la Casa Blanca había organizado un grupo bajo Jack Watson para lidiar con esta emergencia y que continuaría ofreciendo «un corazón abierto y los brazos abiertos a los refugiados que buscan libertad de la opresión comunista y de las privaciones económicas causadas principalmente por Fidel Castro y su gobierno».

Pero eso fue casi dos semanas después del comienzo del éxodo que no daba señales de detenerse. Que un simple cubano de la esfera privada, sin cargo oficial o mandato alguno, y no, por ejemplo, el Ministro de Relaciones Exteriores americano, haya podido «negociar» la inmigración de decenas de miles de personas con otro jefe de estado es tan, pero tan, insólito que seguramente pasará a los anales de la Inmigración Americana como la aberración más grande jamás ocurrida dentro del sistema.

Si hay una imagen que, por encima de todas otras, simboliza el Mariel es la de los barcos. Cientos y cientos y cientos de ellos. En fila hacia el Mariel o regresando a la Florida. Por días, semanas y meses. Cargando dolor y esperanza. A todo esto, se sumó la avaricia de los especuladores que, confiando en que la ley de oferta y demanda trabajaría en su favor, exigirían precios abusivos. Un testimoniante recuerda que en Cayo Hueso «se vendieron embarcaciones casi inservibles por sumas fabulosas de entre 60 y 80 mil dólares».

Vista aérea de la flotilla del Mariel (1980). En Fernando Dávalos, *La frontera en Mariel,* Habana, Ediciones Unión, 1983. Portada

Un recorrido por la sección de imágenes y otras fuentes en internet y la prensa nos revela los nombres de algunos de estos barcos que cambiaron las vidas de tantas personas: *Americana, Amerikana, Angeliza, Anna Maria II, Atila, Best Girl, Big Baby, Big Bruce, Big Cat, Blanchie III, Capt. Crocker, Capt. Preston, Cary, Claudia, Crazy Legs, Dos Hermanos, Dr. Daniels, El Camino, El Carey, El Dorado, El Tormento, Estelita, Evelyn Maria, Fantasy, Foxfire, Foxy Lady, Freedom, Galaxy, God's mercy, Gulf Star* (que trajo a Sanyústiz y su familia el 16 de mayo), *Gypsy, Happy Daze IV, Indian, Jehovah Jireh, Jenlyn, La Abella, Lazaro I, Lolli-Pop, Mañana* (que trajo a Mirta Ojito), *Mary D. M., Mary Evelyn, Mary Lou, Master's Lee, Matilde, Michael James, Milagros, Miss Atlantic, Miss Sunsbury, Moonlighter, Moss Sally, Nettie May, Ocean Queen, Pumpkin's dream, Red Cloud, Red Diamond, Royal Flush III, Rubber Duck, San Lázaro* (que trajo a Reinaldo Arenas), *Sandra J., Santa Fe, Sea Castle, Silver sea, Tempest, The Last One, The Mahogony Manor, Trojan Horse, Ulises, Valencia, Vaya con Dios, Viking* y mil quinientos más.

Ciento cincuenta y nueve días. Eso fue lo que duró el éxodo. El 26 de septiembre saldrían los últimos 150 barcos en el puerto, sin permitírseles traer a más nadie.

Imposible medir el impacto de este tsunami humano y político en breves párrafos. Una de las principales consecuencias fue que, simnultáneamente, unió y dividió familias. Lo más triste es que aún hay heridas no cicatrizadas de esos momentos. Y, aunque comprensible, es lamentable.

Si la salida de la Isla había causado sinsabores a los refugiados, la llegada a Estados Unidos fue también traumática. Y, para muchos de ellos (no la mayoría, pero sí un buen número), fue desconcertante al ver que aquí también serían discriminados hasta por los propios cubanos que habían llegado antes. Allá «escoria» y aquí «marielito». El que desde Cuba enviaran criminales no ayudó para nada.

He leído que en las entrevistas a los entrantes por Mariel 23 mil declararon tener antecedentes penales. Pero como el gobierno cubano ha criminalizado actividades que no son delito en la mayor parte de otras sociedades (expresarse contra el gobierno, tener divisa, matar una res, vender mariscos, transportar papa, entrar en un hotel), no es sencillo sacar conclusiones sin matizar más los datos. Cuando digo que para estos compatriotas «no fue fácil» me quedo corto.

El 9 de de diciembre de 1983 Hollywood nos presentaría su versión del marielito. Y la popularidad de la película, junto con la tendencia de muchos a creer todo lo que ven en la pantalla grande, complicó aún más la tarea de logar una visión balanceada del éxodo de 1980. Con guión de Oliver Stone y dirección de Brian de Palma, Al Pacino encarnaría al cubano Tony Montana en la nueva versión de *Scarface / Caracortada*.

No más llegar a la Florida, Tony acepta el encargo de matar a otro marielito que había sido un torturador en Cuba. De ahí en adelante Tony acepta otros «trabajitos» relacionados con tráfico de droga y, hora y media mas tarde, termina con un imperio dentro de ese inframundo. Al final matan a Tony en su mansión. Cae del primer piso en la piscina interior que estaba presidida por una estatua sujetando a un globo terráqueo rodeado de un cartel lumínico que anuncia lo que pudo haber sido: «El mundo es tuyo» *(«The World is yours»).*

No, Tony Montana, el mundo no iba a ser tuyo. A la corta pasan muchas cosas. Pero, a la larga, el mundo es de los que combinan honestidad, inteligencia, estudio, trabajo, disciplina, sacrificio y algo de (o mucha) suerte. Ese y no otro es el llamado «sueño americano». Lo que tu trajiste —y recogiste— fue una pesadilla. Lamentablemente, manchaste para siempre la imagen de tantísima gente honrada que vino por el Mariel.

96. EMBARCACIÓN DESCONOCIDA

Cárdenas - Fort Lauderdale, Florida
21/ 22? de noviembre de 1999 - 25 de noviembre de 1999

Elizabet y Juan Miguel se habían casado en Cárdenas, pero después de seis años de matrimonio decidieron separarse. Bueno, no del todo, pues continuaron en una relación para tener el hijo que siempre habían ansiado (no es el más común de los desenlaces, pero la vida es siempre mucho más compleja de lo que uno piensa). Finalmente, un hijo les nació el 6 de diciembre de 1993, en pleno Período Especial. Como el niño significaba tanto para ambos, le inventaron un nombre que incluyera de alguna manera también los de ellos. Tomarían la primera parte del nombre de la mamá (Eli) y la segunda del final del nombre del papá (an): Elián.

Elizabet Brotons continuó viviendo su vida en Cárdenas, compartiendo el cuidado del niño con su ex esposo. Seis años más tarde, con su nuevo novio, Lázaro Munero, tomó la decisión que cientos de miles de sus compatriotas ya habían tomado: emigrar clandestinamente a la Florida. Sin consultar a Juan Miguel, recogió a Elián y tomaron una lancha que partió el 21-22 de noviembre hacia el Norte. De haber llegado todos a tierra Elizabet y su hijo se hubieran acomodado de alguna manera en Miami. Pero ni ella ni el novio sobrevivieron. ¡Cuánta desesperación tiene que haber para tomar una decisión que conlleva tantísimos riesgos!

A Elián, de casi 6 años, lo encontraron solo flotando en una llanta cerca de Ft. Lauderdale el 25 de noviembre. Durante los próximos siete meses sucedieron muchos eventos que, para mejor comprensión, he resumido en 15 fechas claves.

1) 1999. 25 de noviembre. Los hombres que recogieron a Elián, Donato Dalrymple y Sam Ciancio, entregan al niño al servicio de Guardacostas, y de ahí al hospital infantil Joe Dimaggio. El

servicio de inmigración pone al niño bajo la custodia de sus tíos abuelos por parte de padre, Lázaro y Delfín González.
2) 26-27 de noviembre. El gobierno cubano exige la devolución del niño y Juan Miguel González, padre de Elián, escribe una carta pidiendo regresaran a su hijo. Se cuestiona la veracidad de los deseos de Juan Miguel, argumentando presión por parte del gobierno cubano.
3) 10 de diciembre. La familia de Miami presenta formalmente solicitud de asilo en Estados Unidos para Elián.
4) 2000. 5 de enero. La Comisionada Doris Meissner del Servicio de Inmigración rechaza la solicitud de asilo y ordena el regreso de Elián a Cuba antes del 14 de enero. Demostraciones en Miami en contra de la decisión.
5) 7 de enero. Lázaro González comienza juicio en las cortes estatales para solicitar custodia del niño. Tres días más tarde la corte del Circuito le otorga custodia temporal. Dos días después la Fiscal General Janet Reno rechaza la decisión de la corte estatal e indica que el tema debe ventilarse en las cortes federales.
6) 21 de enero. Las dos abuelas de Elián vajan a los Estados Unidos para solicitar la devolución del nieto. La madre de Elizabet dijo a la prensa: «Si ustedes quieren ayudarnos, ayúdennos a regersar a Elián a su casa».
7) 9 de marzo. La corte federal del Distrito rechaza la solicitud de asilo.
8) 30 de marzo. Al Gore, entonces candidato Demócrata a la presidencia, manifiesta su apoyo una ley que permita a Elián quedarse en los Estados Unidos mientras se resuelve la disputa sobre custodia en las cortes de familia de la Florida.
9) 6 de abril. Juan Miguel, acompañado de su nueva esposa y del medio hermanito de Elián, llega a los Estados Unidos para aclarar dudas de que estaba presionado por el régimen y de que era un buen padre. Reiteraría en toda ocasión su deseo de llevarse a Elián.
10) 12 de abril. La Fiscal General Janet Reno ordena a Lázaro González que le entregue el niño al padre. Lazaro rehúsa. Cadenas de simpatizantes rodean su casa y hacen vigilias noctur-

nas para impedir que sacaran al niño. La prensa escrita y televisiva dieron amplia cobertura a estos eventos.
11) 14 de abril. Se difunde un video donde Elián expresa su deseo de quedarse en Estados Unidos. Otros comentan que Elián estaba presionado por sus familiares de Miami para expresarse de esa manera. Además, era solo un niño que acababa de perder a su madre y estaba rodeado de cariño, juguetes y atención en una ciudad que no había conocido el Período Especial.
12) 19 de abril. La Corte Federal del Circuito de Atlanta acepta la solicitud de la familia de Miami de detener la deportación de Elián.
13) 22 de abril. En vísperas de Pascua Florida, oficiales de inmigración entran en casa de la familia González y, a las 5 de la madrugada y a punta de rifle, se llevan al niño que estaba dentro de un closet. El fotógrafo cubano Alan Díaz tomó la instantánea que dio la vuelta al mundo mostrando el drámatico momento, lo cual le valió un premio Pulitzer. Pandemonium en Miami. El líder de la Mayoría en el Senado americano, Trent Lott, comentó: «Yo pensé que esto solo sucedía en la Cuba de Castro».
14) 11 de mayo. La Corte Federal de Atlanta rechaza la solicitud de asilo de la familia González. Varios intentos legales más para lograr el apoyo de las cortes incluyendo la Corte Suprema, tampoco le dieron la razón a la familia de Miami.
15) 28 de junio. Elián regresa a Cuba con su familia de la isla. Sacudidas quedan ambas costas en el Estrecho de la Florida.

El caso de Elián tuvo muchas consecuencias importantes. En primer lugar, Elián regresó a Cuba, donde había vivido siempre, con su padre y medio hermano y ha permanecido en Cuba los últimos 18 años. Algún día conocermos su versión de los hechos. Por su parte, y con razón, la familia en Estados Unidos quedó sumamente desconsolada.

Más allá de lamentar que estos eventos dividieron a dos familias cubanas (quizás sea más exacto decir que confirmaron la división de dos familias cubanas), deseo señalar también que, junto con la decisión del presidente demócrata John Kennedy de no autorizar cobertura aérea durante la invasión de Bahía de Cochinos en 1961, esta otra «traición» del partido Demócrata cementó aun más la inclinación del voto cubano-americano de la Florida hacia las posiciones Republicanas. El factor Elián no estuvo ausente de las elecciones presidenciales del 2000. El encuestador Sergio Bendix ha dicho que el «voto castigo» de los cubanoamericanos rechazando al candidato demócrata fue nuestra respuesta a la devolución de Elián «en bandeja de plata».

Por último, estimo que la forma de manejar esta tragedia por parte de la comunidad exilada, particularmente en su versión de Miami, provocó una crisis de credibilidad de nuestra emigración ante el gran público americano así como en la prensa internacional. Por supuesto, muchísimas personas de buena voluntad, muchísimos editoriales bien razonados y muchísimos expertos legales estaban a favor de que Elián se quedara.

Pero los símbolos y el tono del discurso que venían del Sur de la Florida causaron mucho daño a nuestra imagen. Porque, además, convertimos una trágica situación doméstica en un asunto de alta política internacional. Y la mera posibilidad de que Fidel se pudiera anotar un punto en nuestra cancha —pues esa fue la perspectiva con que se analizaron los eventos— nubló las mentes más claras y sosegadas. Y también separó familias y amigos.

Para muchos de los que vivíamos fuera de la zona miamense el desborde de emoción de nuestros amigos floridanos, la falta de mesura al expresar los sentimientos, nuestra incapacidad para entender que dentro de Cuba *también* podía haber padres cubanos buenos y decentes que quisieran educar a sus hijos bajo el comunismo, fue una triste revelación. Por otra parte, la histeria en la isla, la manipulación de información, los insultos lanzados a los cuatro puntos cardinales, también evidenciaron una profunda crisis colectiva. Una nota del amigo Pablo Alfonso en el *Herald* (10 de febrero de 2000) nos decía:

> El Cardenal Jaime Ortega Alamino, Arzobispo de La Habana, criticó fuertemente el miércoles a los medios oficiales de prensa que han atacado en los últimos días a la Iglesia Católica en relación con el caso del niño balsero Elián González....

Fueron días muy lamentables. Como otros compatriotas yo también tuve sentimientos encontrados. Deseaba, como todos, lo mejor para Elián. Pero en la ausencia de evidencia fidedigna de que el papá de Elián era un mal padre, no podía apoyar la causa de que quedara en Miami (y por entonces envié una carta al *Diario Las Américas* que no agradó a muchos de mis conocidos).

Como yo entendía y entiendo las cosas, no solo desde el punto de vista legal sino desde el punto de vista humano, los padres tienen el derecho de encaminar a sus hijos por las sendas que ellos estimen mas apropiadas (y por eso comprendo que Elizabet tomara la decisión que tomó). Pueden estar equivocados, por supuesto, pero la sociedad desde tiempos de Roma, y aún antes, les da ese derecho. Debe haber algo fundamental en ese concepto para que tantos códigos legales de tantas filosofías jurídicas distintas y en partes tan diferentes del orbe coincidan en el papel asignado a los padres.

Reflejando este milenario criterio, el *Catecismo de la Iglesia Católica*, artículo 2223, nos recuerda que «Los padres son los primeros responsables de la educación de sus hijos», insistiendo en el 2229, «Los padres, como primeros responsables de la educación de sus hijos, tienen el derecho *de elegir para ellos una escuela que corresponda a sus propias convicciones*. Este derecho es fundamental» (énfasis en el original). Los que escribieron este texto no lo hicieron con ligereza. Veinte siglos de jurisprudencia los sostenían.

Teniendo estos preceptos en mente, la Conferencia de Obispos Católicos de Cuba se pronunció el 8 de diciembre de 1993. Comparto con ustedes el resumen que de ella hizo en su momento el Cardenal habanero Jaime Ortega:

> ... el caso del niño Elián debe resolverse según el más elemental derecho universalmente aceptado, es decir, que el menor que ha perdido a uno de sus progenitores queda al cuidado del progenitor sobreviviente. No hay ninguna razón de otro orden para privar, en este caso al padre del niño, de la patria potestad, pues no hay incapacidad física, mental o moral que le impida al padre ejercer su derecho.

A título personal añadiría el Cardenal

Quiero reiterar en esta ocasión que esta manera de pensar es la que sustento personalmente y es invariable, pues está apoyada en la Doctrina de la Iglesia Católica, según la cual la familia, por derecho natural, es anterior al Estado y ningún Estado puede entorpecer los derechos de la familia con respecto a sus hijos (Texto aparecido en *Boletín Diocesano* (Habana), febrero de 2000 y reproducido en *Te baste mi gracia* (2002), p. 200).

Las palabras de la iglesia cubana tuvieron un impacto profundo en mi manera de pensar, no solo porque siempre he considerado que a los padres corresponde la tarea de orientar a sus hijos (y por ello he lamentado la confiscación de colegios privados, que arrebató a los padres cubanos el derecho de tener opciones a la hora de educarlos), sino que, además, la esencia misma del caso de Elián era similar a la del mío propio, solo que al revés.

Yo llegué a los Estados Unidos con el programa llamado «Pedro Pan»/ «Peter Pan» y fue así porque mi madre tomó esa decisión. ¿Cómo podría yo defender el derecho de mi madre viuda de sacarme de Cuba y no, con igual fuerza, el de Juan Miguel de llevarse a su hijo a la misma isla que yo dejé? Es cuestión de principios y de coherencia, no de preferencias ideológicas o políticas, o insensibilidad ante la voluntad materna. Es que la muerte tiene consecuencias legales de envergadura: poderes, pensiones, impuestos, herencias... «La Ley es dura, pero es la ley» (*Dura lex sed lex*) reza un antiguo axioma legal.

Ya de adultos, los hijos tenemos todo el derecho de juzgar a nuestros padres y concluir si al tomar esta o aquella medida nos hicieron bien o daño (recordemos el testimonio —*Mommy dearest*— de la hija de la actriz Joan Crawford). Hay padres que troncharon carreras musicales a sus hijos varones por prejuicios sociales o no apoyaron los estudios superiores de sus hijas porque el lugar de la mujer era el hogar. Hay madres que insistieron en matrimonios de conviencia para mejorar el status o las finanzas familiares solo para ver la relación de los jóvenes hecha añicos. Otros quisieran que sus hijos continuaran al frente del negocio cuando el hijo(a) tiene otros planes. Hay familias que emigran y los hijos terminan separados de sus amiguitos, hablando otro idioma y ensayando otras costumbres y el resultado no es siempre feliz.

Pero ni las leyes ni las cortes sacan a los hijos de las casas de los pobres para alojarlos en otras más aventajadas, ni interfieren en las decisiones de los hogares de costumbres *Amish*, ni obligan a vacunar un bebé sobre la objeción de los padres. Aunque los muchachos tengan que vivir marginados, no aprovechen las ventajas de la electricidad, o se enfermen.

Tampoco he dejado de pensar en Elizabet, que se arriesgó para darle a su hijo lo que ella consideraba era mejor para él y ellos. Pero no sobrevivió la tragedia y, con su ausencia, nuevas circunstancias y otras consideraciones y matices de gran peso inclinaron a las autoridades norteamericanas a tomar una decisión que no fue la suya. Por otra parte, ella tenía excelentes relaciones con su ex esposo, que era un buen padre, y no parece haber tenido vínculos estrechos con la familia de su ex-esposo en Miami. Nunca sabremos lo que hubiera deseado para Elián en caso de que ella faltara.

En entrevista para *ABC news* en mayo de 2015, Elián expresó su interés en viajar a los Estados Unidos: «primero quiero darle las gracias al pueblo americano por el amor que me dieron». En otra entrevista para *CNN* en agosto de 2017, Elián repitió que desea volver a los Estados Unidos para agradecer a los que lo ayudaron a regresar.

Juan Miguel, por su parte, al hablar sobre los familiares de Miami, aclaró: «Tengo las mejores intenciones de perdonarlos para que pueda seguir siendo una relación de familia», «Ellos con sus ideales y nosotros con los nuestros».

Ojalá puedan visitar a sus parientes y que sea ése un momento feliz para todos. Me recordará aquel día en que pude volver a abrazar a mi madre —para entonces ya ciega y paralizada— en el aeropuerto de La Habana después de diceséis larguísimos años sin poder darle un solo beso.

97. *BERULAN V6*

Tampico - La Habana
21 de julio de 2012? -25 de agosto de 2012

ANVERSO

«La Biblia nos dice que debemos socorrer las necesidades de todos los que sufren y no solamente las de aquellos con quien compartimos los mismos puntos de vista políticos». Anclado en este mensaje cristiano, el reverendo bautista Lucius Walker (Roselle, N.J., 3 de agosto de 1930-NuevaYork, 7 de septiembre 2010) decidió comenzar en 1992 las Caravanas de Pastores por la Paz en solidaridad con el pueblo cubano. Para ello, decidió violar el embargo norteamericano. Aunque ciertamente tomaban un riesgo, es justo notar que, por su parte, el gobierno norteamericano nunca ha llevado a los tribunales ni multado a los pastores ni a los caravanistas por infringir la ley.

Desde 1992 hasta su muerte en 2010 Walker lideró personalmemte las primeras 21 caravanas que se organizaron. Recogían donativos por todo Estados Unidos, cruzaban la frontera en México, embarcaban las donaciones en el puerto de Tampico y de allí volaban a Cuba. Repasemos brevemente esta historia de solidaridad cristiana.

1. 1992. Noviembre. 100 participantes llevaron 15 toneladas de ayuda, incluyendo leche en polvo, medicinas, Biblias, bicicletas y material escolar.
2. 1993. Verano. 300 participantes (incluyendo 65 cubanoamericanos) y 100 toneladas de ayuda, entre las cuales había guaguas escolares, computadoras y equipo médico.
3. 3-5. 1994-95. Ayuda mixta.
6. 1996. La donación consistía principalmente en 286 computadoras médicas. Las autoridades americanas las confiscaron, los caravanistas fueron a la huelga de hambre y finalmente les devolvieron el material.

7. 1997. Julio. 500 toneladas: biblioteca móvil con computadora-Pentium, ambulancia pediátrica, cuatro guaguas escolares, etc.
8. 1998. Julio. 165 voluntarios de Estados, Unidos, Canada, Méxicoy 6 países europeos. 2 ambulancias, cinco guaguas escolares, etc.
9. 1999. Julio. Millones de dólares de equipo y ayuda médica.
10. 2000. Julio. Equipo educacional, deportivo y hospitalario. Llevaron además al club juvenil de pelota californiano Lost Coast Pirates.
11. 2000. Noviembre. Paneles solares para Pinar del Río.
12. 2001. Julio. 95 participantes, 80 toneladas, incluyendo un vehículo de 53 pies con medicinas y otro para arreglar bicicletas.
13. 2002. Julio. De regreso trajeron donaciones de café, miel y polen.
14. 2003. Julio. 125 participantes, 80 toneladas.
15. 2004. Julio. 125 participantes, 126 toneladas.
16. 2005. Julio. 145 caravanistas, 5 guaguas escolares, 140 toneladas.
17. 2006. Julio. 100 caravanistas, computadoras.
18. 2007. Julio. 135 caravanistas.
19. 2008. Julio. 5 guaguas escolares. Las autoridades americanas decomisaron 32 cajas de equipos de computadoras, pero se las devolvieron a los caravanistas, quienes las enviaron nuevamente a Cuba.
20. 2009. Julio. 130 caravanistas. 132 toneladas.
21. 2010. Julio. 9 guaguas escolares. Última caravana presidida por Walker antes de morir.
22. 2011. Julio. 100 toneladas y 11 vehículos.
23. 2012. Es en este viaje que encontramos al *Berulan V6* procedente de Tampico y llegando a La Habana el 25 de agosto de 2012. Antes de llegar a Cuba la Caravana paró en al menos 90 ciudades de Canadá y Estados Unidos. Trajeron 6 vehículos, 80 toneladas. Uno de los ómnibus se entregaría una escuela de niños discapacitados en Puerto Esperanza, en Pinar del Río; otro a un hogar de ancianos en Marianao; y otro al Consejo de Iglesias de Cuba.

El *Berulan V6* pertenece a la naviera Melfi, basada en Panamá, pero creada por el gobierno cubano el 19 de febrero de 1981 para penetrar los mercados de Centroamérica y el Caribe (A finales de 2003 y Melfi incursiona en el mercado del Mediterráneo, con un servicio regular entre Nápoles, Livorno, Génova (Italia) y Barcelona y Valencia (España)).
24. 2013. Julio. Ayuda a Santiago de Cuba.
25. 2014. Julio. 20 participantes americanos y europeos.
26. 2015. Julio. Ayuda general.
27. 2016. Julio. Los pastores recibieron un apoyo monetario de de A. J. Muste Memorial Institute para llevar ayuda general a Cuba.
28. 2017. Julio. Ayuda general.

REVERSO

Durante el Período Especial, entre las tantas privaciones, sobrevino en Cuba una crisis aguda de medicamentos. Compartiendo el mensaje bíblico que inspiró a Lucius Walker comenzar sus Caravanas, la Iglesia católica insular también trató de aliviar la crisis, en la medida de sus cortas posibilidades, socorriendo a los que tocaban a su puerta con las medicinas que la Iglesia había recibido por donación. Sin embargo, en estos casos, el gobierno cubano trató de obstaculizar a cada momento ese esfuerzo de los católicos cubanos argumentando que la distribución de medicinas era tarea del Ministerio de Salud, no de terceros.

Comparto con ustedes esta anécdota que ha publicado en *El Nuevo Herald* (28 de abril de 2015) el sacerdote cubano José Conrado Rodríguez:

> En el momento más difícil del Período Especial, cuando mis feligreses enflaquecían de sábado a sábado y se me murieron personas como Sondra Miranda, una niña de siete años porque no había medicina para la diabetes que padecía, el agobio que sentía no te lo puedes imaginar. En esa situación yo salgo fuera de Cuba y le planteo esa situación a un amigo mío, que reunió a directivos de varias compañías y decidieron dar un millón de dólares a la archidiócesis de Santiago de Cuba. Fui a hablar con el cardenal arzobispo de Nueva York para que nos ayudara a que las medicinas salieran de este país. Él habló con

[George] Bush padre, y el presidente de EEUU autorizó que saliera un millón de dólares de ayuda a Cuba a través de la Iglesia. Regresé a Cuba con la buena noticia para mi obispo y presentamos el asunto al gobierno. El gobierno cubano no dejó que entraran las medicinas».

Pero no solo fue el gobierno cubano el que ha puesto obstáculos. En el año 2007 encontramos este reporte en *Cubaencuentro* fechado 16 de marzo de ese año.

> Las restricciones impuestas por Estados Unidos y los problemas en la renovación de las licencias religiosas para viajes a Cuba han reducido la labor pastoral de la Archidiócesis de Miami hacia la Isla, informó EFE.
>
> «Las organizaciones católicas se encuentran en una especie de limbo» en sus relaciones con Cuba, dijo a la agencia Fernando Heria, portavoz de la Archidiócesis de Miami.
>
> Mientras es cada vez más complicado el intercambio de sacerdotes, los envíos de todo tipo de objetos de asistencia humanitaria se amontonan sin la posibilidad de llegar a los cubanos.
>
> En los sótanos de la Iglesia de San Brendan, de la que Heria es párroco, se acumulan todo tipo de artículos de primera necesidad, medicinas y ropa, sin que se advierta por el momento un cambio que permita suponer su traslado final a Cuba….
>
> «Hemos enviado cartas al Departamento del Tesoro en las que pedimos que se nos renueve la licencia, pero no hemos recibido ninguna respuesta», recalcó.

98. *ADONIA*
Miami - La Habana
1 de mayo de 2016 - 2 de mayo de 2016

> Turistas quédense aquí
> ¡Turistas, quédense aquí,
> que voy a hacerlos gozar;
> cantándoles sones, sones,
> que no se pueden bailar.
>
> Nicolás Guillén,
> «José Ramón Cantaliso», 1937

Por tantísimas razones (ubicación, playas, cultura, diversión, amabilidad de sus gentes y el misterio que se encierra detrás de un embargo que prohibe a muchos norteños viajar) la isla de Cuba ha sido y es un importante destino turístico en el Caribe.

Claro, no fue así durante las primeras décadas de gobierno revolucionario. Preocupado por la contaminación capitalista que traerían los turistas allende los mares («el turismo que venía a Cuba era un turismo de millonarios, y en una parte de los casos un turismo de jugadores», había comentado Fidel en 1960), durante muchos años los únicos visitantes a las playas cubanas eran los del campo socialista. Mudo testigo de esos días, ahí nos espera en Varadero la Casa de Los Cosmonautas diseñada en 1975 por el prestigioso arquitecto Antonio Quintana Simonetti (1919-93). Signo de los nuevos tiempos, hoy es un Cuatro Estrellas de Sol Sirenas Coral Resort. *Aprended flores de mí, lo que va de ayer a hoy...*

En tiempos del presidente americano Jimmy Carter el MS *Daphne* había llegado a La Habana procedente de Nueva Orleans con 400 pasajeros, en un «crucero de jazz» que traía a bordo 400 pasajeros, incluyendo al legendario Dizzy Gillespie (1917-93). Pero ese crucero de 1977 fue la excepción, no la regla.

Tuvimos que esperar a la caída del campo socialista, cuando resultó evidente que ya no vendrían más *továrishi* (ni cosmonautas). Cuba necesitaba nuevas fuentes de ingreso y se comenzó a pensar en revivir la industria turística e invertir en su infraestructura. También se abrirían las puertas al mundo de los cruceros.

Según un muy informativo reportaje de Cruises News Media Group (febrero, 2016) ya en 1993 el grupo Cubanacán, y otros empresarios, comenzaron a organizar recorridos en el buque *Santiago de Cuba* alrededor de algunos puertos del país y del Caribe. Dos años después la empresa italiana Costa Cruceros destinaba el antiguo buque *Pearl*, ahora *Costa Playa*, de 250 camarotes a realizar cruceros desde La Habana con escalas en Santiago, Jamaica y República Dominicana, transportando en su primer año a 25 mil pasajeros.

El negocio fue creciendo. En 1999, surcaba nuestras aguas el *Sundream*, de Airtours (Sun Cruises) que traía principalmente canadienses. En el 2000, el *Don Juan*, rebautizado *Riviera 1*, comenzó a viajar dos veces por semana entre Cancún y La Habana, aunque no tuvo éxito. En 2004 llegaron a Cuba unos 94,000 turistas en cruceros, con 123 escalas en La Habana, Santiago y Playa Punta Francés (Isla de La Juventud), cifra que aumentó a más de 102 mil en 2005.

Pero hubo un revés en mayo de ese año cuando Fidel denunció la actividad:

> Vienen hoteles flotantes, restaurantes y teatros flotantes, diversión flotante. Visitan los países para dejarles la basura, las latas vacías y los papeles por unos cuantos miserables centavos.

La industria tardó en recuperarse, pero continuó. En el 2010 llegó a La Habana el *Gemini* (Happy Cruises) con 220 pasajeros de once nacionalidades; en junio de 2012 se anunció que el buque *Adriana*, transportaría 300 turistas una vez por semana entre Cancún y La Habana. En enero de 2013, Cuba Cruise, comenzaría a ofertar quince cruceros (diciembre de 2013- 31 de marzo de 2014) en el *Louis Crystal*, con una capacidad de 960 pasajeros. Y el 18 de diciembre de 2015 el gigantesco MSC *Opera*, procedente de Génova, con escalas en Marsella y Barcelona, atracaba en La Habana, con 2,600 turistas europeos y 700 tripulantes, para iniciar una temporada de 16 visitas hasta abril.

Durante todos esos años el turismo de crucero había tenido que enfrentar otro enemigo tan complicado como el mal tiempo y la burocracia cubana: el embargo norteamericano. Sin esos turistas norteños (¡tan cercas de las costas cubanas!) el negocio no podría experimentar la ansiada expansión. Por eso, cuando en diciembre de 2014 Cuba y Estados Unidos anunciaron restablecimiento de relaciones —que se convirtió en realidad el 1 de julio de 2015— las empresas norteamericanas decidieron que su momento había llegado. Wall Street no fue tampoco insensible a la noticia y subieron las acciones de las empresas del gremio, Royal Caribbean, Norwegian, y Carnival.

Y fue así como, el 1 de mayo de 2016 salía del puerto de Miami el *Adonia,* de la compañía Fathom, filial de Carnival Cruise, capitaneada por David Box. Atracaría al día siguiente con 561 pasajeros en la terminal Sierra Maestra del puerto habanero. El *Adonia* (anteriormente *R Eight, Minerva II* y *Royal Princess*) se había construido en St. Nazaire, Francia por Chantiers de l'Atlantique en 2001. Ahora emprendería el viaje más histórico de su vida. Era el primer crucero en atravesar ese tramo del Estrecho de la Florida en muchas décadas.

Entre los pasajeros venían 18 nacidos en la isla, incluyendo Arnie Pérez, asesor jurídico de Carnival, y su esposa Carmen. Para que ello pudiera ocurrir el gobierno cubano tuvo que desarticular una regulación que lo prohibía. Otro ladrillo se desprendía del muro que nos separa.

No sabemos cuál será el futuro de estos cruceros con las medidas que la nueva administración norteamericana pudiera aprobar. Pero, de un puerto u otro, los cruceros seguirán llegando a Cuba.

Leo en internet que *Celestyal Crystal* de la compañía Celestyal Cruises organizó un Crucero gay a Cuba saliendo de Montego Bay, Jamaica el 7 de abril de 2017.

¿Qué les hubiera cantado a *estos* turistas José Ramón Cantaliso?

99. LANCHA MARCA *CONTENDER*

Biscayne Bay, Miami, Florida
8 de septiembre de 2016

Cuba entera se preparaba para recibir al Papa Juan Pablo II en enero de 1988. Era la primera vez que a la isla llegaba un Pontífice Romano y todos estaban expectantes. Parecía un milagro que esto sucediera. Desde hacía varias décadas el gobierno cubano había enrumbado sus caminos hacia el comunismo, fue hasta 1993 oficialmente ateo, se habían cerrado los colegios religiosos, eliminado las procesiones públicas y se había creado un contexto de fuerte discriminación contra los creyentes.

La Comisión encargada de preparar la visita del Papa tendría que ocuparse de muchos detalles. Uno de ellos sería la música que se cantaría en las misas que Juan Pablo II oficiaría a lo largo de la isla. Se imprimieron decenas de miles de folletos para repartir en las celebraciones —aún conservo el mío— y en ellos estaban las letras que los coros y fieles cantarían durante las ceremonias.

Una de las canciones, *Ave María, del Cobre,* nos proponía el texto siguiente:

> Marinera Divina, con tu Hijo
> y la Cruz por cubana bahía,
> empinada en la cresta salobre,
> arribaste hace siglos un día.
> Te marchaste a los picos serranos
> persiguiendo en tu andar a porfía
> para hacer que tu amor gracias obre
> y escogiste el lugar que Él quería.
>
> ¡Ave María! ¡Ave María!
> ¡Caridad del Cobre! ¡Ave María!
>
> Esta noche en que todos lloramos
> y es más honda la fe que en ti fía

vuelves, Madre del rico y del pobre,
por las aguas de extraña bahía.
Que si a un tiempo los tristes pedimos:
«¡Salva a Cuba!», sabemos que un día
has de hacer que la gracia recobre
con tu amor, con tu paz, con tu guía.

La primera estrofa nos habla de una «cubana bahía» y todos comprendemos que se trata de la bahía de Nipe, donde apareció flotando la estatua de Cachita en 1612. La última estrofa, sin embargo, nos habla de «las aguas de extraña bahía». ¿De cuál bahía estamos hablando?

Un poco de historia. El compositor de la pieza era el santiaguero Alfredo Morales (1927-2012), hermano de La Salle y músico de distinguida trayectoria que desde 1965 residía en Santo Domingo. La letra fue de la inspiración de la educadora habanera Mercedes García Tudurí (1904-97), exilada en Estados Unidos desde 1960. Aunque no puedo asegurarlo, es bien probable que esta pieza tenga la distinción de ser la primera canción de exilados que se cantó abiertamente en Cuba (lamentablemente, el gobierno cubano intentó durante décadas de excluir del canon nacional toda contribución cultural de los que habíamos emigrado). El exilio estuvo bien presente y en labios de todos esos días cubanos del Papa gracias a Alfredo y Mercedes.

Pero volvamos a la «extraña» bahía. La devoción a la Virgen de la Caridad del Cobre estaba muy esparcida a todo lo largo y ancho de la isla, fenómeno que tomó especial *momentum*, como hemos dicho en otra publicación, durante el siglo XX con la apertura de un número importante de colegios católicos, su proclamación como Patrona de Cuba en 1917 y la inauguración del nuevo Santuario de El Cobre en 1926.

Con la llegada a Estados Unidos de un importante número de cubanos exilados era previsible que también lo hiciera la Caridad. La llegada de su primera imagen a Miami (mandada a hacer por el párroco de Guanabo, padre Armando Jiménez Rebollar, y sacada de Cuba clandestinamente a través de diplomáticos), fue todo un acontecimiento ese memorable 8 de septiembre de 1961 en el estadio Bobby Maduro ante la presencia de 30,000 compatriotas para presidir la misa oficiada por el Arzobispo Coleman F. Carroll.

Luego de muchos años de esfuerzo, la comunidad cubana logró levantarle a la Virgen su propio templo —la Ermita de la Caridad— que abrió sus puertas frente a las aguas de Miami un 2 de diciembre de 1973 (precisamente once años después que Fidel se declarara marxista-leninista).

Y entonces alguien tuvo una feliz idea: Como la Virgen fue desde un principio marinera (y la imagen de la iglesia de Guanabo peregrinaba todos los años por mar entre Guanabo y Tarará), ¿por qué no hacerle cada 8 de septiembre una procesión por mar que saliera de la Ermita hasta el Miami Marine Stadium en Key Biscayne atravesando la bahía de Biscayne?

Así se hizo por muchos años, comenzando esa década de los 70. Y fue seguramente uno de esos recorridos de Cachita por la «extraña bahía» de Miami lo que inspiró a la poetisa. En 1992, víctima del feroz huracán Andrew, se destruyó el Marine Stadium y las peregrinaciones marinas tuvieron que suspenderse por varios años (aunque no las fiestas, y la Virgen durante ese período viajó en automóvil y hasta en helicóptero).

Pero Cachita regresaría al mar. Y ya en el nuevo siglo se recobró la tradición de pasear a Cachita por lancha bendiciendo a los cubanos, a todos los fieles, y a la ciudad de Miami en su recorrido. En una ocasión fueron los esposos Boby y Lili Chisholm quienes prestaron el bote para transportar a la Virgen. Otros devotos lo harían después. Lo importante era que Cachita no perdiera su contacto con el mar, el mar que la llevó por vez primera a nuestras costas.

Los invito a ver la procesión del año 2016 por Youtube. Allí podrán acompañar al padre Juan Rumín Domínguez, entonces Rector de la Ermita, a bordo de una lancha *Contender* (fabricada en Homestead, Florida) y acompañado de una flotilla de peregrinos en la Bahía de Miami alabando a la Virgen de la Caridad del Cobre, rezando por nosotros y pidiéndole a la Madre de Dios que nos bendiga.

«Cubana bahía» y «extraña bahía» Nipe y Miami en la misma canción. La Caridad nos une.

100. *K-STORM*

Mariel - Port Everglades, Florida
19 de enero de 2017 - 24 de enero de 2017

Para los científicos es la *dichrostachys cinerea*, para el ganado un enemigo dañino, para el campesino un dolor de cabeza, para el transeúnte un obstáculo, para los ecologistas la planta invasora más indeseable, pero para la empresa Fogo Charcoal, de Hialeah, el marabú representa un lucrativo negocio.

Traída de África —en barcos, por supuesto— en el siglo XIX, la planta de marabú se extendió por toda la isla causando muchos daños a su paso. Pero también se ha descubierto que, utilizado como carbón vegetal producido en hornos artesanales, tiene un alto poder calórico y energético.

La empresa cubana CubaExport lleva más de una década comercializando este producto hacia Italia, Grecia, Portugal, Arabia Saudita, España, Reino Unido, Siria, Turquía e Israel por casi 60 millones de pesos y el principal productor es Agroindustrial Ceballos en Ciego de Ávila.

Además de esos destinos mayoritariamente europeos un nuevo mercado se ha abierto recientemente para el marabú. Entre los cambios autorizados por el Presidente Barack Obama a partir del anuncio del restablecimiento de relaciones el 17 de diciembre de 2014, el gobierno cubano puede ahora exportar el carbón vegetal directamente hacia los Estados Unidos.

Las empresas americanas no tardaron en aprovechar la oportunidad. Y, después de 50 años sin poder importar productos desde Cuba, el 24 de enero de 2017 llegaba a Port Everglades en la Florida una motonave de la Compañía Crowley Latin America Services, la *K-Storm*, trayendo dos contenedores con 40 toneladas de carbón vegetal. Su destino era Fogo Charcoal, una filial de la firma Susshi International ubicada en 610 West 18th Street, Hialeah.

Soplan nuevos vientos y estamos rodeados de todo tipo de incertidumbres. No podemos predecir cuál será el futuro de estos intercambios comerciales entre ambos países, pero lo que sí sabemos es que los que en un futuro saldrán de puertos cubanos y atracarán en puertos norteamericanos con su carga serán barcos. Barcos.

* * *

Este libro termina donde comenzó: en el Estrecho de la Florida. Por siglos lo han atravesado aborígenes, comerciantes, refugiados, patriotas, turistas, deportistas, guardacostas, corsarios, predicadores, artistas, esclavos, pescadores... y también negreros, traficantes de droga y estafadores. Lo hicieron en canoas, veleros, bergantines, chalupas, falúas, galeras, buques de vapor, ferrys, yates, submarinos, cruceros, tubos de goma, y ... ¡hasta en un *Chevrolet* sobre una superficie flotante!

Cientos de miles de personas en cientos de miles de embarcaciones lo han navegado. Hago votos porque nunca más sea ese Estrecho tumba de compatriotas. Que en el futuro sólo sean barcos y personas de buena voluntad los que crucen sobre nuestro trozo de «azul epidermis de los mares». A todos nos irá mucho mejor.

Amén.

PARA SER LEÍDA EN EL PUERTO, ANTES DE ZARPAR EN EL ÚLTIMO BARCO

Compuesta en París en 1976, luego de quince años de ausencia de la Patria, e inspirada en una canción de mi gran amiga Patricia Rosell, para ti, lector, que has llegado hasta aquí,

TÚ Y YO EN EL CENTRO

Para olvidarme que estoy muy lejos,
por eso, Isla, te llevo dentro.

Para nutrirme de tus recuerdos,
por eso, Isla, te llevo dentro.

Por si algún día pierdo el aliento,
por eso, Isla, te llevo dentro,
dentro, muy dentro dentro del pecho
y en él tu reinas, corona y cetro.

Ahí te tendré hasta el día, ¡cierto!,
en que mi pecho vaya a tu encuentro:

el cielo arriba;
el mar inmenso por todos lados;
tú y yo: en el centro.

Y no habrá prisas, y no habrá tiempo,
solo un abrazo insólito, intenso...

Dos los amantes, pero uno el beso;
sola una lágrima entre dos cuerpos;
suaves sonrisas buscando dueño...

y así estaremos tú y yo, en silencio,
siendo la envidia del universo:
el cielo arriba, frunciendo el ceño
—lenguas de fuego, cúmulos negros—
el mar abajo, apretando el cerco

—olas danzando sus ritos tétricos—
pero tú y yo, tú y yo en el centro.

Y, óyeme, Isla,
cuando mis huesos
de andar, cansados, pidan relevo;

cuando me entreguen —sin yo saberlo—
billete de ida, no de regreso,
hacia esos mundos de cieloinfierno
donde ya viven mis bisabuelos;
cuando comience a sentirme eterno…

entonces, Isla, mientras yo sueño,
sé tu mi barca, yo el pasajero…
y hagamos juntos ese paseo.

Y si alguien dice en el cementerio,
—«¡caray! ¡qué alegre se va ese muerto»,
yo, si me dejan, diré al incrédulo,

¿cómo no voy a marchar contento?
si, al fin de tanto pedirlo al cielo,
ya para siempre, por Todo El Tiempo,
mi Isla… ¡en su pecho me lleva dentro!

ÍNDICE TEMÁTICO

Las referencias son a los capítulos.

Las referencias geográficas cubanas son a las 15 provincias vigentes en 2018.

No es un índice onomástico, con la excepción de José Martí.

Aborígenes, 1, 5, 6, 42, 90

África, 30, 44, 64, 69, 73, 74, 81, 82, 86, 87, 91, 100

Afrodescendientes, 52, 53, 62, 64, 66, 67, 91. Ver Demografía, Esclavos, Santería

Agricultura (menos azúcar, café y tabaco), Ganadería y Pesca, 2, 48, 65, 69, 74, 76, 86, 90, 100

Alemania, 40, 62, 69, 72, 73, 77, 79, 90, 93

Argentina, 47, 62, 72, 77, 83

Arqueología. Ver Aborígenes

Arquitectura. Ver Artes visuales

Artemisa, 10, 24, 32, 42, 52, 82, 95

Artes visuales, 5, 7, 10, 11, 12, 13, 15, 21, 23, 26, 33, 35, 38, 40, 42, 44, 45, 47, 48, 51, 52, 56, 59, 68, 69, 71, 79, 85, 86, 89, 98

Australia, 77

Azúcar, 15, 18, 35, 68, 88, 88

Bahamas, 1, 41, 51, 64

Baracoa. Ver Guantánamo

Bayamo. Ver Granma

Bélgica, 11, 69, 79, 85

Brasil, 18, 54, 64, 72, 77, 82

Bulgaria, 66, 86

Café, 19, 52, 97

Camagüey, 5, 6, 15, 18, 30, 32, 33, 34, 35, 40, 44, 50, 63, 64, 66, 67, 68, 80, 81

Canadá, 32, 69, 73, 97, 98

Cárdenas. Ver Matanzas
Cartografía, 4, 12, 26
Católicos, 1, 2, 3, 5, 6, 7, 9, 10, 15, 22, 29, 34, 42, 42, 45, 60, 67, 74, 76, 78, 80, 82, 84, 89, 95, 96, 97, 99
Checoeslovaquia, 93
Chile, 77
China, 35, 79, 93
Ciego de Ávila, 5, 33, 66, 100
Cienfuegos, 18, 21, 25, 34, 42, 64, 65
Cine. Ver Espectáculos
Clima, Ciclones, 38, 45, 69, 81, 82, 98
Cocina, Comida, 10, 35, 65, 69, 74, 86
Colombia, 5, 19, 64, 72, 82
Comercio e Industria, 11, 15, 19, 35, 48, 58, 68, 88, 90, 93, 100
Comunicaciones y Transporte, 14, 18, 24, 32, 35, 66, 68, 70, 75, 93
Correo. Ver Comunicaciones y Transporte
Costa Rica, 5, 41, 50, 51, 67, 84, 94
Cronología
   ?-1492, 1
   1492-1761, 2-11
   1762-1867, 12-42
   1868-1901, 43-56
   1902-1958, 57-84
   1959-2017, 85-100
Danza, 12, 16, 33, 40, 52, 71
Demografía, 13, 10, 18, 25, 35, 36, 63, 66, 74, 79
Deportes y Juegos, 10, 22, 35, 40, 42, 46, 56, 64, 73, 81, 94
Derecho, leyes, 28, 30, 83, 88, 90
Dinamarca, 18
Ecuador, 1
Educación, 15, 29, 34, 42, 45, 52, 60, 69, 74, 91
Esclavitud, 13, 15, 18, 19, 25, 29, 30, 44, 53
España/ españoles, 1, 2, 3, 4, 5, 6, 8, 19, 22, 26, 29, 32, 33, 40, 41, 44, 47, 48, 53, 54, 55, 62, 63, 67, 69, 72, 73, 74, 77, 80, 87, 88, 89, 90, 97, 100

Espectáculos (Teatro, Radio, TV, Cine), 5, 31, 35, 42, 52, 64, 67, 68, 69, 76, 78, 79, 80, 81, 82, 86, 91, 93, 94, 95

Estados Unidos, 5, 11, 12, 14, 16, 19, 22, 25, 27, 28, 29, 30, 31, 32, 34, 35, 37, 38, 39, 41, 42, 43, 44, 46, 47, 48, 49, 50, 51, 54, 56, 57, 59, 61, 64, 65, 66, 67, 69, 72, 73, 75, 76, 77, 78, 79, 81, 83, 84, 85, 86, 87, 88, 92, 94, 95, 96, 97, 98, 99, 100

Exilio, 27, 28, 29, 37, 39, 41, 43, 44, 47, 48, 49, 50, 51, 52, 54, 56, 57, 64, 67, 69, 70, 77, 83, 84, 87, 88, 89, 95, 96, 99

Ferrocarriles. Ver Comunicaciones y Transporte

Filatelia y Numismática, 5, 14, 33, 47, 59, 67, 68, 72

Filipinas, 72

Finlandia, 86

Flora y Fauna, 3, 6, 10, 13, 23, 26, 33, 44, 60, 65, 76, 90, 100

Francia, 7, 15, 17, 19, 20, 22, 25, 26, 27, 28, 34, 40, 41, 42, 62, 72, 73, 77, 79, 85, 88, 91

Ganadería. Ver Agricultura

Georgia (URSS), 86

Gran Bretaña, 12, 20, 22, 23, 29, 32, 40, 46, 47, 68, 72, 73, 77, 79, 93, 100

Granma, 5, 6, 21, 25, 32, 43, 49, 62, 71, 90

Grecia, 21, 72, 100

Guantánamo, 1, 6, 18, 20, 25, 32, 52, 56

Guatemala, 41

Guerra, 10, 16, 28, 35, 41, 43, 44, 47, 49, 50, 51, 52, 53, 54, 55, 57, 64, 83, 84, 87

La Habana, 5, 6, 10, 11, 12, 14, 15, 17, 20, 21, 33, 35, 40, 45, 52, 54, 56, 61, 63, 65, 66, 70, 71, 73, 74, 75, 76, 79, 80, 81, 84, 85, 89, 97, 98

Haití, 1, 6, 18, 20, 41, 50, 62, 66

Holanda, 11, 40, 73, 74, 77, 79

Holguín, 9, 32, 52, 57, 66, 84, 90, 99

Honduras, 41, 51, 57, 64, 67

Hungría, 83, 86, 89, 93

Industria. Ver Comercio

Inglaterra. Ver Gran Bretaña

Irlanda, 12, 15, 32, 41

Isla de Pinos/de la Juventud, 3, 41, 69, 83, 98

533

Italia, 1, 4, 13, 17, 30, 47, 55, 62, 65, 69, 77, 81, 83, 97, 98
Jamaica, 19, 41, 43, 47, 51, 66, 67
Japón, 1, 10, 69, 90, 93
Judíos, 1, 5, 35, 79, 88
Literatura, 1, 5, 10, 12, 13, 16, 18, 22, 24, 27, 31, 33, 35, 37, 38, 40, 42, 48, 49, 51, 52, 56, 57, 58, 67, 69, 70, 72, 75, 76, 77, 79, 81, 82, 99
Manzanillo. Ver Granma
Mapas. Ver Cartografía
Martí, José, 5, 9, 10, 16, 28, 37, 41, 49, 50, 51, 52, 57, 58, 61, 67, 69, 77, 89
Masones, 12, 25, 28, 39
Matanzas, 1, 5, 11, 18, 24, 27, 33, 33, 35, 37, 38, 40, 42, 48, 52, 56, 63, 64, 68, 70, 87, 96, 98
Mayabeque, 18, 24, 25, 32, 33, 36, 69, 83
Medicina, 13, 19, 35, 74, 80, 91, 97
Medio Oriente, 72, 100
México, 7, 8, 10, 19, 27, 36, 40, 41, 68, 77, 78, 83, 97, 98
Mujeres, 6, 9, 16, 19, 33, 34, 43, 65, 66, 67, 71, 78, 96
Música, 5, 10, 11, 12, 13, 16, 21, 22, 33, 35, 37, 42, 51, 52, 53, 54, 55, 56, 59, 62, 63, 68, 69, 71, 72, 75, 77, 78, 79, 82, 86, 89, 98, 99
Nicaragua, 87
Oriente. Ver Holguín, Santiago, Granma y Guantánamo
Panamá, 12, 41, 64, 97
Perú, 12, 64, 76, 77, 94, 95
Pesca. Ver Agricultura
Países Bajos. Ver Holanda
Pinar del Río, 32, 33, 35, 40, 63, 92, 97. Ver también Artemisa
Piratas, 11, 69
Polonia, 90
Portugal, 2, 13, 72, 100
Premios Nobel, 82
Prisión, cárcel, 10, 44, 69, 70, 83, 87, 95
Protestantes, 12, 46, 84, 97
Puerto Rico, 19, 47, 62, 66, 77, 92, 94
Radio. Ver Espectáculos

Reino Unido. Ver Gran Bretaña
Religión. Ver denominaciones individuales
Remedios. Ver Villa Clara
República Dominicana, 5, 17, 19, 20, 41, 49, 50, 51, 64, 72, 77, 83, 84, 99
Rusia/ Unión Soviética, 1, 42, 62, 68, 70, 71, 72, 77, 81, 86, 88, 89, 90, 92, 93, 98
Sagua la Grande. Ver Villa Clara
Sancti Spíritus, 1, 3, 5, 6, 7, 18, 25, 32, 34, 87
Salud, Ver Medicina
Santa Clara. Ver Villa Clara
Santería, 16
Santiago de Cuba, 6, 7, 14, 18, 19, 20, 21, 30, 32, 34, 34, 35, 39, 40, 47, 48, 55, 56, 62, 63, 66, 67, 71, 72, 83, 94, 97
Santo Domingo. Ver República Dominicana
Símbolos patrios, 37, 44, 49
Soroa. Ver Artemisa
Suecia, 77
Tabaco, 1, 48, 67
Teatro. Ver Literatura y Espectáculos
Trinidad. Ver Sancti Spíritus
TV. Ver Espectáculos
Ucrania, 86
Unión Soviética, Ver Rusia
USA. Ver Estados Unidos
Venezuela, 5, 19, 28, 39, 41, 43, 77, 80
Villa Clara, 6, 18, 24, 35, 40, 50, 63, 92
Virgen de la Caridad del Cobre. Ver Católicos

COLECCIÓN *CUBA Y SUS JUECES*
(Selección de libros de historia y política publicados por
EDICIONES UNIVERSAL):

0359-6	CUBA EN 1830, Jorge J. Beato & Miguel F. Garrido
044-5	LA AGRICULTURA CUBANA (1934-1966), Oscar A. Echevarría Salvat
045-3	LA AYUDA CUBANA A LA LUCHA POR LA INDEPENDENCIA NORTEAMERICANA, Eduardo J. Tejera
046-1	CUBA Y LA CASA DE AUSTRIA , Nicasio Silverio Saínz
048-8	CUBA, CONCIENCIA Y REVOLUCIÓN, Luis Aguilar León
049-6	TRES VIDAS PARALELAS, Nicasio Silverio Saínz
050-X	HISTORIA DE CUBA, Calixto C. Masó
051-8	RAÍCES DEL ALMA CUBANA, Florinda Álzaga
0-6	MÁXIMO GÓMEZ ¿CAUDILLO O DICTADOR?, Florencio García Cisneros
119-0	JALONES DE GLORIA MAMBISA, Juan J.E. Casasús
123-9	HISTORIA DEL PARTIDO COMUNISTA DE CUBA, Jorge García Montes y Antonio Alonso Ávila
131-X	EN LA CUBA DE CASTRO (APUNTES DE UN TESTIGO), Nicasio Silverio Saínz
7886-3	MEMORIAS DE CUBA, Oscar de San Emilio
3122-0	RELIGIÓN Y POLÍTICA EN LA CUBA DEL SIGLO XIX (EL OBISPO ESPADA), Miguel Figueroa y Miranda
136-0	EL CASO PADILLA: LITERATURA Y REVOLUCIÓN EN CUBA, Lourdes Casal
139-5	JOAQUÍN ALBARRÁN, ENSAYO BIOGRÁFICO, Raoul García
162-X	CUBA TODOS CULPABLES, Raúl Acosta Rubio
165-4	VIDAS CUBANAS - CUBAN LIVES.- 2 volúmenes, José Ignacio Lasaga
205-7	CUBA, TODOS CULPABLES, Raul Acosta Rubio
207-3	MEMORIAS DE UN DESMEMORIADO-LEÑA PARA EL FUEGO DE LA HISTORIA DE CUBA, José R. García Pedrosa
211-1	HOMENAJE A FÉLIX VARELA, Sociedad Cubana de Filosofía
212-X	EL OJO DEL CICLÓN, Carlos Alberto Montaner
240-5	AMÉRICA EN EL HORIZONTE. UNA PERSPECTIVA CULTURAL, Ernesto Ardura
243-X	LOS ESCLAVOS Y LA VIRGEN DEL COBRE, Leví Marrero
262-6	NOBLES MEMORIAS, Manuel Sanguily
274-X	JACQUES MARITAIN Y LA DEMOCRACIA CRISTIANA, José Ignacio Rasco
283-9	CUBA ENTRE DOS EXTREMOS, Alberto Muller
293-6	HISTORIA DE LA ODONTOLOGÍA EN CUBA. (4 tomos /1492-1983), César A. Mena
320-7	LA HABANA, Mercedes Santa Cruz (Condesa de Merlín)
347-9	EL PADRE VARELA. BIOGRAFÍA DEL FORJADOR DE LA CONCIENCIA CUBANA, Antonio Hernández-Travieso
353-3	LA GUERRA DE MARTÍ (LA LUCHA DE LOS CUBANOS POR LA INDEPENDENCIA), Pedro Roig
361-4	EL MAGNETISMO DE JOSÉ MARTÍ, Fidel Aguirre

374-6	GRAU: ESTADISTA Y POLÍTICO (Cincuenta años de la Historia de Cuba), Antonio Lancís
379-7	HISTORIA DE FAMILIAS CUBANAS (4 volúmenes: VI-VII-VIII-IX), Francisco Xavier de Santa Cruz y Mallén
411-4	LOS ABUELOS: HISTORIA ORAL CUBANA, José B. Fernández
413-0	ELEMENTOS DE HISTORIA DE CUBA, Rolando Espinosa
425-4	A LA INGERENCIA EXTRAÑA LA VIRTUD DOMÉSTICA, (biografía de Manuel Márquez Sterling), Carlos Márquez Sterling
426-2	BIOGRAFÍA DE UNA EMOCIÓN POPULAR: EL DR. GRAU, Miguel Hernández- Bauzá
428-9	THE EVOLUTION OF THE CUBAN MILITARY (1492-1986), Rafael Fermoselle
431-9	MIS RELACIONES CON MÁXIMO GÓMEZ, Orestes Ferrara
437-8	HISTORIA DE MI VIDA, Agustín Castellanos
443-2	EN POS DE LA DEMOCRACIA ECONÓMICA, Varios
450-5	VARIACIONES EN TORNO A DIOS, EL TIEMPO, LA MUERTE Y OTROS TEMAS, Octavio R. Costa
459-9	50 TESTIMONIOS URGENTES, José Carreño y otros
461-0	HISPANIDAD Y CUBANIDAD, José Ignacio Rasco
483-1	JOSÉ ANTONIO SACO, Anita Arroyo
490-4	HISTORIOLOGÍA CUBANA (5 volúmenes), José Duarte Oropesa
510-2	GENEALOGÍA, HERÁLDICA E HISTORIA DE NUESTRAS FAMILIAS, Fernando R. de Castro y de Cárdenas
514-5	EL LEÓN DE SANTA RITA, Florencio García Cisneros
516-1	EL PERFIL PASTORAL DE FÉLIX VARELA, Felipe J. Estévez
518-8	CUBA Y SU DESTINO HISTÓRICO. Ernesto Ardura
520-X	APUNTES DESDE EL DESTIERRO, Teresa Fernández Soneira
532-3	MANUEL SANGUILY. HISTORIA DE UN CIUDADANO, Octavio R. Costa
538-2	DESPUÉS DEL SILENCIO, Fray Miguel Angel Loredo
553-6	EL TRABAJADOR CUBANO EN EL ESTADO DE OBREROS Y CAMPESINOS, Efrén Córdova
558-7	JOSÉ ANTONIO SACO Y LA CUBA DE HOY, Ángel Aparicio
569-2	ELENA MEDEROS (UNA MUJER CON PERFIL PARA LA HISTORIA), María Luisa Guerrero
577-3	ENRIQUE JOSÉ VARONA Y CUBA, José Sánchez Boudy
586-2	SEIS DÍAS DE NOVIEMBRE, Byron Miguel
590-0	REFLEXIONES SOBRE CUBA Y SU FUTURO, Luis Aguilar León
592-7	DOS FIGURAS CUBANAS Y UNA SOLA ACTITUD, Rosario Rexach
606-0	LA CRISIS DE LA ALTA CULTURA EN CUBA - INDAGACIÓN DEL CHOTEO, Jorge Mañach (Ed. de Rosario Rexach)
608-7	VIDA Y MILAGROS DE LA FARÁNDULA DE CUBA (5 tomos), Rosendo Rosell
617-6	EL PODER JUDICIAL EN CUBA, Vicente Viñuela
620-6	TODOS SOMOS CULPABLES, Guillermo de Zéndegui
624-9	HISTORIA DE LA MEDICINA EN CUBA (2 volúmenes), César A. Mena y Armando F. Cobelo
626-5	LA MÁSCARA Y EL MARAÑÓN (LA IDENTIDAD NACIONAL CUBANA), Lucrecia Artalejo

645-1	FÉLIX VARELA: ANÁLISIS DE SUS IDEAS POLÍTICAS, Juan P. Esteve
676-1	EL CAIMÁN ANTE EL ESPEJO (Un ensayo de interpretación de lo cubano), Uva de Aragón Clavijo
679-6	LOS SEIS GRANDES ERRORES DE MARTÍ, Daniel Román
680-X	¿POR QUÉ FRACASÓ LA DEMOCRACIA EN CUBA?, Luis Fernández-Caubí
682-6	IMAGEN Y TRAYECTORIA DEL CUBANO EN LA HISTORIA I y II (1492-1902 / 1902-1959), Octavio R. Costa
689-3	A CUBA LE TOCÓ PERDER, Justo Carrillo
690-7	CUBA Y SU CULTURA, Raúl M. Shelton
703-2	MÚSICA CUBANA: DEL AREYTO A LA NUEVA TROVA, Cristóbal Díaz Ayala
706-7	BLAS HERNÁNDEZ Y LA REVOLUCIÓN CUBANA DE 1933, Ángel Aparicio
713-X	DISIDENCIA, Ariel Hidalgo
715-6	MEMORIAS DE UN TAQUÍGRAFO, Angel V. Fernández
738-5	PLAYA GIRÓN: LA HISTORIA VERDADERA, Enrique Ros
739-3	FILOSOFÍA DEL CUBANO Y DE LO CUBANO, José Sánchez Boudy
743-1	MARTA ABREU, UNA MUJER COMPRENDIDA, Pánfilo D. Camacho
745-8	CUBA: ENTRE LA INDEPENDENCIA Y LA LIBERTAD, Armando P. Ribas
747-4	LA HONDA DE DAVID, Mario Llerena
752-0	24 DE FEBRERO DE 1895: UN PROGRAMA VIGENTE, Jorge Castellanos
756-3	LA SANGRE DE SANTA ÁGUEDA (Angiolillo, Betances y Cánovas), Frank Fernándes
765-2	CLASE TRABAJADORA Y MOVIMIENTO SINDICAL EN CUBA (dos volúmenes: I (1819-1959 / II: 1959-1996), Efrén Córdova
773-3	DE GIRÓN A LA CRISIS DE LOS COHETES: LA SEGUNDA DERROTA, Enrique Ros
786-5	POR LA LIBERTAD DE CUBA (RESISTENCIA, EXILIO Y REGRESO), Néstor Carbonell Cortina
792-X	CRONOLOGÍA MARTIANA, Delfín Rodríguez Silva
798-9	APUNTES SOBRE LA NACIONALIDAD CUBANA, Luis Fernández-Caubí
804-7	EL CARÁCTER CUBANO (Apuntes para un ensayo de Psicología Social), Calixto Masó y Vázquez
808-X	RAZÓN Y PASIÓN (Veinticinco años de estudios cubanos), IEC
814-4	AÑOS CRÍTICOS: DEL CAMINO DE LA ACCIÓN AL CAMINO DEL ENTENDIMIENTO, Enrique Ros
823-3	JOSÉ VARELA ZEQUEIRA (1854-1939); SU OBRA CIENTÍFICO - LITERARIA, Beatriz Varela
832-2	TODO TIENE SU TIEMPO, Luis Aguilar León
838-1	8-A: LA REALIDAD INVISIBLE, Orlando Jiménez-Leal
840-3	HISTORIA ÍNTIMA DE LA REVOLUCIÓN CUBANA, Ángel Pérez Vidal
860-8	VIAJEROS EN CUBA (1800-1850), Otto Olivera
862-4	UNA FAMILIA HABANERA, Eloísa Lezama Lima
868-3	CUBANOS COMBATIENTES: peleando en distintos frentes, Enrique Ros
870-5	EL CASO CEA: intelectuales e inquisodres en Cuba ¿Perestroika en la Isla?, Maurizio Giuliano

874-8	POR AMOR AL ARTE (Memorias de un teatrista cubano 1940-70), Francisco Morín
875-6	HISTORIA DE CUBA, Calixto C. Masó (Leonel de la Cuesta Ed.)
876-4	CUBANOS DE DOS SIGLOS: XIX y XX. Ensayistas y críticos, Elio Alba Buffill
880-2	ANTONIO MACEO GRAJALES: EL TITÁN DE BRONCE, José Mármol
882-9	EN TORNO A LA CUBANÍA (estudios sobre la idiosincrasia cubana), Ana María Alvarado
886-1	ISLA SIN FIN (Contribución a la crítica del nacionalismo cubano), Rafael Rojas
901-9	40 AÑOS DE REVOLUCIÓN CUBANA (El legado de Castro), Efrén Córdova (Ed)
907-8	MANUAL DEL PERFECTO SINVERGÜENZA, Tom Mix (José M. Muzaurieta)
908-6	LA AVENTURA AFRICANA DE FIDEL CASTRO, Enrique Ros
929-9	EL GARROTE EN CUBA, Manuel B. López Valdés (Ed. Humberto López Cruz)
945-0	CRONOLOGÍA HISTÓRICA DE CUBA (1492-2000), Manuel Fernández S.
953-1	JOSÉ AGUSTÍN QUINTERO: UN ENIGMA HISTÓRICO EN EL EXILIO CUBANO DEL OCHOCIENTOS, Jorge Marbán
955-8	NECESIDAD DE LIBERTAD (ensayos-artículos-entrevistas-cartas), Reinaldo Arenas
956-6	FÉLIX VARELA PARA TODOS / FELIX VARELA FOR ALL, Rabael Abislaimán
957-4	LOS GRANDES DEBATES DE LA CONSTITUYENTE CUBANA DE 1940, Edición de Néstor Carbonell Cortina
965-5	CUBANOS DE ACCIÓN Y PENSAMIENTO, Octavio R. Costa
974-4	CONTRA EL SACRIFICIO / DEL CAMARADA AL BUEN VECINO / Una polémica filosófica cubana para el siglo XXI, Emilio Ichikawa
979-5	CENTENARIO DE LA REPÚBLICA CUBANA (1902-2002), William Navarrete y Javier de Castro Mori, Editores.
980-9	HUELLAS DE MI CUBANÍA, José Ignacio Rasco
982-5	INVENCIÓN POÉTICA DE LA NACIÓN CUBANA, Jorge Castellanos
987-6	NARCOTRÁFICO Y TAREAS REVOLUCIONARIAS. EL CONCEPTO CUBANO, Norberto Fuentes
988-4	ERNESTO CHE GUEVARA: MITO Y REALIDAD, Enrique Ros
8-006-5	FIDEL CASTRO Y EL GATILLO ALEGRE. LOS AÑOS UNIVERSITARIOS, Enrique Ros
8-000-6	LA POLÍTICA DEL ADIÓS, Rafael Rojas
8-025-1	EL FIN DE LA IDIOTEZ Y LA MUERTE HOMBRE NUEVO, Armando Ribas
8-028-6	CONTRA VIENTO Y MAREA, José Ignacio Rivero
8-038-3	MUJERES EN LA HISTORIA DE CUBA, Antonio J. Molina
8-045-6	TRES CUESTIONES SOBRE LA ISLA DE CUBA, José García de Arboleya
8-047-2	LA REVOLUCIÓN DE 1933 en cuba, Enrique Ros
8-051-0	MEMORIAS DE UN ESTADISTA. FRASES Y ESCRITOS EN CORRESPONDENCIA, Carlos Márquez-Sterling (Manuel Márquez-Sterling Ed.)

8-053-7	ANATOMÍA Y FISIOLOGÍA DEL TERRORISMO (comentado para la Revolución Cubana), Salvador E. Subirá
8-065-0	ENCICLOPEDIA HISTÓRICA DE SAGUA LA GRANDE. TOMO I: MITOS, LEYENDAS Y CURIOSIDADES, Pedro Suárez Tintín
8-067-5	CUBA: INTRAHISTORIA. UNA LUCHA SIN TREGUA, Rafael Díaz-Balart
8-072-3	ENCUENTRO EN 1898. TRES PUEBLOS Y CUATRO HOMBRES (Cuba-España-Estados Unidos /Cervera-T. Roosevelt-Calixto García-Juan Gualberto Gómez). Jorge Castellanos
8-075-8	FÉLIX VARELA: PROFUNDIDAD MANIFIESTA I: P. Fidel Rodríguez
8-079-0	EL CLANDESTINAJE Y LA LUCHA ARMADA CONTRA CASTRO, Enrique Ros
8-095-2	MISCELÁNEA CUBANAS, Instituto Jacques Maritain de Cuba
8-100-2	JOSÉ ANTONIO ECHEVERRÍA: Vigencia y presencia, Julio Fernández-León.
8-117-7	MOMENTOS ESTELARES EN LA HISTORIA DE CUBA, Emilio Martínez Paula
8-115-0	LUCES Y SOMBRAS DE CUBA, Néstor Carbonell Cortina
8-127-4	TRAYECTORIA DE LA MUJER CUBANA, Concepción Teresa Alzola
8-129-0	VIVIDO AYER (Leyendas y misterios de Cuba y La Habana), Sergio San Pedro
8-131-2	LA VERDADERA REPÚBLICA DE CUBA, Andrés Cao Mendiguren
8-135-5	RETOS DEL PERIODISMO, Alberto Muller
8-143-6	CRÓNICAS DE LA REPÚBLICA. CUBA: 1902-1958, Uva de Aragón
8-154-1	CON EL RIFLE AL HOMBRO, Horacio Ferrer
8-157-6	50 AÑOS DE REVOLUCIÓN EN CUBA. EL LEGADO DE LOS CASTRO, Efrén Córdova (Ed.).
8-162-2	ROLANDO MASFERRER EN EL PAÍS DE LOS MITOS (Mitos en la historia de Cuba), Roberto Luque Escalona
8-165-7	LA CRISIS DEL MUNDO OCCIDENTAL, José Sánchez Boudy
8-167-3	UNA MIRADA SOBRE TRES SIGLOS. MEMORIAS, Orestes Ferrara
8-172-x	EL LIBRO NEGRO DEL CASTRISMO, Jacobo Machover (Iustrado x Gina Pellón)
8-184-3	CRÓNICAS EJEMPLARES, Víctor Vega Ceballos.
8-196-7	CARLOS MANUEL DE CÉSPEDES: De Yara a San Lorenzo, Enrique Ros
8-199-1	PANORAMA DEL PROTESTANTISMO EN CUBA, Marcos A. Ramos
8-206-8	SER O NO SER, ¡ESA ES LA JODIENDA! Paisajes y retratos, Paquito D'Rivera
8-211-4	CUBA: MAMBISES NACIDOS EN OTRAS TIERRAS, Enrique Ros.
8-212-2	CUBA Y EL CAYO HUESO DE AYER, Alejandro F. Pascual
8-214-9	LA FIERA DEL LIBRE, Roberto Luque Escalona
8-216-5	LA CUBA ETERNA (12 tomos), José Sánchez-Boudy
8-217-3	JIMAGUAYÚ. LA GUERRA DE INDEPENDENCIA CUBANA, Raúl E. Chao
8-215-7	HISTORIA DE LA VIRGEN DE LA CARIDAD, Salvador Larrúa Guedes / 2 vols.
8-226-2	JUANÍN ¡PRESENTE!, Cecilia La Villa de Fernández-Travieso (ed.)
8-231-9	VICENTE GARCÍA, EL INCOMPRENDIDO MAYOR GENERAL, Enrique Ros

8-235-1	EL AÑO DE LA PERA. TRADICIONES, RELATOS Y MEMORIAS DE CIENFUEGOS, Guillermo Arango
8-238-6	ACUERDOS, DESACUERDOS Y RECUERDOS, José Ignacio Rasco
8-240-8	EXILED CUBA, Raúl Eduardo Chao
8-242-4	UNA PALABRA MÁS FUERTE. LOS ESCRITOS DE MONSEÑOR AGUSTÍN ROMÁN. Julio Estorino (Ed.)
8-258-0	MONSEÑOR AGUSTÍN ROMÁN, GUÍA ESPIRITUAL DE LOS CUBANOS, Salvador Larrúa Guedes
8-259-9	MUJERES DE LA PATRIA. CONTRIBUCIÓN DE LA MUJER A LA INDEPENDENCIA DE CUBA I, Teresa Fernández Soneira
8-260-2	COLONIAL CUBA (Episodes from 400 hunded years of Spanish Domination), Raúl Eduardo Chao
8-265-3	ENCICLOPEDIA HISTÓRICA DE SAGUA LA GRANDE. Tomo II: MOGOTES DE JUMAGUA, Pedro Suárez Tintín
8-266-1	THREE DAYS IN MARCH. THE EVENTS IN 1952 THAT MARKED THE BEGINNING OF THE END OF THE REPUBLIC OF CUBA, Raúl Eduardo Chao
8-271-8	LAS DAMAS DE LA HABANA Y SUS JOYAS, José Ramón Fernández Álvarez
8-278-5	TOPOS Y CUBA, LA ISLA DE CORCHO: Diálogos entre cubanos, Guarioné Díaz
8-283-1	REPUBLICAN CUBA, An illustrated history of Cuba from 1902 to 1959), Raúl Eduardo Chao
8-288-2	*CUBA: LA REVOLUCIÓN DE 1933, EL GOLPE DE ESTADO DE 1952, Memorias del Mayor General Martín Días Tamayo*, Antonio Rafael de la Cova
8-289-0	*THE ABUELOS / CUBAN ORAL HISTORY*, José B. Fernández
8-291-2	*INICIOS DEL INDEPENDENTISMO EN CUBA: LAS CONSPIRACIONES DE 1809 Y 1810*, José Ramón Fernández Álvarez
8-294-7	LAS MEMORIAS DEL ALMIRANTE CERVERA, Raúl Eduardo Chao
8-262-9	MUJERES DE LA PATRIA. CONTRIBUCIÓN DE LA MUJER A LA INDEPENDENCIA DE CUBA II, Teresa Fernández Soneira
8-297-1	MÁXIMO GÓMEZ: MIS DIARIOS DE CAMPAÑA Raúl Eduardo Chao (Ed.).

www.ingramcontent.com/pod-product-compliance
Lightning Source LLC
Chambersburg PA
CBHW070040080526
44586CB00013B/870